ÉTUDES MARINES

JEAN BART

ET

CHARLES KEYSER

PAR

G. DE LA LANDELLE

PARIS
P. BRUNET, LIBRAIRE-ÉDITEUR
RUE BONAPARTE, 31

ÉTUDES MARINES

JEAN BART

ET

CHARLES KEYSER

OUVRAGES DU MÊME AUTEUR

PUBLIÉS A LA MÊME LIBRAIRIE:

SÉRIE A 2 FRANCS LE VOLUME :

Aventures d'un gentilhomme.	2 vol.
L'Homme de feu.	1 vol.
Le Mouton enragé.	1 vol.

LES QUARTS DE NUIT :

Les Quarts de nuit, Contes et Causeries d'un vieux navigateur (4ᵉ édition)	1 vol.
Nouveaux quarts de nuit, Récits maritimes (3ᵉ édit.)	1 vol.
Troisièmes quarts de nuit, Contes d'un marin . . .	1 vol.

SÉRIE A 1 FRANC LE VOLUME :

ESQUISSES MARITIMES.

La Frégate l'Introuvable.	1 vol.
Les Cousines de l'Introuvable	1 vol.
Paris pour les marins	1 vol.
Une chienne d'habitude (extrait des Quarts de nuit) .	1 vol.
Histoire du père Ramassis-Ramassat et du mousse Flageolet. . . . . . (id.) . . .	1 vol.

En préparation :

Pigeon vole ! Aventures en l'air.	1 vol.
Quatrièmes Quarts de nuit, Tablettes navales . . .	1 vol.
Les deux Routes de la vie	1 vol.
Cinquièmes Quarts de nuit. — Derniers Quarts de nuit.	
Les Quarts de jour — Études Marines. — Etc.	

Lille. L. Danel.

ÉTUDES MARINES

JEAN BART

ET

CHARLES KEYSER

PAR

G. DE LA LANDELLE

PARIS
P. BRUNET, LIBRAIRE-ÉDITEUR
RUE BONAPARTE, 31

1868
Droits de propriété et de traduction réservés.

A Monsieur le Comte Albert de Circourt.

Mon cher Circourt,

Vous avez été le frère d'armes et l'ami intime du dernier BART, Jean-Pierre Bart, valeureux officier digne à tous égards de son nom glorieux.

Votre intimité même avec ce jeune et brillant marin dont la marine française déplore la fin prématurée, vous avait mis en possession de documents précieux, laborieusement augmentés par vos actives recherches. En me les communiquant, vous avez puissamment contribué à mes propres études sur JEAN BART, ses descendants et ses ancêtres.

Vous voulez bien agréer la DÉDICACE d'un livre où je joins mes efforts de simple romancier à ceux des écrivains modernes dont les travaux tendent à rendre tout son éclat historique à la physionomie du plus populaire de nos marins illustres. Elle vous était due à un double titre auquel s'ajoutent, depuis mes débuts dans les lettres, les sentiments d'une confraternelle gratitude. Je m'estime donc heureux de pouvoir écrire sur cette première page :

A L'AMI DU DERNIER BART

LE RÉCIT

DE L'AMITIÉ DE JEAN BART ET DE CHARLES KEYSER

EST OFFERT

EN TÉMOIGNAGE D'AMITIÉ.

G. DE LA LANDELLE.

PRÉFACE.

Dans un roman historique, où commence l'histoire, où finit la fiction? Comment distinguer entre la fiction qui sert de lien et la tradition qui forme le faisceau?

La réponse est facile, lorsque les personnages romanesques sont parfaitement distincts des personnages historiques. La fable sera tissue de tous les faits relatifs aux premiers ; le roman se développera dans l'intérieur d'un cadre fourni par l'histoire. Les acteurs principaux du drame seront les créations du romancier, les acteurs secondaires des contemporains dont les portraits, les faits et gestes devront rester conformes aux documents fournis par les annalistes. Les mœurs et les grands événements de l'époque, — si ces mœurs ont été bien décrites, si ces grands événements n'ont pas été défigurés, — achèveront de justifier la qualification donnée au roman. Ainsi procède, presque toujours, Walter Scott, le maître du genre.

Mais, si les personnages historiques, — tels que Jean Bart et Charles Keyser, — sont eux-mêmes les héros du roman, la question se complique. Le lecteur le plus sagace est fort empêché de démêler les deux éléments, l'histoire et la fiction, incessamment confondus, simultanément mis en œuvre. De là les plus justes critiques et la condamnation d'un genre qui induit en erreur le lecteur frivole sans fournir au lecteur sérieux le moindre enseignement.

L'auteur de cet ouvrage s'empresse d'aller au devant de ces reproches trop souvent fondés et tient à s'en défendre par ce triomphant motif, que, loin d'altérer l'histoire, il se propose de redresser les erreurs qu'elle a consacrées.

Substituer la vraisemblance au mensonge évident, — au mensonge allant parfois jusqu'à la plus absurde calomnie, — telle est la tâche qu'il s'est imposée. Respectant avec une scrupuleuse exactitude les dates, les noms d'hommes ou de lieux, il n'use de la fiction qu'en présence du silence des biographes. Il comble des lacunes, il ne viole aucun texte digne de foi, et tout en inventant des détails selon le droit absolu du romancier, il tient un compte rigoureux des traditions qui lui semblent les plus suspectes.

La figure de Jean Bart est double. — Il y a un Jean Bart historique fort médiocrement connu, et un Jean Bart légendaire, populaire, bizarre, prodigieusement célèbre, — l'un, homme de talent ou même de génie, — l'autre, bouffon terrible, formidable grotesque, type fabuleux qui doit cependant avoir sa raison d'être. Aussi bien, de maladroits panégyristes et de perfides détracteurs ont-ils en quelque sorte collaboré pour le produire. Les biographes, les historiens, les poètes se sont à peine avisés de démêler entre le vrai et le faux. Jean Bart a été taxé de brutal *dont la grossièreté faisait tout le renom*, dans les mêmes ouvrages où le récit de ses actions navales prouve une habileté de premier ordre, une présence d'esprit hors ligne, une intelligence supérieure.

Pourquoi ces contradictions? Comment les concilier? Fallait-il nier absolument la légende? Fallait-il amoindrir l'histoire et laisser supposer qu'une invraisemblable continuité de hasards heureux aurait métamorphosé en grand homme la plus ignare des brutes de la mer? — Ces questions nous avons tenté de les résoudre.

Mais refondre la biographie cent fois faite de Jean Bart, en essayant de réfuter pas à pas celles des relations qui nous semblaient erronées; introduire dans un exposé historique d'interminables discussions, et, sans preuves authentiques à l'appui, proposer des versions nouvelles; offrir la vraisemblance pour remplacer des erreurs longuement accréditées, mais n'offrir que la vraisemblance; — ce procédé nous a semblé aussi fastidieux qu'inutile.

Alors, nous avons songé aux priviléges dont jouit le roman. Nous avons pensé que cette forme, populaire par excellence, loin de nuire à notre *dissertation historique* sur le plus populaire de nos marins, en rendrait les conclusions plus saisissantes. Imitant le fabuliste dont les ingénieuses fictions recèlent la vérité, nous avons placé les hypothèses d'un roman logiquement vrai, en face d'une histoire mensongère ou au moins faussée (1).

---

(1) Afin de compléter *la dissertation*, nous insérons à la fin du volume des notes explicatives, pour la plupart historiques et critiques, correspondant aux renvois en chiffres romains.

Toute thèse peut être soutenue par des modes divers ; nous soutenons la nôtre par le rapprochement des causes avec les effets. Dans notre ouvrage, la discussion est complète mais à l'état latent ; le récit remplace la polémique, c'est l'action seule qui parle. Il s'agissait de dissiper les ténèbres qui obscurcissent la grande physionomie de Jean Bart, nous avons cru que frapper les imaginations avec l'étincelle électrique du roman, serait le meilleur moyen de faire jaillir la lumière.

JEAN BART ET CHARLES KEYSER.

LIVRE PREMIER.

LA RACE HÉROÏQUE.

BIENFAISANCE ET PATRIOTISME.

« Donne aux pauvres, tu prêtes à Dieu. » — Telle était la devise gravée au fronton de l'hôtel seigneurial de messire Ignace Tugghe, chevalier de l'ordre du roi et conseiller pensionnaire de la ville de Dunkerque. Jamais devise ne fut plus sincère (1).

Toutes les semaines, le jour du marché, les portes s'ouvraient à doubles battants, au son d'une clochette qui annonçait aux indigents, flamands ou étrangers, sans acception de qualités ni de personnes, la répartition des secours. Des valets en livrée, tenus à une extrême politesse, les introduisaient et leur faisaient prendre place sur les bancs rangés autour de la cour d'honneur, sorte de cloître dont un large perron partageait en deux la face principale.

Sur ce perron, au coup de midi, apparaissait Ignace Tugghe, accompagné de sa femme et de ses enfants. Il saluait ses hôtes comme des envoyés de Dieu; son chapelain, prenant la parole en langue flamande, les invitait à prier pour les membres vivants ou défunts de la famille, pour leurs amis et leurs ennemis. On récitait successivement le *Pater* et les premiers versets du psaume *In exitu Israël*, par allusion à la situation qu'occupaient en Flandre les Tugghe, bannis d'Angleterre, un siècle auparavant, par les persécutions de la reine Elisabeth. Puis commençait la distribution des aumônes.

En 1672, elle était faite par une blonde et charmante enfant qui venait d'atteindre à peine sa dixième année. C'était un spectacle touchant et gracieux. Sous les yeux de ses parents doucement émus, avec une innocente joie qui resplendissait à son front comme l'auréole de la charité, Marie Tugghe, vêtue de blanc, s'avançait suivie de porteurs de corbeilles. Elle donnait à chacun des pauvres un pain et une somme d'argent, en prononçant des paroles affables, souvent même des remerciements pieux.

— Grâces soient rendues, disait-elle, à tous ceux qui viennent ici porter bonheur à la maison de mon père. Merci à ceux qui aident mes parents à s'amasser des richesses dans le ciel.

Si d'aventure un marin ou un soldat, rouge de honte, se trouvait dans la foule, Marie lui souriait d'un sourire angélique. Élevée dans le respect de l'infortune, on l'entendait donner à ces hommes les noms sacrés de *père* ou de *frère;* et maintes fois on avait vu des larmes de reconnaissance dans les yeux de ces rudes serviteurs, peu coutumiers de recevoir un tel accueil.

Certes, la population flamande est généralement hospitalière et charitable ; mais la bourgeoisie, accablée par les désastres qui s'étaient succédé dans le pays, ne pouvait guère secourir les pauvres gens. La noblesse, lasse des changements incessants de domination, l'avait presque entièrement abandonné, selon les sympathies des diverses familles, pour se retirer en Espagne, en Angleterre, en Hollande ou dans l'intérieur de la France ; enfin, le peuple ne commençait à respirer que depuis une dizaine d'années, c'est-à-dire depuis le rachat de la ville aux Anglais.

En 1658, lorsque Dunkerque, reprise aux Espagnols par Turenne et triomphalement visitée par Louis XIV, fut cédée à Cromwell, Ignace Tugghe sortit de la place à la suite du roi. En 1662, il s'était hâté d'y rentrer avec les Français, et désormais il y occupait l'une des plus hautes positions. Durant la courte guerre de 1666 contre les Anglais, durant la guerre suivante contre les Espagnols maîtres des Pays-Bas et à qui Turenne reprit Lille, les sorties heureuses des corsaires dunkerquois, dont il était l'un des principaux armateurs l'avaient fort enrichi. Son accroissement de fortune lui permit d'augmenter progressivement ses aumônes hebdomadaires, toujours faites avec une sage prévoyance. De nombreuses familles étaient ainsi mises à l'abri des besoins pressants ; de nombreux malheurs étaient ainsi conjurés.

Les plus chaleureuses protestations de dévouement saluaient de toutes parts l'enfant bien-aimée de l'armateur, quand un très-jeune officier de la marine du roi pénétra dans la maison.

C'était le vicomte de Flamignes, élégant et fluet enseigne de vaisseau, parfaitement infatué de sa personne, très-vain de ses médiocres mérites et de ses puissantes protections, impertinent à la journée, rien moins que marin, mais homme de cour, beau joueur et fort joli cavalier.

Le tableau qui frappait ses regards l'intéressa pourtant; il s'arrêta étonné; aucun sourire sardonique n'effleura ses lèvres minces et railleuses. Il ne put voir sans admiration la jeune et svelte Marie Tugghe, semblable à l'ange des consolations, radieuse au milieu de ses pauvres.

Messire Tugghe lui-même dut venir l'arracher à cette contemplation.

— Monsieur l'enseigne a sans doute quelque communication à me faire? demanda-t-il.

— Oui, monsieur le conseiller, et même elle est assez pressante, répondit le vicomte de Flamignes. Mais qui ne serait émerveillé de ce que l'on voit dans votre noble demeure! Nous connaissions le faste hospitalier et les grandes réceptions de messire Tugghe, nous ignorions ses libéralités charitables.

— Monsieur le vicomte, veuillez prendre la peine d'entrer dans mon cabinet, dit l'armateur qui n'avait pas été médiocrement flatté des éloges donnés à sa magnificence.

Citoyen excellent, ardent patriote français, seigneur généreux dans toute l'étendue du terme, Ignace Tugghe était doué au plus haut degré des qualités qui font le gentilhomme et le chrétien; mais il n'était pas sans travers. Depuis qu'il avait suivi le roi Louis XIV jusqu'à Saint-Germain, il ne rêvait que de ses splendeurs. En dépit d'une nature essentiellement provinciale, il visait au grand ton, voulait briller et sacrifiait outre mesure à la manie de se tenir au niveau des gens de cour.

Si les indigents le bénissaient, en revanche MM. les officiers du grand corps et surtout les courtisans, de jour en jour plus nombreux à Dunkerque, faisaient volontiers entre eux des gorges chaudes à propos de son ostentation. On traitait ses fêtes de *kermesses* flamandes ; on le traitait lui-même de *bourgmestre ;* on allait en foule chez lui pour se donner le plaisir de le tourner en ridicule.

Le vicomte de Flamignes, qui devait son épaulette à la plus insigne faveur, était du nombre des hâbleurs les moins indulgents. Ce jour-là pourtant il ne fut presque pas ironique, car la beauté céleste de Marie venait de l'impressionner au-delà de toute vraisemblance.

La porte du cabinet d'affaires se referma sur le conseiller et l'enseigne. Sous les yeux de sa mère, de son frère Thomas encore très-jeune à cette époque, et qui, par la suite, joua un beau rôle dans l'histoire de Dunkerque, sous les yeux du chapelain et des gens de la maison, Marie poursuivait son œuvre consolatrice.

Enfin, dans l'angle le plus obscur du cloître, elle aperçut une femme en deuil, accroupie et voilée, dont l'attitude trahissait une profonde douleur. Tous les indigents, après avoir reçu leur part d'aumônes, s'étaient retirés ; cette femme seule restait là, immobile, navrée, baignée de larmes, étouffant des sanglots.

L'enfant qui se dirigeait vers elle avec un tendre empressement remarqua tout d'abord son costume. Elle avait la mise d'une bourgeoise de la classe aisée ; la mantille noire qui lui servait à la fois de voile et de coiffure ne manquait même pas d'élégance ; aucun indice apparent n'attestait sa détresse ; et si elle en était réduite à la mendicité, il fallait que son malheur fut extrêmement récent.

— Mademoiselle ou madame, dit Marie avec émotion, je viens vous demander la grâce de vous servir.

L'étrangère leva la tête.

La mère de Charles Keyser ! murmura l'enfant étonnée.

— Si mon brave fils savait que je n'ai plus d'asile ni de pain, je ne serais pas ici, mademoiselle ; mais il est au large, je ne sais trop en quel pays, et après la mort du docteur son père, je viens d'être chassée de ma demeure et dépouillée de tout, excepté des vêtements que je porte.

— Chère amie, dit Marie Tugghe, la maison de mes parents sera la vôtre, mais venez de grâce prendre quelque nourriture.

Et tendant la main à l'infortunée veuve du docteur Keyser, elle l'introduisit dans le parloir. Déjà madame Tugghe et son fils Thomas s'unissaient à l'aimable enfant. On sut que des collatéraux et des créanciers, également avides, abusant de la situation, avaient fait mettre sous séquestre jusqu'au mobilier du docteur, mort subitement dans une petite maison de campagne des environs. Les obsèques étaient à peine terminées quand eut lieu cette exécution brutale, et la veuve Keyser, accablée de douleur, n'avait eu d'autre ressource que de venir à la ville demander aide et secours.

— Mon mari vous fera rendre justice, s'écria madame Tugghe indignée.

— En sa qualité de magistrat, mon père vous doit protection, disait le jeune Thomas.

— Que votre famille soit bénie ! murmurait la veuve au docteur avec l'accent d'une profonde reconnaissance. C'est la Providence qui m'a conduite dans votre maison, où votre charmante petite Marie m'a tout d'abord rendu l'espoir et la confiance en Dieu.

Le conseiller pensionnaire, reconduisant le vicomte de Flamignes, traversa la salle où le couvert était mis. L'enseigne dut saluer madame Tugghe et ses enfants ; il ne daigna pas être convenable envers la veuve Keyser, qu'il toisa d'un air impertinent : « Quels diables de petites gens les Tugghe s'avisaient-ils d'admettre à leur table ! »

Le suprême dédain du jeune gentilhomme froissa toute la famille, à l'exception pourtant de messire Tugghe.

Cet homme, bon et patriarcal dans son intérieur, aux mœurs sévères, aux allures simples et cordiales, admirait dans les gens de cour jusqu'à leur ton tranchant. Sa tenue était digne, parfois imposante ; il n'avait d'autre tort que l'exagération de sa bienveillance envers des précieux renforcés, qui bien certainement ne se fussent pas tant moqués de lui, s'il avait eu quelques-uns de leurs vices brillants. Ignace Tugghe appartenait à cette recommandable classe de la noblesse provinciale qui conservait religieusement la tradition des vertus civiques, domestiques et chrétiennes, mais qui se laissa toujours,— depuis Louis XIV jusqu'à 1789,— éblouir, fasciner en quelque sorte par les faux brillants de Versailles. Ses travers, que partageait d'ailleurs une grande partie de la haute bourgeoisie, provenaient de sa caste. Ses qualités étaient à lui seul.

Dès que le vicomte se fut enfin retiré, messire Tugghe, mis au courant par sa femme et son fils, jura de prendre en main la cause de la veuve Keyser. Il ne devait point tarder à tenir cette promesse. Ne se bornant pas à remplir les devoirs de l'hospitalité, il soutint un procès qu'il poussa vigoureusement et le gagna en très-peu de jours, grâce à sa position de magistrat municipal, jouissant dans le pays de l'estime générale, d'une grande influence et d'une immense considération.

Du reste, le docteur Keyser lui-même avait eu la meilleure renommée, comme savant, et de plus comme marin, car il était du nombre de ces chirurgiens-capitaines dont les annales de Dunkerque offrent un certain nombre d'exemples (1). Il avait débuté à bord sous son père, corsaire fameux, qui le força d'étudier tant bien que mal l'art difficile de guérir. Il saignait, il droguait, il amputait, mais il n'en commandait pas moins le quart. Il fut capitaine à son tour, et comme tel acquit une juste célébrité durant la domination espagnole; mais s'étant marié, il s'éprit de l'étude sérieuse de la médecine, à laquelle son fils Charles préféra le métier de la mer.

En mourant, si le docteur laissait des créanciers, il laissait encore plus de débiteurs; messire Tugghe satisfit aisément les premiers aux dépens des seconds et rétablit ainsi la veuve Keyser dans une position très-convenable; mais d'abord il la recueillit avec la plus affectueuse libéralité.

Cependant, les communications qui venaient de lui être transmises par le vicomte de Flamignes nécessi-

---

(1) Dans l'enquête faite, en 1676, par les ordres de Colbert sur les capitaines *capres* ou corsaires de Dunkerque, l'intendant de la marine Hubert de Champy-Descluzeaux en signale deux, les sieurs Héry et Delastre, comme étant *chirurgiens de leur métier* (sic).

taient qu'il sortît pour visiter quelques-unes des principales familles maritimes de Dunkerque.

La guerre allait être déclarée aux Etats-Généraux de Hollande ; or, un grand nombre de jeunes marins dunkerquois servaient alors sous le pavillon des Provinces-Unies. Sans perdre un instant, il importait de les faire avertir, afin qu'ils ne fussent point exposés à porter les armes contre la France.

— Dieu ! s'écria la veuve Keyser, mon fils Charles s'est enrôlé sous les ordres du grand Ruiter (1) ; il doit être encore à bord de quelque navire hollandais !

— L'administration de la marine, dit M. Tugghe, tous les notables et tous les armateurs de Dunkerque prévenus comme je le suis, vont, ma chère dame, réunir leurs efforts. Il faut espérer que votre fils Charles navigue dans les mers d'Europe.

— D'après sa dernière lettre en date de six grands mois, il s'embarquait comme premier lieutenant sur le *Canard doré* de Flessingue.

— Un dogre ou une galiote, je suppose ?

— Non, messire, un brigantin.

— Très-bien ! Un petit navire de ce rang ne peut guère avoir été envoyé dans les Indes. Tout porte à supposer que la nouvelle des bruits de guerre parviendra promptement à votre fils et que nous ne tarderons pas à le revoir.

— Le ciel vous entende ! s'écria la veuve Keyser. Ah ! pourquoi Charles a-t-il à toute force voulu se faire marin !

(1) Le nom de *Ruiter* s'écrivant en hollandais par un *i* et non par un *y*, nous adoptons comme seule bonne, cette orthographe plus simple et qui ne change rien à la prononciation française usitée.

Son père le destinait à exercer la médecine; j'ai longtemps essayé de le seconder, mais la vocation de notre cher enfant l'a emporté malgré nous. Et pour jamais me voici condamnée à trembler des périls qu'il brave sans doute en riant.

— Madame, dit le conseiller avec une affectueuse courtoisie, vous êtes mère et vous parlez comme une mère, mais on s'aperçoit que vous n'êtes point de l'héroïque famille des Jacobsen, des Janssen et des Bart.

— Non, et je ne serais pas digne d'en être, répondit la veuve Keyser. Plusieurs fois j'ai eu l'occasion de pénétrer chez les sœurs Janssen, aujourd'hui dames Bart : j'étais épouvantée de ce qu'il leur faut d'énergie pour penser et sentir comme elles le font. Elles ne sont entourées que de trophées, de combats et d'images de morts trop glorieuses.

Un soupir maternel compléta l'exposition des craintes de la veuve Keyser.

Mais le repas étant terminé, messire Tugghe se fit donner par Marie son chapeau à plumes et sa canne d'ivoire à pomme d'or; puis, voyant que le temps était superbe :

— Veux-tu venir avec moi, mon enfant ? lui demanda-t-il. Nous irons précisément chez les dames Bart.

La blondine fillette ne répondit que par un cri de joie. Elle aimait particulièrement les hommes et les choses de la mer, les récits de grandes aventures navales, les histoires héroïques comme celles auxquelles venait de faire allusion la mère de Charles Keyser. Depuis qu'elle était d'âge à les comprendre, l'enfant dunkerquoise les admirait avec un naïf enthousiasme. Aussi, tout ce qu'elle avait entendu dire des exploits héréditaires des Bart surexcitait son vif intérêt pour leur famille. D'ailleurs, on en parlait devant elle d'autant plus souvent qu'Ignace Tugghe était le principal armateur des navires jumeaux *la Dune* et *le Clocher*, montés par les capitaines corsaires Cornil et Herman Bart, dont les belles campagnes soit de course, soit de commerce, étaient les meilleures opérations de son père.

Ces frères vaillants, qui avaient épousé les sœurs Catherine et Martine Janssen, filles d'un capitaine de vaisseau mort au combat en commandant une escadre de dix navires, ne remportaient jamais un succès sans se l'attribuer l'un à l'autre. Et Dunkerque, ne sachant à qui décerner la palme, les confondait en un seul double personnage presque légendaire. On ne nommait point Cornil, on ne nommait point Herman, on disait : « les frères Bart (1). »

Selon leurs désirs, Ignace Tugghe leur avait donné à commander deux bâtiments exactement pareils, montés par des équipages égaux en force et en nombre, peints, armés et gréés avec une similitude minutieuse. Le fils aîné de Cornil, qui portait le même nom que lui, servait comme lieutenant à bord du bâtiment commandé par son oncle et parrain Herman ; le fils aîné d'Herman, François Bart, remplissait les mêmes fonctions à bord du navire de Cornil ; et les deux cousins imitant leurs pères, on n'eut jamais une relation de leurs campagnes dans laquelle ne régnât une généreuse confusion ; car, du reste, les sœurs Janssen qui avaient épousé ces gloires fraternelles, tenaient à honneur de ne rien éclaircir.

(1) Historique.

Le parti français dont messire Tugghe était l'un des plus notables représentants, estimait particulièrement les frères Bart qui, durant la domination anglaise, avaient préféré se faire simples pêcheurs à commander des navires dunkerquois sous pavillon britannique Les agents de Cromwell ne le leur pardonnèrent pas ; les exactions et les avanies de toute sorte les accablaient. L'on vit alors les deux capitaines, en veste de bure, travailler nuit et jour, comme les moindre des matelots, et leurs nobles femmes, les filles du chef d'escadre Henri Janssen, aller elles-mêmes vendre le produit de leur pêche (11).

Peu s'en fallut que les Bart ne prissent le parti d'émigrer pour Dieppe, dont leurs ancêtres sont originaires; mais les Anglais d'un côté, d'un autre mille difficultés matérielles s'y étant opposées, vint le jour du rachat, et ils purent, sans avoir forligné, reprendre publiquement le rang de capitaine.

Messire Tugghe en costume de conseiller, Marie dans la jolie robe blanche qui faisait si bien valoir sa fraîcheur et sa gentillesse, traversèrent la grande place, fort remarquable à cette époque par sa physionomie espagnole. Ils descendirent vers le port, passèrent devant la grille fleurdelisée de l'Arsenal, et salués à chaque pas avec sympathie par des gens de toutes les conditions, pénétrèrent dans le quartier le plus maritime de la ville, sorte de succursale des chantiers de construction qui l'avoisinaient. — Ici naissaient les navires, là les marins ; ici, la hache du charpentier mettait le bâtiment au berceau ; là étaient bercés les enfants de la mer par des femmes dont la mer est la nourrice.

Dans ces rues et ces ruelles, tout avait le caractère

naval. Pas un cabaret qui ne fût décoré d'attributs maritimes, pas un magasin qui ne fût destiné à l'approvisionnement des navires, pas une maison qui ne fût une ruche de gens de mer.

Celle des frères Bart ne manquait point d'apparence Elle était grande, comme il convient à une famille très-nombreuse, solidement bâtie à la mode flamande, mais non sans une certaine recherche architecturale. Ainsi, à l'extérieur, d'élégantes colonnettes torses soutenaient un premier étage en saillie, orné dans le même style. Au centre, on remarquait un écusson fruste, car les Anglais avaient fait briser à coups de marteau la figure qui en occupait le champ d'azur, *Renard Passant* décoré des ordres de Sa Majesté Catholique.

Ces armoiries parlantes, puisqu'elles représentaient *le Renard de la Mer*, Michel Jacobsen, amiral du roi d'Espagne et aïeul maternel des frères Bart, n'avaient pas été restaurées, moins par incurie que par respect pour la France, car les autres ornements religieux ou marins, les croix, les ancres, les madones, également martelés par les Anglais, avaient été remis à neuf.

Depuis plus d'un siècle, la maison des frères Bart était héréditairement occupée par une famille qui tint toujours le premier rang dans la marine locale. Et si un jour, vers 1660, elle fut sur le point d'être abandonnée, alors que les deux fils de Michel Bart en étaient réduits à faire la pêche, elle ne put être vendue, par bonheur, en sorte qu'une foule de jeunes Bart étaient nés dans cette demeure toute pleine de grands souvenirs.

Deux corps de logis à pignons sur rue communiquaient au fond de la cour par une galerie en bois, sous laquelle était ménagé un hangar rempli, comme un entrepont, d'ustensiles marins et d'instruments de pêcheurs.

Dans cette galerie, éclairée par plusieurs fenêtres à petits vitraux en losange de couleurs diverses, se trouvait le grand parloir où les dames Bart filaient en surveillant leurs plus jeunes enfants, lorsqu'une alerte servante flamande y introduisit Ignace Tugghe et sa gentille Marie.

Déposant avec empressement leurs quenouilles, les deux sœurs se partagèrent les rôles. Catherine, l'aînée, s'avança vers le conseiller armateur; Martine interrompit les jeux bruyants des petits cousins et petites cousines que Marie Tugghe se hâtait d'embrasser. L'aimable enfant fut bientôt le centre du groupe tapageur et curieux des jeunes Bart. Comme une petite fée, elle les charma tout d'abord par ses affectueuses caresses. Michel, Jacques, Jean-Baptiste, Agnès, Cornélie, Gaspard l'entouraient et l'écoutaient, répondant tour à tour à ses questions sur les trophées belliqueux qui décoraient la salle.

Martine, se rapprochant, saluait à son tour messire Tugghe, qui répondait à Catherine :

— Non, madame, à mon grand regret, je ne vous apporte point de nouvelles de nos braves navigateurs. Espérons que nous les verrons bientôt revenir avec succès, selon leur usage !

— Mon beau-frère Cornil est si habile! dit Martine.

— Herman est si adroit et si intrépide, ajouta vivement sa sœur.

Le conseiller sourit et continua :

— Mais vous avez, si je ne me trompe, plusieurs membres de votre famille au service de la Hollande?...

— Jean Bart, mon second fils, interrompit vivement Catherine, y sert sous les ordres de l'amiral Ruiter.

— Votre propre fils, madame? La communication que j'ai à vous faire n'en est donc que plus importante; car Sa Majesté a résolu de déclarer la guerre à la Hollande. Il ne faut point qu'un Bart combatte contre sa patrie.

— Cela n'est pas possible, monsieur Tugghe! s'écria fièrement Catherine. Jean saurait mourir!

Les enfants s'étaient tus. Agnès, l'aînée des sœurs de Jean Bart, jeune personne âgée alors de seize ans, rougit d'un noble orgueil. Marie Tugghe fut émue jusqu'aux larmes.

— C'est un garçon doux et un peu timide que mon fils Jean, reprit la femme de Cornil, obéissant, patient, résigné, sans entêtement, ne se mettant jamais en colère. Son frère aîné, son second frère Jacques, ses petites sœurs, sans excepter Mlle. Agnès, ici présente, m'ont donné mille fois plus de peines que lui.

Agnès sourit en baissant les yeux.

— Mon fils Cornil est vif comme la poudre. Dans son enfance, il ne passait pas un jour sans distribuer et recevoir des horions. Jean, tout au contraire, ne provoquait jamais personne et s'efforçait d'éviter les querelles. Je l'ai toujours vu céder aux caprices de ses frères et de ses deux cousins.

— Il faut reconnaître, dit Martine, que Jean est le meilleur de tous nos enfants.

— Et celui qui a été le plus durement traité, ajouta Catherine, car son père, le trouvant trop bon, le plaça sous les ordres du plus méchant homme du monde, Jérôme Valbué le Picard, un ancien contrebandier que le comte de Charost avait fait pilote hauturier royal.

— J'ai connu ce maître Valbué, dit messire Tugghe; c'était en effet un homme très-cruel.

— Vous savez, reprit la mère de Jean-Bart, que lors du rachat, voici dix ans, mon mari et son frère prirent la mer, avec mon fils aîné, à bord de votre vaisseau *l'Ange Gabriel*, pour un grand voyage aux Indes..

— C'était en temps de paix, dit l'armateur, et si les opérations commerciales du bâtiment ne furent pas sans profit pour ma maison, ses rencontres ne furent pas sans gloire pour la vôtre...

Ignace Tugghe faisait allusion à un magnifique combat que *l'Ange Gabriel* fut obligé de livrer à un navire de guerre espagnol qui, selon la coutume du temps, l'attaqua par-delà le méridien de l'île de Fer, — la fameuse *ligne des amitiés*, passé laquelle, les Espagnols et les Portugais couraient sus à toutes les autres nations.

— Jean avait douze ans alors, poursuivit Catherine; mon mari, avant de partir, le confia donc à maître Valbué, qui dut l'accabler de mauvais traitements. Eh bien, quand je l'interrogeais, le pauvre enfant, loin de se plaindre, me répondait : — « C'est mon père qui m'a placé sous maître Valbué; tranquillisez-vous, ma mère, j'apprends le métier comme il faut. » — Jean est timide comme une jeune fille, j'en conviens; mais il a un genre de courage que j'aime par-dessus tout, un calme inébranlable. A force de subordination et de zèle, dès l'âge de quinze ans, monsieur Tugghe, il était devenu le second de ce monstre de Valbué. Huit ou dix mois après, un jour, pour essayer d'empêcher une exécution horrible, il ne craignait pas de lui tenir tête. Connaissez-vous l'histoire de Martin Lanoix et de Simon Laret ?

— Non, madame, mais je m'attends à quelque chose d'épouvantable.

— Martin Lanoix, poussé à bout par les injures, les menaces et les coups du maître, ouvrit son couteau, le supplia de cesser et, n'étant pas écouté, frappa. Simon Laret prit parti pour Valbué, blessa Lanoix et fut tué par celui-ci. Devant tout l'équipage assemblé en conseil, mon brave fils, qui n'avait pas encore seize ans, osa déclarer que Lanoix n'était point coupable. Un seul autre, Thomas Vanburg, fut aussi courageux que Jean. La loi fut donc exécutée dans toute sa rigueur. Le malheureux Lanoix eut la main clouée au grand mât avec le couteau, puis on le lia au cadavre de Laret et on le jeta par-dessus le bord (III). Ainsi l'ordonnent les jugements d'Oleron. Mais Jean, qui le savait, fit tout son possible pour mettre obstacle à cette barbarie. Aussitôt après l'exécution, maître Valbué, furieux, se précipite sur lui et le frappe au visage. Jean reste calme, recule et dit simplement : « Le jugement d'Oleron défend au maître de meurtrir les mariniers. » Maître Valbué levait encore la main. Jean, reculant toujours, ajouta : « Par obéissance pour le capitaine Bart, mon père, je sers depuis près de quatre ans sous vos ordres ; mais le capitaine Bart ne vous permet pas de frapper son fils au visage. Je romps mon engagement ; j'en prends à témoin tous les gens du bord, et je dis maintenant que vous ne frapperez plus ! » Jean se croisa les bras et cessa de reculer. — « Mais s'il avait osé te frapper encore, lui demandai-je, qu'aurais-tu fait ? — Ma mère, me répondit-il tranquillement, je l'aurais tué. » — Ce garçon timide, monsieur Tugghe, je vous le promets, ne sera pas le dernier à faire honneur à notre famille.

— J'en suis bien certain, madame ; mais à présent où est-il ? que fait-il ? Tâchez de le faire prévenir des nouvelles de guerre, afin qu'il vienne le plus tôt possible se ranger sous les ordres de son père et de son oncle.

— Depuis six ans, Jean est en Hollande. Après avoir servi comme simple matelot sur le vaisseau de Ruiter, il est aujourd'hui second lieutenant à bord du *Canard Doré* de Flessingue, commandé par le capitaine Svoelt, un homme excellent à ce qu'il paraît.

— Mais, interrompit Ignace Tugghe, votre fils est donc sur le même navire que Charles Keyser ?

— Keyser et lui sont amis intimes, frères de cœur, *matelots*, comme nous disons.

— J'espérais, dit Martine d'un ton de regret, qu'il s'*amatelotterait* avec un de mes fils à moi ; mais il a donné à Keyser sa tendresse la plus fraternelle.

— Tranquillise-toi, ma sœur, répondit Catherine, nous partagerons un enfant de plus.

Un éclair brilla dans les yeux de Martine.

Ignace Tugghe alors raconta les malheurs récents de la veuve Keyser.

— Notre maison ne vaut pas la vôtre, monsieur Tugghe, dit Martine, et la mère de Charles ne pouvait trouver meilleur asile ; mais répétez-lui ce que vous venez d'entendre. Elle a ici deux sœurs dévouées. L'admiration de Jean pour l'amiral Ruiter, son attachement à son capitaine et surtout son amitié pour Charles sont, je pense, les principales causes qui le retiennent en Hollande. Maintenant, Catherine et moi nous allons faire en sorte qu'il revienne, et, j'en suis sûre, il ne reviendra pas sans son *matelot*.

— Vous savez donc où est le *Canard Doré* ?

— A Flessingue, dont nous avons reçu, le matin même, une lettre dictée par Jean à son ami Charles.

Marie Tugghe s'avança timidement :

— Mesdames, dit-elle, mon père a beaucoup de visites à faire aujourd'hui. Si l'une de vous consentait à me ramener à la maison, nous pourrions tout de suite annoncer à Mme. Keyser le retour prochain de son fils.

— Chère enfant, elle y songe la première ! dit Catherine en l'embrassant. Oui, hâtons-nous d'aller porter à cette amie infortunée une consolation de plus !

Moins de deux heures après, un aventureux serviteur de la famille, jeune matelot nommé Vanburg, partait de Dunkerque pour Flessingue avec les instructions détaillées de la mère de Jean Bart.

LA SOIRÉE DES FIANÇAILLES.

Dans une brasserie du quai de Flessingue, contre lequel était amarré le brigantin *le Canard Doré* du capitaine Svoelt, causaient affectueusement deux jeunes marins, l'un premier, l'autre second lieutenant du léger navire.

Tous deux à peu près du même âge, environ vingt-deux ans, tous deux grands, sveltes, vigoureux et devant à l'exercice actif de leur profession des allures semblables, ils n'avaient dans le visage d'autre trait commun que le profil aquilin.

Charles Keyser tenait de sa mère, originaire d'Espagne, des yeux et des cheveux noirs, un teint sombre, une vivacité méridionale. Il était barbu et un peu maigre.

Jean Bart était blond et encore imberbe. Il avait le teint blanc, frais et coloré d'un vrai Flamand. Sa face était pleine, sa physionomie intelligente et douce. Sur son front largement développé on lisait sa fermeté virile, sa patiente énergie. En ce moment, il semblait triste, car Keyser lui proposait d'abandonner le service des Provinces-Unies (iv).

A Dunkerque, si les magistrats et les armateurs avaient reçu avis de la prochaine déclaration de guerre, en Hollande chacun s'attendait à une rupture avec la France.

— Notre capitaine est un excellent homme, notre amiral un héros, notre position agréable; nous sommes heureux, j'en conviens, disait Keyser; mais ces nouvelles donnent à réfléchir, et si nous ne partons sans plus tarder, réussirons-nous à partir plus tard? Nous sommes Français : la guerre allumée, pouvons-nous continuer à servir ici? — Non, sous peine d'être des traîtres.

Jean Bart tressaillit.

— Ainsi, dans tous les cas, adieu nos chefs, adieu nos grades, et, par-dessus le marché, adieu la mer et la liberté, car on nous ferait prisonniers de guerre, bien certainement.

La tristesse de Jean Bart augmentait à vue d'œil.

— Oui, matelot, tu as raison ; il faut quitter ce pays ! murmura-t-il en soupirant.

— Pourquoi ces regrets? Tu vénères l'amiral, tu estimes notre bonhomme de capitaine, mais la Hollande t'est indifférente; tu aimes la France et tu retrouverais à Dunkerque une famille que tu chéris. Qu'as-tu donc?

— J'ai... répondit Jean Bart en rougissant comme une jeune fille, j'ai... que je suis amoureux!

— Ah! fit Keyser sans sourire, et je ne le savais pas!

— Le savais-je moi-même?

— Depuis quand donc ce mystérieux amour?

— Depuis trois ans ou depuis un quart-d'heure

— Explique-toi.

— Depuis que je l'ai vue pour la première fois ou depuis que tu me parles de ne plus la revoir.

— Je comprends!... Mais qui est-ce donc?

— Regarde! dit Jean Bart en montrant une jeune fille qui avait de très-grands rapports de ressemblance avec Charles Keyser lui-même.

Conduite par sa mère, elle passait sur le quai et se dirigeait vers la demeure du capitaine Svoelt, où les deux officiers, qui avaient coutume d'y passer la soirée en famille, la rencontraient sans cesse.

— Ma cousine Nicolita Guttiere! (1) s'écria gaiement Keyser. Et tu te chagrines!... Mais elle est Française tout comme nous, malgré son nom castillan, et, morbleu! l'on ne fait pas les femmes prisonnières de guerre.

— Qu'importe, si nous partons et qu'elle reste!

— Décidément, poursuivit Keyser sur le ton badin, le

(1) Lisez: *Gouttiéré*, selon la prononciation espagnole. Ce nom, défiguré cent fois, a été écrit par les historiens: Goutier, Gontier, Gouttières, etc.

mal est sérieux et invétéré! Mais, ma petite cousine n'était qu'une enfant quand sa mère vint s'établir ici.

— Dans ce temps-là déjà elle était ton image vivante, et déjà tu étais mon *matelot*.

Keyser fut touché de la réponse, et, prenant la main de son ami :

— Voyons, demanda-t-il, l'aimes-tu assez pour vouloir l'épouser?

— L'aimerais-je sans cela? répondit naïvement Jean Bart.

— C'est juste, fit Keyser en riant. J'oublie sans cesse que tu es un Caton.

— Caton!... je ne sais de quoi tu parles ; mais je suis chrétien et je n'ai pas le cœur changeant.

— Ah! mon brave matelot, si jamais le Père Eternel a besoin d'un saint qui mérite d'être amiral, ou d'un amiral qui mérite d'être saint, je lui indiquerai ton adresse.

— Merci, dit Jean Bart en souriant ; je crains fort de ne jamais devenir ni saint ni amiral ; mais j'aime Nicole d'un amour franc comme notre amitié. Elle ne le sait même pas ; nous allons partir, et je suis triste.

— Parle-lui clairement.

— Je suis trop timide. Mon père, mon oncle Herman, ma mère elle-même, me l'ont toujours reproché.

— Et moi aussi je te le reproche. Tu es un singulier mélange de sauvagerie et de courage, de sang-froid dans le danger et de trouble puéril là où le dernier des novices aurait de l'aplomb.

— Je n'oserai jamais avouer mon amour!

— Veux-tu que je m'en mêle? Faut-il s'adresser à la mère, à la fille, à toutes les deux? faire une simple déclaration en confidence ou une demande de mariage toutes voiles dehors ? Commande, je suis paré !... Mais, aussitôt après, en route pour Dunkerque !

— Ceci est convenu !... Pour le reste, je serai à jamais ton obligé ; tu me rends force et courage !

— Tu m'as sauvé la vie quatre fois et je te dois encore trois revanches, dit Keyser.

Jean Bart n'entendit pas.

— Écoute ! dit-il après quelques instants de silence : Nicole n'a que seize ans. J'étais ici second lieutenant ; en France je ne serai rien. Si mon espérance n'est pas repoussée, demande trois ans d'attente. Dans trois ans je serai capitaine et mon nom sera connu, ou bien je serai mort.

— Ce n'est pas ça du tout ! dit Keyser. Depuis la perte de son mari, ma tante Guttière n'a plus de raison pour rester à Flessingue. Je la décide à retourner auprès de ma mère. Nicole sera ta fiancée dès ce soir, je t'en réponds ! Elle habitera Dunkerque avant deux mois, et de cette façon tu feras ta cour tout à ton aise....

— Vrai ? serait-ce possible ?

— Trois ans d'attente ! trois ans sans se voir, sans se parler, après une simple demande en mariage, voilà l'impossible, Jean Bart. Tout le reste, en comparaison, est facile. Tu me faisais l'effet d'un roman de chevalerie.

— Encore une fois, merci ! dit Jean Bart. Je te laisse liberté de manœuvres. Marchons.

Les deux amis sortirent de la taverne du *Roi Salomon*, et se dirigèrent en continuant de causer vers la demeure de leur capitaine.

— Allons, Amadis de la Civadière, du calme ! Tu rougis, tu pâlis ; t'aviserais-tu d'avoir peur ? disait, chemin faisant, le fils du docteur Keyser, vrai lettré qui, grâce à la férule paternelle, possédait les premiers éléments des langues classiques.

Il parlait d'ailleurs très-couramment les cinq langues vivantes du pays : le flamand, le français, l'anglais, le hollandais et même l'espagnol, — ce qui alors était fréquent parmi les marins de Dunkerque. — Aussi, Jean Bart, sans avoir appris le latin, les parlait-il tout comme lui.

Si le digne descendant du Renard-de-la-Mer ignorait ce que pouvait avoir été Caton et n'avait jamais ouvert un roman de chevalerie, il n'était pourtant pas comme on l'a écrit fort à la légère, dépourvu de toute instruction. La moindre connaissance des mœurs maritimes le démontre évidemment. On ne saurait, en effet, devenir lieutenant sur un navire quelconque, et à plus forte raison capitaine et chef d'escadre, sans être capable de se reconnaître sur une carte marine et conséquemment sans savoir lire, — de faire son point, et conséquemment sans savoir écrire et calculer.

Temporairement, par un noble excès de patriotisme, le père de Jean Bart se fit pêcheur, mais il occupait un rang distingué dans la bourgeoisie de Dunkerque. Fils et petit-fils de capitaines, de chefs d'escadre, d'amiraux, il était capitaine lui-même.

Parmi les Bart on comptait plusieurs savants maîtres charpentiers constructeurs de navires, tels que Charles, autre frère de Cornil et d'Herman, et plusieurs ecclésiastiques fort instruits, tels que le curé de Drinckam, Nicolas Bart, fils de *l'ingénieur* Charles. On ne pouvait donc laisser croupir dans une ignorance absolue les enfants d'une famille ainsi composée.

Catherine et Martine, la mère et la tante de Jean Bart, lui avaient appris à lire en langue flamande. Plus tard, le brutal Jerôme Valbué l'avait assurément obligé à tenir le journal de route et la comptabilité du bord. Enfin l'amiral Ruiter ne l'aurait pas, de grade en grade, élevé au rang d'officier, s'il n'avait su ni lire, ni écrire, comme on l'a tant de fois répété, faute d'un peu de réflexion.

Plus curieux d'étudier les cartes marines avec une passion souvent opiniâtre que d'apprendre l'histoire romaine ou que de lire les aventures d'Amadis des Gaules, Jean Bart, au résumé, n'aimait pas le maniement de la plume.

Le *Grand Illuminant* ou *Flambeau de la Mer*, le neptune du Nord (1), était son livre favori, l'objet de ses prédilections, et, pour tout dire, le maître qui fit de lui le hardi pilote que l'on sait. Il signait JAN, à la flamande, devait se soucier fort peu de l'orthographe française, tenait bien autrement à savoir d'une manière imperturbable le nombre de brasses d'eau qu'on trouvait suivant les heures des marées aux embouchures de l'Escaut ou sur les côtes des Flandres, et pour sa correspondance, même avec sa famille, il recourait volontiers à l'obligeance de son ami Keyser, le ci-devant latiniste.

— A l'heure qu'il est, dit celui-ci, ta mère et la mienne doivent avoir reçu mes dernières lettres. Elles savent que le *Canard Doré* n'a pas désarmé, que nous sommes en Hollande et que nous ne ferons pas le voyage des Ind

---

(1) On appelle *neptunes*, les atlas exclusivement composés de cartes marines.

— Ce grand voyage, dit Jean Bart, m'aurait encore plus attristé que la déclaration de guerre.

— Parbleu! Je n'aurais pu te garantir la visite de Nicole au cap de Bonne-Espérance qu'il vaut mieux trouver dès ce soir à Flessingue.

Sur ce jovial jeu de mots, Keyser poussa en avant Jean Bart décontenancé, qui devint tout tremblant à la vue de sa chère Nicolita Guttiere.

Charles entra en riant, salua la maîtresse du logis, respectable matrone à triple menton, qui, dans sa jeunesse, aurait pu servir de modèle à Rubens, donna le bonsoir à la veuve Guttiere, remarqua l'absence du capitaine Svoelt qui, par extraordinaire, n'était pas chez lui, et aborda familièrement Nicole tout occupée, en apparence, à faire des tartines pour la collation.

Jean Bart, dont le trouble n'échappait qu'à la corpulente dame Svoelt, demandait par contenance comment, à pareille heure, le capitaine pouvait être absent.

— L'amiral Ruiter l'a mandé à son bord, répondit la matrone.

Et là-dessus, sans que sa verve eût besoin d'être stimulée, elle fit presque tous les frais de la conversation. Jean Bart et Mme. Guttiere se bornaient à placer des monosyllabes. Amoureux fort maladroit, le premier se trahissait par des regards qui eussent donné l'éveil à une mère moins clairvoyante. La jeune fille, tout à coup, était devenue sérieuse. Distraite des soins du ménage par son cousin Charles, elle rougissait, et, loin de sourire avec malice de l'embarras de Jean Bart, elle baissait les yeux et semblait balbutier.

A la vérité Keyser n'avait pas perdu de temps en préambules. Prenant la parole en espagnol et à voix basse :

— Nicolita, dit-il, mon ami Bart vous aime d'amour et veut vous demander en mariage ; qu'en pensez-vous ?

— Plaisantez-vous, cousin Carlos ?

— Avec mon amitié pour Jean Bart, avec l'affection fraternelle que je vous porte, jamais !

— Pourtant vous êtes entré en éclatant de rire.

— Parce que mon brave *matelot* est un amoureux transi qui n'osait plus ouvrir la porte, tant il avait envie de vous voir ! J'en ai ri de bon cœur en le poussant par les épaules.

— Ah ! vous êtes terrible.

— Jean Bart vous aime depuis qu'il vous connaît ; je n'en savais rien tout à l'heure, mais je me suis chargé de vous l'apprendre.

— Vous ne m'apprenez rien, murmura la jeune fille.

— Tant mieux !... Et mon ami vous plaît-il ? L'aimez-vous ?

— Ah ! Carlos vous m'en demandez trop.

— Il faudra cependant me répondre.

— Nous verrons.

— Sur-le-champ, Nicolita, ou je m'adresse à votre mère.

— Y pensez-vous ?

— C'est décidé, c'est convenu, c'est nécessaire !

— Et pourquoi donc ? Vous êtes bien pressant ou bien pressé.

— Ecoutez un secret, un grand secret que je vous confie comme à une sœur. La guerre va éclater entre la France et la Hollande. Demain, cette nuit peut-être, Jean Bart et moi nous partons de Flessingue pour n'y plus revenir. Comprenez-vous ?

La jeune fille, après un petit mouvement convulsif, gardait le silence de la réflexion.

Keyser ajouta rapidement :

— Si Bart vous est indifférent, Nicolita, tout est dit. Vous gardez loyalement notre secret, nous nous éloignons, et moi je m'efforce de consoler mon pauvre ami. Si, au contraire, comme je l'espère pour nous tous, vous vous sentez disposée à répondre au plus noble et au plus discret des amours, parlez, car l'heure presse. Je veux que votre mère accorde votre main, que vous soyez fiancée, et enfin que vous aussi vous quittiez Flessingue pour nous rejoindre à Dunkerque. Dans deux minutes, si vous vous taisez, vous aurez refusé le nom de Jean Bart.

Le cœur de la jeune fille battait avec violence; elle pâlissait et rougissait tour à tour, regardant tantôt Jean Bart et sa mère qui l'observaient de leur côté, tantôt Keyser que commençait à gagner l'inquiétude.

Jean Bart désespérait : — « Non ! elle ne m'aime pas, et pourquoi m'aimerait-elle ? se disait-il modestement. Que suis-je, qu'ai-je fait pour être digne de sa tendresse ? Ai-je aucune des qualités brillantes de Keyser ? Pauvre marin ignorant, je ne vaux quelque chose qu'à bord. »

Madame Guttiere soupçonnait Keyser de plaider pour son propre compte : — « Bart qui est chargé de détourner mon attention joue fort mal son rôle et maître Charles s'émancipe. C'était à craindre, mais j'y mettrai bon ordre ! Un cerveau brûlé, sans fortune, sans avenir, et d'ailleurs notre parent trop rapproché, ne me conviendrait sous aucun rapport. Eh quoi ! ma fille ne se débarrasse pas de lui ? Voici un tête-à-tête qui se prolonge par trop. »

Elle se leva vivement; Nicolita s'en aperçut ; alors enfin elle répondit d'un ton ferme :

— Je l'aime !

Puis, les yeux en pleurs, elle se précipita dans les bras de sa mère, dont Keyser s'approchait en souriant :

— Ma chère tante, dit-il toujours en espagnol et à voix basse, ne froncez pas les sourcils. Je parierais que vous me soupçonnez de quelque noirceur. Je ne suis ni assez mauvais sujet, ni assez sentimental, ni assez langoureux pour aimer autrement que de franche et loyale amitié mademoiselle ma cousine, qui ferait bien d'aller prendre votre place, et de nous laisser causer sérieusement, confidentiellement, rapidement surtout.

Enchantée d'avoir un tel avocat, Nicolita essuyant ses larmes, courut à ses tartines, qu'elle vint poser sur la table placée devant Mme Svoelt.

Jean Bart la vit sourire, puis rougir, puis baisser les yeux ; son cœur se dilata :

— Si Keyser parle à sa mère, c'est qu'elle n'a pas refusé !

Il était au septième ciel, et risquait de donner fort mal la réplique à la respectable matrone engagée dans le récit des dangers terribles que courut sur les côtes de Java la *Licorne néerlandaise*, montée par son mari.

— Pendant trois jours et trois nuits, disait-elle, ce malheureux navire fut en perdition au beau milieu d'un cercle infranchissable d'écueils !

Devant une situation aussi tragique, il faut un cri, un geste, une marque d'intérêt ou d'étonnement, et Jean Bart se taisait. Heureusement, Nicolita put dire :

— Mais, madame, comment donc la *Licorne Néerlanaaise* était-elle entrée dans ce cercle infranchissable ?

— Oui, au fait, répéta Jean Bart ; si le cercle d'écueils était infranchissable, comment la *Licorne*...

— Vous êtes jeune, lieutenant, reprit Mme Svoelt ; vous ne connaissez que la Manche, la mer du Nord, le Zuiderzée et les vulgaires tempêtes de nos parages. Vous ne savez pas ce que c'est que le grand dragon typhonien, horrifique et magistral tourbillon qui plonge les navires au fond du gouffre des eaux, les en arrache par les cheveux, les emporte jusqu'à plus d'un mille en l'air et les laisse ensuite retomber, n'importe où, à terre, au large...

— Ou encore, dit malicieusement Nicolita, au beau milieu d'un cercle d'écueils infranchissables.

— Mais ce n'est pas tout d'y tomber comme de la lune, ajouta Jean Bart rasséréné, calmé, joyeux, et qui d'un regard limpide, contemplait en souriant la brune jeune fille.

— Non, certainement, il faut en sortir, et c'est ce que fit merveilleusement la *Licorne Néerlandaise*, grâce au talent de mon mari.

Jean Bart et Nicolita furent privés de la relation de cette manœuvre merveilleuse, car le débonnaire capitaine Svoelt, gros, gras et rubicond personnage qui faisait le pendant complet de sa digne moitié, entra brusquement, se décoiffa de même, posa sa canne en frappant, ne souhaita le bonsoir à personne et n'embrassa pas même sa femme.

Le placide bonhomme était exaspéré. Il donnait à tous les diables le maudit roi Louis XIV, et jurait en Hollandais que la France méritait d'être saccagée, pulvérisée, engloutie, anéantie, réduite à rien, — sans avoir l'air de se douter que les Dunkerquois réunis dans son hospitalière demeure pussent ne point partager son indignation.

Keyser courut à Jean Bart, lui dit impérativement : « Pas un mot, laisse-moi faire ! tout ira bien ! » — puis s'adressant au capitaine :

— Qu'a donc fait, je vous en prie, ce monstre de Louis XIV ?

— Il nous déclare la guerre ! Mille sacrements des diables ! Il se ligue contre nous avec l'Angleterre. C'est une atrocité ! une infamie ! Les hostilités sont commencées, et l'amiral Ruiter vient de nous donner des ordres qui, pour ma part, ne me divertissent pas trop : « Consigne générale à bord. » A partir de demain matin, il faut être prêt à faire voile au premier signal. Avis à vous, lieutenant Keyser !

— Très-bien, capitaine, le *Canard Doré* sera prêt. Et maintenant, pour vous dérider un peu, permettez-moi de vous annoncer une heureuse nouvelle.

— Voyons ! dit le bonhomme en se laissant lourdement tomber sur un siége, j'ai grand besoin, en effet, de me calmer.

L'excellente mère Svoelt, d'une main, offrait à son époux une profonde chope de bière mousseuse, et, de l'autre, essuyait son front ruisselant.

Jean Bart avait adressé à Mme Guttiere un regard fillial empreint de reconnaissance.

— Vive l'amour ! reprit gaiement Keyser. Avec la permission de madame Svoelt et la vôtre, capitaine, nous terminerons galamment la soirée en célébrant les fiançailles de mon loyal ami Jean Bart avec ma très-gracieuse cousine.

— Ah !... Dieu !... ciel !... en vérité ! s'écriaient les bons époux Svoelt.

— Affaire arrangée depuis deux minutes et qu'il faut annoncer maternellement, ma chère tante.

— Lieutenant Bart, dit madame Guttiere avec une dignité mêlée d'émotion, vous venez de l'entendre, mon consentement vous est accordé. Je n'ai fait qu'une objection à votre demande, qui nous honore et m'a vivement touchée : notre défaut de fortune. Je ne suis qu'une pauvre veuve, et ma fille Nicole n'aura pas de dot. Mais mon neveu m'a juré en votre nom que vous ne l'ignoriez pas.

— Certainement, puisqu'il l'a dit.

— Nicole vous aime, M. Bart Et je suis heureuse de vous promettre sa main aux conditions que vous proposez de vous-même, car j'ai pleine confiance dans votre avenir.

— Vous avez bien raison, chère dame ! s'écria le bonhomme Svoelt. Ce garçon-là est marin comme les cordes ; personne ne connaît mieux que lui nos courants, nos bancs et nos côtes ; il sera capitaine avant six mois, ou j'y perdrai mon nom ; l'amiral Ruiter fait cas de lui, je le sais ; et la guerre qui, au bout du compte, a son bon côté, va lui permettre de faire fortune aux dépens des Suédois, des Anglais et de ces damnés Français de malheur que...

— Calmez-vous, capitaine, interrompit Keyser.

— Calme-toi, cher ami, disait la mère Svoelt, fêtons en famille ces fiançailles inattendues.

La main de Nicole était dans celle de l'heureux Jean Bart, qui eut encore besoin des encouragements de son matelot pour embrasser sur les deux joues la jeune fille moins timide, dont la joie démonstrative ne tarda point à pétiller.

On riait, on applaudissait ; madame Guttiere remerciait avec effusion son mauvais sujet de neveu :

— Pour rien au monde, je n'aurais voulu d'un enragé tel que toi.

— Je ne suis pas en cause, ma tante, disait le bouillant Keyser dont le plus grand méfait était, en somme, de s'être un beau jour embarqué sans l'autorisation paternelle. Convenez que si je n'avais pas préféré la marine aux drogues et aux emplâtres, je ne serais pas le matelot de Jean Bart, et, par conséquent, il ne serait pas le fiancé de votre fille.

Bart, doux, rangé, pieux, très-bon marin, tenant à la meilleure bourgeoisie de Dunkerque, et certain, comme il le déclarait, que le consentement de ses propres parents ne saurait lui faire défaut, se résignait à n'épouser Nicole qu'après avoir conquis une position convenable. Sa proposition avait de nombreux avantages que madame Guttiere avait saisis sur-le-champ. Quant au retour en France, elle s'y décidait d'autant plus volontiers que, depuis la mort de son mari, elle avait déjà pensé bien des fois à se retirer auprès de sa sœur, la mère de Charles.

— On ne peut dire que ton ami manque de franchise, ajouta madame Guttiere, et cependant, moi, je ne me doutais pas de son profond amour pour ma fille.

— Moi non plus ; et lui-même, à peine ! répondit Keyser en racontant la scène de la brasserie assez bas pour que le projet d'évasion ne pût être entendu par les époux Svoelt ; mais cet amour avait été senti par Nicolita, comme je sentis, moi, tout d'un coup, en me rencontrant avec Jean Bart, que j'avais trouvé un frère.

Le capitaine Svoelt voulut qu'on fît un extra. Un excellent vin des Canaries fut substitué à la bière flamande; il en but largement sa part, et, remis en belle humeur, cessa de maudire la guerre. En vérité, après deux ou trois toasts, il ne parla plus que de victoires et conquêtes.

— Lieutenant Bart, dit-il, je vais vous donner une bonne idée.

— Vous n'en avez que de bonnes, capitaine! se hâta de répliquer Charles Keyser, ce qui fit sourire Nicolita.

— Ma femme le pense depuis que j'eus celle de la demander en mariage.

— Convenez, M. Svoelt, dit la matrone, que vous n'en eûtes jamais de meilleure.

— De tout mon cœur, chère amie; mais celle que j'ai pour vous, lieutenant Bart, n'en est pas plus mauvaise. Dans six mois, vous serez capitaine, je vous en réponds.

— Grand merci! fit Jean Bart.

— Vous commandez un joli navire taillé pour la marche, vous prenez le large, vous appuyez la chasse aux ennemis...

— D'accord!

— Eh bien! prenez-moi une bonne grosse flûte française richement chargée, vous aurez votre corbeille de noces!.. Eh! eh! eh! que dites-vous de cette idée-là?

— Excellent! admirable! parfait! s'écria Keyser.

— Mon mari n'en a jamais d'autres! dit madame Svoelt.

Jean Bart approuvait, non sans une légère restriction mentale touchant la nationalité de la prise.

Le couvre-feu mit fin à ces courts instants de bonheur. Il fallait se séparer. En songeant aux difficultés et aux périls de l'évasion, madame Guttiere, Nicolita, Jean

Bart, Keyser même, ne parvinrent pas à dissimuler des impressions que le bonhomme Svoelt interpréta fort naturellement.

— Ne nous chagrinons pas, mes amis, dit-il. La consigne générale et absolue qui va nous enchaîner à bord, nous autres marins, ne nous empêchera pas d'y recevoir ces dames. Tant que le *Canard Doré* n'aura pas mis sous voiles, rien de changé à nos habitudes. Ainsi, madame et mademoiselle Guttiere, à demain soir dans ma dunette!

— Merci, capitaine, s'écria Keyser. Toujours vos idées sont excellentes comme vous-même. Bonne nuit et mille grâces!

Sur ces mots, laissant à Jean Bart le plaisir d'être le cavalier de sa fiancée, il prit le bras de la veuve Guttiere. L'on sortit.

A la vue de ce quatuor, un homme vêtu de haillons, accroupi en face de la porte, fit dans l'ombre un geste de désappointement, se redressa, laissa passer Keyser et sa tante, puis tendant la main :

— Lieutenant Bart, dit-il, la charité, s'il vous plaît, à un pauvre marin de Dunkerque.

Jean Bart, tout entier à sa fiancée, lui donna une pièce de monnaie.

— Au diable la péronnelle! murmura le matelot en haillons.

Keyser et madame Guttiere s'entretenaient de l'évasion projetée en déplorant que la déclaration de guerre fût un fait accompli, ce qui rendait impossible la marche régulière primitivement convenue.

— Je comptais envoyer notre démission à l'amiral, en presser l'acceptation par quelques démarches et partir ensuite sur le premier caboteur venu. Mais à présent, si nous nous démettons de nos fonctions, on nous fait prisonniers. Il faut donc user de ruse et prendre la fuite...

— Mais si vous êtes repris.

— Nous serons traités en déserteurs devant l'ennemi, ce n'est pas douteux.

— Vous seriez condamnés à mort?

— Tout simplement, ma chère tante.

Nicole, inquiète, questionnait Jean Bart sur le même sujet. Tout à coup elle dit avec effroi :

— Un homme nous épie !

— Keyser, garde ces dames! cria Bart, qui, abandonnant le bras de Nicole, sauta sur le prétendu mendiant.

— Je suis Thomas Vanburg que votre mère vous envoie, dit vivement ce dernier.

A la clarté de la lune, Jean Bart reconnut parfaitement le jeune marin qui, après avoir partagé les jeux de son enfance, avait navigué sous ses ordres à bord du navire de Jérôme Valbué.

Cependant, Nicole alarmée, disait à Keyser :

— Un espion a surpris M. Bart, qui me parlait de votre projet de déserter.

— Malheur à ce misérable ! Tenez-vous derrière-moi, mesdames, je vais prêter main-forte à Jean Bart, répondit Keyser déjà déterminé à bâillonner, garotter et faire mettre aux fers à son propre bord l'espion prétendu, pour se donner ainsi le temps de prendre l'avance.

Vanburg avait pu dire :

— Bonnes nouvelles de votre famille!... Le père de M. Keyser est mort subitement... mais qu'il n'en sache rien encore !

— C'est juste ! il a besoin de toute sa présence d'esprit.

— Vos dames me font grand'peur.

— Sois tranquille, Vanburg, et suis-nous !

— Du calme, Keyser, dit coup sur coup Jean Bart. Cet homme est un serviteur dévoué. Reprends les devants avec ces dames et pressons le pas.

Les quais étaient presque déserts, ce dangereux épisode passa inaperçu. Vanburg put enfin s'acquitter de son message.

Les sentinelles des navires se renvoyaient le cri de veille. Les rondes et patrouilles de terre et de mer se croisaient de temps en temps en échangeant le mot d'ordre. Jamais le service n'avait été fait avec plus de rigidité.

Jean Bart, péniblement affecté par la nouvelle de la mort du docteur Keyser, préoccupé de ses projets et fort attentif au rapport de Vanburg, remarqua pourtant cette circonstance défavorable. Il était clair qu'après le conseil tenu chez l'amiral, les capitaines des vaisseaux de haut bord n'avaient pas fait comme celui du léger brigantin *le Canard Doré*, que de toute part on redoublait de vigilance et qu'il devenait d'autant plus difficile de mener à bonne fin un complot de désertion.

ÉVASION DE HOLLANDE.

Parti de Dunkerque depuis plus de quinze jours, Vanburg n'était pas arrivé sans dangers jusqu'à l'île de Walcheren sur laquelle est bâtie Flessingue. Les bruits de guerre qui se répandaient de toutes parts l'avaient rendu suspect. Sa connaissance parfaite du pays et de la langue, ses ruses, ses déguisements ne l'empêchèrent pas d'être, à plusieurs reprises, arrêté comme vagabond, puis comme espion. Interrogé, relâché, poursuivi de nouveau, et enfin obligé de contracter un enrôlement, il avait été conduit, par bonheur, à l'île même de Walcheren, sur laquelle on concentrait alors les nouvelles recrues destinées à la flotte.

A peine au dépôt, il déserte, parvient à se procurer les haillons sous lesquels il pénètre en mendiant dans la place, et court se cacher chez une ancienne hôtesse qui vingt fois l'avait hébergé du temps qu'il cabotait sur les côtes de Flandre. La bonne femme est Dunkerquoise, fort obligeante par profession envers tous les gens de mer, et dévouée surtout à ses compatriotes. Il lui a dû tous les renseignements nécessaires à l'accomplissement de sa mission, et jusqu'à l'achat d'un batelet amarré à l'extrémité du port.

— Par miracle, lieutenant, je n'ai pas été fouillé, ajoute Vanburg. Je vous apporte de l'argent et une lettre de votre mère.

— Très-bien et mille fois merci ! dit Jean Bart en serrant la main de son vaillant serviteur. Sais-tu si la lettre parle de la mort du docteur Keyser?

— Je suis sûr que non. Madame Bart sentait bien qu'il ne fallait pas mêler une si triste nouvelle à l'ordre de partir d'ici par ruse ou peut-être par force. Malheureusement nous manquons d'armes.

— Nous n'en manquerons pas tout à l'heure!

Jean Bart n'est déjà plus le même. Devant l'approche du danger, l'amoureux timide a disparu; c'est avec une énergie inattendue qu'il fait ses adieux à Madame Guttiere et qu'il serre dans ses bras Nicolita tremblante.

— Priez pour nous! Confiance, courage, dit-il en entraînant brusquement Keyser. étonné d'obéir, lui qui d'ordinaire commande.

— Où nous mènes-tu?

— A bord.

— Pourquoi?

— Pour y faire notre devoir et y prendre nos armes. Tu vas transmettre au maître d'équipage l'ordre de se tenir prêt à appareiller; puis tu écriras au capitaine et à l'amiral.

— A quoi bon ces retards?

— A nous comporter en loyaux officiers. J'ai mes bonnes raisons.

— Comme il te plaira! mais nous perdons plus d'une heure en précautions inutiles.

— Plaise à Dieu qu'elles le soient! dit Jean Bart.

Vanburg, dépouillé de ses haillons, suivit à bord du brigantin les deux lieutenants, dont les préparatifs durèrent en effet plus d'une heure. Jean Bart ne se contenta pas d'une lettre d'excuses et d'adieux au capitaine Svoelt; il voulut encore que la double démission, très-clairement motivée, fût mise sous enveloppe, avec ordre au maître d'équipage de la faire porter à bord de l'amiral, dès le coup de canon de diane qu'on tire au point du jour.

Keyser bouillait d'impatience.

— La nuit s'écoule, le crépuscule commence à trois heures du matin, murmurait-il avec humeur.

Jean Bart dictait sans s'émouvoir.

Enfin, une paire de pistolets et une cartouchière en ceinture, une carabine en bandoulière et le sabre au côté, les deux amis, vêtus en simples matelots, mais enveloppés de manteaux qui cachaient leur changement de costume, remirent pied à terre, à la grande surprise des hommes de quart.

Vanburg, questionné par ceux-ci, s'était contenté de répondre qu'il faisait partie de l'équipage des *Sept-Provinces*, magnifique vaisseau monté par Ruiter. On en conclut que les deux lieutenants étaient chargés par l'amiral en personne de quelque ronde nocturne extraordinaire ; sur quoi, les braves gens du *Canard Doré* se perdirent en suppositions plus bizarres les unes que les autres.

Sous leurs manteaux, Keyser et Jean Bart n'avaient pas manqué d'emporter des armes pour Vanburg et même quelques vivres.

A une heure du matin ils s'embarquaient tous les trois dans le batelet et se dirigeaient vers la haute mer comme s'ils fussent allés à la pêche ; l'essentiel était de s'éloigner le plus tôt possible des navires de l'avant-garde. Le brouillard crépusculaire couvrit leur fuite jusqu'au moment où retentit enfin le canon de diane.

La mer était belle, la brise ronde, la marée favorable. Le soleil radieux dissipait les brouillards et un beau jour de mai s'annonçait sous le plus splendide aspect. Il fallut amener la voile qui aurait pu être aperçue et se laisser dériver au gré des courants. Quelques cordes traînantes simulaient les amarres d'un filet de pêche.

Songer à se rendre jusqu'à Dunkerque sur un misérable batelet eût été folie. Un plan très-audacieux, mais qui du moins n'avait rien de déraisonnable, ayant été débattu en commun et fermement arrêté, Keyser et Vanburg dormaient. Jean Bart veillait au gouvernail et aux rames inertes amarrées de manière à donner plus de prise au courant. Plusieurs grosses barques de caboteur ou de pilote passèrent à portée de voix. Leurs gens, selon l'usage du pays, échangèrent le bonjour avec les prétendus pêcheurs. Jean Bart répondait non sans maugréer contre les gardes-côtes toujours en vue ; mais enfin, vers neuf heures, au moment où la marée allait se renverser, la pointe de Kadzand s'interposa entre le bateau des fugitifs et les derniers navires de la flotte.

— Alerte! s'écria Jean Bart avec joie, en dedans les amarres, rehissons la voile, serrons la côte et visitons nos amorces.

— Bravo! riposta Keyser, mais dors un peu à ton tour.

— Pas d'imprudences! dit Bart, qui s'étendit au fond de la petite barque, rapidement entraînée par le vent du nord.

Moins nombreux qu'au lever du soleil, les bâtiments de cabotage passaient trop loin ou étaient trop haut sur l'eau. Keyser, qui les observait, non sans jeter des regards inquiets du côté de Flessingue, fut dix fois sur le point d'éveiller Jean Bart.

— A force d'attendre, nous manquerons notre coup!
disait-il avec humeur.

Vanburg, moins impatient, répondait en modérant sa fougue :

— Chacune de ces grosses barques est montée par six ou huit hommes. Si nous ne pouvons passer à bord d'une enjambée, nous ne ferons rien qui vaille.

La brise diminuait, le calme était à craindre, l'impatience de Keyser redoublait. Jean Bart rêvait paisiblement à Nicolita, sa brune fiancée, et, les propos du bonhomme Svoelt aidant, il se voyait lui offrant une admirable corbeille de mariage, en forme de frégate, voilée de satin, gréée en soie, parée de poulies en diamants et de racages en perles, comme le célèbre corsaire des filles de Larochelle.

Une galiote, si lourdement chargée que son passavant était presque à fleur d'eau, sortit enfin d'une crique voisine.

— Debout! aux avirons! dit Keyser.

— Joli rêve! fit Jean Bart, éveillé en sursaut.

— J'aime mieux cette réalité! regarde!

Bart se jette sur une rame, Vanburg sur l'autre; Keyser gouverne à se faire couler par le pacifique caboteur, dont le maître cria bientôt :

— Hohé les pêcheurs! prenez donc garde; tribord la barre!

Les trois hardis compagnons, armés jusqu'aux dents, sautaient à son bord. Keyser le mettait en joue, Jean Bart et Vanburg terrifiaient six autres pauvres diables qui poussaient des hauts cris.

— Silence! braillards, on ne vous veut pas de mal! Seulement soyez sages et obéissons!

Le patron, tenu en respect par une paire de pistolets, fut forcé de laisser arriver à l'ouest.

— Où me menez-vous ? juste ciel ! demanda-t-il. J'allais à Flessingue...

— Tu iras ailleurs, camarade ! voilà toute la différence !

— A savoir ! dit tout à coup le patron en montrant un brigantin de guerre qui sortait des passes sous toutes voiles et gouvernait droit sur lui.

Le *Canard Doré !* s'écria Keyser avec humeur. Tiens, matelot, voilà ce que nous valent tes belles inventions !

Keyser ne se trompait pas. A peine l'amiral Ruiter avait-il reçu le pli contenant la démission des deux lieutenants, que, devinant en vieux marin le parti qu'ils prendraient, il avait appelé à l'ordre l'infortuné capitaine Svoelt. Après lui avoir sévèrement reproché de s'être abstenu de coucher à son bord, il lui donna d'autres officiers, avec l'ordre de lui ramener Bart et Keyser morts ou vifs. Bref, le bonhomme Svoelt avait maintenant la douleur d'appuyer la chasse à ses deux chers lieutenants, ce qui ne l'empêchait pas de jurer qu'il les ferait pendre.

Jean Bart supporta tranquillement les reproches de son matelot :

— Nous ne sommes pas encore pris, dit-il ; et s'adressant au maître caboteur : — Vous avez grand tort de vous réjouir. Ce croiseur-là va vous coûter votre cargaison !... A l'eau la marchandise ! Vivement !

Les gens du bord, dépourvus d'armes, furent bien forcés d'obéir. Ballots, caisses, barriques, étaient jetés à la mer.

— Brigands ! voleurs, pirates ! scélérats ! criait le patron de la galiote.

— Camarade! reprit Bart, pas d'insultes inutiles! Fais des vœux pour nous! Aide-nous à échapper, et, sur ma foi d'honnête homme, tu ne perdras pas la valeur d'un florin !... Je m'engage à te payer !... Nous faisons notre devoir de loyaux serviteurs du roi de France en désertant la flotte hollandaise!

— Vous n'êtes que des déserteurs, dit le patron, tant mieux pour vous! Je veux bien vous croire honnêtes, car vous m'en avez tout l'air; mais à quoi m'avancera votre bel engagement, puisque ce brig va vous prendre?

— Oh! oh!.. fit Jean Bart.

— Eh quoi! penseriez-vous à lui échapper avec ma pauvre galiote!...

Jean Bart sourit et se tournant vers Keyser :

— Je prends la barre du gouvernail, dit-il. Allégeons la barque toujours! Et un sondeur de chaque bord!

— Je comprends, dit Keyser, émerveillé du sang-froid de son ami, et je vois que le *Grand Illuminant flambeau de la Mer* nous sera plus utile aujourd'hui que tous les discours de Cicéron.

Jean Bart mettait à profit son étude opiniâtre des cartes marines. Il se dirigeait droit sur les bancs, les yeux fixés sur le rivage, les oreilles attentives aux cris alternatifs des sondeurs qui annonçaient le nombre des brasses et la nature du fond.

— Pour Dieu! s'écria le patron, de plus en plus épouvanté, vous allez naufrager ma coque!

— Calmez-vous, compère, disait Keyser remis en belle humeur, vous n'êtes qu'un routinier caboteur, il est pilote... comme défunt Palinure.

— Je n'ai pas connu votre Palinure, mais je vous dis que jamais galiote n'a passé par ici.

— La vôtre y passera, pourvu que vous l'allégiez assez !

Responsable des marchandises, le patron était propriétaire de la barque, si bien qu'il fut aussitôt le plus actif à l'ouvrage.

Cependant, à bord du *Canard Doré*, le capitaine Svoelt, après avoir haussé les épaules et souri du jet à la mer, se reprenait à tempêter avec une verve batave des plus récréatives contre le *Grand Illuminant*, le lieutenant Bart et les bancs de sable qui allaient lui barrer la route.

Un demi-pied d'eau sous la carène, la galiote, complètement vide, naviguait sur les bancs en partie mis à sec par la marée basse. Elle glissait dans des flaques d'eau jaunâtre dont on ragua le fond plusieurs fois, au grand désespoir du patron ; mais Bart, sûr de son fait, ordonnait alors de pousser avec des perches. On ne tardait pas à flotter de nouveau et l'on s'éloignait ainsi fort vite du chasseur qui avait mis en panne en tirant de fâcheux coups de canon d'alarme.

— Bon ! vous voici bien avancés, messieurs les Français, disait le maître marinier avec amertume. Ce n'est pas tout que d'entrer dans les bas-fonds, il faut en sortir ! Toutes les chaloupes gardes-côtes ont l'éveil ; vous serez pris, fusillés ou pendus, et qui me payera ma pauvre cargaison ?

— Chien de pleurard ! oiseau de malheur ! tais-toi et fais-nous servir à déjeuner ! interrompt Jean Bart. L'air du matin m'a donné un appétit de loup.

On se trouvait au milieu d'une sorte de bassin très-navigable, les sondeurs annonçaient cinq brasses de fond, la mer était verte sur une superficie d'une lieue, qu'on pouvait franchir facilement avant de s'engager dans de nouvelles lagunes.

Keyser, s'approchant de Jean Bart, lui dit à voix basse :

— Les propos de ce butor ont du vrai, nous voici presque dans la situation de la *Licorne Néerlandaise*.

— D'accord, matelot, mais j'ai paré au plus pressé ; les traversières de garde ne nous relanceront pas dans ces canaux. La nuit viendra, le gros temps peut-être, au petit bonheur ! suivant le vent, la voile ! En attendant, déjeunons fort et ferme ; qui sait quand nous souperons !

— Approuvé !

— Oh ! tu peux remettre tes pistolets à ta ceinture ; ces gens-là savent assez que sans moi, ils ne se tireraient pas d'ici !... Rallie à nous Vanburg !... Maître, reprenez la barre et gouvernez droit à l'ouest.

Le sang-froid merveilleux de Jean Bart charmait jusqu'aux matelots de la galiote le *Hareng Ducal* du port de l'Écluse, dont le patron, qui répondait au nom harmonieux de Schoeschreinsbrock, était déjà nanti d'un bon de trois cents ryders signé Jean Bart, contre-signé Charles Keyser, et payable, sauf leur avis, à Dunkerque, chez l'armateur Ignace Tugghe : « Valeur en marchandises jetées à la mer. » Ce billet, on l'avouera, ne paraissait pas fort consolant au maître du *Hareng Ducal*, encore que Jean Bart eût déclaré avoir plus de trois cents ryders d'économie, placés dans l'excellente maison Tugghe. — Mais, sauf avis, c'est-à-dire sauf évasion, sauf réussite, sauf retour à Dunkerque, hélas ! hélas ! que de mauvais risques à courir !

— Ma cargaison est à l'eau, ma galiote et ma vie sont en danger : voilà ce qu'il y a de plus clair.

Les sondeurs s'étant relevés, le cri de *cinq brasses*, suivi de l'annonce : « Vase brune, sable fin, coquilles grises ou gravier, » ne discontinua guère, jusqu'au moment où un magnifique jambon, arrosé de petite bière, eut été réduit à l'os par la collaboration des trois déserteurs.

On n'apercevait plus que les voiles hautes du *Canard Doré* courant au large parallèlement aux bancs de Kadzand ; mais on se rapprochait des fortins de la digue, dont les signaux indiquaient trop évidemment que la position des fugitifs était connue.

Vers midi, la brise diminua au point que Bart jugea nécessaire de jeter l'ancre. Mais dans ces parages il est rare, même au mois de mai, que le calme se prolonge. Le soir, un faible vent du nord-ouest se leva ; il fraîchit graduellement, le ciel se chargeait de nuages, une pluie très-fine voilait l'horizon.

— En route ! commanda Bart. Les brouillards ne feraient pas notre affaire. Heureusement la mer monte.

Par ses ordres, *le Hareng Ducal*, chargé de toile autant que possible, se reprit à labourer les fonds vaseux des chenaux.

— Autre folie maintenant ! murmura le triste patron de la barque, il va me casser la mâture !

Le vent avait beau fraîchir, Bart, même sous les grains, ne diminuait pas la voilure d'un pouce. Avec une audace croissante, il forçait la barque, inclinée à faire frémir, de passer sur des fonds bas, que tout un côté de la carène raclait par instants. Mais, le flux aidant, un échouage n'aurait duré que peu de minutes, et il fallait à tout prix être hors des bancs avant que la nuit rendît la brume plus opaque.

La galiote, dépourvue de lest, risqua dix fois de chavirer ; les mâts craquaient ; la mer, brisant aux langues de sable encore découvertes ou sur les barres de fond, donnait des coups de ressac effroyables. Dans de tels parages, cette marche avait quelque chose de fantastique et de sublime.

Le patron propriétaire et les plus jeunes marins en tremblaient ; tous les autres admiraient Jean Bart, qui avait allumé sa pipe et se frottait les mains en souriant.

— Ça va bien ! très-bien ! à la bonne heure ! disait-il.

Enfin tout à coup les sondeurs cessèrent de trouver fond. On était en plaine mer. Il faisait nuit. A travers le brouillard, Jean Bart aperçut du côté de la terre plusieurs grosses chaloupes de croiseurs. Il n'hésita point à courir une bordée dans la direction où l'on devait craindre la rencontre du *Canard Doré*.

— Que fais-tu ? lui dit Keyser.

— Encore une fois, je pare au plus pressé ! Ces traversières nous coupent la route ; je m'élève au vent pour être en position, après le virement du bord, de gagner le banc Blanc et de recommencer la danse.

Le banc Blanc, dont le capitaine Svoelt éviterait à coup sûr les abords, occupe sept à huit lieues parallèlement à la côte, entre l'île de Walcheren et le nord d'Ostende.

Au bout d'une demi-heure, les feux du brigantin furent signalés, la mer grossissait, et si la galiote était aperçue, sa capture était infaillible. Pour la seconde fois, de deux maux choisissant le moindre, Bart, qui n'a plus l'espoir d'atteindre le banc Blanc, laisse arriver vent arrière.

Une chaloupe garde-côtes entrevoit *le Hareng Duca*,

hêle, ne reçoit pas de réponse et fait feu. Quelques voiles sont trouées. Les gens de l'équipage poussent des cris de détresse. — Bart et ses deux compagnons forcent les pauves diables à descendre dans la cale.

— Matelot, dit Keyser, le moins mauvais moyen maintenant serait de gagner la terre.

— Sans contredit, et j'y songe..... Ah ! voici !... Fais remonter le patron seul, mais ensuite ferme et barricade le panneau.

Le malencontreux Schoeschreinsbrock est forcé de se laisser mettre autour du corps une double ceinture croisée de longues cordes qui, amarrées à bonne distance, lui laissent toute facilité de manœuvrer sa barre de gouvernail. On a eu grand soin de le priver de son couteau, et d'orienter ses voiles au plus près du vent.

Bart, Keyser et Vanburg se laissent glisser dans l'esquif du *Hareng Ducal*, qui prend chasse bon gré mal gré devant les chaloupes canonnières. Sous peine de chavirer, le patron n'a d'autre ressource que de gouverner comme les fugitifs l'ont voulu. Ses voiles servent de point de mire aux gardes-côtes qui l'auront pris dans vingt minutes. Mais l'esquif inaperçu aura, grâce à ce stratagème, tout le temps d'atteindre la terre ferme, non loin du fort Isabelle.

— Il s'agit maintenant de trouver un asile ! dit Bart, avec le découragement d'un marin privé des ressources de la mer.

— Attrape à courir ! dit Keyser, je connais le chemin.

On gravit la digue, on se lance à travers champs, on finit par rencontrer la route de Soukerque.

Au point du jour, de pacifiques cavaliers flamands, en se rendant au marché, sont surpris par les trois marins, que leur appareil belliqueux rend trop semblables à des malfaiteurs.

— Ne bougez pas, et à nous les chevaux ! leur dit Keyser dont les pistolets rendent l'éloquence persuasive.

— Nous ne sommes pas des voleurs, ajoute Bart, vos chevaux se retrouveront.

— A l'auberge des Rois Mages à Bruges, après demain au plus tard !

Les marins, détestables cavaliers, s'accommodent fort bien du galop. Soukerque est laissé à droite ; on tâche d'éviter les gros bourgs ; on franchit à toute vitesse les moindres hameaux ; mais, quoique les armes aient été cachées tant bien que mal, on a tout à craindre des dragons, surtout aux abords des ponts d'écluse.

Un bois se présente enfin. Les trois camarades s'y réfugient et y passent la plus grande partie du jour. Quelques champignons, maigre pitance, et un sommeil réparateur, les aident à tromper la faim. Les chevaux broutent l'herbe tendre et les bourgeons jusqu'à nuit tombante. Les fugitifs se reprennent à leur faire fournir une nouvelle et terrible course. Enfin, après avoir été vingt fois accueillis par des huées, lapidés par les paysans, dénoncés aux gens d'armes, après s'être vus forcés à faire de longs détours, à passer des canaux à la nage en remorquant leurs montures, à se cacher encore dans les bois ou dans des ruines, et à demander de vive force des vivres dans une ferme isolée, où l'on fut fort surpris d'être payé par de telles gens, ils atteignirent à miracle les faubourgs d'Ostende.

Ils s'y trouvent tous les trois en pays bien connu. Vanburg et Jean Bart font chacun leur proposition. Keyser fait adopter la sienne. Une hospitalière maîtresse d'auberge, cœur sensible qu'il a, l'an passé, eu le don de rendre plus sensible encore, doit les tirer de tout embarras. En effet, elle accueille à bras ouverts les trois fugitifs, leur sert un succulent et copieux souper, les cache à tous les yeux, et leur promet, pour le lendemain une barque dont son propre mari est le patron.

Charles Keyser sourit, Vanburg part d'un gros éclat de rire, Jean Bart fronce les sourcils.

Dès le matin pourtant, le caboteur appareille sans encombre et prend bien la route convenue. On rencontre des gardes-côtes, la barque est visitée, ses expéditions sont en règle, et les trois Français sont inscrits sur le rôle d'équipage, sous les noms de matelots laissés à terre. Point d'obstacles, tout va au mieux.

— Tu vois bien, dit Keyser à son ami, que tes défiances n'avaient pas le sens commun.

— C'est égal! quand il a fallu nous désarmer avant cette visite de sortie, je me suis senti mal à mon aise, et je regrette encore mes pistolets.

— Toujours timide, riposte en riant Keyser que Vanburg semble approuver.

Tout à coup pourtant, le perfide époux d'une trop complaisante hôtesse, — jaloux à bon droit, et de plus stimulé par l'appât de la prime offerte à quiconque livrera des déserteurs, — fait à ses gens un signal convenu. Keyser et Vanburg sont garrottés à l'avant. Jean Bart seul n'a pu l'être. Armé d'une barre de cabestan, il fait un moulinet terrible; mais s'il ne se rend pas, Keyser et Vanburg seront massacrés sous ses yeux. Il cède donc, et se laisse mettre aux fers, sans adresser le moindre des reproches à ses compagnons d'infortune.

Le surlendemain, les trois déserteurs, de retour à

Flessingue, étaient emprisonnés à bord du vaisseau-amiral les *Sept-Provinces*, puis traduits devant un conseil de guerre, fort sommairement jugés et condamnés à être fusillés sur le château-d'avant — ce qui fut aussitôt la nouvelle de la ville.

MICHEL RUITER.

Michel-Adrien Ruiter, élevé depuis la récente déclaration de guerre au grade de lieutenant-amiral général des armées navales de Hollande, et chargé d'effectuer l'armement de soixante-douze vaisseaux, était alors réputé le plus grand marin de l'Europe, — et pourtant la France avait Duquesne !

Natif de Flessingue, où dès sa tendre enfance il tournait, pour un sou par jour, la roue de la corderie, il s'était engagé comme mousse à l'âge de onze ans. Couvert d'une gloire sans tache conquise sur toutes les mers, c'était à cette heure un vieillard de soixante-cinq ans, ferme, vigoureux, infatigable, dont les travaux de la plus active carrière n'avaient fait qu'accroître la puissante énergie et l'inébranlable sang-froid.

Comme il avait résisté aux tourmentes, aux privations et aux batailles, comme il avait survécu à ses nombreuses blessures, il avait échappé aussi à un empoisonnement qui lui donnait un léger tremblement nerveux presque continuel. Mais le calme magistral de sa physionomie n'était point altéré par cette infirmité dont il ne se plaignait jamais.

Hollandais pur sang, c'est-à-dire d'une famille qui ne s'était point alliée à des Espagnols d'origine, l'amiral avait la face large et pleine. Ses cheveux, qu'il portait longs, son épaisse moustache retroussée à la marinière et sa mouche cardinale étaient d'une éclatante blancheur. Son front haut sillonné de rides profondes, son teint chaudement coloré, ses yeux gris-bleu, très-vifs, complétaient un ensemble dont le caractère dominant était une austère simplicité.

D'une taille médiocre, il aurait paru un peu maigre de corps sans l'ampleur de ses vêtements, et entre autres de sa longue robe de bure noire à ceinture de cuir, son costume le plus habituel.

On a raconté qu'en se trouvant pour la première fois en présence de cet homme de mer accompli, le jeune Jean Bart demeura comme en extase, fasciné en quelque sorte par les rayonnements de sa renommée navale. Nationaux, alliés, ennemis, émules ou rivaux, tous rendaient un hommage égal aux vertus civiques, au grand caractère et aux talents supérieurs de celui que l'arrière-petit-fils du Renard de la mer voulut prendre pour modèle.

Jean Bart était entré à son école en 1666, au moment où la France semblait décidée à soutenir les Hollandais dans leur lutte contre l'Angleterre. Il ne tarda point à faire preuve de valeur. Durant les journées du 4 au 6 août notamment, il se signala dans les chaloupes montées par les quarante mousquetaires français qui, sous les ordres des chevaliers d'Harcourt-Lorraine, de Coislin, de Cavoye et du baron de Busca, sauvèrent de l'incendie le vaisseau de Ruiter lui-même en détournant un brûlot anglais. Depuis, les occasions n'ayant pas manqué à son courage, l'amiral l'avait successivement fait passer de simple matelot aux grades de maître et enfin de deuxième lieutenant.

Retiré sous le château de pouppe, dans son appartement, Ruiter achevait de lire les pièces du procès, entre lesquelles figuraient les états de service de Keyser et de Jean Bart, un rapport assez confus du capitaine Svoelt et le reçu de la triple prime payée au perfide patron d'Ostende. Le greffier du Conseil de guerre vint donner avis de la condamnation prononcée à l'unanimité, remit une lettre du lieutenant Bart, l'un des trois coupables, et annonça que le président de la cour martiale attendait l'ordre de faire exécuter la sentence.

— C'est bien ! répondit l'amiral devenu soucieux.

Et il ouvrit la lettre, ainsi conçue :

« Mon fils, des bruits de guerre entre la Hollande et la France se répandent dans notre pays. Quoi qu'il en soit de cette rupture, et malgré ta vénération pour le glorieux Michel Ruiter, n'hésite pas à te démettre de ton grade. Reviens sur le champ.

» La mère de ton matelot Charles Keyser lui fait la même prière.

» Moi, j'ordonne, je te bénis et t'embrasse.

« CATHERINE. »

Ruiter relut ensuite la démission des deux amis, dictée par Jean Bart en ces termes :

« Amiral,

» Pendant six ans, nous avons eu l'honneur de servir avec un juste orgueil sous les ordres de Votre Seigneurie. Nous en serons fiers tant que nous vivrons; tant que nous vivrons, nous prierons Dieu de garder et protéger sa gloire.

» Mais nous sommes sujets du roi de France et nous ne pouvons porter les armes contre notre patrie.

» C'est pourquoi, monseigneur, nous vous soumettons humblement nos démissions, en regrettant d'être obligés de déserter comme des coupables, quand nous aurions été heureux de mourir pour un chef que nous ne cesserons d'aimer et de vénérer avec la plus profonde reconnaissance.

« CHARLES KEYSER.

« JEAN BART. »

— Par la sainte croix! s'écria l'amiral, ce n'est pourtant point là le fait de deux malfaiteurs insignes, comme le dit dans son rapport mon pauvre Svoelt, qui, de la même encre, les comble d'éloges.

En présence de l'équipage et de la garnison du vaisseau les *Sept-Provinces*, la sentence avait été lue aux trois condamnés, qui l'écoutèrent avec un sang-froid égal; mais, une fois ramenés en prison, ils furent loin de se comporter de la même manière.

Bart se mit à genoux.

Vanburg, accroupi dans un coin, se prit à pleurer.

— N'avoir pas réussi, murmurait-il. Notre jeune monsieur fusillé !... Et Mme. Bart qui avait toute confiance en moi !

Keyser se promenait à grands pas, tempêtait, accablait de malédictions les juges qu'il traitait de bourreaux, et le traître qui l'avait vendu. Il s'accusait lui-même d'être la cause de tout le mal : « Se fier à un mari jaloux, malgré la sage défiance de Bart !... Si on ne fusillait que moi, je me dirais que je l'ai bien mérité !... »

Avec une ferveur sereine, Bart priait ainsi : « Mon serviteur Vanburg n'est ici que par dévouement pour moi, par obéissance aux ordres de ma mère. Mon matelot Keyser est le fils unique d'une pauvre veuve ; il l'ignore encore, Seigneur, mais vous, vous le savez, et vous aurez pitié, et vous inspirerez à l'amiral de n'en faire périr qu'un pour l'exemple. »

Si Vanburg et Keyser avaient pu entendre cette prière, les larmes du premier auraient redoublé sans doute, mais la furie du second se fût à coup sûr apaisée.

Bart s'assit ; la tendre image de Nicolita passa devant son esprit ; il soupira : ce fut tout.

— Monsieur Jean ! lieutenant ! mon maître ! que va dire madame ? que pensera-t-elle de moi ? s'écria Vanburg en sanglottant.

— Plus bas ! dit Jean Bart qui rougit ; les gens de garde pourraient croire que nous pleurons ! Ma mère pensera que tu t'es comporté en loyal serviteur, console-toi ! D'ailleurs tout n'est pas fini.

— Que peux-tu donc espérer ? interrompit le bouillant Keyser.

— J'espère, répondit Jean-Bart, sans émettre toute sa

pensée, que je pourrai encore parler à l'amiral et qu'il fera grâce au moins à ce brave garçon.

— Oh ! s'écria Vanburg, pas de ça ! Retourner sans vous à Dunkerque ! J'aime bien mieux être fusillé !

— Bravo ! fit Keyser, mais voilà précisément le cas de dire qu'il ne faut pas disputer des goûts.

L'amiral venait de faire appeler à l'ordre le capitaine Svoelt, quand deux canots, en même temps, abordèrent le vaisseau *les Sept-Provinces*.

Par le grand escalier de tribord montait une jeune fille vêtue de deuil que patronnait une dame d'un âge moyen, belle encore et visiblement émue de la poignante douleur de sa compagne. L'équipage entier se découvrit avec respect en reconnaissant Mme. Ruiter elle-même, — troisième femme de l'amiral qui l'aimait d'un amour paternel.

Par l'échelle à pic de bâbord grimpait un pauvre patron de galiote, qui ne tarda point à s'arracher les cheveux en apprenant la triple condamnation :

— Ah ! ma cargaison !... mes trois cents ryders ! Et les assurances refusent de payer !... Et les expéditeurs me menacent de la prison ! Ma femme et mes enfants ruinés !... Par pitié pour moi, que l'amiral en épargne un seulement : Keyser ou Bart... M. Bart de préférence !

Le gaillard-d'avant riait sans trop comprendre.

Introduite chez l'amiral par sa propre femme, Nicolita Guttiere se précipitait à ses pieds en tendant des mains suppliantes :

— Grâce, monseigneur ! disait-elle d'une voix entre-coupée ; je vous jure devant Dieu qu'ils avaient renoncé au service avant même de savoir que la guerre fût déclarée !...

L'amiral releva la jeune fille non avec son aménité ordinaire, mais avec une froideur de mauvais augure; puis s'adressant à sa femme.

— Madame, dit-il d'un ton sévère, vous n'auriez jamais dû consentir à conduire ici cette malheureuse enfant.

— Elle est cousine de Keyser et fiancée de Bart ; ses supplications et ses larmes ont vaincu ma résistance; et, tenez, Michel, plaise à Dieu qu'elles triomphent aussi de la vôtre, car ces jeunes gens, victimes d'une trahison, sont innocents devant la raison et la justice !...

— Madame, le conseil de guerre a prononcé son arrêt.

— Monseigneur, monseigneur, vous ne répondez pas, s'écria Nicolita belle de son désespoir, sans larmes ni sanglots, et parlant avec une véhémente expression. Michel Ruiter, jeune et aventureux, se trouve à l'étranger sous les ordres du chef le plus glorieux, le plus grand, le plus noble, le plus vénéré qu'il y ait au monde; Michel Ruiter l'admire, l'aime, le sert loyalement et sans réserves ; il donnerait mille fois sa vie pour ce héros ; mais la guerre s'allume entre la patrie de l'illustre étranger et celle de Michel Ruiter !... Que fait-il alors, que fait-il, amiral ?... Ce qu'ont fait Keyser et Jean Bart, j'en suis sûre !... Grâce donc pour eux, puisqu'ils obéissaient au devoir.

Nicolita se rassit haletante, les yeux ardemment fixés sur le général en chef des armées navales de Hollande.

Le vieillard demeurait pensif. Sa femme lisait sur son front soucieux une colère péniblement contenue. Après une minute entière de silence :

— Vous avez droit de grâce, Michel ! et vous ne verserez jamais le sang innocent.

— Pendant la guerre, madame, répondit Ruiter, le sang innocent coule à flots. Le maintien de la discipline est la loi suprême des armées. Du reste, Keyser et Bart ne sont pas coupables seulement de désertion devant l'ennemi...

— Ne dites point devant l'ennemi, vous qui ne mentez jamais! interrompit Mme. Ruiter. Devant l'ennemi! mais l'ennemi, pour eux, c'est nous désormais, et peut-on leur faire un crime de ne pas vouloir être transfuges?

Ruiter attristé poursuivit en disant :

— Ils ont pillé une galiote inoffensive, se sont comportés en bandits de grands chemins, et d'ici à Ostende n'ont commis que des actes indignes d'officiers même démissionnaires.

— Ceci est impossible! dit avec feu Nicole Guttiere, Bart est un homme craignant Dieu.

L'amiral Ruiter, rempli de religion, comme l'attestent tous les historiens, fut frappé de cette répartie. Déjà il regrettait que les juges n'eussent tenu aucun compte de la position particulière des accusés; déjà en compulsant les pièces du procès, il s'était dit ce que lui répétaient sa femme et la fiancée de Jean Bart. Mais, d'un autre côté, la condamnation était prononcée règulièrement, d'autres désertions avaient eu lieu; sur la flotte se trouvaient une foule de Flamands sujets de l'Espagne ou de la France, des marins anglais, portugais et suédois, aventuriers qu'il importait de maintenir par un exemple sévère sous le pavillon des Provinces-Unies. La démission de Keyser et de Bart n'ayant pas été acceptée en due forme, il était évident enfin que la sentence, si rigoureuse qu'elle fût, était dans l'esprit des lois martiales et ne violait pas le droit des gens.

Ces hautes considérations ne pouvaient échapper à l'austère amiral.

— Oui, certainement, pensait-il, à leur place j'aurais fait comme eux; mais ensuite je serais mort avec honneur!... Et c'est pourquoi, si véritablement ils n'ont commis aucun acte de piraterie, je ne permettrai point qu'ils soient dégradés.

Mme. Ruiter disait encore :

— Pas plus que ma jeune protégée, je ne crois que MM. Bart et Keyser se soient comportés en malfaiteurs; mais cela fût-il vrai, qu'importe à l'amiral de Hollande ce qui s'est passé dans la Flandre espagnole? Considérez enfin, je vous en prie, que ces infortunés jeunes gens n'ont pas été repris en mer par vos officiers, mais bassement livrés par un sujet de l'Espagne, après être parvenus à quitter le territoire de la république.

D'un ton glacial, l'amiral répondit en se levant :

— J'ai consenti à vous recevoir et à vous écouter jusqu'au bout. Il suffit!... Que Dieu vous garde, mesdames!

Et sans se retourner il sortit du château de pouppe. Nicole, palpitante d'horreur, poussa un cri déchirant; Mme. Ruiter la reçut dans ses bras.

A peine l'amiral fut-il sur le pont, que le patron du *Hareng ducal* courut vers lui :

— Daignez lire ce billet, monseigneur, disait le pauvre homme. Si vous laissez fusiller ces deux jeunes gens, je suis ruiné sans ressources. Les créanciers confisquent ma barque, on me jette en prison, mes enfants mourront de faim!... Voyez, amiral, trois cents ryders payables chez Ignace Tugghe..., pourvu que ceci soit contre-signé à Dunkerque

Ruiter lut le billet qui faisait clairement tomber l'accusation de piraterie :

— Tranquillisez-vous, bonhomme, dit-il. Dussé-je vous indemniser moi-même, vous ne perdrez rien.

Le maître, transporté de reconnaissance, allait se jeter à genoux ; l'amiral, d'un geste sévère, l'en empêcha :

— Merci, merci, merci, mon noble seigneur, reprit le patron, et Dieu vous conserve, aussi vrai qu'il serait grand dommage de faire mourir ces braves jeunes gens.

— Eh quoi ! vous vous intéressez à leur sort ?

— Ah ! si vous les aviez vus manœuvrer dans les bancs. C'était beau à en mourir de peur !

Parmi les marins de l'équipage ameutés au pied du grand mât, la réponse du patron de barque provoqua un rire bienveillant, sorte de murmure favorable aux condamnés. La voix du peuple est la voix de Dieu.

Plus rouge qu'un coquelicot, tremblant comme une feuille d'automne, étouffant et ruisselant, boutonné qu'il était dans son grand uniforme, les yeux battus et la démarche non moins humble qu'embarrassée, le malheureux et obèse capitaine Svoelt s'approchait sur un signe de l'amiral qui, pour la troisième fois l'accueillit par une bourrade :

— Votre rapport n'a pas le sens commun ! Est-ce une pièce à charge ou à décharge ? que demandez-vous ? parlez !...

— Mais, amiral, balbutia le gros homme, ces deux monstres étaient les enfants chéris de ma maison ! ma femme ne cesse de pleurer sur leur sort ! Je les aime de tout mon cœur ! j'avais pleine confiance en eux, et en effet jamais on n'a servi avec plus de zèle. Ils sont braves, bons, généreux, aimables, bons enfants, loyaux et dévoués, ces misérables déserteurs ! Figurez-vous que nous venions d'assister aux fiançailles du lieutenant Bart avec la cousine de Keyser. Quel capitaine, après cela, n'aurait pas dormi sur les deux oreilles ? Va-t-on déserter celle qu'on adore ? Je sais bien que l'amour de la patrie est le plus beau des sentiments et la parfaite excuse de leur affreuse conduite. Aussi, je vous le jure, amiral, je les aurais cannonés, coulés, noyés ou fait pendre sans hésiter, si j'avais pu les rejoindre ; mais Bart sait par cœur son *Grand Illuminant*, et mon brigantin se serait perdu sur les bancs, comme j'ai eu l'honneur de vous le dire... Pardon mille fois, amiral. J'étais à la fois désespéré de ne pas les atteindre et charmé de ce qu'ils m'échappaient ; — car franchement, je donnerais la moitié de mon avoir pour leur sauver la vie, si c'était possible sans manquer au service... Et si vous daignez leur faire grâce, vous me rendrez le plus heureux des hommes.

C'était au tour des jeunes officiers de sourire.

Mais les officiers supérieurs, qui opinaient pour l'exécution littérale de la sentence, gardaient l'imperturbable sérieux d'une consigne batave.

Ruiter monta seul sur le château de pouppe, leva les yeux au ciel, mit la main sur son noble cœur et médita longtemps. Enfin il résolut de ne sacrifier à la discipline que l'un des coupables.

Cette décision prise, les officiers qui remplissaient auprès de sa personne les fonctions de chef d'état-major et d'aides de camp, reçurent l'ordre d'inviter Mme. Ruiter à sortir du vaisseau.

La noble femme obéit.

L'état-major, l'équipage la virent passer soutenant la fiancée de Bart, Nicole Guttiere, pâle comme la fiancée de la mort, brisée de douleur, désespérée, sans voile maintenant et les cheveux épars. On devinait quelle scène navrante, quelles tortures, quelles convulsions avaient suivi la visite à l'amiral. Les cœurs les plus durs battaient de pitié.

La femme de l'amiral tourna vers lui des regards suppliants.

Du haut du château de pouppe, Ruiter répondit en montrant le ciel !

Nicole s'évanouit.

On dut la transporter dans le canot.

Les juges eux-mêmes désirèrent alors que l'amiral fût clément et fît grâce.

Mais, au milieu d'un silence morne, on l'entendit qui commandait d'appuyer d'un coup de canon le pavillon de justice ; et de tous les cœurs s'évanouit la dernière espérance.

A la cime du mât de misaine se déferlait le pavillon rouge, car le pavillon amiral flottait au sommet du grand mât.

Sur le rivage, une longue rumeur populaire saluait le double signal.

Alors Nicole touchait à terre où l'attendaient sa mère et Mme. Svoelt. Au coup de canon, elle avait recouvré sa connaissance et son énergie :

— Je veux tout voir ! dit-elle.

Sa mère ne put l'entraîner. Embrassant un de ces canons qui, plantés dans le sol, servent au halage des vaisseaux :

— Je verrai tout, jusqu'à la mort ! répéta la fiancée de Jean Bart.

Le peuple se recula respectueusement. Seulement

quelques bateliers vinrent offrir des bancs aux dames qui l'accompagnaient.

Cramponnée à son canon, Nicole ne cessait de crier :
— Mon Dieu, ayez pitié de nous !

Autour d'elle on faisait silence.

Sa mère tremblait pour sa raison.

De tous les vaisseaux de la flotte étaient parties des chaloupes portant des détachements qui se mirent en rang sur le pont des *Sept Provinces*, à la suite de l'équipage.

Les tambours battaient. La garnison était sous les armes. On vit un peloton de quarante soldats se porter sur le château d'avant et charger les fusils :

— Mon Dieu, ayez pitié de nous ! répetait la voix déchirante de Nicole, dont les yeux étaient ardemment fixés sur le vaisseau.

Autour d'elle, les pauvres femmes du peuple commençaient à sangloter. Mme. Ruiter et Mme Svoelt n'osaient ni se retirer, ni regarder au large. Mme. Guittere suppliait sa fille de s'arracher à l'horrible spectacle qui se préparait, mais elle n'entendait ni ne voulait entendre. Semblable à ces Israélites qui, durant le danger, les mains tendues au ciel, ne se lassaient de crier vers Dieu, la vierge en deuil, haletante, épuisée, répétait, sans discontinuer, sa prière d'angoisse et de détresse.

Précédés par le grand-prévôt de la flotte, les trois condamnés, les mains libres et sans fers, parurent sur le pont. Les deux lieutenants portaient le costume et les insignes de leur grade ; ils se tenaient par la main. Vanburg venait ensuite ; on remarqua qu'il affectait de marcher exactement derrière Jean Bart. Il regardait les Hollandais d'un air farouche et dédaigneux. Bart, comprimant ses violentes émotions, paraissait absolument calme. Keyser avait le front haut, les yeux enflammés, la lèvre supérieure frémissante ; on s'apercevait qu'il ne maîtrisait point sans efforts une fureur terrible.

En passant devant l'amiral, les deux lieutenants se découvrirent ; Vanburg imita son jeune maître, mais à regret. Jean Bart cria d'une voix retentissante :

— Vive l'amiral Ruiter !

Keyser sourit ; Vanburg grogna sourdement.

Le prévôt leur fit faire halte au pied du grand mât, et, la sentence ayant été relue par le greffier du conseil, il voulut procéder à la dégradation militaire. Vanburg, les poings fermés, se porta en avant ; Bart restait calme ; Keyser rugit :

— Prévôt ! dit l'amiral, ils ne seront pas dégradés, car ils n'ont pas forfait à l'honneur.

— Vive l'amiral Ruiter ! cria Keyser à son tour.

— A la bonne heure ! murmura Vanburg, qui fit un pas en arrière pour ne plus être sur le même rang que son maître.

Le grand prévôt attendait l'ordre de conduire les condamnés sur le château d'avant.

— Amiral ! dit Jean Bart, permettez-moi de...

Un geste de refus et le son du tambour lui coupèrent la parole.

La marche funèbre, qui retentissait au loin, ne cessa qu'au moment où les trois condamnés furent à babord, sur le château de proue, en face du peloton des soldats rangés à tribord.

Une immense clameur partit alors du rivage couvert par la multitude. Nicole répétait toujours : — Mon Dieu, ayez pitié de nous !

Pendant le court trajet du grand mât au lieu du supplice, on avait vu d'abord l'excellent capitaine Svoelt se précipiter vers ses deux chers lieutenants, leur prendre les mains avec des larmes dans les yeux et faire des gestes de désespoir qui accompagnaient un flot de paroles, couvertes, hélas ! par le son cadencé des tambours.

Quelques pas plus loin, Jean Bart, ayant reconnu derrière les rangs des équipages de la flotte le pauvre patron du *Hareng Ducal*, lui fit un signe et lui remit un papier adressé à Mme. Cornil Bart, à Dunkerque. — Le brave homme s'en saisit et lut rapidement.

Dans ces quelques lignes d'adieux se trouvait la recommandation de faire payer les trois cents ryders convenus, attendu que maître Schoeschreinsbrock n'avait coopéré en rien à l'arrestation suivie de l'arrêt de mort.

Le marinier, touché d'une si loyale précaution, s'efforça de fendre la foule ; mais, repoussé par les marins et les officiers subalternes, il n'y serait certes point arrivé, si tout à coup le chef d'état-major de l'armée ne s'était dressé entre le peloton des soldats et les condamnés à mort.

— Tambours ! un ban ! commanda-t-il en levant son épée.

Nicole vit que l'exécution était retardée, et l'accent de son cri de douleur cette fois fut moins plaintif. Emus par ses angoisses, les gens placés autour d'elle faisaient hautement des vœux pour les déserteurs ; mais des sentiments bien opposées animaient, en général, le peuple irrité, inquiet et indigné de la déclaration de guerre du roi Louis XIV qui prenait parti pour les Anglais.

On hurlait de toutes parts : « A mort les Français ! à mort les transfuges, les bandits ! ».

À bord des *Sept-Provinces*, il est vrai, pas un cri semblable ne fut proféré.

La fermeté des jeunes condamnés à mort, leur fière contenance, ce que chacun sait de leurs antécédents, et les scènes diverses qui se sont succédé, surexcitent les sympathies et inspirent de la bienveillance aux plus indifférents.

Lorsque des criminels marchent au supplice avec courage, le peuple, oubliant leurs forfaits, est généralement porté à former des vœux pour leur salut; mais Keyser et Bart, ni l'honnête Vanburg, victime d'un dévouement de plus en plus apprécié par les gens de l'équipage, ne sont des criminels. L'amiral Ruiter lui-même vient de dire qu'ils n'ont pas forfait à l'honneur. On espère donc que le chef d'état-major va proclamer la grâce. Aussi dans tous les rangs entendit-on un murmure de douloureux désappointement dès les premiers mots de l'officier supérieur.

« Considérant qu'un grand exemple est nécessaire au moment où la guerre est déclarée à la République par les plus formidables puissances maritimes, — que la fidélité au pavillon des Etats-Généraux importe au salut public, et qu'un complot de désertion à l'ennemi ne saurait demeurer impuni sur la flotte dont il est le chef;

» Le lieutenant-amiral général des armées navales;

» Se complaisant, d'une part, à reconnaître : que les lieutenants Charles Keyser et Jean Bart ont bien mérité par six années de loyaux services, des actions d'éclat, et une conduite militaire irréprochable, et que leur complice, l'enrôlé volontaire Thomas Vanburg, obéissait à un mobile généreux, alors même qu'il contractait son engagement avec la préméditation de déserter;

» Et, d'autre part, usant du droit de haute clémence que les États-Généraux ont daigné conférer à Son Altesse;

» Ordonne : — qu'un seul des coupables soit exécuté sur-le-champ et que les deux autres reçoivent grâce entière !...

» En conséquence, sous leurs yeux, les trois noms vont être tirés au sort; les deux premiers lus publiquement par le chapelain du vaisseau amiral signaleront deux mises en liberté immédiate...

» Après quoi justice sera faite !...

» Tambours ! fermez le ban ! »

Des murmures confus suivirent cette proclamation, qui ne satisfaisait personne, si ce n'est les trois condamnés.

Du fond du cœur, Bart remercia Dieu d'avoir exaucé sa prière. Keyser, rasséréné, sourit. Vanburg, transporté d'enthousiasme, secoua son chapeau en criant de toutes ses forces :

— Vive l'amiral Ruiter !

— Inutile de tirer au sort ! dit Jean Bart; mon devoir est de mourir pour tous !

Keyser l'interrompit avec furie :

— Non ! par la sainte croix du Seigneur ! Je réclame ce droit, qui est le mien.

Vanburg se précipita en pleurant aux pieds de son jeune maître :

— Monsieur Jean ! dit-il, vous me méprisez donc, moi ! On me trouve digne de mourir pour vous, et c'est vous qui refusez !...

L'équipage entier criait : Grâce ! — Le même cri retentit sur le rivage où tout avait été facilement compris.

Nicole, avec l'accent de l'espoir, répétait : « Mon
Dieu, ayez pitié de nous. »

Michel Ruiter sentit des larmes baigner ses paupières,
et remarqua, non sans une joie secrète, que les juges
eux-mêmes avaient tous crié : Grâce !

— Qu'on ramène les condamnés au pied du grand
mât ! commanda-t-il.

Et quand ils y furent :

— Par rang d'ancienneté, je vous accorde la parole !

— Amiral, dit aussitôt Keyser avec une sorte d'entrain
je suis le chef du complot. Le premier j'ai déterminé à
quitter le service Jean Bart, fiancé à Flessingue, comme
Votre Seigneurie le sait. De plus, c'est par ma faute que
nous avons été repris. Enfin, mon rang d'ancienneté suffit
à me donner le droit de mourir seul. Je mourrai donc
pénétré de reconnaissance pour votre clémence égale à
votre gloire !

— Amiral ! dit Jean Bart, de son ton de voix calme et
simple. J'espérais fermement la grâce que vous daignez
nous faire, et j'en suis rempli de gratitude tout autant
que mon frère de cœur Keyser, dont le droit d'ancienneté ne signifie rien devant la mort. Vanburg n'a jamais
porté les armes pour les Provinces-Unies, il ne connaît
ici d'autre maître que moi ; je ne pourrais sans honte
laisser sacrifier un si brave serviteur.

Vanburg voulait protester. D'un mouvement impérieux, Bart l'en empêcha.

— Quant à Keyser, amiral, il ne sait pas encore, mais
je sais, moi qui ai frères et sœurs, qu'il est depuis peu de
jours le fils d'une pauvre veuve... Vis pour ta mère, matelot, voilà ton devoir !

Ce fut ainsi que Keyser apprit que son père n'était plus. Sa fermeté l'abandonna, et, d'une voix brisée :

— Ah ! matelot, murmura-t-il, pourquoi me l'avoir dit !...

Les gestes de Vanburg valaient le plus éloquent des discours. Il frappait sur son cœur. Il s'était mis à genoux. Il montrait à l'amiral son jeune maître. Il pleurait, il sanglottait. C'était là sa manière de demander à mourir.

Sur la plage, sur les quais, plus un cri de haine. Les pilotes et autres gens de mer avec leurs lunettes d'approche avaient tout observé, tout deviné. Des hauteurs du rivage, des hunes et des barres de perroquet des bâtiments marchands, on avait pu voir, puis traduit en quelques mots rapides commentés par la multitude, les péripéties du drame dont le pont des *Sept-Provinces* était le théâtre. Et les fureurs impies des animosités internationales, aveuglements dignes de pitié, firent place à des sentiments vraiment humains.

A bord de tous les vaisseaux de l'armée, les équipages, d'une voix unanime, criaient : « Grâce ! grâce entière ! » Le président de la cour martiale, au nom des juges ses collègues, sollicitait à son tour en faveur des trois condamnés. Le capitaine Svoelt s'enrouait. Le patron du *Hareng Ducal*, qui avait enfin réussi à remettre à l'amiral la lettre contenant les dernières volontés de Jean Bart, se démenait comme quatre.

Michel Ruiter leva la main.

Un silence solennel régna sur le vaisseau, sur la flotte, sur la baie. Dans les airs, on entendait le frôlement des pavillons fouettés par la brise ; au ras des eaux le bruissement du courant qui brisait aux câbles et aux taille-mer des navires ; à terre et à bord des respirations haletantes.

Nicole, avec une exaltation fébrile, dit à sa mère, à la générale Ruiter et à la bonne dame Svoelt, palpitantes comme elle :

— Dieu m'a exaucée ! je le sens ! Ils sont sauvés !

Au même instant l'amiral s'écriait :

— J'accorde !

Un coup de canon retentit ; le pavillon rouge fut amené. Le peuple applaudissait. Bart et Keyser se tenaient embrassés. Thomas Vanburg fit sauter son chapeau et, sautant lui-même, battit un entrechat à la matelote.

Mille et mille vivats acclamèrent longuement l'amiral, qui reprit enfin avec majesté :

— J'accorde, ai-je dit, au nom des états-généraux des sept Provinces-Unies ; je fais grâce avec l'espoir que, tous tant que vous êtes ici sous mes ordres, officiers, sous-officiers, marins et soldats, vous ne vous méprendrez pas sur la portée de notre acte de clémence. Un exemple était nécessaire, il le devient davantage. J'ai cru pouvoir, sans faiblesse, céder à votre vœu unanime, en considération des vertus éprouvées des trois hommes dont vous imploriez le salut. Souvenez-vous maintenant que tolérer la moindre atteinte à la discipline, ne serait plus faiblesse, mais crime de lèse-patrie !...

Puis s'adressant à Keyser, Bart et Vanburg :

— Quant à vous, jeunes Français, poursuivit l'amiral, sachez que nul au monde n'a désiré plus vivement que Michel Ruiter votre délivrance commune. Il n'a rien moins fallu, pourtant, que les intercessions de ce peuple, que la voix de Dieu même, pour que le commandant en chef de cette flotte l'ait accordée à ses propres vœux. Remerciez donc la clémence divine, non la sienne ! Rappelez-vous à jamais comment on doit se comporter envers de loyaux ennemis. Au plus fort des combats, soyez humains, montrez-vous généreux ! Par ainsi seulement peuvent être tempérés les maux de la guerre. J'ai été touché de votre dévouement, j'estime votre patriotisme, je vous pardonne, je vous absous, mais vous n'aurez mérité la vie que si vous respectez en toute occasion les lois sacrées du droit des gens. Soyez guerriers, soyez braves, soyez terribles, mais, en un mot, soyez chrétiens !

Après un court silence, l'amiral dit encore :

— J'accepte les démissions des lieutenants Keyser et Bart. Je romps l'engagement du matelot Vanburg. J'ordonne qu'un sauf-conduit soit délivré à ces trois marins.

C'en était plus qu'ils n'osaient espérer, mais le magnanime Ruiter, libre de donner un essor complet à sa générosité, ne voulut pas faire les choses à demi en les retenant prisonniers de guerre.

Peu d'heures après la galiote *le Hareng Ducal*, chargée du mobilier de Mme. Guttiere, appareillait de Flessingue pour Dunkerque, emportant comme passagers la noble veuve, sa fille et les trois jeunes Français, profondément pénétrés des grands exemples, des grandes vertus et des grandes paroles du grand Michel Ruiter (v).

SPECTACLE D'UN COMBAT DE MER.

Sur le pont de la galiote *le Hareng Ducal*, retardée par la brise contraire et qui, pour s'élever au vent, courait une bordée vers la côte anglaise, Jean Bart, assis auprès de sa brune fiancée, souriait aux doux espoirs d'un avenir de bonheur. Avec une chaleur d'autant plus persuasive qu'elle lui était moins habituelle, il les peignait à Nicole et à Mme. Guttiere.

— Non ! je ne faisais pas un vain rêve, disait-il. Vous verrez le capitaine Jean Bart ramener bien réellement du large la fameuse corbeille de noces dont le bonhomme Svoelt a eu la première idée. Soyez guerriers, soyez braves, soyez terribles, mais soyez chrétiens, nous a dit Ruiter. Je serai tout cela, Nicolita ma bien aimée, pour rester digne de mes pères, pour devenir plus digne de toi !

Ainsi à l'extrême arrière s'exprimait Jean Bart ; mais à l'extrême avant, Keyser, les larmes aux yeux, interrogeait le bon Vanburg. Il ne pouvait se lasser d'entendre le récit de l'accueil fait à sa mère par la blonde enfant d'Ignace Tugghe. De lointains et vagues souvenirs se confondant en lui avec les vives émotions du présent, il voyait Marie sous les traits d'un ange.

Aux propos naïfs du serviteur de Jean Bart, un sentiment suave comme un parfum du ciel emplissait son cœur ardent. Attristé d'avoir prodigué à trop de folâtres beautés de passage les trésors de sa tendresse, il en rougissait en murmurant le nom de Marie Tugghe.

— Je voudrais, pensait-il, n'avoir jamais aimé qu'elle ! Je voudrais, comme Jean Bart, n'avoir jamais connu les amours profanes, pour que le culte de ma reconnaissance lui fût consacré dans un sanctuaire aussi pur que son âme.

En vérité, l'enfant bénie lui apparaissait telle que sa mère l'avait vue dans le cloître de l'hôtel seigneurial des Tugghe. Et cependant aussi, parfois, à travers les nuages de l'avenir, il l'entrevoyait, non plus adolescente et parée de son enfantine candeur, mais resplendissante des grâces plus complètes d'une jeunesse virginale. Belle comme Rebecca descendant à la fontaine, belle comme Rachel abreuvant les troupeaux de Jacob, Marie Tugghe s'avançait vers lui, et les sourires pieux de cet ange de miséricorde adoucissaient à miracle l'amertume de ses douleurs filiales.

Le bruit lointain du canon mit fin aux enthousiastes serments d'amour de Jean Bart, et à l'extase qui ravissait le fils de la veuve Keyser.

— Si j'ai encore l'œil d'un matelot, dit Vanburg, c'est un convoi de Dunkerque attaqué par une ramberge hollandaise.

— Mais la ramberge n'est pas seule, elle est soutenue par deux pinquets ! dit Jean Bart, qui, la longue-vue braquée sur l'horizon, s'écria bientôt avec douleur :

— Mon père et mon oncle, surpris au large, sans se douter de la déclaration de guerre ! Je reconnais leurs navires jumeaux, tels que ma mère me les décrivait dans ses lettres. Et ils sont armés en marchandises par malheur!... A eux deux ont-ils seulement douze canons, contre une trentaine au moins!... Vire de bord, patron, rapprochons-nous.

— Que prétends-tu faire? demanda Keyser, frappé de la pâleur soudaine de Jean Bart.

— Y mieux voir! répondit-il brusquement.

— Pardon, messieurs, dit le patron, si nous virons de bord, nous n'entrerons pas à Dunkerque, car ici le courant est pour nous, mais en Manche il nous drossera sous le vent

— Vire de bord, te dis-je, répéta Jean Bart.

— Remarquez, je vous en prie, que nous sommes neutres, objecta encore le maître marinier Vous n'auriez pas le droit, monsieur Bart, de monter à bord du navire de votre père quand même nous y toucherions.

Jean Bart soupira et dit avec tristesse :

— Je le sais, mais, pour la dernière fois, vire de bord!

Le patron obéit enfin, et l'on ne tarda point à pouvoir juger fort aisément de la situation respective de tous les navires.

Mme. Guttiere et sa fille, trop justement alarmées, gardaient le silence. Devant elles, Bart, Keyser, Vanburg ou les gens de la galiote, prenant tour à tour la parole, se rendaient compte des faits par des suppositions généralement conformes à la vérité. Mille fois moins calme qu'à l'instant où il allait être fusillé, Jean Bart prouvait ainsi la vivacité de ses sentiments de famille. Il frémissait ; Nicole partageait ses nobles douleurs, et, comme à l'heure du supplice, invoquait avec ferveur la protection du ciel.

Le fidèle serviteur des Bart, Thomas Vanburg et l'impétueux Charles Keyser, matelot du fils de Cornil, ne dissimulaient plus leurs inquiétudes. Naturellement les marins hollandais formaient des vœux pour leurs compatriotes, dont la victoire ne paraissait pas douteuse.

Les bâtiments marchands, fort nombreux, et portant tous le pavillon de Dunkerque : « blanc, au franc-quartier d'azur, chargé d'une croix blanche, » devaient dans la Manche s'être successivement ralliés aux deux trois-mâts *la Dune* et *le Clocher*, qui, montés par Cornil et son frère Herman, n'étaient pas complètement dépourvus d'artillerie. Au grand mât, les deux navires jumeaux portaient aussi les couleurs dunkerquoises, mais à la poupe, ils avaient arboré le pavillon des corsaires français : « bleu à croix blanche, l'écu de France sur le tout. » Noirs à ceinture rouge, sans ligne apparente de sabords, la grand'voile carguée, grand foc, misaine, huniers et artimon au vent, ils tenaient fièrement la tête de la ligne.

— Ils vont se faire écraser pour le salut du convoi! murmura Jean Bart.

— Quand, s'ils le voulaient bien, ajouta Vanburg, ils pourraient s'en tirer sans peine.

— Si mon père et mon oncle ont accepté le rôle de convoyeurs, ils n'y failliront pas, mais ces deux pinquets maudits qui donnent dans le gros vont faire la rafle, et les deux braves périront sans avoir même sauvé les autres.

— Doucement, notre maître! dit Vanburg, MM. Bart sont des marins de bon sens, incapables de se faire tuer comme des fous pour des prunes de mirabelle.

— Au fait, ami Vanburg, il y a du vrai dans ce que tu dis là; mais je vois les deux pinquets manœuvrer pour couper la route aux marchands, tandis que la ramberge, maîtresse du vent, canonne *la Dune* et *le Clocher*.

Les navires des frères Bart se suivaient de si près que le beaupré du second surplombait la pouppe du premier.

— Ils auront beau se tenir, dit un Hollandais, ils sont dans le sac.

— Être témoins d'un tel désastre !... Après six ans d'absence, rentrer à Dunkerque pour y porter la nouvelle d'un pareil malheur !

— En être réduits à regarder faire ! dit Keyser avec furie.

— Messieurs, reprit Vanburg, pour des navires armés en flûte, remarquez que *la Dune* et *le Clocher* manœuvrent rondement leur artillerie ; au moins ils ne manquent pas de bras.

— Très-bien ! dit Bart ! avant le combat mon père et mon oncle auront pris le temps de renforcer leurs équipages avec une partie de ceux des marchands. Excellente précaution.

— Soyez calme, mon maître, ils en auront pris d'autres que nous ne pouvons soupçonner ici à bord du *Hareng-Ducal*.

— Toutes les finesses du monde, dit un Hollandais, ne peuvent faire qu'un canon en vaille deux.

La ramberge, percée à vingt-quatre, présentait douze bouches à feu très-rapprochées aux frères Bart, qui ne leur en opposaient que six, réparties sur la longueur de leurs deux navires.

— Mille diables ! s'écria Keyser, que fait donc ce brigantin de Dunkerque ? Il s'élève au vent à contre-bord ! Il a l'air de passer à l'ennemi !

— Mort de ma vie ! une trahison ! s'écria Jean Bart

indigné. A la manière dont il évolue, on jugerait qu'il a un nombreux équipage. Ses gens seraient plus utiles à bord de nos chers combattants.

— A savoir, maître, à savoir ! dit Vanburg. Je ne vois pas qu'il change de pavillon. Les deux pinquets sont sous-ventés, et...

— Vive Dieu ! ruse de guerre ! je comprends ! s'écria Bart d'un tel accent de joie que les Hollandais de la galiote s'entre-regardèrent avec découragement.

Une fumée noire et opaque sortait des paneaux du brigantin, qui, chargé de toile, aborda la ramberge par le travers. L'épaisseur de cette fumée voila complètement le champ du combat.

— Vive la France ! Ils ont improvisé un brûlot !

Des flammes rouges, semblables aux langues d'un dragon, se tordirent autour des cordages goudronnés, les voiles s'embrasèrent, l'incendie se communiquait à la ramberge. *La Dune* et *le Clocher*, la laissant aux prises avec le brigantin sacrifié, appuyaient la chasse aux pinquets dépourvus d'une partie de leur monde, car ils avaient déjà mis des détachements sur plusieurs marchands capturés.

Une double explosion eut lieu. Le brûlot et la ramberge sautaient en couvrant la mer de débris fumants :

— Victoire ! criaient les trois passagers de la galiote dont l'équipage demeurait consterné.

Mme. Guttiere et Nicole, saisies d'horreur, ne purent partager la joie bruyante de Bart, Keyser et Vanburg ; mais, joignant les mains, elles remercièrent Dieu d'avoir sauvé les navires jumeaux, qui, séparés maintenant, accomplissaient chacun une mission très-différente.

L'un d'eux avait fait amener pavillon à un pinquet.

L'autre, prolongeant le convoi, avait successivement repris tous les navires marchands, mais le second pinquet, fuyant vent-arrière, parvint à lui échapper.

Sur le *Hareng-Ducal*, Jean Bart s'était mis à la barre du gouvernail, et commandait la manœuvre. Il virait de bord de cinq minutes en cinq minutes, de manière à passer sur les lieux où venaient de périr la ramberge e le brigantin.

Alors une distance considérable séparait les navires victorieux de ce même point. La brise et les courants favorables pour les faire entrer à Dunkerque avec tout le convoi rendaient presque impossible le retour vers le milieu du canal, où, du haut des mâts, l'on n'apercevait qu'à peine de rares débris flottants. La moins avariée des deux flûtes courut pourtant une bordée à la découverte.

— Point de chaloupe, pas un esquif, rien ! disait Jean Bart. Les braves qui se sont dévoués au salut général ont donc perdu jusqu'à leurs moindres barques !...

— Voiles ! voiles au vent ! cria Vanburg.

— Toute une escadrille hollandaise ! mille démons ! fit Keyser.

En effet, attirés par le bruit du combat, une réunion de croiseurs haut mâtés se montrait dans le nord. Force fut donc au navire dunkerquois de renoncer à toute tentative de sauvetage ; il se replia vers le convoi et disparut derrière les points les plus avancés de la côte de France.

Virant de bord pour la dixième fois, Bart disait à ses compagnons :

— Regardez bien du côté des débris.

Keyser, qui observait à sa lunette d'approche, répondit avec un sentiment d'horreur :

— Je vois une masse d'hommes à la nage... Ils

s'accrochent aux espars... ils se battent encore entre eux, les enragés!...

— C'est là que sont mes frères ! dit Bart.
— Je le pensais ! murmura Vanburg.
— Aux avirons alors ! mille millions de tonnerres ! aux avirons ! s'écria Keyser en forçant les Hollandais du *Hareng-Ducal* à se jeter sur les rames.

LE BOITEUX BALAFRÉ.

Les mauvaises nouvelles, soutenues et poussées par l'Esprit du mal, volent-elles mieux que les bonnes? Peu importait à M. le vicomte de Flamignes, enseigne des vaisseaux du roi, mais beaucoup plus adroit manœuvrier à Versailles qu'à son bord. Peu lui importait, pourvu qu'en possession d'une nouvelle bonne ou mauvaise, il fût certain de produire de l'effet, de se pavaner, pérorer, trancher, et d'attirer l'attention sur son impertinente personne. A peine eut-il recueilli de la bouche d'un sien cousin arrivant des Pays-Bas les bruits qui couraient par delà les fontières, que, d'un pas léger, il se rendit chez l'opulent armateur Ignace Tugghe, conseiller pensionnaire de la ville de Dunkerque.

Il y avait grande réception ce soir là.

Une foule d'officiers du corps de la marine, chefs d'escadre, capitaines de vaisseau, lieutenants ou enseignes, s'y trouvaient en présence des membres de l'intendance et de l'administration, dont l'influence grandissait sous la sage impulsion de Colbert. L'ingénieur en chef de la place, M. Decombes, officier de mérite désigné par l'illustre Vauban pour diriger les travaux des fortifications, plusieurs des magistrats les plus honorés, plusieurs officiers de l'armée de terre, quelques familles de la noblesse française de Flandre, et un trop grand nombre de représentants de la noblesse de cour, des jeunes gens et des vieillards, des dames d'âges divers, et même plusieurs jeunes filles, mais une seule enfant, — la blonde Marie Tugghe, — étaient réunis dans les salons dont la maîtresse de la maison faisait les honneurs.

Mme. Tugghe, née Catherine Sergeant, simple bourgeoise flamande, y mettait la meilleure grâce pour complaire à son époux. Semblables fêtes, à vrai dire, étaient pour elle le comble de l'ennui ; le monde qu'elle se résignait à recevoir n'était pas celui qu'elle eût aimé ; mais la fréquentation de l'aristocratie française faisait le bonheur de son mari, dont elle se gardait bien de contrarier les goûts fastueux.

Le vicomte de Flamignes se fit annoncer avec fracas, salua fort cavalièrement, et prenant la parole à haute voix :

— J'ai des nouvelles toutes fraîches des Pays-Bas, dit-il. Le baron de Lorze, mon cousin, se rendant aux ordres du roi, vient de m'apprendre, à souper, que la méchante humeur des buveurs de bière devient de la rage. En Hollande, on traque les Français, on les lapide, on les pend, on les fusille sans miséricorde. Dans les provinces espagnoles, tout ce qui est Flamand déblatère contre la France.

— Mais les vrais Espagnols, monsieur le vicomte? demanda messire Tugghe.

— Eh! eh! ces tendres amis laissent dire les Hollandais et seraient bien tentés de faire chorus. Les menaçantes proclamations des États-Généraux sont supérieurement propagées de Mons à Bruges et de Bruxelles à Ostende, où, tenez, ces jours-ci, un marinier espagnol s'est empressé de trahir trois marins dunkerquois, déserteurs de la flotte de Ruiter. Ceci est un tout petit roman à dénoûment tragique.

— Voyons! monsieur le vicomte, dirent les dames.

— Nos trois camarades avaient trouvé asile chez une hôtelière fort sentimentale. Tout allait au mieux : on sablait le meilleur vin du logis au son des castagnettes, quand un mari, jaloux mais sournois, s'invite à la *tertulia* joyeuse. On l'admet bon gré mal gré; on se félicite bientôt de l'avoir pour convive, car il met sa barque à la disposition des galants pour les conduire à Dunkerque. Sur quoi, mon drôle, qui aime, à ce qu'il paraît, les primes payables en rixdales, les ramène à Flessingue, et... vous devinez le reste.

— Quoi! s'écria messire Tugghe, ces pauvres marins auraient été fusillés?

— Aux grands applaudissements de la populace qui, du reste, s'amuse à brûler en effigie LL. MM. Louis XIV et Charles II.

— C'est affreux! c'est horrible!...

— Heureusement Leurs Majestés ne s'en portent pas plus mal, dit le vicomte en souriant.

— Pardon! reprit Ignace Tugghe, si les insultes de cette brutale populace m'indignent, en ma qualité de sujet fidèle, cependant les exécutions atroces dont vous parliez auparavant m'émeuvent plus profondément encore.

— Vous êtes mille fois trop bon, dit légèrement le jeune vicomte. Les déserteurs en question étaient des gens de rien !... car j'imagine que ce rustre de Ruiter, malgré sa grossièreté de matelot flamand, y aurait regardé à deux fois avant de faire fusiller des gentilshommes.

A l'épithète de *rustre* infligée par un muguet de cour au premier des hommes de mer du temps, le marquis de Kerlannic, vieux capitaine de vaisseau à jambe de bois et face balafrée, interrompit sa partie de cartes, pour dire d'un ton sévère :

— Et moi j'imagine, monsieur le vicomte de Flamignes, que vous vous imaginez fort mal !

Puis il se remit à jouer.

— Vous avez dit, monsieur, demandait Ignace Tugghe, que ces trois déserteurs étaient Dunkerquois ?

— Sans doute ! Je crois, en vérité, n'avoir pas tout-à-fait oublié leurs noms... L'un d'eux s'appelait, je crois, Bart, Jean Bart, oui.... c'est bien ça !... Un autre...

— Keyser ?... reprit l'armateur frémissant.

— Ma foi oui, monsieur le conseiller. Auriez-vous donc connu ces petites gens ?...

— Mais, monsieur le vicomte, êtes-vous bien sûr de ce que vous dites ? redemanda l'armateur avec insistance.

— Sûr... autant que pouvait l'être mon cousin de Lorze. Je n'étais pas, vous le comprenez bien, témoin oculaire de la haute justice de l'*impayable* duc Michel

Ruiter ! Je dis *impayable*, mesdames, à cause de sa duché (1)...

Marie Tugghe avait tout entendu, tout compris. Son jeune cœur se gonfla. Elle pâlit dès les premiers mots. Au nom de Jean Bart, elle frémit ; à celui de Keyser, des larmes jaillirent de ses yeux. Elle sortit précipitamment en appuyant son mouchoir sur sa bouche. Dans la pièce voisine, elle éclata en sanglots.

Son frère Thomas, plus souvent désigné par courtoisie sous le titre de *Chevalier*, allait entrer au salon :

— Ma bonne petite sœur, demanda-t-il, qu'as-tu donc pour pleurer ainsi ?

— Charles Keyser... fusillé... en Hollande... avec son ami Jean Bart ! murmura-t-elle en se jetant dans les bras de son frère.

— Mais de qui tient-on cette funeste nouvelle ?

— Du vicomte de Flamignes... le vilain homme ! Il osait sourire ! Pauvre dame Keyser... qui pourra la consoler maintenant !... Ah ! mon frère, je me souvenais à peine de son fils Charles, mais je pleure comme si j'étais sa fille à elle...

— Infortunée mère ! dit le chevalier Tugghe avec une profonde douleur et une sympathie d'autant plus vive que la veuve du docteur Keyser venait d'être l'hôte de la famille.

Depuis qu'elle était entrée en mendiante dans la maison, elle n'en était guère sortie qu'après l'issue favo-

---

(1) Par un anachronisme qui est assurément dans les droits du romancier, l'auteur attribue ici à Ruiter vivant le titre de duc, qui ne lui fut conféré par le roi d'Espagne qu'après sa mort glorieuse.

rable de son procès gagné, grâce au généreux concours du conseiller armateur. Rentrée maintenant en possession de la demeure conjugale, elle ne cessait d'aller chez les dames Bart, qui partageaient son attente maternelle. — « Mais Jean et Charles, qu'aurait dû ramener Vanburg, tardaient beaucoup !... » Déjà l'attente se transformait en inquiétudes. — Marie Tugghe le savait.

Indignée du ton léger du vicomte de Flamignes, elle fut consternée en l'entendant nommer les victimes. Son frère essaya de la calmer en disant que rien encore ne confirmait une nouvelle sinistre donnée à la légère par un beau diseur de salons. Marie pleurait et sanglottait toujours.

Le chevalier, attendu par ses parents, finit par la confier à l'une des femmes de chambre ; puis, l'embrassant avec une tendresse fraternelle :

— Prie pour eux et pour leurs mères, cher ange, et ne désespérons pas encore.

Sur ces mots, il rejoignit M. et Mme. Tugghe, douloureusement affectés, faisant bonne contenance, mais étrangers à une conversation dont le vicomte de Flamignes continuait à tenir le dé avec la vanité la plus impertinente.

Le glorieux Ruiter était travesti en grotesque ; son nom vulgaire, ses débuts de matelot, les titres de chevalier et de duc si singulièrement décernés à cette seigneurie républicaine, donnaient lieu à des lazzi dont s'égayait un groupe de jeunes femmes et de jeunes officiers.

Le marquis de Kerlannic, major de la marine, n'avait pas perdu un mot. Par courtoisie pour ses partenaires, il attendit que le jeu fût terminé. Mais alors se levant, la main gauche appuyée sur son épée au fourreau dont il se servait en guise de canne, il s'avança vivement au milieu du salon.

Le bruit que faisait sa jambe de bois et une exclamation moins usitée au château de Versailles qu'à bord des vaisseaux du roi attirèrent tous les regards sur le vétéran irrité.

— J'entendais et je bouillais, monsieur de Flamignes, dit-il, et je vous déclare que vos propos sont de ceux qui blessent en moi ce que je sais de meilleur!

Toutes les conversations partielles furent interrompues par ce véhément exorde.

— Ah! vous vous raillez du plus grand, du plus brave, du plus loyal des ennemis de la France, monsieur! et ses titres de gloire les plus éclatants sont pour vous des sujets de plaisanteries!... Par la sainte croix de Dieu, je serais indigne du nom, du titre, des épaulettes et des décorations que je porte; je serais indigne des blessures qui me font appeler *le Boiteux Balafré*, si je ne disais à ces jeunes officiers qui nous entourent, comment j'entends la noblesse, moi, marquis de Kerlannic, chevalier de tous les ordres de France et d'Espagne. Michel Ruiter, messieurs, a commencé par être apprenti cordier, gagnant un sou par jour; puis il a été mousse, matelot, gabier, bosseman, master, lieutenant, capitaine, chef d'escadre, amiral. Sa Majesté Catholique lui a conféré les titres de chevalier et de duc, ceci m'importe peu; trop d'autres, qui auront vécu et mourront sans gloire, sont chevaliers et ducs comme lui, monsieur le vicomte!

— Sa noblesse, c'est une vie entière consacrée au service de sa patrie, et cent combats également beaux, qu'il ait été vainqueur ou qu'il ait habilement battu en retraite.

— Au nom de mon respect profond pour la personne du Roi et pour ses ancêtres, je ne souffrirai pas qu'on affecte du dédain pour l'apprenti cordier de Flessingue, moi qui ai l'honneur d'avoir fait mes premières armes sous le commandeur Paul et d'avoir servi sous notre Duquesne... des gens de rien, n'est-ce pas, monsieur le vicomte de Flamignes?...

Avant Jean Bart, qui l'a fait oublier, Paul, était le marin populaire de notre légende nationale.

— Au fait, tout le monde sait que Paul, le glorieux amiral du Levant, mille fois vainqueur pour la France, mort il y a cinq ans au comble des honneurs les mieux mérités, naquit dans un bateau d'une pauvre blanchisseuse qui rapportait de la lessive le linge de la garnison du château d'If. Le cardinal de Richelieu le tenait en estime singulière, la cour du roi Louis XIII s'inclinait devant lui, et nos marins français ne savaient pas de nom plus illustre que ce simple nom de Paul. — Tout le monde sait aussi que le capitaine de vaisseau Abraham Duquesne, premier de ces noms, mort de ses blessures, ici à Dunkerque (1), chez le père des frères Bart, — des braves, monsieur le vicomte, — commença par être simple apprenti charpentier à Dieppe et ensuite maître-pilote. Mais le roi de Suède fut heureux d'emprunter au roi de France la valeureuse épée de ce capitaine de fortune! Son fils, notre Abraham Duquesne, deuxième de ces noms, mon camarade et mon ami, me paraît assez noble à moi, messieurs, quand, de notre aveu à tous, il est le pre-

(1) En 1633.

mier d'entre nous par son savoir et son expérience qui en font le rival de Ruiter lui-même.

Au milieu d'un silence profond, le vieux major poursuivit avec feu :

— Faut-il vous en citer d'autres de ces nobles qui se firent par leur propre vertu ? Je ne vous parlerai pas de M. Colbert, que vous n'aimez point, je crois, mais que Sa Majesté Louis XIV juge digne de vous transmettre ses ordres. Remontons plus haut. Savez-vous ce que fut le baron Polain de la Garde avant de devenir capitaine de terre et de mer, général des galères de France et ambassadeur du roi François Ier ? — Un simple goujat servant les derniers soldats de l'armée. — Eh bien ! ce valet de troupes, messieurs, étant sur son lit de mort, à l'âge de quatre-vingts ans, fut instamment prié, au nom de la reine Catherine de Médicis, de se démettre de sa dignité de général des galères, et cela, contre la somme vraiment royale de cent mille écus, ce qui représenterait, de nos jours, plus de cinq cent mille livres. Mais lui se fit ôter de son lit et asseoir sur son siége seigneurial, puis, tirant son épée : — « Rapportez à la
» reine, dit-il, que Polain, baron de la Garde, ne
» vendra rien du fruit de ses soixante et dix ans de ser-
» vices. Il a vécu en soldat, il aurait voulu mourir de
» même pour son Dieu et pour son Roi ; il mourra du
» moins sans s'être séparé de ses armes ! » La reine n'attendit pas longtemps, car sur ces mots Polain de la Garde expira. Était-il assez noble ce baron, ce général, cet enfant de troupes, ce goujat de gamelle, cet homme de rien, cet ambassadeur, ce héros ? Je vous le demande, messieurs !...

Après avoir promené sur l'assemblée des regards enflammés d'une généreuse indignation, le major reprit avec une véhémence croissante :

— Ah ! ne nous ravalons pas dans la personne de nos pères ! Car il n'y a point de roi qui ne descende d'un esclave, ni d'esclave qui ne descende d'un roi. Respectez-donc, monsieur l'enseigne, respectez en Ruiter la souche d'une famille ducale dont l'origine du moins n'aura rien d'obscur. N'est-il pas vrai, messire Tugghe?

Le conseiller interpellé ainsi balbutia. Le nom de Ruiter tant de fois répété, le nom des frères Bart prononcé à propos de la mort du premier Duquesne, l'avaient plongé dans des pensées trop cruelles.

Quoique le major eût froissé plus d'un vaniteux courtisan, les rieurs n'étaient déjà plus du côté du vicomte de Flamignes, qui tâcha de gagner à sa cause l'estimable maître de la maison par une flatterie :

— Les gens de qualité, comme vous, monsieur le conseiller, dit-il, admettront, j'espère, que Sa Majesté trouvera toujours assez de bons serviteurs dans sa fidèle noblesse, malgré les brillantes exceptions que s'est complu à nous signaler M. le marquis de Kerlannic, qui ne fait point fi, je suppose, de ses ancêtres bretons.

— Non certes, monsieur l'enseigne, repartit le vétéran en frappant le parquet du bout de son fourreau d'épée. Je ne renierai jamais le nom que je tiens de mes pères, et je n'aurai pas l'insolence de tenir en moindre estime le titre que je dois au bon plaisir de Sa Majesté. Je m'en trouve très-honoré, je le proclame à haute et intelligible voix. Mais, lorsque nous recevons de Dieu seul tous les dons qui font nos mérites, lorsque, sans aucune exception possible ni même imaginable, nous ne devons notre valeur qu'à la munificence de Dieu, je crois qu'un homme sensé ne peut s'enorgueillir de rien. Si pourtant il était permis de s'enorgueillir de quelque chose, je m'enorgueillerais, moi, de mes quarante ans de services actifs, de mes campagnes, de mes combats, de l'avancement que j'ai gagné l'épée à la main, du poste que j'ai l'honneur d'occuper dans ce port, de mes vingt blessures et de ma jambe de bois, — toutes choses auxquelles ma qualité de gentilhomme breton n'a eu que la moindre part. Le major de Kerlannic, monsieur l'enseigne, a le corps et l'âme d'un officier de la marine, blanc ou bleu, gris ou rouge, noble ou roturier, qu'importe ! Ami des serviteurs braves et loyaux, il déteste les fanfarons et préfère le dernier des matelots ayant les vertus du métier au plus élégant des muguets de cour !

— Monsieur le major, dit le jeune vicomte, devenu pourpre, dans l'arsenal de Dunkerque, à bord, en rade, vous êtes mon supérieur et mon chef ; mais j'oserai vous faire observer que, dans le salon de M. le conseiller pensionnaire, nous ne sommes pas en service..

— Qu'est-ce à dire ? Vous ai-je donné un ordre, vous ai-je mis aux arrêts ? En quelque lieu que ce soit, l'âge et les actions du major de Kerlannic l'autorisent à relever les propos inconsidérés de jeunes imprudents tels que vous ! Brisons-là, de grâce.

Le marquis fit quelques pas vers la table de jeu ; puis s'arrêtant, il reprit avec une expression douloureuse, en quelque sorte prophétique :

— Ah ! plaise à Dieu que, par un retour trop ordinaire des choses d'ici-bas, il n'arrive pas en France, un jour où la seule qualité de gentilhomme sera un crime et où il suffira de porter un nom noble, fut-ce le plus resplendissant entre les plus purs, pour être traité d'indigne, de paria, d'incapable ou même de lâche! (VI)

— Oh! oh! fit une partie de l'assemblée.

— Oh! oh! reprit le major. Voyez l'Angleterre de Cromwell allant jusqu'à égorger son roi! Si, par malheur, ce que je viens de supposer arrivait, les Français seraient assurément ingrats et cruels envers une noblesse qui, depuis des siècles, prodigue son sang sur tous les champs de bataille, ils sacrifieraient mille innocents pour un coupable; ils obéiraient à des préventions et à des haines irréfléchies, — tous les peuples en ont fait autant, — mais ils ne seraient pas plus injustes que les beaux rieurs qui dédaignent la gloire de Ruiter.

Sur ces mots, le boiteux balafré salua et sortit.

Le jeune vicomte, rentré dans le groupe de ses collègues, mâchonnait le terme méprisant de *vieille baderne*.

Le chevalier Thomas Tugghe, sa mère, M. Decombes, l'ingénieur de Dunkerque, officier de confiance de Vauban, les magistrats, les administrateurs de la marine dévoués à Colbert et tous ceux des officiers de terre ou de mer qui ne fréquentaient pas la cour, avaient sincèrement admiré la verve du vieux marin. Quant aux autres, c'est-à-dire précisément ceux que messire Ignace Tugghe prisait et choyait le plus, ils ne murmuraient qu'à demi-voix, mais ils ne devaient point pardonner au vétéran invalide.

Peu de mois après, — chose certaine, — à l'insu de Colbert, de Duquesne et de Vauban, pour prix de ses glorieux services ou plutôt de ses audacieuses tirades, le major reçut d'office sa modique pension de retraite et alla mourir au pays de Vannes, pauvre comme il avait vécu, dans le gentilhommière du fils de son frère aîné.

RETOUR A DUNKERQUE

Dans la famille Tugghe, chacun reconnaissait qu'on ne pouvait laisser arriver par la rumeur publique aux oreilles des dames Bart et Keyser la fatale nouvelle répandue par le vicomte de Flamignes.

— Mon père, dit le chevalier, c'est à nous qu'il appartient de dire à ces malheureuses mères que rien n'est encore prouvé. Nous promettrons d'expédier un exprès à Flessingue pour s'assurer de la vérité. Nous les préparerons à la douleur qui les attend.

— Allons, mon fils, venez avec moi !

— Vous vous imposez une mission bien cruelle ! murmura Mme. Tugghe en soupirant.

— Mon père ! s'écria Marie, permettez-moi de vous accompagner.

— C'est impossible, mon enfant.

Marie insista :

— Pardonnez-moi, disait-elle. Je parlerai avec sincérité, du fond de mon âme, moi ! car je ne crois plus que Jean et Charles soient morts ! Non ! le méchant vicomte en a menti, j'en suis sûre; je ne pleure plus, voyez!... J'ai fait de si beaux rêves!...

— Qu'elle aille ! dit Mme. Tugghe. La veuve Keyser l'appelait son bon ange.

— Qu'elle vienne, puisqu'elle a conservé l'espérance! ajouta le chevalier.

— Oubliez-vous donc, mon frère, ce que vous me disiez vous-même hier soir ?

— Chère enfant, je veux douter encore, je veux espérer avec toi ! répondit le chevalier en offrant le bras à sa jeune sœur.

Leur père les suivait triste et pensif.

Quand ils arrivèrent chez les dames Bart, quoiqu'il fût encore de très-bonne heure, la maison était vide. Femmes et enfants s'étaient précipités sur le rempart, car on parlait d'un combat livré par les frères Cornil et Herman. L'on disait même que les signaux des postes avancés annonçaient une attaque par des forces supérieures. La sœur aînée, Catherine aurait voulu rester au logis, et vaquer, comme à l'ordinaire, aux occupations du ménage; Martine, moins énergique, la détermina pourtant à sortir, comme tous les enfants le demandaient.

Bien qu'armateur-propriétaire des deux navires la *Dune* et le *Clocher*, qui représentaient une valeur très-considérable, messire Tugghe ne pensa qu'à l'impossibilité, en de pareilles conjonctures, de préparer les dames Bart à la nouvelle d'un malheur.

— Allons pourtant, dit-il, et ne nous séparons plus de cette famille, afin d'être là, prêts à ranimer l'espérance et à donner des consolations, si quelque fâcheuse indiscrétion était commise.

— Mais Madame Keyser, dit Marie, si mon frère et moi nous nous rendions chez elle?...

Messire Tugghe venait d'approuver, quand l'infortunée veuve parut. A la nouvelle du combat, elle accourait alarmée chez ses généreuses amies. Le conseiller lui offrit le bras. On fut bientôt sur le bastion, couvert d'une immense affluence de gens de mer, de curieux, de parents et d'amis des combattants, tous s'agitant, parlant haut, essayant de traduire les signaux du sémaphore le plus avancé.

On ne voyait ni voiles, ni fumée ; les terres masquaient entièrement les navires aux prises ; on entendait parfaitement le canon.

Assise sur un banc de pierre, la mère de Jean Bart filait et avait forcé sa fille Agnès à suivre son exemple. Martine ne put faire usage de sa quenouille ; elle allait de groupe en groupe, écoutant, interrogeant, anxieuse, parfois même tremblante. Quand le conseiller et Mme. Keyser s'approchèrent, Catherine se leva, rendit à l'armateur son salut, et remercia la mère de Charles de venir lui tenir compagnie. Sa voix était ferme, ses yeux secs ; elle embrassa Marie en souriant et dit au chevalier Tugghe :

— Il a bien fallu céder à ces enfants!... Mais nous devrions être à faire préparer les lits et le repas ; nos maris et nos fils, après l'affaire, auront sans doute grand appétit et grand besoin de repos.

— Catherine, murmura la veuve Keyser, je me demande parfois si vous êtes une simple femme.

— Dieu qui lit dans mon cœur, répondit-elle, sait que tout en travaillant, je prie comme une épouse, une mère et une sœur de marins.

A ces mots, elle se reprit à filer.

Martine survint et répéta les propos des spectateurs.

— On dit que les signaux du fort annoncent trois croiseurs ennemis canonnant nos deux pauvres navires armés en flûtes, et l'on ajoute que plus de dix bâtiments marchands de Dunkerque sont en grand danger avec les nôtres. Ah! je voudrais avoir des ailes... ou plutôt je voudrais être à bord auprès de mon mari et de mon fils François!... Je voudrais être à me battre!... Ah! je ne vaux pas Catherine; elle a aussi son mari et son fils aîné, là, au feu, contre des ennemis supérieurs en force; elle ne frémit point, elle a le courage de travailler tout tranquillement...

— Ma sœur, répondit Catherine, ne faut-il pas donner à ces enfants de marins l'exemple du calme et de la patience?

Agnès Bart et Marie Tugghe admiraient avec des larmes dans les yeux. Mme. Keyser s'était assise à côté de la mère de Jean Bart. Messire Tugghe, pour obtenir des renseignements plus précis, donnait des ordres à quelques marins qui se rendirent de sa part au château de Bonne-Espérance bâti à l'extrémité de la jetée.

Plusieurs jeunes officiers de la marine du roi parurent, et parmi eux l'impertinent vicomte de Flamignes. Marie éprouva un sentiment d'effroi mêlé de dégoût, et pourtant elle courut à lui avec une impétuosité singulière.

— La plus jolie fillette du pays, la petite Marie Tugghe, disait à ses camarades le vicomte qui salua familièrement l'enfant arrêtée devant lui.

— Monsieur, dit-elle, les trois mères de famille que vous voyez là sont Mmes. Bart et Keyser. De grâce, ne

6*

répétez pas ici, devant elles, ce que vous disiez hier soir; je vous en supplie, pour l'amour de Dieu!

— Pour l'amour de vous, charmante blondine, nous serons muets comme des poissons.

Le chevalier Tugghe, qui rejoignait précipitamment sa sœur, fut froissé d'un ton si peu convenable, mais se contenta de dire :

— Ces dames, Messieurs, sont suffisamment alarmées, car les navires attaqués sont montés par les frères Bart, leurs maris !...

— Très-bien, Monsieur le Chevalier, nous comprenons ce qu'a de touchant la prière de Mademoiselle votre sœur !... — Nous respectons ces généreuses inquiétudes !... — Dieu nous garde de les accroître !...

Ainsi répondirent plusieurs des officiers.

— Eh quoi! fit le vicomte, cette superbe matrone qui file si paisiblement serait... une *demoiselle* Bart?

— *Demoiselle*, dans votre langage, Monsieur de Flamignes, repartit le chevalier Tugghe, *dame* dans le nôtre et dans celui du major de Kerlannic.

— Chevalier, riposta le vicomte piqué, M. le Conseiller, votre père, aurait dû vous enseigner que le titre de *dame* ne s'applique point à de petites bourgeoises comme ces femmes-là.

— Vicomte, reprit fièrement le chevalier, il y a des leçons qui ne peuvent entrer dans ma tête, me les fît-on cent fois, et d'autres qu'il me suffit d'entendre donner pour qu'elles restent gravées dans mon cœur.

Après cette allusion qui fit pâlir Flamignes, le fils du conseiller, prenant sa jeune sœur par la main, salua profondément et se retira.

— Je ne comprends pas très-bien, demandait un camarade absent la veille.

— Ces frères Bart, Messieurs, dit un autre, sont à ce qu'il paraît les idoles des mariniers du pays. Ne m'a-t-on pas conté qu'ils descendent d'un grand d'Espagne !

— Pourquoi pas d'un grand maître de l'ordre teutonique ?

— Vous croyez plaisanter, mon cher, une version le dit.

D'après une tradition qui a longtemps eu cours à Dunkerque, les Bart, originaires du faubourg du Pollet, à Dieppe, se seraient, vers la fin du XIIe siècle, séparés en deux branches, dont l'une, établie en Allemagne, aurait donné à l'ordre teutonique un grand maître qui se nommait Herman. Mais la critique historique démontre que cet Herman Barth ou de Barth, mort en 1210, à Jérusalem, par suite de blessures reçues au siége de Tripoli de Syrie, était Allemand, et sans aucun rapport avec les Bart de Dieppe.

Quant au grand d'Espagne, c'était le fameux *Renard de la Mer*, Michel Jacobsen, dont la fille Agnès épousa Michel Bart, père de Cornil et d'Herman, actuellement engagés dans la lutte inégale qui mettait en émoi la population maritime de Dunkerque. (VII.)

Fatigués d'être coudoyés par une plèbe grossière qui ne leur cédait pas le haut du terrain, mais retenus par une curiosité légitime, le vicomte et ses camarades circulaient en causant. Les plus courtois s'inclinèrent devant les dames Bart. Les plus sensibles furent impressionnés par le tableau que formait la réunion de cette famille dont les jeunes enfants, sérieux et fiers, témoignaient par leurs attitudes qu'ils sentaient toute la gravité de la situation.

En apercevant le chevalier Tugghe qui venait enfin de recueillir quelques renseignements certains, les jeunes officiers se découvrirent, et ils allaient le questionner quand se fit entendre la voix sévère du major de Kerlannic.

— A vos bords!... à vos postes, Messieurs! disait-il d'un ton de commandement. Que faites vous ici?

— Monsieur le major, nous ne sommes pas de service.

— Dès que le canon retentit, tout officier est de service, Messieurs!... A partir de demain, quinze jours d'arrêts pour chacun de vous... Que les officiers sans embarquement se rendent à mes ordres au bureau de la majorité!

Enseignes et gardes du pavillon se hâtèrent d'obéir, tandis que le vétéran, à qui son épée servait de canne, et qu'escortait un vieil aide-major, autre invalide, continuait activement sa ronde.

La plèbe grossière ne feignit plus, cette fois, de ne point voir; les rangs de la foule s'ouvrirent; tous les fronts s'étaient découverts devant le boiteux balafré.

— Mes amis, dit-il à un groupe de matelots du commerce, nous manquons de rameurs dans le port, j'aurais besoin d'hommes de bonne volonté.

— Commandant, à vos ordres; tout le monde est de bonne volonté ici!

— Merci, camarades; suivez-moi donc!... Mesdames Bart, ajouta le major, le commandant de la marine fait appareiller deux frégates, et moi, je vais expédier dehors quelques chaloupes que monteront ces braves gens.

Le major de Kerlannic venait à peine de descendre,

quand une explosion terrible fut saluée par mille clameurs. Par delà les dunes, l'on vit des flammes géantes, une épaisse fumée, des débris lancés dans les airs. Puis, pour un instant, tout retomba dans le silence.

Martine pressa contre son cœur ses deux petits garçons, Michel et Jean-Baptiste. Agnès fit le signe de la croix; ses petits frères et sœurs l'imitèrent.

Catherine, cessant de filer, se dressa, et, sans proférer une parole, se comprima la poitrine en serrant les bras. Elle fut, un moment aussi pâle que sa sœur Martine.

Enfin les forts arborèrent un signal de victoire. Aux cris de doute et de crainte succédait un cri de triomphe.

La mère de Jean Bart se rassit soucieuse et ne reprit plus sa quenouille.

— Un brûlot, je devine! pensait-elle; mais qui le montait, si ce n'est mon fils aîné?

Martine, Agnès, tous les enfants Bart partageaient l'allégresse populaire; Mme. Keyser qui n'avait rien de l'humeur héroïque des Dunkerquois, frémissait encore, bien qu'elle connût à peine les membres absents de la famille Bart. — Quant à MM. Tugghe et à la gentille Marie, ils pensaient toujours à l'affligeante nouvelle rapportée par le baron de Lorze et répandue par le vicomte de Flamignes.

Pendant quelque temps, on continua d'entendre des coups de canon; mais, les premiers navires du convoi s'étant montrés à l'ouvert du canal, la population se précipita vers les quais.

— Vous paraissez souffrante, Madame, dit le conseiller Tugghe à la fière Catherine.

— Aussi bien je souffre, Monsieur, répondit-elle à

voix basse. Je suis une Janssen, je suis une femme Bart, je veux que mes fils sachent mourir pour leur pavillon, mais je suis mère ! Je crains que mon fils aîné ait péri avec le brûlot..... Ne dites rien à Martine, je tremble aussi pour le sien !

L'armateur ne trouva pas une parole de consolation, car il pensait à Jean Bart et à Charles Keyser.

Deux heures après, au milieu des vivat de la population ivre de joie, les frères Herman et Cornil Bart mettaient pied à terre.

Ils étaient sans leurs fils aînés.

Martine poussa un cri déchirant.

— François !... Cornil ! ne sont pas avec eux !

Catherine dit alors d'une voix étouffée :

— J'avais bien raison de vouloir rester au logis !... Mais Dieu nous rend les pères de nos autres enfants... Martine, ma sœur, nos douleurs seront les mêmes.... Attendons d'être rentrées pour pleurer.

Les capitaines Bart s'avançaient, graves, tristes, se soutenant l'un l'autre ; à l'aspect de leurs nobles femmes ils frémirent.

Martine, éperdue, serrait Herman dans ses bras.

— Et François ? demandait-elle.

— Nous devinons, dit Catherine sans embrasser son mari vainqueur. Venez ! rentrons vite !... Mes enfants, taisez-vous !

La foule criait : « Vivent les frères Bart ! »

Marie Tugghe et la veuve Keyser pleuraient.

Mais, sous le regard sévère de Catherine, les fils et les filles de Bart, n'osant gémir, retenaient leurs larmes.

Le capitaine Cornil s'était approché du conseiller et du chevalier Tugghe.

— Messieurs, dit-il, vos navires et leurs cargaisons, tout est à bon port, mais nous avons exposé chacun notre fils pour le salut du convoi...

— Vos fils ! vos deux fils !

— Nous les croyons perdus !

— Non ! non ! ils ne le sont pas ! s'écria Marie Tugghe avec une exaltation étrange.

La nouvelle du double malheur s'était répandue dans la foule, dont les cris d'allégresse venaient de cesser. Mais on disait, — et Marie l'avait entendu, — que les fils Bart pouvaient très-bien être vivants. A la vérité, les débris de la ramberge et du brûlot avaient coulé tous les canots du brigantin ; ensuite l'arrivée d'une division ennemie avait empêché de retourner au lieu de l'action ; toutefois il était vraisemblable qu'un grand nombre de combattants des deux bords n'avaient point péri. Ceux des chaloupes coulées ne devaient pas être tous écrasés, sans exception aucune ; ceux de la ramberge hollandaise avaient dû au dernier instant se jeter à la nage. Pourquoi les fils Bart n'auraient-ils pas été recueillis par les ennemis eux-mêmes ? D'ailleurs deux frégates françaises étaient sous voiles, et le major de Kerlannic avait envoyé hors des passes plus de dix chaloupes de sauvetage.

Voilà ce que répétait Marie Tugghe, fille d'armateur, et pour qui les propos des gens de mer n'avaient rien d'obscur.

— Chère enfant, dit Catherine, que Dieu vous entende !

— C'est elle, toujours elle qui rend l'espoir aux affligés ! ajouta la veuve Keyser.

Un vieux pilote s'avança :

— Mesdames et Messieurs, le major de Kerlannic lui-même est sorti dans son grand canot avec pavillon parlementaire. Dès ce soir, vous aurez des nouvelles de vos fils aînés.

Le conseiller et le chevalier se consultaient.

— Pouvons-nous pénétrer en indiscrets dans une maison où l'on veut pleurer en famille?... Pouvons-nous renoncer à l'objet de notre visite?

Un prêtre, Nicolas Bart, alors âgé de trente-six ans, et déjà curé de Drinckam, accourait en toute hâte. Il avait appris aux abords de la ville ce qui s'y passait, et venait s'associer au deuil de ses parents.

— Monsieur le curé, lui dit messire Tugghe, le malheur est plus grand peut-être qu'on ne le sait ici. Recevez nos confidences et remplacez-nous ensuite, car il est convenable que nous nous retirions.

Le prêtre écouta, leva vers le Ciel ses yeux humides, et promit d'accomplir le charitable dessein de MM. Tugghe ; mais Marie refusait de s'éloigner :

— Permettez que je demeure, disait-elle ; car de nous tous, c'est moi qui espère et qui crois le plus fermement.

— Laissez-la-moi, Messieurs, ajouta le prêtre, c'est la foi qui sauve comme l'espérance console.

Marie alla rejoindre Mme. Keyser et sa bonne amie Agnès Bart.

Catherine fit mettre le couvert dans la grande salle décorée des armes et des portraits de Michel Jacobsen, *le Renard de la Mer*, mort grand d'Espagne et vice-amiral de Sa Majesté Catholique après cinquante ans de glorieux services, — de Jean Jacobsen, son fils, mort héroïquement (1) onze ans avant lui, après avoir soutenu treize heures de combat contre neuf vaisseaux hollandais avec son seul vaisseau *le Saint-Vincent*, qu'il fit sauter dès que les ennemis furent montés à l'abordage, — de Gaspard Bart, qui se trouvait au même combat, et survécut miraculeusement à l'explosion du vaisseau, — d'Antoine Bart, valeureux capitaine de corsaire, leur contemporain, — de Michel Bart, digne gendre du *Renard de la Mer*, digne père de Cornil et d'Herman, mort des suites de ses blessures, peu après avoir fermé les yeux d'Abraham Duquesne, premier de ces noms (2), — du chef d'escadre Janssen, aïeul de Catherine et de Martine, — du capitaine de vaisseau Janssen, leur père, mort sur son banc de quart, — et enfin des femmes, pour la plupart viriles, de tant de vaillants hommes de mer.

Dans cette salle où figuraient enfin leurs propres portraits, quand les deux capitaines eurent raconté avec tous les détails nécessaires leur voyage aux Canaries, leur campagne aux côtes de Guinée, leur retour dans les mers d'Europe, leurs appréhensions d'une rupture avec la Hollande, leur dernier combat et leur stratagème improvisé, — quand ils eurent dit comment Cornil, secondé par son jeune cousin François, avait pris le commandement du brigantin transformé en brûlot, avec ordre d'aborder au vent la ramberge, de l'incendier et de se retirer ensuite dans des chaloupes, malheureusement détruites par les débris des deux navires, — quand ils eurent exhalé leurs douleurs paternelles :

(1) 1622.
(2) 1633.

— Ce n'est pas tout encore, cependant, — dit Catherine, nous avons deux autres fils en grand danger : Jean et Charles Keyser, son matelot... Ecoutez !...

— Espérance ! espérance pour ceux-là aussi s'écria Marie Tugghe.

Catherine fit son récit d'une voix ferme, mais d'un accent qui eût arraché des larmes au plus indifférent des hommes.

Marie, les bras passés au cou de la veuve Keyser, ne cessait de répéter tout bas : — « Espérance, Madame ! espérez toujours ! » Enfin, elle dit à haute voix :

— Je les ai vus en rêve, tous, au milieu de nous, ici même, mesdames !... Et j'avais tant prié, tant pleuré, moi !... Une belle inconnue nous les ramenait sains et saufs couronnés d'une auréole comme des héros bénis de Dieu !

Ainsi parlait l'enfant inspirée ; Nicolas Bart ajouta :

— Mes chers parents, ne soyez points sourds à la voix innocente de cette messagère du Dieu des miséricordes. Les pères de famille viennent par un vrai miracle d'échapper à leur perte. Remercions le Ciel de nous les avoir rendus. Chrétiens, pieusement soumis aux décrets de la Providence, ne soyons pas ingrats ! Nous devons à Dieu des actions de grâces pour le retour de ceux qui arrivent, des prières pour ceux qui sont encore en danger !

Nicolas Bart continua ainsi avec onction, s'attachant à calmer les inquiétudes, à diminuer les craintes, à augmenter l'espérance latente dans tous les cœurs :

— Mon cher neveu, lui dit enfin Catherine, récitez maintenant le *Benedicite*, car il faut prendre le repas.

Les deux capitaines Bart se placèrent entre leurs femmés; puis venaient Mme. Keyser et Marie Tugghe. Le curé de Drinckam, assis au milieu des enfants, était en face de ses oncles.

L'aînée des maîtresses de la maison, Catherine qui s'occupait du service, et le bon Nicolas Bart, jaloux de remplir les intentions de MM. Tugghe, furent presque les seuls qui prirent la parole jusqu'au milieu du souper. Mais alors un grand bruit, des chants trop joyeux, des éclats de rire féminins, rumeurs étranges, furent entendus dans la rue.

Plusieurs des convives coururent aux fenêtres, Mme. Keyser la première et Marie avec elle.

Un murmure d'indignation s'échappa des cœurs oppressés; on referma brusquement les fenêtres.

Messieurs les enseignes et les gardes du pavillon, pour se préparer à leurs quinze jours d'arrêt, passaient en donnant le bras à d'effrontées compagnes de plaisir. Une tourbe immonde les escortait en riant. Le jeune vicomte de Flamignes guidait la bande folâtre.

— Il a fait exprès de les mener par ici! murmura Marie Tugghe suffoquée par un dégoût instinctif.

Nicolas Bart et la veuve Keyser l'entendirent.

— Qui donc serait assez méchant pour vouloir insulter à nos douleurs? demanda le curé de Drinckam.

L'enfant rougit, bien que sa candeur ne lui permît pas de comprendre ce qu'étaient les femmes mêlées à l'insolent cortége :

— Pardon! dit-elle, j'ai eu peut-être une pensée mauvaise... car ce vicomte de Flamignes est un prophète de malheur...

— Mais vous, interrompit vivement le prêtre, vous prophétisez de paix et d'espérance.

Le dessert fut servi. Malgré la tristesse générale, Catherine fit apporter du vin vieux, car, chaque fois que les frères Bart revenaient du large, à la fin du premier repas, on avait coutume de porter la santé du Roi.

La nuit était close, neuf heures sonnaient à l'église Saint-Eloi et le silence était profond dans le quartier, lorsque Cornil Bart se leva le verre en main.

De nouvelles rumeurs retentirent au dehors, il ne porta pas le toast d'usage. Les rumeurs grandissaient en se rapprochant.

— Encore ! murmura Martine avec amertume.

Mais Marie Tugghe, radieuse, dit en sortant de table :

— C'est mon beau rêve !

La porte s'ouvrit à deux battants.

Ils étaient tous de retour, tous, tous les quatre, tous les sept.

Ce fut dans les bras de Charles Keyser que se précipita Marie, car Charles Keyser était le fils de la veuve.

Et Cornil le capitaine cria :

— Buvons à la santé du Roi !

. . . .

Ah ! comme ils furent tôt apportés et remplis les sept verres des lieutenants Cornil et François, de Jean Bart et de Charles Keyser, de Nicolita, de Mme. Guttiere, et du fidèle Vanburg !...

Sur les débris flottants, Jean Bart et ses compagnons, au péril de la vie, avaient arraché Cornil et François à la vengeance des vaincus, qu'ils secoururent ensuite.

« — Soyez guerriers, soyez braves, soyez terribles, mais soyez chrétiens, nous a dit le grand Ruiter ! » répétait Jean Bart, formidable sauveteur qui tendait une main aux naufragés, en les menaçant de l'autre du tranchant de sa hache.

Ses talents de pilote d'abord, — puis le secours des chaloupes de corvée et du grand canot monté par le major de Kerlannic, firent qu'on put arriver à temps, — à temps pour rendre la joie à la famille alarmée, — à temps pour trinquer, selon l'usage des retours, au prince qui personnifiait la patrie.

Nicole et sa mère contemplaient avec ivresse le tableau qui se déroulait sous leurs regards émus.

Catherine, la forte et la fière Catherine, pleurait à cette heure, en embrassant tour à tour ses deux fils Cornil et Jean.

Marie Tugghe avait conduit Charles à sa pauvre mère.

François qui n'avait guère que dix-sept ans, mêlait ses larmes à celles de sa mère Martine.

L'honnête Vanburg gambadait à la matelote en chantant des *tra-la-de-ri-ra lanlaire!*...

Nicolas Bart prenant la main de ses deux oncles, leur disait :

— J'attends vos ordres pour rendre à haute voix nos actions de grâce au Dieu sauveur qui nous a tous exaucés.

Or, dès que cet ordre put lui être accordé, le prêtre s'avança vers Marie Tugghe et dit :

— Je suis consacré au Seigneur, mais le Seigneur a envoyé un ange parmi nous. Que sa voix innocente se fasse donc entendre maintenant comme la plus pure et la mieux aimée.

Le conseiller Tugghe, sa femme et leur fils le chevalier entraient ; ils virent et entendirent.

Marie, leur chère Marie, récitait la prière des voyageurs de la mer, telle qu'on la lui faisait dire chaque soir.

. . . .
. . . .

Avec une expression énergique et tendre, Charles murmurait en la regardant :

— Ma mère, je n'aimerai jamais d'autre femme que cette enfant bénie !

RENARDS ET LIONS DE MER.

Les trois-mâts capres jumeaux *la Dune* et *le Clocher*, déchargés de leur vin des Canaries et de leurs denrées africaines, réparés, radoubés, regréés et réarmés non plus en flûtes, mais en corsaires, reprirent la mer dix fois. Dix fois ils ramenèrent à Dunkerque de riches dépouilles, le plus souvent sans avoir combattu, mais non toujours.

Si l'adresse et la ruse suffisaient aux neveux du Renard de la Mer, ils n'avaient garde d'employer la force. Rafles faites, ils ramenaient leurs captures dans le port, où elles étaient vendues au profit proportionnel des armateurs et des équipages. Pénétrés de ce que doit être la course, les gens de mer admiraient leurs habiles manœuvres dans les bancs, au ras des terres, au milieu des bas-fonds, à la faveur de la nuit, des brouillards, des courants, des tempêtes, au mépris du naufrage.

Ces stratagèmes continuels sont l'art suprême du croiseur. Ils demandent une présence d'esprit, une finesse, un audacieux sang-froid qui ne peuvent même être soupçonnés en terre ferme. Savoir se faire abandonner par un ennemi supérieur en employant de tels moyens, éviter le combat tout en effectuant des prises, s'épargner des avaries coûteuses et des pertes en hommes tout en ruinant la nation rivale, se faire des dangers de la navigation une égide protectrice, prendre pour auxiliaires les gros temps, les rochers, les chenaux réputés infranchissables, demander à l'ouragan un concours fraternel, à l'obscurité profonde un asile, à la furie des éléments la conservation de ses captures, sont, aux yeux des connaisseurs, des mérites plus grands que des luttes téméraires où l'on risque de succomber.

Guérillas de la mer, les corsaires qu'on se représente si volontiers comme d'impétueux batailleurs, procédant à coups de canons et de haches d'abordage, saccageant, brûlant, massacrant, ne savent leur métier qu'à la condition de modérer leurs ardeurs belliqueuses, de calculer leur marche, de songer à leurs moyens de retraite, de choisir leurs postes avec une prudente circonspection et de dépister par des combinaisons ingénieuses les convoyeurs, les chasseurs ou les éclaireurs ennemis.

— Être *lion*, n'être que *lion*... c'est facile ! Du capitaine au dernier mousse, nous le sommes tous, au moment du combat ; il suffit d'avoir du courage !... Mais, durant le cours entier d'une campagne, être *renard* comme mon aïeul Jacobsen, préparer incessamment le succès par la sagesse et le talent, voilà ce que je veux, se disait Jean Bart qui ne cessait d'étudier les cartes marines, la construction, les qualités, les manœuvres propres aux navires de tous rangs.

Oui, telle était l'ambition ardente de ce marin profond, traité depuis à toute heure de *loup* et *d'ours* de mer grossier, par des gens qu'il eut l'adresse de confirmer dans leurs méchantes erreurs, — si bien que nombre d'historiens s'y sont laissé prendre (viii).

De lieutenants qu'ils étaient à bord du *Canard Doré*, simples maîtres maintenant, Jean Bart et son matelot, Charles Keyser, descendus de grade, se montraient fiers de servir sous les ordres des frères Bart et de leurs fils aînés.

Chaque fois qu'on ne put l'emporter par la ruse seule, Keyser se signala par sa bouillante ardeur, Jean Bart, par ce calme audacieux et cette hardiesse calculée qui devaient faire de lui le premier de tous les corsaires du monde.

Les prises abondaient sur la place.

Messire Tugghe, l'armateur put, fort à son aise, se montrer bienfaisant envers les pauvres qui bénissaient surtout son angélique Marie, — magnifique envers messieurs les muguets de cour qui continuaient à se moquer de ses provinciales splendeurs.

A moins d'être noble d'extraction ou attaché au service du roi, l'on n'était pas admis aux réceptions du conseiller pensionnaire. Aussi n'y vit-on jamais les capitaines Bart, des *capres* comme on disait alors des marins, marchands en temps de paix, en temps de guerre susceptibles d'aller en course. — Jamais aux soirées d'apparat, aux fêtes ni aux bals, on ne vit les dames Bart, bourgeoises et *demoiselles*, fort peu soucieuses de tels plaisirs, — ni la gracieuse Agnès qui les regrettait tout bas, ni Jean Bart qui se fût ennuyé à périr dans la cohue galonnée et chamarrée, ni enfin Charles Keyser, de plus en plus attristé des travers aristocratiques du conseiller armateur.

— Mon cher matelot, disait Jean Bart, chacun prend ses plaisirs selon son goût, et quand au fond il n'y a rien de déshonnête, que peut-on y trouver de mauvais? Notre armateur est entiché de noblesse, de haut blason, de façons de cour, grand bien lui fasse! puisque d'ailleurs il est bon, généreux, hospitalier, tu le sais....

— Si je le sais! je donnerais mille fois ma vie pour lui épargner l'ombre d'un souci; je me ferais son esclave s'il pouvait le désirer; il est le bienfaiteur et le sauveur de ma mère! Grâce à lui, nos créanciers se sont tus, — nos avides collatéraux ont été forcés de rendre gorge; et la maison est redevenue un séjour de paix où ma tante Guttiere et ta fiancée, matelot, ont ramené la joie....

— Oh! oui! dit Jean Bart avec effusion, partout où est Nicolita, le bonheur habite comme au paradis!

— C'est-à-dire que tu l'aimes!...

— Eh bien?

— Eh bien, matelot, j'aime Marie Tugghe! me comprends-tu, enfin?

C'était le soir, sur le quai de Dunkerque que causaient ainsi les deux amis. C'était au retour de Drinckam où les familles de Jean et de Charles s'étaient réunies autour de la table modeste du curé Nicolas. Mme. Keyser, Mme. Guttiere sa sœur et la brune Nicole venaient d'être reconduites à la maisonnette qu'elles habitaient ensemble; Bart avait le cœur plein d'amour. La confidence imprévue de Keyser l'affligea.

— Tu aimes cette enfant? murmura-t-il.

— Nicolita n'avait pas son âge quand tu commenças à l'aimer.

— Elle te ressemblait trait pour trait, matelot, elle était presque ta sœur, je pensai à devenir ton frère ! dit Jean Bart d'une voix douce.

Keyser lui serra la main et répondit lentement :

— Marie Tugghe est l'ange consolateur de ma mère ; je l'aime pour la vie.

Jean Bart soupira. Keyser changea de ton :

— Tu me blâmais à Flessingue, à Anvers, à Ostende, en Hollande, en Angleterre, en Norwége, partout où nous allions, si j'avais çà et là des amourettes de passage. Avec ta pieuse candeur, tu m'adressais parfois des remontrances fort vives, et tu avais raison !... Mais aujourd'hui mon cœur s'attache à la plus céleste des créatures de Dieu, je l'aime du plus chaste des amours. Sa seule pensée me purifie, et tu me blâmerais encore !

— Je ne te blâme plus, matelot ; je te plains.

Au ton douloureux de ces mots, Keyser garda le silence.

— Je te plains, reprit Jean Bart, et je me plains moi-même, car tes chagrins sont mes chagrins ; je plains tous ceux qui t'aiment, ta mère, la mienne, nos deux familles, et enfin Marie Tugghe elle-même, si jamais elle répond à ton amour !... Nous souffrirons tous en toi et pour toi ! Les Tugghe sont riches et nobles, tu es pauvre et sans naissance. Un abîme vous sépare !

— Je le comblerai ! s'écria Keyser.

Pendant plusieurs minutes, les deux amis se promenèrent sur le quai, comme sur le pont d'un navire, sans se parler, méditant ce qu'ils venaient de se dire, rêvant d'un rêve semblable.

— Je suis content, il sait tout, pensait Keyser.

— Ah ! que n'a-t-il jeté les yeux sur ma sœur Agnès ! Son bonheur eût été si facile !... Mais à quoi bon les regrets?... Marie Tugghe est digne de lui. Les obstacles sont immenses ; la richesse seule ne saurait suffire ; heureusement la gloire peut donner la noblesse !

— Matelot, dit enfin Jean Bart de sa voix ferme et calme, j'ai sondé l'abîme ; Dieu aidant, nous le comblerons !

Jean Bart ne parla de rien à sa mère, ni même à sa fiancée, mais il dit tout à sa sœur Agnès.

La douce jeune fille rougit, soupira, pâlit, eut dans les yeux quelques larmes ; puis, embrassant son frère :

— Marie Tugghe m'aime beaucoup, elle! murmura-t-elle avec effort.

Le lendemain, on appareilla.

Le surlendemain, Dunkerque était en deuil.

Si courte, cette fois, avait été la sortie de *la Dune* et du *Clocher*, si prompte une rencontre inévitable et terrible ! deux contre dix !

Les dix eurent des sorts divers : trois coulés par le fond, un brûlé, quatre démâtés, écrasés, inertes et que des chaloupes du port remorquèrent pavillon hollandais renversé, un qui s'échoua, le dernier qui battit en retraite pour annoncer à Flessingue que la vie des frères Cornil et Herman Bart venait de coûter aux États-Généraux cinq cents hommes et neuf navires.

Les deux trois-mâts dunkerquois, jumeaux vainqueurs, furent aussi remorqués par les chaloupes du port. Si leurs pavillons étaient bien sur leurs drisses, ils n'étaient point, hélas ! en tête de bâton, de telle sorte que dans les forts, sur les jetées, sur les remparts, il n'y eut qu'un cri :

« Les frères Bart sont morts ! »

Cornil mourant voulait qu'on le conduisît à bord d'Herman pour expirer dans ses bras ; mais ce fut Herman qui vint expirer dans les siens.

Ils se sourirent ; leur sang qui ne pouvait être étanché se mêlait en coulant à flots. Ils se soutinrent mutuellement le bras pour montrer le pavillon, puis le Ciel, à leurs fils assemblés autour d'eux.

Rayonnants d'une noble et fraternelle fierté, ils leur donnaient l'exemple de la plus belle des morts en un jour de victoire.

Cornil le lieutenant, Jean, François et Charles Keyser reçurent leur bénédiction dernière avec leur dernier soupir, à l'instant où les pilotes crurent nécessaire d'échouer les deux navires criblés de boulets, démantelés de bout en bout, sans autres mâts que le bâton de pavillon, sans pavois, défoncés par six abordages, coulant bas à vue d'œil et qu'il fallut démolir sur place.

Au convoi des frères Bart, on remarqua tout ce qu. les armées de terre et de mer comptaient d'officiers généraux et supérieurs, tout ce que Dunkerque avait de notables parmi les magistrats et les administrateurs, et à côté de messire Ignace Tugghe, l'illustre Vauban, qui se fit raconter avec un vif intérêt, non-seulement les détails du combat, mais encore tous les antécédents héroïques de la famille des deux capitaines.

La marine marchande et corsairienne était représentée par les officiers capres alors à terre. On y voyait Willam Doorn, Pitre Lassep dit Lassie, Messemaker, les deux frères Jacobsen cousins des Bart, Small, Wacrenié, Lombard, Coopman, le brave Soutenuie, Héry et Delastre, chirurgiens de profession, et foule d'autres plus ou moins renommés.

Les pilotes dunkerquois, race généreuse dont le dévouement traditionnel s'est perpétué jusqu'à nos jours ; les ouvriers de la marine, les gens de mer de toutes classes et de tous rangs, enfin une foule immense de citoyens, bourgeois, marchands, hommes du peuple, prêtres et soldats, paysans ou pêcheurs, grossissaient le cortége.

Nicolas Bart bénit la tombe qui recouvrait les dépouilles mortelles des deux héros.

Mille voix faisaient le récit de leurs exploits et de leur vie, de tous points semblables : même patriotisme, même courage, mêmes talents, mêmes vertus navales et chrétiennes. Nul ne distinguait entre Herman et Cornil, on ne fit point entr'eux de parallèle ; un même éloge couronna leur fraternelle carrière, qui avait été la même.

Dunkerque a gardé le souvenir de ces ménechmes de la mer, confondus ailleurs en un seul personnage, le père de Jean Bart, Cornil, dont on a fait un pêcheur obscur. On ne possède pas la biographie de ces Dioscures de notre marine. Ah ! que n'eurent-ils l'heur de servir la Rome ou l'Athènes classiques !.. A meilleur droit que Castor et Pollux, ils seraient immortels. On les admirerait d'âge en âge. On les citerait partout comme des modèles uniques d'une seule gloire doublée par la fraternité du cœur et du sang, de l'abnégation et de l'héroïsme (IX).

Vauban, déjà célèbre par sa participation active à vingt siéges de places fortes, par la prise de Gravelines, d'Ypres et d'Oudenarde, par de savants travaux de fortifications et par le gouvernement de la citadelle de Lille qu'il fut appelé à commander en 1668, — Vauban, qu'aucune partie de l'art de la guerre ne pouvait laisser indifférent, écoutait avec admiration, les yeux fixés sur les fils des Renards de la mer.

Il remarqua le lieutenant Cornil, qui avait dirigé l'artillerie durant toute la bataille, repoussé trois abordages et commandé en chef après que son père eurent été mortellement blessé. Il remarqua encore plus Jean Bart, dont la physionomie calme et réfléchie différait de celles de la plupart des autres corsaires.

Messire Tugghe lui disait que ce jeune maître, dès le commencement de l'action, s'était emparé, avec une division d'abordage, d'une ramberge hollandaise dont il s'était servi comme d'un bélier de siège. N'ayant sous ses ordres qu'une poignée de marins, il avait improvisé un mode d'attaque fort inusité, en se chargeant de toile et en abordant à toute vitesse des ennemis pris adroitement par le travers. Un troisième choc en plein bois ayant fait couler jusqu'à la ramberge qu'il montait, Jean Bart était revenu en chaloupe à bord du trois-mâts de son père. Il s'était signalé ensuite par son adresse à lancer des artifices incendiaires; enfin, il avait contribué plus que personne au sauvetage des bâtiments démâtés, en leur portant à temps encore les plus habiles secours.

— Il ne faut plus, dit Vauban, que ce jeune marin continue à servir en sous ordres.

— Je lui réserve un commandement, répondit Ignace Tugghe.

— Quel commandement pouvez-vous lui donner?

— Une simple galiote, monsieur le marquis, pas davantage.

— Pour son début, soit, monsieur le conseiller. Mais ce que je vois me confirme dans des idées dont je me propose d'entretenir M. Colbert. Je voudrais que le Roi confiât quelques navires de guerre à des marins déterminés comme ces jeunes Bart. Vos corsaires doivent être la cavalerie de l'armée navale !

Lorsque Cornil, Jean Bart et François ramenèrent leurs petits frères au logis, où Agnès et leurs sœurs n'avaient cessé de pleurer, Martine achevait de dire avec amertume :

— La guerre et la mer m'ont enlevé mon père, mes frères, mon mari. Chaque jour, nos fils sont exposés à la mer et à la guerre !... Pourquoi nos derniers enfants veulent-ils tous être marins !... Oh ! je me meurs de douleur !

Catherine contemplait les portraits de la grand'salle ; des larmes roulaient lentement sur ses joues ; des soupirs et des prières s'exhalaient de son noble cœur ; mais elle ne maudissait ni la guerre, ni la mer, tant elle vénérait les vertus de ses ancêtres et de son époux.

— Assez, ma sœur, dit-elle ; silence, mes filles : voici les hommes !

Nicolas Bart entra le dernier ; il tint le langage d'un ami, d'un parent, d'un prêtre ; il parla d'une gloire supérieure à celle que venaient de recueillir sur les flots les braves qui n'étaient plus. Il dit que pour les âmes chrétiennes aucune séparation n'etait éternelle ; il peignait la félicité sans mélange dont jouissaient désormais les frères morts pour leur patrie.

Et les pleurs qui coulaient perdirent de leur amertume.

— Je voudrais, s'écria Jean Bart, que Keyser fût ici à t'entendre, mon cher cousin ; mais le pauvre garçon a une mère qui n'est point comme les nôtres. Aussi navrée que les dames Bart, elle est en outre alarmée jusqu'à la faiblesse. Elle le supplie de ne plus reprendre le large. Aujourd'hui moins que jamais pourtant, il ne peut renoncer à son avenir. Cousin, je t'en prie, va aider Nicole et Mme. Guttiere à la faire céder. Ma mère, ma tante, je compte aussi sur vous !

Martine tressaillit ; Catherine répondit pour elle :

— Tu fais bien, Jean ; nous la déciderons !

Elles la décidèrent, en effet, avant que Keyser eût été appelé au commandement de *l'Alexandre*, grâce à la sollicitation énergique de Jean Bart.

En présence du marquis de Vauban et de M. Hubert de Champy-Descluzeaux, intendant de la marine, messire Tugghe recevait Cornil et son frère Jean :

— Capitaine Cornil Bart, dit-il d'abord, si le trois-mâts monté par votre noble père avait pu être réparé, je ne vous offrirais pas d'autre commandement ; mais le meilleur de mes navires *le Coq de Bruyère*, de seize canons, est à vos ordres.

— Vous me comblez de joie, monsieur Tugghe ! s'écria Cornil ; je n'espérais pas encore avoir le bonheur de commander pour vous.

— M. Hubert m'a fortement encouragé dans mes intentions ; vous prendrez pour second votre cousin François, car je veux que votre frère Jean commande aussi ; du reste, M. le marquis de Vauban le désire et ses désirs sont pour moi des ordres.

Après un échange de paroles courtoises entre Vauban. l'intendant Hubert et l'armateur, ce dernier s'adressa directement à Jean Bart :

— Je vous destine la galiote *le Roi David* dit-il. Ce n'est pas très-brillant : « trente-six hommes et deux canons, » mais vous êtes tout jeune et nous aurons mieux par la suite.

— Mille fois merci, messire Tugghe, dit Jean Bart, et à vous aussi, monsieur le marquis de Vauban, merci mille fois ! votre glorieuse protection me rend fier. La taille du navire n'est pas ce qui me chagrine ! j'en ai monté de plus gros, ne serait-ce que les *Sept Provinces*, mais j'en ai monté de plus petits aussi. Seulement...

— Qu'avez-vous, jeune homme ? dit l'intendant.

— J'ai, répondit Jean Bart avec un certain embarras, j'ai mes conditions à faire.

— Oh ! oh ! des conditions ! s'écria l'administrateur.

— Voyons ! fit Vauban avec bonté.

— Pardon, messire Tugghe, reprit Jean Bart, tous tant que nous sommes dans notre famille, nous vous aimons d'un cœur franc ; le mot de *conditions*, qui est le vrai, paraît choquer M. l'intendant ; je suis fâché de n'en pas savoir d'autre. Mais si, par malheur, mes conditions vous déplaisent, je n'en serai pas moins reconnaissant de votre choix.

— Expliquez-vous, mon ami, dit l'armateur.

— J'ai un *matelot*, messire Tugghe, vous savez ce que c'est. Il s'appelle Charles Keyser, vous le connaissez. Vous connaissez encore mieux sa pauvre mère, et ils ont leurs bonnes raisons pour vous aimer, quoi que vous décidiez maintenant. Keyser vaut mieux que moi. Depuis six ans, nous naviguons de conserve. Je puis partir avec lui, lieutenant ou simple maître, à bord du *Coq de Bruyère* de Cornil. Je ne puis accepter le commandement du *Roi David* si vous ne lui donnez pas le pareil.

— Vous êtes exigeant, jeune homme ! dit l'intendant Hubert.

— Si je signais ici deux engagements de simples matelots sur le même navire pour Keyser et moi, il dirait : « C'est bien ! » Si j'acceptais le *Roi David*, je me dirais, moi : « C'est mal ! »

— Accordez, monsieur Tugghe! dit Vauban. J'aime ce *matelotage*... Franchement, mon ami, je vous approuve et j'appuie votre demande.

— Je m'intéresse à Keyser lui-même, dit messire Tugghe, mais il est fils unique d'une veuve craintive, qui le voit avec peine s'exposer à trop de dangers. Je compte lui offrir un emploi convenable, car il est instruit, capable et propre à nous rendre à terre d'utiles services.

— Pardon, messire Tugghe, dit Jean Bart, je connais les intentions de Keyser. Quant à sa mère, elle lui a, bien qu'à regret, accordé la permission de repartir avec moi.

— Qui donc a pu l'obtenir?

— Mmes. veuves Bart, Monsieur Tugghe, hier soir, après la réception de votre lettre pour Cornil et pour moi.

— Eh bien ! j'accorde à Keyser la galiote l'*Alexandre*, dit l'armateur, mais je ferai mes conditions aussi.

— Je les accepte sans les connaître, au nom de Keyser et au mien.

— Vous êtes le plus calme, le plus prudent, Jean Bart. J'entends que vous soyez le chef et que Keyser navigue sous vos ordres.

— L'armateur a le droit de distribuer les rôles, dit Jean Bart. Entre Keyser et moi, il n'y aura jamais ni premier, ni dernier ; mais il faut que l'un des deux commande ; je commanderai donc de bon cœur, car je suis sûr qu'il obéira de même.

La campagne de Cornil, qui prit pour second son cousin François à bord du *Coq de Bruyère*, devait le conduire hors des mers d'Europe.

Jean Bart, au contraire, fut destiné à croiser dans les mers voisines, c'est-à-dire à la mission qui convenait le mieux au faible armement de sa galiote, à ses connaissances locales des côtes et des courants, à son amour pour Nicole Guttiere qu'il reverrait sans cesse, à son amitié pour Keyser, dont la mère habitait aux portes de Dunkerque et dont le cœur était rempli de l'image de Marie Tugghe.

Le Coq de Bruyère sillonnait déjà les eaux de l'Atlantique, quand *l'Alexandre* et *le Roi David* mirent sous voiles, vers la fin de mars 1674.

Le 2 avril, Jean Bart et Keyser, par le travers de la Meuse, faisaient leur première prise ; quatre jours après, une seconde qu'ils n'enlevèrent point sans combat : c'était une pinasse de dix canons, chargée de vin d'Espagne et appelée *l'Aventure de l'ami :*

— Bonne aventure d'amis ! dit gaiement Keyser, qui s'était battu en lion tandis que Jean Bart, manœuvrant en renard, avait, malgré l'inégalité des forces, rendu possible cette jolie capture.

Durant les mois de mai et de juin, *le Roi David* et *l'Alexandre* continuèrent de mieux en mieux, ramenant au port, tantôt ensemble, tantôt alternativement, les prises enlevées au large.

Keyser reconduisait à Dunkerque la galiote *l'Amitié* — autre nom d'excellent augure — et la busse *le Corbeau noir*, capturées, le 24 et le 28 juin, à quelques lieues du Vlie. Bart louvoyait au point de rendez-vous, devant le Texel, quand la vigie du *Roi David* signala, côtoyant les bas-fonds, une légère frégate portant dix-huit bouches à feu.

Le premier soin du nouveau renard de mer fut de se retirer au milieu des bancs et de se déguiser sous l'apparence d'un bâtiment de commerce fort empêché dans sa manœuvre. Les deux canons étaient masqués par des toiles goudronnées; trente hommes, sur trente-six, couchés à plat pont de manière à ne pouvoir être vus par les Hollandais.

— Matelots, dit Jean Bart à ses gens, j'ai une fière envie de manger cette frégate.

— Le morceau est friand, fit Vanburg, maître d'équipage du *Roi David*, mais un peu dur à digérer, voilà le diable !

— J'ai une idée, reprit Jean Bart; à savoir si vous la jugerez bonne?... Pas de cris, pas de bruit, qu'on me réponde à la muette !...

— Vous entendez, matelots ! dit Vanburg, du silence !

— Le jour tombe, cette frégate n'est pas sur ses gardes ; je coupe au plus court à travers les bancs tout en manœuvrant comme des maladroits; puis au débouqué du chenal, et au *clair de la lune, mes petits pierrots*, je croche leur avant, et à bord ils ne seront guère que deux contre un !... Répondez tout bas...

Un murmure approbatif fut traduit par Vanburg avec enthousiasme.

— Ça leur va, de grand cœur, capitaine...

— Eh bien ! en douceur !... point de mouvements brusques ! ne nous pressons pas !... Rampez jusqu'aux rateliers et aux caissons ; armez-vous ! emportez dans vos ceintures et vos poches ce que vous avez de plus précieux dans vos sacs... sans vous charger comme des mulets... Attention !

— Soyez tranquille, capitaine, dit Vanburg, je suis là !...

Le Roi David, sous petite voilure, pavillon hollandais au vent, semblait naviguer la sonde à la main et avec une indécision craintive. A bord de la frégate de dix-huit qui s'en revenait d'Espagne, les soixante-cinq hommes d'équipage prenaient bonnement en pitié la galiote, si mal gouvernée, près de s'engraver à tout moment.

— Ils ont voulu abréger leur chemin, s'y disait-on, et ils risquent de rester plantés par la quille jusqu'au retour de la grande marée. — Ils ne s'en déhaleront jamais ! — Bon, les voilà échoués ! — Non ! pas encore, ils poussent de fond avec des perches !... triste métier.

Cependant pour entrer dans le Texel, la frégate se rapprochait de plus en plus des bancs ; la galiote prit de l'élan tout à coup et se chargea de toile.

— Ah ! ah ! ils s'en sont tirés, les pauvres diables, dirent les Hollandais. Les voici enfin dans le chenal, en bonne route. Mais, tête de Satan ! ils coupent la nôtre ! c'est un corsaire !... Aux armes !

Un coup de canon à poudre appuyait à bord du Roi-David le pavillon bleu de Dunkerque. Au même instant le choc eut lieu. Jean Bart, le sabre en main, fut le premier à bord de l'ennemi, où l'imprévu de l'attaque n'empêcha pas la défense d'être acharnée.

Un échouage mit fin au combat, car les Hollandais, maîtres du gouvernail, avaient négligé toute manœuvre.

— Mettez bas les armes, et attention aux commandements ! dit Jean Bart, qui, grâce à sa profonde connaissance des courants, eut assez promptement raffloué la frégate.

Maître Vanburg et les Dunkerquois, sabre et pistolet au poing, forçaient à travailler les vaincus, qui demandèrent en grâce d'être relâchés moyennant rançon payable chez messire Tugghe.

Le marché fut conclu. Quelques bateaux pêcheurs passaient; Jean Bart chargea ses prisonniers délivrés de faire ses compliments au capitaine Svoelt de Flessingue, et après avoir vu couler à pic son *Roi David*, brisé par le choc sous l'avant de la frégate, il reprit triomphalement la route de Dunkerque.

Chemin faisant, il fut rejoint par Keyser, fort étonné d'abord, puis enthousiasmé de son magnifique changement de monture.

— Mais ça ne suffit point, dit Jean Bart; il nous faut pour toi quelque chose de pareil.

Les Armes de Flessingue, bon navire de dix canons, eut le guignon de passer par là. On le prit sans coup férir, ainsi que deux autres bâtiments de moindre importance. Après quoi, l'on rentra aux acclamations du peuple, qui saluait Jean Bart du sobriquet glorieux de *Renard de la Mer*.

Trouvant sa frégate trop lourde, il la débarrassa de huit canons, en lui donnant le nom de *la Royale*. Les *Armes de Flessingue* prirent en même temps celui d'*Armes de Dunkerque*.

L'heureux coup de main du bas Texel est le véritable début de capitaine du valeureux Jean Bart, dont les plus braves lions de mer, capitaines capres de Dunkerque, recherchèrent dès lors la compagnie.

Villam Doorn, qui montait une frégate baptisée *l'A-*

lexandre, comme la galiote d'où débarquait Keyser, et le cousin Jacobsen, qui montait la frégate *la Dauphine*, furent les premiers agréés par les deux *matelots* Charles Keyser et Jean Bart, que les marins dunkerquois s'habituaient à surnommer le *lion brun* et le *renard blond*

De l'avis unanime, Jean Bart dirigeait les opérations concertées en commun.

Ainsi commençait à se réaliser le désir de Vauban, — projet qu'eussent assurément dénigré le vicomte de Flamignes et ses pareils, — mais que le grand Colbert prit en considération sérieuse et que l'intendant Hubert avait ordre de favoriser.

Vers la fin de janvier 1675, les quatre frégates associées se trouvant dispersées en vertu du plan de campagne adopté cette fois, *la Royale* croisait seule devant le Vlie, quand une jolie frégate hollandaise s'avisa de paraître à l'horison :

— C'est gentil, propre, et bon, je crois, pour la future mariée ! dit maître Vanburg ; ne pensez-vous pas, capitaine, que ça pourrait bien être votre fameuse corbeille de noce ?

— J'en ai l'espérance ! répondit Jean Bart.

LA CORBEILLE DE MARIAGE.

L'enfant bien-aimée grandissait, toujours douce et vive, enthousiaste et sensible, puisant aux sources de la charité les paroles qui doublent le prix des bienfaits, s'inspirant de son cœur pour répandre autour d'elle les consolations, devinant l'art pieux d'apaiser les douleurs.

Son amie, Agnès Bart, disait avec admiration à Nicolita Guttiere :

— Marie n'a qu'à paraître pour dissiper nos tristesses. Elle rend à la mère de Charles le calme et l'espoir. A sa vue, ma tante Martine semble retrouver l'énergie qu'elle a perdue depuis la mort de mon oncle Herman ; et ma mère, dont la force d'âme est si grande, s'attendrit parfois à l'entendre, au point de nous étonner tous.

— Mais moi, dit la fiancée de Jean Bart, moi qui ai pris ta noble mère pour modèle, je n'en suis pas étonnée, car ce qu'elle éprouve, Agnès, je l'éprouve aussi.

— Marie a reçu de Dieu le don d'espérance.

— Elle est la charité qui vivifie.

— Elle est la foi qui touche et transporte.

— Marie a des rapports bien remarquables avec ton frère Jean, mon fiancé, que les fureurs de la guerre ne mettent jamais hors de lui, et qui songe, au milieu des plus sanglants abordages, à ménager ses ennemis.

— Il a pris pour devise et pour règle les grandes paroles de Ruiter, son maître : « Soyez terribles, mais soyez chétiens ! » Comme mon père et mon oncle, il estime que la plus belle victoire est celle qui coûte le moins de sang ; et c'est surtout pour rendre la guerre moins cruelle, qu'usant de ruse, il s'étudie à vaincre en renard, malgré son cœur de lion.

— Tu le dépeins bien tel qu'il est ; mais, moi, comme mon cousin Charles, je suis véhémente, je m'emporte, je deviens furieuse. A Flessingue, si Ruiter les eût laissé fusiller, j'aurais blasphémé peut-être, après avoir prié de la foi la plus ardente. Jean ni Marie ne blasphémeront jamais.

— Chère sœur, dit Agnès en souriant, tu es loin d'avoir atteint ton modèle : ma mère n'a point de tels emportements.

— Ta mère est une femme accomplie. Je n'ai pas la présomption de l'égaler en sagesse ; pour être plus digne de l'amour de Jean Bart, j'essaye de l'imiter. Je tâche de dompter mes inquiétudes, je comprime les battements de mon cœur, je dessèche mes larmes ; mais trop souvent le sang espagnol qui coule dans mes veines bouillonne malgré tous mes efforts ; la fougue l'emporte : je deviens une lionne, quand je voudrais demeurer, comme Marie une fille toujours pieusement soumise aux volontés du Dieu mort sur la croix.

— Nicolita, ma sœur chérie, dit Agnès en l'embrassant, si tu ressemblais moins à ton cousin Charles, Jean t'aimerait-il comme il t'aime ?... et si Marie n'avait pas avec ma mère et mon frère Jean les rapports frappants que tu fais ressortir, Charles serait-il si sérieusement épris de cette adolescente bénie ?...

La fiancée de Jean Bart fit un geste de surprise.

— Charles aimerait Marie Tugghe ! est-ce possible ?

— Eh quoi ! tu l'ignorais encore, tu n'étais pas sa confidente ! et je trahis un secret...

— Ce secret m'attriste, mais il sera bien gardé ! Ah ! j'avais espéré, moi, que ce serait toi, mon Agnès, que Charles préférerait entre toutes !...

— Un jour, moi aussi, je l'avais espéré, murmura la sœur de Jean Bart en pâlissant. Un jour aussi, je fis mon rêve !... Il y a longtemps, déjà !... Mais le bonheur de Charles m'est plus cher que le mien. Chaque fois que je cause avec Marie, je l'entretiens de la reconnaissance filiale de Charles, de sa valeur, de ses nobles qualités ; je fais comme je le sens l'éloge de l'ami de mon frère, et par l'admiration je prépare son jeune cœur à lui donner son amour. Déjà Marie est touchée ; je m'en suis aperçue avec une joie douloureuse. Nicole, ma sœur, tu m'aideras désormais, tu me seconderas dans ma tâche...

— Ah ! s'écria Nicole émue jusqu'aux larmes, tu es bien la sœur de Jean et la fille de Catherine ! Et je me croyais forte, moi, moi qui suis aimée par celui que j'aime ! Je me croyais forte, parce que je sais attendre sans frémir de ses nouvelles des combats ! Toi, mon Agnès, tu as immolé ton cœur, tu sers celui qui te dédaigne.

— Il ne m'a jamais dédaignée, il m'aime comme une sœur et je le sers comme un frère, heureuse quand je puis lui dire : « Mon ami, Marie sait quel grand courage vous venez de déployer ; Marie a été enthousiasmée par le récit de vos derniers actes de dévouement. Elle a tremblé pour vous. Elle admire votre valeur, votre générosité, elle aime votre intrépidité invincible ; elle 'a prié pour vos succès!... » Il me remercie alors avec une chaleur que rien n'égale ; il m'appelle son ange protecteur ; il me témoigne une gratitude qui remplit mon âme d'une sérénité divine.

— Le sentiment du sacrifice accompli, dit Nicole en baisant les mains tramblantes d'Agnès.

— Et si des larmes coulent de mes yeux, ajouta la sœur de Jean Bart, ces larmes sont sans amertume, car j'ai résolu de me vouer à Dieu, dès que mon œuvre sera terminée, dès que Charles et Marie seront unis malgré les obstacles innombrables qui s'élèvent entre eux.

— Mais, s'écria Nicole, Charles est encore plus insensé qu'il n'est aveugle. Tu es belle autant que bonne, tu pourrais dès à présent être sa compagne, tu es la sœur de Jean Bart ; le même prêtre pourrait bénir nos deux unions, comme autrefois dans votre famille Agnès Jacobsen, dont tu portes le nom, épousa ton aïeul Michel Bart au même autel où se mariait Jean Jacobsen, son frère, le héros du *Saint-Vincent*. Tu aimes Charles d'un amour allant jusqu'à l'abnégation la plus sublime...

— Charles n'a plus mon amour, interrompit Agnès.

— Marie n'a pas encore treize ans, poursuivit Nicole ; son père est opulent, noble et, plus que pas un gentilhomme, imbu d'idées nobiliaires. Les obstacles que tu prévois sont invincibles. Ton frère, toi et moi, combinons nos efforts : ce sera pour le bonheur de tous.

— Mon frère, toi et moi, reprit Agnès avec fermeté, fût-ce pour notre malheur à tous, nous ferons le contraire, parce que Charles aime Marie.

— Ah ! vous courez à votre perte ! murmura Nicole affligée.

— Malgré ses idées nobiliaires, reprit Agnès, messire Tugghe a épousé une simple bourgeoise.

— Oui, mais avant de s'être laissé complètement éblouir par l'éclat de la cour.

— Il aime sa fille; il ne contrariera pas ses inclinations, il ne la traînera pas à l'autel comme une victime.

— Marie ne voudrait jamais faire un mariage opposé aux volontés de ses parents.

— Dieu règne sur les cœurs et règle nos destinées. Je prie et j'espère.

— Tu refuses le bonheur.

— Nicole, j'ai eu tort de t'avouer ma faiblesse. Depuis deux ans passés, Jean m'a tout dit; depuis deux ans, je veux que Marie en vienne à aimer Charles plus encore que je ne l'aimais, non pas timidement et en secret, mais à ciel ouvert, comme la fiancée aime le fiancé, comme ma sœur Nicole aime mon frère Jean. Parlons de lui, parlons de toi; le jour de votre union approche, ma chérie. Oh! je sens qu'elle ne tardera pas!

Agnès fit si bien qu'elle ramena le sourire aux lèvres de la brune Nicolita. Une heure entière s'écoula ainsi sous le péristyle vitré de la maisonnette Keyser.

Un cri de plaisir s'échappa enfin des lèvres des deux jeunes filles : Marie Tugghe accourait vers elles. Le chevalier, son frère, qui l'avait accompagnée, saluait de loin. Légère comme la colombe de l'arche, Marie volait apportant le rameau de l'espérance. Avant qu'elle eût parlé, Agnès et Nicole s'écrièrent à la fois :

— Elle vient nous donner une nouvelle heureuse.

— La plus heureuse de toutes! répondit Marie haletante. Ils sont vainqueurs !... et M. Jean vous épouse cette semaine !...

Marie se jeta dans les bras de Nicole, puis dans ceux d'Agnès. Mme. Guttiere, la veuve Keyser s'approchèrent. Le chevalier Tugghe ne priva point sa sœur du plaisir de donner les détails de la bonne nouvelle.

Précoce par l'esprit et par le cœur, l'adolescente bénie n'était encore qu'une enfant, svelte et grande, à la vérité, pour son âge, mais en qui rien encore n'annonçait la vierge qui se transforme et s'embellit de beautés nouvelles. Nicole, méridionale d'origine, avait de bonne heure été jeune fille ; Marie Tugghe, enfant du Nord, ne l'était que par sa vive intelligence, sa grâce affable, son tact charmant et ses élans de généreux enthousiasme.

— Ils reviennent victorieux, — dit-elle, — et ramènent au milieu de leurs navires une frégate pavoisée qui fait l'admiration de tous les marins : — un bijou, un joyau, une merveille, à ce qu'on assure. Votre cousin Charles a pris les devants avec une légère barque, car le vent est contraire ; il a tout raconté à mon père en notre présence ; il est maintenant chez les dames Bart. Moi, j'ai obtenu de vous être amenée. Nous irons toutes ensemble, mesdames, si vous le voulez bien, voir l'entrée du cortége triomphal.

— De bon cœur !.. — assurément !... — Mais quelle est donc cette admirable frégate pavoisée ?

— La corbeille de mariage de Mme. Jean Bart, répondit Marie en souriant.

— Bravo ! fit Agnès.

Nicole avait rougi de bonheur.

— Pour que son cadeau de noces ne fût point abîmé,

poursuivit Marie Tugghe, M. Jean n'a pas voulu tirer un seul coup de canon et s'est arrangé pour cueillir ce bouquet à l'abordage avec son adresse habituelle.

— Les Hollandais, malheureusement pour eux, dit le chevalier Tugghe, ont opposé une résistance très-vive, car on s'est battu plus d'une heure. Enfin ils ont été forcés de se rendre à discrétion. *Les Armes de Dunkerque, la Dauphine* et *l'Alexandre*, sont survenus, au bruit du canon, car si *la Royale* n'a pas voulu endommager votre corbeille, mademoiselle Guttiere, elle n'a pas ménagé de même les navires du convoi qu'elle escortait. Chacun a fait sa prise.

— C'est superbe! s'écria la sœur de Jean Bart.

— M. Keyser n'a point parlé de lui, continua le chevalier; nous apprendrons plus tard qu'il s'est comporté en lion selon sa coutume.

— Malheureux enfant! murmura Mme Keyser.

— Chère dame, dit Marie, ne craignez rien; le fils de la veuve est bien gardé par vos prières et par les nôtres! Ce qu'il y a de plus charmant, Nicolita, c'est le nom de votre corbeille.

— Voyons!...

— Je vous le donne à deviner!

— Oh! j'y renonce.

— Vous savez que *l'Aventure de l'ami* et *l'Amitié* sont au nombre des premières prises de Jean Bart et de son ami Keyser; mais cette fois, c'était à sa fiancée qu'il pensait avant l'attaque, et maître Vanburg lui ayant dit : « Ceci pourrait bien être le cadeau de noces, » M. Jean lui a répondu : « J'en ai *l'espérance* ! »

— *L'Espérance!...* serait-ce le nom de ma frégate ? s'écria Nicole (x).

— Tout justement, fit Marie.

— Allons donc bien vite au-devant d'elle et de mon brave fiancé !

Le vicomte de Flamignes, nommé lieutenant de vaisseau précisément à l'époque où le major de Kerlannic fut mis en retraite, venait d'arriver à Dunkerque, à bord du vaisseau où il avait fait ses premières armes. Il ne s'était ni bien ni mal comporté ; il n'avait témoigné aucune crainte indigne d'un officier ; il n'avait fait aucune action remarquable, mais n'en était pas moins noté d'une manière excellente, car on le savait petit-cousin de la marquise de Montespan et fort protégé.

Il allait repartir pour la cour, quand il se trouva sur les quais, face à face avec le chevalier Tugghe, qui donnait le bras à la veuve Keyser. Mme. Guttiere, Nicole, Agnès Bart et Marie venaient ensuite.

Les trois dernières formaient un groupe charmant

Le vicomte n'aimait guère le chevalier Tugghe ; — mais attaché au port de Dunkerque où il reviendrait souvent, il tenait à ne point se fermer la maison du conseiller, dont la fille serait assurément, avant peu d'années, la beauté du pays. La brune Nicolita, la blonde Agnès, lui parurent d'ailleurs fort agréables. Il salua donc avec l'intention d'être supérieurement poli envers toutes ces *demoiselles*.

Le chevalier fut très-froid. Mme. Keyser et Mme. Guttiere trouvaient au moins fâcheux l'impertinent gentilhomme qui s'avançait d'un air dégagé, lorsque le bouillant Keyser accourut. Il était transporté de joie.

« La mère de Jean Bart approuvait ses projets de mariage ! L'armateur était ravi ; l'intendant satisfait ! On touchait au bonheur ! »

Sans même avoir aperçu le vicomte, Keyser embrassa successivement sa mère, sa tante, sa cousine Nicole et même la sœur de son matelot, Agnès Bart qui en rougit ; puis il rougit à son tour en regardant Marie qui lui tendait une main fraternelle.

Le vicomte de Flamignes était froissé : — « Il daignait se montrer courtois, et un homme de rien usurpait son rôle au point qu'on ne prenait plus garde à lui. » Mal conseillé par son sot orgueil, il interpella Keyser avec hauteur :

— Monsieur le capitaine capre, dit-il, vous pourriez saluer quand un lieutenant des vaisseaux du Roi se trouve devant vous.

— Qu'est-ce à dire ? répliqua vivement Keyser. A la mer, mon navire salue les vaisseaux de Sa Majesté ; en rade, mon canot lève rames pour les officiers de la marine royale ; dans l'arsenal, à bord, chez le commandant ou chez l'intendant, je me conforme à la lettre des ordonnances ; mais ici, sur ce quai, je ne les connais plus, je ne vous vois pas et je ne vous saluerai point.

— Je suis en uniforme, vous me saluerez !

— Pas pour une bordée à mitrailles !

— Mon fils, calme-toi, disait Mme. Keyser tremblante.

Le chevalier Tugghe s'interposait :

— Monsieur le vicomte, par convenance pour ces

dames, vous auriez dû nous épargner une scène si déplacée.

— Je ne fais rien de déplacé, monsieur le chevalier, et n'aime pas les leçons.

Nicole, Agnès, Mme Guttiere étaient indignées. Marie, pour empêcher son frère d'aigrir le débat, se plaça devant lui.

— La paix! au nom du ciel! monsieur de Flamignes, dit-elle. Nous sommes pleins de joie; ne nous attristez pas, de grâce! Le retour de nos amis, une belle victoire, un mariage assuré, un double triomphe nous ravissent.

Le vicomte s'inclina, mais rencontra les regards étincelants de Keyser et les regards froidement dédaigneux du chevalier Tugghe; sa morgue l'emporta sur les aimables efforts de Marie.

— Capitaine Keyser, s'écria-t-il, ma plainte va être déposée aux bureaux de la marine; je vous ferai démonter de votre commandement.

— Pour combien de jours, s'il vous plaît? riposta Keyser avec ironie.

— Taisez-vous, insolent!

A cette insulte, Keyser fit un geste de menace. Marie, Nicole et sa mère l'arrêtaient à la fois. Il ne put résister à sa mère, à Marie surtout.

Agnès Bart et Mme. Guttiere priaient le chevalier Tugghe de se calmer aussi. Cependant il dit encore:

— En faisant démonter Keyser, monsieur le vicomte, vous rendriez grand service aux ennemis du roi!

L'intendant Hubert, qui achevait de lire le rapport des prises faites par Jean Bart et ses associés, répondit presque dans les mêmes termes au petit-cousin de la favorite.

— Les Hollandais devraient par trop de remercîments à MM. les officiers des vaisseaux du roi, si, pour des questions d'étiquette tout au moins douteuses, des entraves pouvaient être mises à la course.

Il ajouta que le ministre ne l'entendait pas ainsi, que Charles Keyser personnellement venait de se signaler durant deux années consécutives, qu'il était immédiatement après son *matelot* Jean Bart réputé le meilleur des capitaines capres, qu'il venait de rentrer au port avec une prise superbe, et qu'en conséquence M. le vicomte de Flamignes pouvait s'adresser au ministre si bon lui semblait.

— Je m'adresserai au roi lui-même, monsieur l'intendant.

— Comme il vous plaira, monsieur le vicomte ; quand j'aurai reçu des ordres, je les exécuterai, mais en attendant, Keyser continuera de commander conformément aux instructions de S. Exc. le ministre de la marine.

— Vous refusez donc de me rendre justice ?

— Je refuse d'être injuste !

— Vous abusez de votre position, monsieur Hubert, s'écria Flamignes en trépignant.

— Monsieur le lieutenant, modérez-vous et sortez !

— Faquin ! murmura le vicomte.

— A la garde ! cria l'intendant. Vous ne sortirez plus d'ici, monsieur, que pour aller en prison.

Le jeune vicomte, en dépit de son cousinage avec la marquise de Montespan, fut, sur la plainte écrite de l'intendant Hubert, condamné par le commandant de la marine à dix jours de détention à bord du ponton d'arrière-garde. Aussi était-il exaspéré contre les Keyser, les Tugghe, les Bart, contre l'administration de la marine, dont les empiétements devenaient intolérables, et contre le fils du *Long-Vêtu*, Colbert, qui, prenant parti pour la roture contre la noblesse, donnait de jour en jour à ses gratte-papier une pire influence.

Si l'autorité militaire du port de Dunkerque ne faiblit point, car la fermeté de Colbert était connue et redoutée, les jeunes officiers du grand corps partagèrent l'irritation de Flamignes. Les capitaines capres en souffrirent. Keyser notamment fut pris en grippe par la plupart de ces messieurs. Plusieurs querelles s'ensuivirent. L'intendant, se rappelant la fable du *pot de terre*, admonesta Keyser lui-même, et pour mettre un terme à des scènes de plus en plus fréquentes, exigea qu'il prît la mer. Messire Ignace Tugghe, toujours partial en faveur de la noblesse, approuva l'intendant. Jean Bart était attristé :

— A ma place, qu'aurais-tu donc fait? s'écria Keyser avec véhémence.

— J'aurais salué, comme désormais je salue toujours, dit Jean Bart.

— Tu es trop timide.

— Je ne suis que prudent. Au large, serais-tu assez fou pour gouverner droit sur les écueils? Si la brise est contraire, louvoie! Si elle augmente, diminue de toile! Si tu ne peux faire route, prends la cape et arme-toi de patience! Je vois la fin, je veux les moyens. Ce n'est pas en te faisant des ennemis dans le grand corps que tu te rapprocheras de Marie Tugghe !

Keyser soupira en hochant la tête.

— Te voici forcé de partir, tu ne seras plus le témoin de mon mariage, tu vas nous manquer à tous, et tu seras privé de passer une grande journée de bonheur avec l'enfant que tu aimes. Pourquoi ? Parce que tu refuses à un sot un salut banal qui n'était pas encore obligatoire, mais qui l'est devenu depuis !

En effet, tout en envoyant le vicomte de Flamignes aux arrêts forcés, le commandant de la marine fit ordonner par l'intendant aux capitaines, officiers, maîtres et marins capres, marchands ou corsaires, de saluer à l'avenir, en quelque lieu que ce fût, les officiers des vaisseaux du Roi en uniforme. Ceux-ci de leur côté, à leur très-grand dépit, reçurent l'ordre de ne jamais sortir sans les insignes de leur grade. Ils y manquèrent, furent punis, et d'autant plus vexés. Lorsque, pour aller en parties joyeuses, ces messieurs, qui eussent si volontiers endossé l'habit de murailles, étaient forcés d'y renoncer, on les entendait demander à leurs valets :

— Mon justaucorps *Keyser*, mon chapeau *Keyser*, mes épaulettes *Keyser*.

L'affaire fit donc grand bruit à Dunkerque ; elle en fit même à Paris et à Saint-Germain. Le vicomte intrigua auprès de sa cousine, qui épousa chaudement la querelle. Heureusement pour l'intendant Hubert, l'impérieuse marquise venait d'irriter le Roi, qui la bouda, ne voulut rien entendre, et donna cartes blanches à son ministre. Le vicomte de Flamignes fut envoyé à Toulon et embarqué pour l'île de Candie. Mais dans les bureaux remplis de créatures de la marquise de Montespan, des traces indélébiles restèrent au dossier de Charles Keyser, qui fut noté comme « indiscipliné, très-mauvaise tête, adversaire systématique de la noblesse, hostile aux officiers de cour, et, qui pis est, protégé d'Hubert. » Or, l'intendant de Dunkerque avait pour ennemis naturels tous les ennemis de Colbert, le petit-fils du marchand de laine à l'enseigne du *Long-Vêtu.*

A la vérité, le Roi s'étant servi de Colbert lui-même pour éloigner de la cour le marquis de Montespan, le fils de *Long-Vêtu* cessa d'être mal vu par la coterie de la favorite. Vivonne son frère, les Rochechouart, les Mortemart, les Flamignes, les de Lorze, surent gré au contrôleur général de son intervention dans une affaire si délicate.

Colbert, pour avoir, en cette occasion, obéi non sans répugnance, trouva plus d'appui contre les menées de Louvois que ne lui en avaient valu jusqu'alors ses prodigieux services, ses incessants labeurs, sa vaste intelligence, son génie qui conjurait les embarras du royaume, ses puissantes conceptions financières, industrielles, commerciales et maritimes, son intégrité puritaine, son grand caractère politique et ses vertus privées. On daigna le traiter d'égal à égal. Ses filles et son fils Seignelay cessèrent d'être regardés comme des parvenus. Enfin, l'on commença d'admettre que leur alliance n'aurait rien de trop bas pour la maison de Rochechouart.

L'intendant Hubert de Champy-Descluzeaux, devenu grand admirateur et sincère ami de Jean Bart, échappa par contre-coup à une disgrâce imminente; mais Charles Keyser, l'insolent petit capre, fut nécessairement sacrifié.

Cependant, — à son grand regret pour la première fois, — le *matelot* de Jean Bart prenait le large, de compagnie avec les frères Jacobsen, Pitre Lassep et plusieurs autres capitaines corsaires qui s'étaient trop vertement prononcés contre les officiers du Roi.

Entrant dans les vues de l'intendant Hubert, qui voulait, autant que possible, apaiser les esprits, messire Tugghe et les armateurs ses associés donnèrent à leurs navires l'ordre de tenir la mer cinq ou six mois. Durant une si longue absence, la querelle serait évidemment assoupie, grâce aux départs des vaisseaux du Roi et aux fréquentes mutations qui ont lieu dans la marine. Jean Bart consulté indiqua un plan de campagne, et Keyser, choisi par ses camarades pour en diriger l'exécution, partit en jurant de se venger sur les Hollandais de l'outrecuidance des muguets de cour.

« La prise de *l'Espérance*, a dit un historien, fut pour Jean Bart de bon augure, car treize jours après, étant alors âgé de vingt-cinq ans et quatre mois, elle lui servit de cadeau de noces pour *Nicole Guttiere*, qu'il épousa le 3 février suivant. » — On voit par l'acte de mariage que le capitaine William Doorn remplaça comme témoin Charles Keyser alors en course.

Dans la grand' salle pavoisée de pavillons pris à l'ennemi, on but aux absents : A Cornil et à François qui, avec le *Coq de Bruyère*, pourchassaient dans les deux Indes les gros vaisseaux de la compagnie hollandaise, — à Charles Keyser, aux cousins Jacobsen et à leurs compagnons qui, dans la mer du Nord, portaient des coups terribles aux grandes pêches de l'ennemi.

Marie Tugghe, fêtée par Agnès et par la nouvelle mariée, ses deux meilleures amies, charma la famille et parvint même à distraire les ennuis latents de la pauvre mère de Charles.

— Son cœur est avec nous, disait-elle, comme nos vœux sont avec lui. Son absence, qui nous chagrine tous aujourd'hui, sera, je le sens, un bonheur. Il va se distinguer en première ligne et prouver qu'il sait, au besoin, être renard autant que lion. Avant-hier, quand il vint prendre congé de mon père, je lui ai bien recommandé tout bas, en votre nom, chère amie, de ne rien faire que M. Jean Bart ne fît à sa place. Il me l'a juré, pour l'amour de vous, en me baisant la main comme si j'étais sa dame.

— Aussi bien, tu l'es, je t'assure! dit Agnès Bart que Nicole approuva.

— Je ne suis qu'une petite fille, lui ai-je dit encore, poursuivit Marie en souriant, mais obéissez-moi en vrai chevalier. Il a paru enchanté, madame. Tranquillisez-vous donc; votre Charles sera brave comme toujours, mais sans témérité, sans folie, et il nous reviendra couvert de toute la gloire qu'il mérite.

— Elle s'exprime comme si nous l'avions nourrie de notre lait, dit la mère de Jean Bart à sa sœur Martine.

— Mesdames, répondit Marie Tugghe, je suis nourrie de vos exemples et de vos paroles.

Au mariage de Jean Bart et de Nicole Guttiere assistèrent un grand nombre de personnages marquants.

Vauban, alors brigadier des armées du Roi, y parut accompagné de ses ingénieurs principaux; l'intendant Hubert tint à cœur de s'y montrer, ainsi que divers administrateurs de la marine; enfin le corps royal des officiers de vaisseau ne s'abstint pas autant qu'on pourrait le supposer.

L'état-major de la marine était partagé dès-lors, comme il le fut jusqu'au règne de Louis XVI, en deux catégories très-distinctes. En somme, les officiers de cour, plus tard dits *talons rouges*, de la fâcheuse variété du vicomte de Flamignes, n'y furent jamais qu'une minorité, turbulente, impertinente, et trop influente, il est vrai; mais la majorité se composait de cadets de province qui, pour être gentilshommes, n'en étaient pas plus protégés et ne devaient leur avancement qu'à leurs excellents services.

Les admirateurs et partisans de Colbert, de Duquesne, du petit Renaud d'Eliçagaray, inventeur des galiotes à bombes, les hommes du caractère du vieux major de Kerlannic honoraient déjà comme il devait être honoré le jeune capitaine Jean Bart, fils et petit-fils de marins illustres dans le pays. Ils n'eurent garde d'oublier l'invitation de la famille, et peut-être même s'y rendirent-ils avec d'autant plus d'empressement que l'affaire de Keyser avec le cousin de la favorite était plus récente et plus scandaleuse.

Messire Tugghe, sa femme et leur fils le chevalier ne pouvaient manquer à une réunion où ils ne comptaient que des amis.

— Il est bon que la race des héros se perpétue, dit le conseiller à la jeune mariée.

— Madame, vous épousez la gloire et la loyauté, ajouta le chevalier Tugghe.

— Chère Nicolita, dit Mme Tugghe, personne ne fait des vœux plus sincères que les miens pour le bonheur de la famille dont vous êtes si digne de porter le beau nom.

— O ma mère, combien c'est vrai! s'écria Marie avec son enthousiasme juvénile. C'est le plus beau nom du monde!

La fière Catherine et Mme Guttiere embrassèrent tour à tour l'adolescente bénie, tandis que les nouveaux époux recueillaient de toutes parts de semblables félicitations.

Ce soir-là, après avoir dansé, gambadé et folâtré à faire frémir l'équipage de *la Royale* qui se gaudissait dans la cour, maître Vanburg s'endormit d'un sommeil guilleret sous le hangar aux ustensiles. La chronique assure que ce fut pour avoir porté avec une ardeur trop persévérante la santé des nouveaux époux. De tous les matelots de toutes les Flandres, il était pourtant le plus sobre; mais la joie enivre, et d'ailleurs une fois n'est pas coutume.

A son réveil, il prétendit n'avoir cessé de voir en songe des *Espérances* pavoisées de toutes les formes et de tous les rangs : brigantins, frégates, vaisseaux, coffrets et corbeilles, *Espérances* à la voile, à l'aviron, à l'ancre, sur les chantiers, dans le port, en rade, en paradis; il n'avait rêvé qu'*Espérances*.

NOBLES CŒURS.

> De son ennemi protégeant la cendre
> Duquesne pleurait quand il faisait rendre
> Au corps embaumé du vieux Ruiter
> Les plus grands honneurs qu'on rende sur mer.
> G. L. *(Poëmes et chants marins.)*

Le froid était piquant, la brise de sud-ouest sifflait avec violence, l'on entendait la grosse mer battre comme mille marteaux les jetées et les remparts de Dunkerque. Dans la vaste cheminée de la grand' salle, un bon feu était activement entretenu par les soins de maître Vanburg, heureux de n'être à terre qu'un modeste serviteur, lui qui au large avait si souvent pris part aux plus importantes délibérations; car, parmi les corsaires de ce temps, il était rare qu'avant la campagne ou même avant le combat, les opérations ne fussent pas discutées en commun; mais ensuite on obéissait aveuglément au capitaine ou au chef des navires combinés.

Sur les genoux de Nicole se jouait un enfant blond qui portait les noms des absents François et Cornil, ses oncles, dont on n'avait pas reçu de nouvelles depuis plus d'une année. On savait seulement que le *Coq de Bruyère* avait dû être démoli et que les deux cousins naviguaient désormais de conserve sur deux vaisseaux enlevés aux Hollandais aux abords de Surinam.

Tout en filant, l'aïeule et marraine du petit garçon, la mère de Jean Bart, chantait, pour l'endormir, la vieille complainte flamande des Renards de la mer. Martine, silencieuse, songeait à ses fils, tous quatre marins à l'exemple de leur frère aîné, tous quatre à la mer. La tempête grondait ; elle n'entendait que la tempête. Catherine avait aussi quatre fils au large, et les deux derniers bien jeunes encore : treize et quinze ans. Elle ne paraissait pas inquiète. Sur ses trois filles, la seconde s'était mariée à un Kerlynck, corsaire de race ; la plus jeune faisait son noviciat de religieuse au couvent de la Miséricorde ; Agnès l'aînée demeurait avec elle.

Agnès venait de poser sur la table des pipes et un pot de bière pour Jean Bart et son matelot Charles Keyser, réduits à l'inaction depuis six grands mois par la paix de Nimègue, conclue le 10 août 1678. La gracieuse jeune fille prit place auprès d'eux :

— J'ai vu Marie, dit-elle à demi-voix ; je lui ai parlé des promesses du marquis de Vauban, des excellentes dispositions du ministre et de nos espérances. Elle en a tressailli de plaisir. Ne soyez donc pas triste ainsi, ami Charles ; elle vous aimera.... Elle vous aime, courage !...

— Ce n'est pas le courage, mais la bonne fortune qui lui manque ! murmura Jean Bart.

— Agnès, ma sœur, mon amie ! dit Keyser devenu radieux, vous remplissez mon pauvre cœur de joie. Marie pourrait m'aimer ! vous le pensez, vous me le dites !... Oui, j'aurai du courage, de la persévérance, de la résignation ! je ne me lasserai jamais !..

— Ah ! maudits soient l'argent et les titres, s'écria

Jean Bart, puisqu'il ne suffit pas d'être le plus brave, le plus loyal des hommes pour mériter le bonheur.

— Matelot, dit Keyser, tu oublies donc ce que tu me dis de toi-même, dès le premier soir : — « La richesse et la noblesse peuvent être conquises par l'épée. » — Tu me citais de nombreux exemples, tu me remplissais d'espoir.

— Je comptais sur la guerre et sans les intrigants de cour !

— Nous aplanirons les obstacles, disais-tu.

— Je n'en désespère pas encore ! Tu sais que j'y travaille; mais je crains ta bande d'ennemis !

— Il revient d'une course comme je n'en ai jamais faite, moi ! continua Jean Bart en se levant.

— Matelot, tu exagères, interrompit Keyser.

— Six mois de croisière sur les côtes de Zélande, de Danemark et de Norvége ! disait Jean Bart en arpentant la salle à grands pas. Avec quatre navires qui ne se séparèrent jamais, malgré les brouillards, les courants et les coups de vent de l'équinoxe, il détruit toutes les pêcheries de l'ennemi jusqu'au Spitzberg, le bout du monde ! Il prend ou rançonne cent bâtiments hollandais, gagne deux grands combats, se répare à l'étranger puisqu'on le bannit d'ici, repart de Drontheim, enlève trois frégates, fait cinq cents prisonniers, et, au retour,... rien ! pas un remercîment du ministre, pas même la certitude qu'une pareille campagne soit connue ! Moi, pendant ce temps-là, je me chauffais les pieds en fumant ma pipe; je prolongeais doucettement ma lune de miel auprès de mon excellente Nicole ; je faisais l'amour et prenais du bon temps. Enfin Keyser m'arrache à cette paresse, nous filons au large ; il prend, après une heure de combat, les *Armes de Hambourg*, beau navire chargé de poudre d'or...

— Mais tu t'en es rudement mêlé ! dit Keyser

— Il enlève à l'abordage *le Lévrier*, de 12 canons, puis dix navires de charge...

— Mais tu commandais, dit Keyser en souriant.

— Nous rencontrons quatre busses et notre vieux brigantin *le Canard Doré* du bonhomme Svoelt. On se reconnaît à travers la fumée, on met bas le feu, on fraternise, on s'embrasse. Beau temps, belle mer, jolie brise ; en fait de morts et de blessés, il n'y eut cette fois que les dindons et les bouteilles. On boit à Nicolita, on boit à notre mariage, à la bonne mère Svoelt, aux Bart, aux Keyser, aux Guttiere. Quel heureux moment ! un vrai retour de noces !

— Si jamais des ennemis furent amis, dit maître Vanburg, c'est bien ce jour-là ! Nous trinquions à la paix, mesdames ; le père Svoelt en pleurait comme la fontaine de Saint-Eloi.

— Il y eut pourtant de vraies larmes dans nos yeux, reprit Jean Bart, quand nous en vînmes à parler de la mort du grand Ruiter !... Français et Hollandais, tous tant que nous étions, nous demeurions tristes en pensant à notre maître.

— Au plus glorieux, au plus généreux des hommes de mer ! dit Keyser avec enthousiasme.

— Au brave Ruiter, s'écria Catherine, au juste qui vous fit grâce, mes chers enfants. Que Dieu ait son âme !

Nicole frémissante embrassa son petit garçon presque endormi.

— Ce qui diminue mon chagrin, poursuivit Jean Bart avec une pieuse émotion, c'est la conduite de notre grand Duquesne et les ordres donnés à cette occasion par le roi de France. La frégate qui portait le corps embaumé de Ruiter est prise par les Français. Duquesne se rend à bord, se met à genoux devant les nobles restes de son ennemi, médite, prie, pleure, et dit à ses officiers : « Gloire au grand homme qui a trouvé la mort au milieu des hasards qu'il a tant de fois bravés ! » Puis il fait délivrer un sauf-conduit au navire hollandais en disant au capitaine Kallemburg : « Monsieur, votre mission est trop respectable pour qu'on vous arrête. »

— Très-bien ! interrompit Keyser ; mais, si Duquesne se fût conduit autrement, il n'aurait pas été digne de la profonde estime de Ruiter lui-même, à qui moi j'ai entendu dire : « De tous les ennemis de ma patrie, Duquesne est le seul qui me paraisse redoutable. »

— Pavillon en berne, la flamme à mi-mât, poursuivit Jean Bart, le cercueil flottant passe devant le front de l'armée navale de France. Duquesne veut que tous les pavillons, jusqu'au sien, s'inclinent, que tous les canons saluent et qu'on rende à son rival de gloire les honneurs refusés mille fois aux princes et aux rois même alliés. Louis XIV, en apprenant cette grande cérémonie, s'émeut à son tour. On lui représente que la mort de Ruiter le délivre d'un ennemi dangereux ; il répond « qu'on ne peut s'empêcher d'être sensible à la perte d'un grand homme, » et il ordonne que si la frégate funéraire passe en vue des côtes de son royaume, tous les forts abaissent aussi leurs drapeaux et que les canons de terre ou de mer saluent comme ont salué ceux du vieux Duquesne (1). Le Havre, Dieppe, Calais et Dunkerque ont suivi, vous le savez, cette consigne royale. Quand je le dis au père Svoelt, il faillit ne pas me croire ; mais il sait que je n'aime pas les menteries, et d'ailleurs dix de ses propres matelots s'étaient précisément trouvés à bord de la frégate. — « Votre méchant Roi, me répondit-il, a donc encore quelque chose de bon ! — Ne parlons pas politique, mon cher capitaine ; buvons au plaisir de nous revoir après la paix, à Flessingue, à Dunkerque ou ailleurs. Dunkerque serait le mieux ; venez-y avec votre excellente femme ; vous y serez les bien venus et les bien reçus, j'en réponds, par tous ceux de nous qui vous connaissent et par celles qui ne vous connaissent que de nom. »

— Très-bien ! Jean, très-bien ! dit Catherine

— Il nous le jura verre en main. Voici la paix que je donne aux diables surtout par amitié pour toi, mon brave Keyser. Attendons-nous à voir débouquer ici, un de ces quatre matins, le bonhomme et la bonne femme Svoelt.

— Quel plaisir j'aurai à leur faire embrasser mon gros François Cornil ! s'écria Nicole qui achevait de coucher l'enfant dans son berceau.

— La course a ses bons moments de toutes les manières, comme vous voyez, reprit Jean Bart. Le plaisir de faire de belles prises et celui de vaincre ne sont pas les seuls ; n'est-ce pas, Keyser ?

— Non, certes ! la cordialité, l'amitié, l'amour même,

---

(1) LÉON GUÉRIN — *Les Marins illustres de la France*, à l'article : « Le grand Duquesne. » (XI)

cousine Nicole, font campagne avec les gens de cœur!

— Cependant, dit Jean Bart continuant son récit, les quatre busses et *le Canard Doré* ne pouvaient rester à demeure au milieu de nous sur la mer jolie. Il fallait sauver les apparences ; on dresse procès-verbal de la rencontre, et nous faisons semblant d'avoir rançonné les Hollandais : — « rançon en vin d'Espagne et poulets à la broche!... » Là-dessus, au nom de Sa Majesté, nous sommes très-sévèrement rappelés à l'ordre. Moi qui commandais, on se borne à me réprimander ; mais on prive de son commandement Keyser, qui n'était que second.

— J'avais déjà été averti deux fois, dit Keyser ; les rançons sont interdites.

— Je me déclarais seul responsable ; je prenais sur moi toute la faute, si faute il y a... et l'on ne me punit point, et l'on te punit! Enfin cette injustice te prive de la plus heureuse des campagnes!...

— Au fait! dit maître Vanburg, profitant d'une pause de Jean Bart hors d'haleine, jamais on n'a vu et on ne verra course pareille. Nous détruisîmes six cent soixante-dix navires de pêche (1), sans compter deux convois battus et la frégate *la Bergère* enlevée à l'abordage.

— Il fallait bien détruire puisqu'il était défendu de rançonner ; mes prisonniers trop nombreux me gênaient, nous rentrâmes donc à Dunkerque. Bientôt nous repartons ensemble, matelot, toi sur la frégate *l'Alexandre*, moi sur *la Palme*. Tu nous étonnes par tes manœuvres

---

(1) Ce chiffre incroyable de six cent soixante-dix navires est authentiquement relaté dans les lettres de noblesse conférées à Jean Bart en 1694.

et ton courage de lion, tu te multiplies, tu fais des merveilles, et qui est récompensé? — moi seul!

— Tu oublies, dit Keyser, que toi seul avec ta petite frégate, tu pris le vaisseau *le Neptune* de trente-six canons.

— Tu en aurais fait autant!

— Peut-être, répondit gaîment Keyser, mais la chaîne d'or que te fit envoyer le Roi t'était mille fois due...

— Et à toi dix mille! repartit Jean Bart avec emportement.

Il avait perdu son calme habituel. Enumérant d'un ton de colère les exploits de son ami durant les années suivantes, il ne tenait aucun compte des siens. De la fin de 1676 jusqu'à la paix de Nimègue, il avait fait cependant une foule d'importantes captures. En 1676 seulement, on en compte cinq portant ensemble soixante-dix-sept canons. Il fit moins de prises en 1677, car il passa près de la moitié de l'année avec sa chère Nicole qui lui donnait un fils. En 1678, quoiqu'il eût débuté par une rafle magnifique, il ne se surpassa point non plus, car il fut longtemps retenu à terre par l'état maladif de sa femme et de son enfant. Mais à partir du mois de juin, il recommença vaillamment à bord de la frégate *le Dauphin*. De conserve avec Keyser et Soutenuie, il livre un combat mémorable au *Scherdam*, a le visage et les mains brûlées, et les deux jambes grièvement blessées par un boulet de canon. Sa frégate criblée est hors de service. A peine rétabli, on le voit en monter une autre, *le Mans*, avec laquelle, les 7 et 31 juillet, il fait de nouvelles captures.

Maître Vanburg, Nicole, Agnès eussent pu lui rappeler cette série d'exploits ; mais c'était de Keyser qu'il s'agissait, Jean Bart ne voulait louer que Keyser.

— Pendant que mes soucis de père et d'époux me retenaient ici, que faisait cet infatigable batailleur ? On parle du *Neptune* : il s'emparait du *Prince d'Orange*, de cinquante canons ; il reprenait, en vue de la flotte hollandaise, nos cousins Jacobsen, qu'on emmenait prisonniers avec leurs navires ; il se risquait dans l'Escaut et terrifiait l'ennemi, qui, complice de l'injustice généniérale, m'attribue à moi des traits d'audace dont il est seul capable...

— Matelot ! matelot ! assez !... Tu commences a mentir ! dit Keyser vivement ému.

Jean Bart, sorti de son calme extraordinaire, devenait indomptable ; il n'entendit même pas.

— Car c'est moi, toujours moi, qui profite ! Moi qui suis populaire à Dunkerque, vanté à Versailles, brûlé en effigie à Ostende, réputé diable de mer à Flessingue et à Rotterdam ! Moi ! moi qui suis un paisible bourgeois restant à terre ; moi qui t'ai pour compagne, ma bonne Nicole, et qui ai le bonheur d'avoir un fils ! Eh ! que m'importent les honneurs, la noblesse, la richesse !... Rien ne me manque à moi de ce dont il a besoin !

— Pourquoi donc cela, Jean ? demanda la fière Catherine d'un ton presque sévère.

Jean Bart interdit s'arrêta court ; il baissa les yeux comme un enfant pris en faute, car Nicole et Agnès, seules encore, avaient la confidence de l'amour profond de Keyser pour la fille du noble messire Tugghe, chevalier des ordres du Roi.

— Jean, répéta Catherine, avec fermeté, tu ne me réponds pas !

— Pardonnez-moi, ma mère ! dit-il en balbutiant, ceci n'est plus mon secret.

— Mon fils, la gloire de notre maison m'est trop chère pour que je permette qu'on dédaigne des honneurs mérités au prix du sang ! Je veux bien que les Bart restent pauvres ; je voudrais qu'ils fussent nobles comme ils méritent de l'être, et qu'on ne les vît point obligés de se découvrir devant des gentillâtres sans valeur. Tu es indigné des injustices faites à Keyser, je partage ton indignation, mais je suis indignée aussi de l'injustice sans fin faite aux fils et aux petits-fils de ton père, de ton oncle, de tes aïeux morts pour leur patrie ! Sommes-nous donc des mercenaires à qui doivent suffire au large des rafles de bateaux marchands, à terre un petit bonheur de bourgeois ! L'illustre Duquesne, dont le père, qui est mort dans cette chambre, ne valait pas mieux que le tien, Duquesne est marquis et grand seigneur, c'est bien fait !... Mais pourquoi les fils de Cornil et d'Herman restent-ils exposés aux avanies des vicomtes de Flamignes ?... à quoi bon vivre et mourir en héros ? Ouvrons boutique, faisons-nous drapiers, vendons de la toile et de la laine !... Par la mémoire de mon mari et de son frère, nous vendons du sang et on nous le doit payer en gloire !

Martine, qui n'avait encore rien dit, se leva, posa la main sur l'épaule de sa sœur et dit avec un effort suprême.

— Elle a raison !

Jean Bart pâlit :

— Ma tante, ma mère, je ne parlais pas de nous! dit-il en balbutiant.

Charles Keyser s'avança impétueusement alors :

— Ecoutez! s'écria-t-il, car je n'ai de secret pour aucun des amis qui m'entourent. Ecoutez, vous comprendrez son sentiment fraternel. J'aime Mlle. Marie Tugghe !

Ces mots, prononcés d'une voix retentissante, résonnaient encore lorsque Marie elle-même ouvrit la porte :

— J'ai entendu, dit-elle en rougissant, mais je ne crains pas d'entrer !

Marie et Catherine se rassirent ; François Cornil dormait dans son berceau ; maître Vanburg, singulièrement ému, demeurait accroupi dans l'angle de la vaste cheminée. Agnès et Nicole coururent à leur jeune amie, dont la présence à pareille heure était au moins extraordinaire.

— Il ignorait que tu pouvais l'entendre, dit Agnès en lui tendant la main.

— Il n'a parlé, ajouta Nicole, que pour justifier mon mari que sa mère et sa tante blâmaient.

Keyser se cachait la figure entre les mains, mais Jean Bart souriait maintenant.

— Mademoiselle, dit-il, vous rougissez, et il tremble pour la première fois de sa vie ! Mon brave matelot s'est assez moqué de ma timidité lorsqu'au bout de quatre ans je lui avouai mon amour pour Nicole. Comme autrefois il eut le courage de parler, c'est à moi de parler aujourd'hui : c'est à moi de vous dire ce qu'il ressent et de vous expliquer pourquoi il n'a pas craint de le déclarer ici tout haut... à ma mère et à ma tante, — d'assez discrètes personnes, à coup sûr, — et devant maître Vanburg, qui, pour le moindre de nos secrets, donnerait cent fois sa vie.

— Ah, mon capitaine, comme vous parlez bien ! dit Vanburg.

Appuyée sur Agnès et Nicole, Marie Tugghe belle de pudeur, belle d'émotion, belle enfin de cette beauté virginale que Keyser avait rêvée autrefois et qui s'épanouissait désormais dans toute sa plénitude ; Marie, non plus enfant, non plus adolescente, mais jeune fille, et citée entre toutes les jeunes filles de Dunkerque comme la plus accomplie, — lis purpurin aux pétales d'or, blonde rose sans épines, fleur de printemps aux grands yeux bleus, aux lèvres entr'ouvertes par un céleste sourire, — regardait Jean Bart avec douceur et disait d'une voix mélodieuse :

— Je ne reproche pas à M. Charles d'avoir choisi des confidents indiscrets.

— Tant mieux, mademoiselle, reprit l'ami de Keyser. Mais encore faut-il que vous sachiez tout ; j'étais grondé pour m'être vanté d'avoir assez de bonheur et pour lui avoir souhaité, à lui seul, le grade, le rang, les titres qui pourraient assurer le sien, si pourtant vous daigniez jamais y consentir. J'étais triste, car, depuis bien des années, ma mère ne m'avait adressé de paroles sévères ; il a vu mon chagrin, il a voulu me consoler, et franchement il y a réussi au delà de toute espérance, puisque la main de Dieu vous conduisait ici pour l'entendre.

— Votre digne ami vous a consolé, monsieur Jean ; il a bien fait ! murmura Marie avec un trouble extrême.

Keyser, dont le cœur battait violemment, osait enfin la contempler et frémissait d'espoir.

— Nous savons, reprit Jean Bart, que les rois ont

souvent élevé au premier rang de la noblesse de simples officiers de fortune, de simples corsaires tels que nous. Sans parler de mon aïeul Jacobsen, sans parler du grand Ruiter, que les rois d'Espagne ont comblés de dignités, en France les exemples abondent. A Dieppe, nous avons les Duquesne, que citait ma mère; à Marseille, les Polain de Lagarde et les Paul; à Saint-Malo, les Porée. Dunkerque est oublié jusqu'ici; mais les Keyser, mademoiselle, et les Bart, ma mère, mériteraient de ne l'être point. (XII).

— A la bonne heure, mon fils, dit Catherine; j'ai compris. Tu peux donc ajouter maintenant que la véritable noblesse n'est point celle que confèrent les rois.

— Madame, dit alors Marie Tugghe avec une douce fermeté, il est inutile de m'apprendre cela !

Puis, achevant de se maîtriser :

— Mon père a reçu tout à l'heure des plis de la cour. Je viens pour avoir le plaisir de vous remettre moi-même ceux qui vous concernent; veuillez en prendre connaissance avant le retour de mon frère qui m'accompagnait et qui va revenir.

Une lettre aux armes du marquis de Vauban, maréchal de camp, commissaire général des fortifications, et un paquet au sceau de l'Amirauté de France furent remis par la jeune fille à la mère de Jean Bart.

L'une et l'autre portaient pour suscription :

Au capitaine Jean Bart, lieutenant des vaisseaux de Sa Majesté.

— Ah! dit Catherine, le Roi prend donc mon fils à son service...

— Est-ce tout? interrompit Jean Bart avec anxiété. Encore moi seul!... Voyons pourtant!...

Il brisa le sceau de l'Amirauté, ne trouva sous l'enveloppe que sa propre nomination, et la jeta brusquement sur la table. Puis, comprimant sa colère de crainte de mécontenter encore sa mère et sa tante Martine, il se tint dans l'ombre, fronçant les sourcils, serrant les dents, crispé d'indignation comme s'il avait vu commettre une lâcheté à son propre bord.

Maître Vanburg souriait. Nicole, Agnès et Marie, venaient de s'asseoir.

Keyser lut à haute voix :

« Aujourd'hui, 8 du mois de janvier 1679, le Roi étant à Saint-Germain et voulant commettre des personnes capables et expérimentées au fait de la guerre et de la navigation pour faire les fonctions de lieutenants sur ses vaisseaux de guerre, et sachant que le sieur Jean Bart a toutes les qualités nécessaires pour bien s'en acquitter, Sa Majesté l'a retenu, ordonné, retient et ordonne lieutenant d'un de ses vaisseaux, sous l'autorité de M. le comte de Vermandois, amiral de France, etc... » (1).

— Moi! moi seul!... reprit encore Jean Bart, réduit par son profond respect filial à ne pas compléter sa pensée ; mais ses gestes et la violence avec laquelle il se mit à marcher dans la salle trahissaient trop clairement ses impressions.

Sa sœur Agnès, sa jeune femme, ne l'avaient jamais vu dans un semblable état de fureur ; elles voulurent se lever. Catherine les devança, qu'allait-elle faire ? Nicole, malgré sa tendresse, resta immobile. Marie, at-

---

(1) Textuel.

tristée d'être venue pour porter une heureuse nouvelle ainsi reçue, rencontra le regard de Keyser, vit dans ses yeux une généreuse satisfaction, et lui sourit avec mélancolie. Keyser en frémit de joie. Maître Vanburg avait philosophiquement repris son soufflet : « Après grand vent, petite brise! après les brouillards, le soleil! » Martine et Agnès ne voyaient que Catherine allant à son fils, qu'elle embrassa comme une mère dont le jeune enfant a le cœur gros. La fière matrone le prenait par la main, l'attirait doucement et, le faisant asseoir à côté d'elle, lui appuyait la tête sur son sein.

— Pleure, mon pauvre petit, disait-elle en le caressant. Je t'ai grondé trop fort tout à l'heure. Ton matelot est aussi notre fils, tu le sais bien... Soulage ta peine, Jean, mon brave garçon, cœur d'or, cher enfant... Va, pleure, je te le permets...

— Ah çà, matelot! s'écria tout-à-coup Keyser, veux-tu donc changer ma joie en tristesse? Te récompenser, c'est me récompenser, moi, puisque nous ne faisons qu'un.

Jean Bart, dont la fureur s'était calmée dans les bras maternels, leva le front, et avec un mélange de timidité filiale et de fermeté virile :

— Si ma mère y consent, dit-il, je n'accepterai ce grade que le jour où tu le recevras aussi! Et elle y consentira, car mon père n'eût pas accepté pour lui ce qu'on aurait refusé à mon oncle Herman, *son matelot*. Vous dites que Charles est votre fils aussi!.. Pourriez-vous m'ordonner de faire autrement que ne faisaient les frères Bart, Herman et Cornil? Leur vie, leurs combats, leur mort, leur gloire furent les mêmes. Nous continuerons comme eux, mon frère Charles et moi... N'est-ce pas justice?

Martine dit alors d'une voix ferme :

— Jean a raison, ma sœur.

— Pardonnez-moi, madame! s'écria noblement Keyser; il acceptera parce que je le supplie d'accepter, moi! Nicole ma cousine, Agnès ma sœur, vous m'aiderez...

Si rapide que fut le regard dirigé par Keyser du côté de Marie, Agnès et Nicole comprirent; elles comprirent que la nouvelle position de Jean Bart pourrait tôt ou tard être utile à l'avenir de Charles lui-même, et par suite à son amour.

— Mes enfants, dit Catherine, la lettre de M. de Vauban nous laisse peut-être quelque espoir.

— Lis! s'écria Jean.

Au milieu d'un silence profond, Keyser rompit le cachet et lut :

« Mon brave capitaine, j'ai obtenu sans difficultés aucunes votre nomination au grade de lieutenant de vaisseau. Le ministre, le Roi lui-même, connaissaient votre glorieuse réputation, et M. le marquis Duquesne, qui a pour votre famille le plus grand attachement, avait déjà fort chaudement fait valoir vos titres. C'est à lui surtout que vous devez d'avoir obtenu la partie la plus délicate de notre demande. Il est convenu qu'autant que possible vous ne serez placé en sous-ordres comme lieutenant ni comme capitaine en second, et que vous commanderez en chef à votre bord... »

— Bravo! vive Duquesne! cria Keyser.

Vanburg tapa des mains.

— Oh! oh! fit Jean Bart, ceci était une condition bien posée et du consentement de ma mère. Continue!

« Mais j'ai le regret de vous annoncer que toutes mes

démarches pour votre vaillant et digne ami Charles Keyser ont complètement échoué. Le ministre, qui, en haine de Louvois, a fait sa paix avec la marquise de Montespan, est fort animé contre lui. Des ennemis cachés ont dû placer sous ses yeux des notes malveillantes. Il m'a dit en propres termes : « Ce Keyser ne mérite aucune faveur, je connais son dossier. » J'ai peu de crédit à la marine, attendu ma position à la guerre. Le désir extrême que j'ai de vous être agréable m'a porté à entretenir le lieutenant général Duquesne des beaux services de M. Keyser. Il les a fort appréciés, et pourtant il ne veut, ou plutôt ne peut, lui être utile en rien : « Ma recommandation serait nuisible, m'a-t-il répondu. Jean Bart est notoirement catholique, j'ai pu plaider pour lui et parler des anciennes relations de nos familles ; mais que j'appuie Keyser, je compromettrai tout. » Patience donc, mon cher monsieur Bart ; rassemblez les états de services de votre ami, formez un dossier de ses titres, et un jour, je l'espère, vous serez personnellement en mesure de lui faire rendre justice. Je pressens votre colère fraternelle, moi qui vous ai vu près de refuser votre premier commandement par amitié pour lui. Gardez-vous bien d'agir de même cette fois ; vous lui nuiriez en vous nuisant dans l'esprit du ministre. Vous mécontenteriez le Roi, si jamais il avait connaissance de votre dédain pour une faveur qui militairement est un ordre. On pourrait jusqu'à un certain point vous contraindre... »

— Ah ! par exemple ! s'écria Jean Bart.

« Je sais que cette considération sera sans poids à vos yeux ; mais vous me désobligeriez infiniment si vous n'acceptiez pas un grade que j'ai sollicité en posant des conditions fort inusitées. Je n'ai pu faire agréer que la première ; c'était déjà beaucoup à la cour, mon cher monsieur Bart. Enfin je compte singulièrement sur votre concours, comme officier de la marine du Roi, pour mes propres travaux de fortifications à Dunkerque, votre premier emploi devant être le sondage des chenaux et d'autres études analogues relatives à l'établissement des forts avancés... »

— Ah! mon vieux matelot, te voilà pris! s'écria Keyser en riant.

— Je l'avoue, répondit Jean Bart avec une tristesse mal déguisée ; mais tu as ta place sur mon premier navire, et j'irai...

Il n'acheva pas sa phrase.

Agnès et Nicole le félicitaient de sa nomination ; maître Vanburg, complètement rassuré, chantonnait on ne sait quel couplet de la légende des Renards de la mer.

— Si Vauban et Duquesne ont fait mon frère Jean officier du Roi, dit Agnès, c'est Jean qui fera de Keyser son collègue.

— Est-ce possible !... à quoi bon les fous rêves?

— Non, monsieur Jean Bart, dit vivement Marie Tugghe, ces rêves n'ont rien de fou. Nous attendrons longtemps peut-être ; mais, par la permission de Dieu, les intrigants, ennemis de M. Charles, ne parviendront pas toujours à obscurcir l'éclat de ses services.

Agnès et Nicole virent Keyser dans le ravissement.
— *Nous attendrons... nous attendrons...* a-t-elle dit, pensait-il, et elle sait que je l'aime!

Le chevalier Tugghe, qui entrait, adressa toutes ses

félicitations à la famille et ne tarda point à se retirer avec sa charmante sœur.

Alors Keyser, ne se contenant plus, se jeta dans les bras de Bart.

— Tu l'as entendue toi-même ! Elle ne craint pas d'entrer. Elle ne me reproche pas d'avoir parlé devant vous tous. Elle me loue de t'avoir consolé. Elle partage notre espoir en tes succès à venir. Ainsi chasse ton reste de tristesse; ne vois-tu pas que je suis cent fois heureux !

— Comme nous le sommes toutes ! dit Agnès que Nicole trouvait sublime.

Cependant Marie Tugghe pesait en son cœur ce qu'elle venait de voir, d'entendre et d'admirer. Elle pria comme prient les anges, et s'endormit l'âme remplie de généreux espoirs.

Le lendemain, Jean Bart, accompagné de maître Vanburg, partit pour Drinckam, où son excellent cousin et ami le curé Nicolas approuva fort qu'il allât jusqu'à Paris remercier le marquis de Vauban, l'amiral Duquesne, le ministre Colbert et le Roi... si le Roi daignait le recevoir.

— Il me recevra, dit Jean Bart, et je lui parlerai moi-même de Keyser.

— Toi, si timide...

— Timide devant ma mère, timide devant ma chère Nicole quand je n'osais espérer son amour, timide devant les Ruiter ou les Duquesne, dont la gloire m'éblouit ; mais non, par le saint nom du Sauveur ! devant les ennemis.

— On le sait assez, cousin, fit le bon curé en souriant ; mais le Roi de France n'est pas ton ennemi j'espère !

— Lui, non !... mais l'injustice !

DÉMARCHES ET PILOTAGE.

Le débonnaire curé de Drinckam, maintenant âgé de de quarante-cinq ans, Nicolas Bart, qui, comme la fière Catherine en personne, taxait de timidité son cousin et ami Jean Bart, alliait lui-même un rare courage de sauveteur à une timidité plus qu'enfantine et en cela du moins, fort différente à celle du héros dunkerquois. On raconte qu'en présence des grands il perdait si facilement la tête, qu'un jour le comte d'Estrades l'ayant assez rudement invité à s'asseoir, il faillit prendre pour siége un vaste brasier ardent. L'aventure donna lieu à une locution proverbiale ; on n'appelait plus les *braseros* que des *curés de Drinckam*. Mais l'histoire atteste aussi que plusieurs fois, au péril de la vie, il avait arraché à de rapides courants des gens qui se noyaient. En 1703 notamment, il sauva deux personnes près de Furnes, lors de la rupture des écluses. — Les beaux combats, les morts héroïques de ses proches lui inspiraient une juste admiration, sans l'étonner. Se conduire en brave, mourir en guerrier, en sauveteur ou en martyr, lui paraissait sans doute également simple. En revanche, il était épouvanté par la seule pensée de parler à un archevêque, un maréchal ou un ministre, — et son jeune cousin Jean prétendait adresser des observations au Roi, à Sa Majesté Louis XIV !

Il tisonnait en songeant à cet excès d'audace, quand,

revenant de Paris, Jean Bart entra pour lui demander à dîner.

— Eh bien, mon cousin, dit-il, qu'as-tu fait?

— Rien qui vaille. Le marquis de Vauban, le brave Duquesne, Colbert et même son fils, enfin le Roi m'ont fort bien accueilli...

— Le Roi, juste ciel!

— Mais, par malheur, il est autrement malaisé de manœuvrer en renard de cour qu'en renard de mer!...

— Je m'en doute!... Et qu'as-tu dit au Roi?

— Je lui ait dit : « Sire, je suis Jean Bart; je viens remercier Votre Majesté de m'avoir fait l'honneur de m'appeler à son service et la supplier d'accorder la même grâce à Charles Keyser. » Le Roi n'a pas su de qui je lui parlais. « Ce Keyser, Sire, est mon frère d'armes, mon compagnon de navigation, le plus brave des capitaines-capres de Dunkerque, mon *matelot* comme nous disons. Ses états de service sont plus beaux que les miens; d'indignes ennemis ont pu seuls les laisser ignorer à Votre Majesté, sans quoi il aurait, de toute justice, obtenu sa part des récompenses qu'Elle daigne m'accorder ! »

— Tu as osé dire tout cela, mon cousin? murmura le curé de Drinckam devenu tremblant.

— Le Roi s'est tourné vers je ne sais quel officier de sa suite, et puis, avec un sourire : — « Monsieur Bart, m'a-t-il dit, les états de service de votre *matelot* seront examinés par mes ordres. Vous êtes un loyal serviteur et un ami modèle. Que Dieu vous garde! » — J'ai dû me retirer. On n'a pas le temps de prolonger sa bordée dans ces maudits parages. Le tout, cousin Nicolas, n'a pas duré trois minutes ; et j'ai relevé à l'entour de moi plus d'une méchante figure. Quand j'ai rendu compte de mon audience au lieutenant général Duquesne : — « Mon jeune ami, m'a dit le vénérable brave en soupirant, n'emportez aucune espérance ; le Roi a donné des ordres, mais on n'en fera ni plus ni moins, puisque votre matelot a contre lui la meute des intrigants de cour. — Cependant, Amiral, j'ai remis moi-même les états de service de Keyser au ministre, qui les a trouvés magnifiques — Ils sont superbes en effet, et Colbert, qui est homme de bien, aurait depuis longtemps satisfait vos désirs, s'il le pouvait. — Il ne peut faire un lieutenant de vaisseau ! » ai-je dit avec surprise. — « Non, si les favoris et les favorites empêchent le brevet d'aller jusqu'à la signature du Roi. La marquise de Montespan a retardé une promotion de maréchaux de France parce que son frère n'en faisait point partie, et le Roi a été contraint de le nommer ! Ah ! si ce gros sac à vin de Vivonne protégeait Keyser, nous ne serions pas en peine !.. » Au fait, Vivonne est maréchal et le vainqueur de Ruiter ne l'est pas.

— Cousin, dit le curé de Drinckam, je me garderai bien, malgé mon profond respect pour le Roi, de pardonner à ses favorites leur diabolique influence ; mais en ce qui concerne Duquesne... le Roi est fort excusable.

— Comment ça ? fit Jean Bart.

— Tout le monde sait que le Roi voulait le nommer maréchal de France.

— Et après ?

— M. Duquesne n'a pas voulu renoncer à ses erreurs religieuses.

— Mille diables ! interrompit Jean Bart, nous sommes catholiques toi et moi ; eh bien, toi, pour être patriarche des Grecs, pape des Turcs ou grand lama du Mogol, —

moi, pour être amiralissime du levant et du ponant, changerions-nous de croyance? Duquesne est protestant. Sa femme lui disait qu'il aurait dû répondre au Roi : « Mes services sont catholiques; » moi je dis qu'il est aujourd'hui le premier des marins du monde, et de plus honnête homme, sage, austère, croyant en Dieu au moins !... Les libertins, les débauchés, les autres enfin, sont des païens et des hypocrites sans foi ni loi, et on lui préfère ces gens-là sous prétexte de religion. C'est injuste.

— Continue, dit simplement le curé de Drinckam.

— Après mon audience, je retourne chez le ministre; il me fait dire, sans me recevoir, que mon poste est à Dunkerque et qu'il me donne l'ordre de m'y rendre sur le champ. J'ai à peine pu prendre congé du marquis de Vauban : « L'intrigue règne au nom du Roi, m'a-t-il dit avec tristesse; vous voyez bien, mon cher Bart, que vous avez perdu vos peines !.. » Mais non, cousin, non ! je ne les ai pas toutes perdues, je puis te le dire à toi comme au confessionnal.

— M. de Vauban, M. Duquesne sont découragés ; Colbert ne peut rien et te renvoie pour s'épargner l'ennui de te le laisser entrevoir. Et tu espèrerais encore ?

— Oui ! J'ai jeté mon plomb de sonde dans ces eaux bourbeuses; je sens qu'il faut y louvoyer sous des masques, comme au large quand nous voulons attirer à portée de canon des ennemis à jambes trop longues ; je dis que la finesse et la ruse peuvent en tout honneur être opposées à la perfidie.

— Pauvre ami, tu songerais à lutter d'adresse avec des courtisans.

— Pourquoi pas, cousin ? J'ai du calme, du bon sens,

du courage, grâce à Dieu ; et je ne suis timide, vois-tu, que par respect ou par amour.

— Cependant, objecta le curé, tu ne peux...

— Oh ! patience ! ce n'est pas demain que j'agirai. Sais-tu combien de nuits et de jours j'ai passés à étudier *le Grand Illuminant* sur les cartes ou sur les lieux ? Sais-tu combien de fois j'ai mesuré la mer sur nos bancs à marée haute, à marée basse, à toute heure de chaque lunaison, par vent de terre, par vent du large, par calme plat, par brise de foudre ? Sais-tu ce que j'ai lu et relu de *routiers-pilotes* en les corrigeant à la marge quand j'y trouvais des erreurs ?... Me voici collègue de MM. les officiers du grand corps. Eh bien, attrape à étudier *le Grand Illuminant* de Versailles ! Voir et entendre, écouter et retenir, se taire en fumant tout bonnement sa pipe, sans faire le malin, sans avoir l'air d'autre chose que d'un *mangeur de cordes*. Voilà mon plan. Je ne me soucierais pour rien au monde, cousin, des semblants de finesse de ces gens-là. Je serai fin pour de bon. J'ai les yeux bleus et ouverts, la face ronde, un brin rouge, riante d'ordinaire, les lèvres épaisses, le poil blond, et la main ferme. Je sais tenir la barre d'un gouvernail au milieu des remous, je me sers des courants et des contre-courants parmi les basses, et je ne finirais point par deviner la manœuvre de leurs parages ; je me briserais sur les écueils de Paris, du ministère, de la cour, quand il s'agit du sauvetage de mon meilleur ami ! Tiens, cousin Nicolas, dis-moi tout de suite que je n'entends rien à me servir de mes hommes ! Dis-moi que les courtisans sont faits d'une autre pâte que les dix mille créatures humaines avec lesquelles il m'a fallu vivre, à commencer par maître Valbué, qui était pire, j'en réponds, que la

10*

marquise de Montespan! Va! le Renard blond, comme l'on me surnomme, leur en fera voir de grises!

— Ah! mon Dieu, capitaine, comme vous parlez bien! s'écria enfin maître Vanburg, qui avait silencieusement dîné à la même table que Jean Bart et le curé de Drinckam.

Celui-ci fit le signe de la croix, récita les grâces et dit :

— Je prierai Dieu de te protéger contre les périls de la cour, comme je le prie de te garder contre ceux de la mer.

— Amen! fit Jean Bart.

Maître Vanburg répétait aussi Amen! quand la vieille ménagère du curé introduisit un messager expédié en toute hâte par les dames Bart, Catherine et Nicole. Elles priaient leur parent de venir assister Cornil, l'aîné de la famille, qui débarquait dans un état affreux. Il se mourait. — Son cousin François était mort au large. — Enfin Mme Herman Bart, Martine, saisie d'un tremblement nerveux, avait tout à coup perdu l'usage de la voix.

Le curé fit seller sa jument, Jean Bart et Vanburg remontèrent leurs chevaux de poste ; on partit au galop.

La famille Bart était au complet dans la grand' salle. Les frères et sœurs de Cornil, de Jean et d'Agnès, c'est-à-dire Jacques, Gaspard et Gaspard-François, successivement revenus de la mer, la jeune dame Kerlynck née Catherine Bart, et sa cadette, la novice de la Miséricorde, en religion sœur sainte Cécile, — les trois fils d'Herman, les frères de François, dont la mort plongeait Martine dans l'état où on la voyait, Michel, Jean-Baptiste, et Jean dit Brunet, filleul de son cousin Jean Bart, — Mme Guttiere, Mme Keyser et enfin Nicole, étaient là rassemblés autour de Martine, tremblante, affaissée, sans larmes, pâle comme un cadavre, et de Cornil, dont les graves blessures ne laissaient que peu d'espoir.

La fière Catherine avait supporté le choc avec son admirable énergie; elle allait tour à tour de sa sœur bien-aimée à son fils Cornil, et, secondée par ses filles, leur prodiguait de tendre soins.

Après le mouillage de ses vaisseaux délabrés habilement ramenés à bon port, le frère aîné de Jean Bart avait dit : « C'est bien ! je mourrai donc sous le toit de mes pères ! » Et, sur ces mots, épuisé de fatigue, il tomba. On le mit dans un cadre où il était encore, quand il vit entrer son cousin Nicolas et son frère Jean. Il sourit en tendant les deux mains :

— La gloire céleste, la gloire navale, murmura-t-il. Cousin, tu va me préparer à paraître devant Dieu. Frère, je te lègue avec confiance la vieille épée de Michel Jacobsen, le *renard de la mer*, et l'honneur d'être chef de la famille Bart !

Puis il se fit apporter le petit François Cornil, qu'il embrassa paternellement :

— Celui-là aussi sera un marin ! dit-il. Tu as pour père le plus glorieux d'entre nous, cher enfant. Tu portes à la fois le nom de ton aïeul, le mien et celui de mon cher François, mon *matelot*, que j'ai hâte de rejoindre.

Un gémissement arraché par la douleur physique l'interrompit, mais avec un effort il acheva :

— Tu les porteras dignement en marchant sur les traces de Jean Bart

Nicole frémissante reprit son enfant.

— Mon fils ! mon fils aîné ! mon noble fils ! disait Catherine penchée sur sa sœur dont les yeux fixes l'approuvaient.

Il y avait dans ce regard presque éteint une expression admirable de résignation, de grandeur et de douleur maternelle; car c'était une âme forte dans un corps débile que la veuve d'Herman. Ne pouvant égaler Catherine en fermeté, elle la surpassait peut-être par son opiniâtreté à vaincre les faiblesses d'une nature moins énergique.

On crut qu'elle ne survivrait point à cette nouvelle journée de deuil; on crut que Cornil succomberait durant la nuit. Ils furent administrés par le curé de Drinckam, qui, cette fois encore, sut répandre dans les cœurs affligés le baume vivifiant de la charité, de l'espérance et de la foi.

Cornil ni Martine ne succombèrent pourtant.

Celle-ci, infirme et souffreteuse, devait rester pour être le témoin muet de nouvelles gloires et de nouveaux malheurs.

Et l'agonie du frère aîné devait se prolonger durant une année entière.

Supportant sans se plaindre les plus horribles tortures, ce bouillant capitaine, qui n'avait jamais eu le calme étonnant de son frère Jean Bart, puisa dans les pieux encouragements du curé de Drinckam, dans les tendres exhortations de sa mère Catherine, une force chrétienne mille fois plus rare que la valeur dans les combats. A mesure que le mal, envenimé sous les zones tropicales faisait du progrès, il subissait des opérations qui le mutilaient affreusement, sans qu'une parole indigne de lui s'échappât de ses lèvres contractées.

Marins de profession, réunis un jour par une conséquence

assez naturelle de la paix, les enfants Bart, Jacques, Gaspard, Gaspard-François, Michel, Jean-Baptiste, Brunet, s'étaient dispersés de nouveau. Quelques-uns avaient pris le large sur des navires aventuriers ; la plupart naviguaient au marchand comme Keyser, qui commandait, pour le compte de messire Tugghe, un joli brigantin dont les courtes traversées le ramenaient sans cesse à Dunkerque.

Le fils de la veuve Keyser devait cette position à Marie, qui l'avait demandée pour lui au noble armateur.

Jean Bart, attaché au travail hydrographique des fortifications, se retrouvait souvent avec son cher matelot au chevet de Cornil.

Alors, si les tourments du malheureux amputé lui laissaient quelque trêve, il leur faisait de splendides récits d'outre-mer. Il parlait de ses courses à Sumatra, Java, Macao, Amboine et Madagascar, de ses relâches à Maurice, au cap de Bonne-Espérance, à Sainte-Hélène, à l'Ascension, île déserte dont il fit, trois années durant, le centre de ses opérations aventureuses. Il leur racontait comment il avait pris part, dès son arrivée aux Indes, à l'assaut de Saint-Thomé, d'où, sous les ordres d'un simple négociant, nommé Caron, les Français avaient expulsé les Hollandais. Il énumérait ses coups de main dans la Malaisie et jusqu'au Japon, d'où il fut obligé de partir pour échapper à des forces trop supérieures.

En quittant l'Ascension, vers l'époque où Jean Bart s'était marié, Cornil se joignit à l'escadre du comte d'Estrées, et coopéra bravement à la reprise de Cayenne en 1676 ; il fut ensuite admis avec honneur parmi les capitaines des frères de la côte ; — il connaissait Grammont, l'Olonnais, Monbars et Pierre Franc, un Dunkerquois, fameux flibustier, qui, le premier, rechercha son alliance. Une fois dans la compagnie, il avait pris aux Espagnols, aux Portugais et aux Hollandais, plus de cent navires ; — il avait aussi eu le bonheur de secourir d'Estrées après le naufrage de douze vaisseaux de son escadre sur les roches d'Aves en 1678 ; enfin il était remonté jusqu'aux possessions françaises du Canada.

Une dizaine au plus de ses prises avaient pu être expédiées à Dunkerque ; mais il avait vendu de toutes parts des cargaisons magnifiques et, sans compter plusieurs trésors cachés dans des îles, il avait, tant pour son compte que pour celui de la maison Tugghe, dans vingt comptoirs étrangers, d'énormes créances à faire rentrer si Dieu lui eût prêté vie :

— Tout cela est enregistré sur mes livres de bord avec pièces à l'appui ; notre armateur en a le duplicata ; mes frères et cousins ne laisseront point périmer de tels titres.

— Jacques et Michel sont capitaines, dit Jean Bart.

— Mais toi et Keyser ?

— Moi, frère, je ne suis plus libre, puisque j'appartiens au Roi ; mais, le serais-je autant que l'an passé, je ne me sens aucun goût pour les grandes navigations.

— J'oubliais, murmura Cornil ; tu as ta femme et ton fils, notre cher enfant.

Le valeureux aventurier avait pris en affection toute paternelle le petit François Cornil, dont les traits lui rappelaient ceux de son cousin, lieutenant et *matelot*, François, le fils aîné d'Herman. Au plus fort de ses douleurs, il demandait souvent qu'on lui amenât le jeune enfant, dont la vue avait le don de le soulager. Agnès ou Nicole, sœurs attentives, accouraient alors avec un tendre empressement, et François Cornil souriait à son oncle mutilé, dont ses douces larmes calmaient les tortures. L'angélique Marie Tugghe, qu'on rencontrait partout où régnait la douleur, parvenait aussi par sa présence à distraire les souffrances du brave capitaine, et, voyant combien il aimait le petit François Cornil, elle se prit pour cet enfant d'une amitié à rendre jalouse toute autre mère que Nicole.

— Frère, répondit Jean Bart, j'ai femme et enfants, c'est vrai; mais je suis marin et je saurai me séparer d'eux autant qu'il le faudra pour le bien du service. La vraie raison qui m'éloigne des campagnes dans les Indes, c'est qu'ici, dans nos mers, je suis sur le champ de mes études; ici je possède des qualités de pilote que je n'aurais plus partout ailleurs. Tiens! hier encore j'ai découvert un chenal dont je ne confierai le secret qu'au marquis de Vauban et à nos frères. Revienne la guerre, Cornil, les Renards de la mer y passeraient, en se riant d'un blocus par une flotte de cent vaisseaux. La navigation et la guerre dans la Manche et la mer du Nord, voilà mon affaire. Le ministre et le Roi m'expédieront où bon leur semblera, mais les intérêts de messire Tugghe ni les nôtres ne sauraient me décider à courir la bordée des Indes. Quant à Keyser, sa mère mourrait de chagrin s'il devait lui faire de longs adieux. Depuis la fin de la guerre, depuis qu'il passe plus de la moitié de son temps auprès d'elle, la bonne femme reprend vie.

— Tu as raison, matelot, dit Keyser, et pourtant là-bas, à deux mille lieues de mes ennemis, tout en rendant au père de Marie et à votre famille des services considérables, je trouverais sans doute des occasions de gloire. Les grandes aventures m'ont toujours tenté!

— Souviens-toi de la fin du *pater*, dit Jean Bart en souriant et prends patience. Quant à toi, Cornil, sois tranquille. Grâce au ciel, les Bart sont nombreux ; il y en a pour toutes les missions et pour tous les dangers.

Cornil Bart, deuxième de ces noms, n'ayant plus que le bras droit, mourut enfin, la main sur le cœur, comme il avait vécu (XIII).

Catherine, sa mère, regarda sa mort comme une délivrance.

Il fut inhumé dans la même tombe que son père et son oncle Herman ; comme eux, il fut suivi jusqu'à sa demeure dernière par toutes les notabilités maritimes, civiles et militaires du pays, entre lesquelles on remarqua encore Vauban, alors gouverneur de Douai, l'intendant Hubert de Champy-Descluzeaux, et enfin le maréchal d'Estrades, gouverneur de Dunkerque, où l'on s'agitait beaucoup à la nouvelle d'une prochaine visite du roi.

Le curé de Drinckam, qui avait prononcé avec une touchante onction l'oraison funèbre de son cousin, fut pris d'un effroi voisin de la terreur et courut s'enfouir dans son presbytère.

L'intendant Hubert, à l'issue de la cérémonie funèbre, s'approcha de Jean Bart, s'excusa de troubler sa douleur, et, le priant de venir le trouver dès le lendemain matin pour affaires de service très-urgentes, ajouta qu'il lui en serait, en outre, personnellement obligé. Jean Bart obéit donc avec d'autant plus de zèle que non-seulement l'intendant l'avait toujours appuyé, recommandé et protégé, mais encore qu'il s'était récemment fait honneur d'être le parrain de sa première fille, Anne Nicole, née le 15 mai 1680.

La grosse affaire était de conduire dans le port un vaisseau de ligne complètement armé, chose jusque-là réputée impraticable, faute d'une profondeur suffisante. Mais l'impérieux Seignelay, qui exerçait la survivance de la charge de Colbert, son père, alors malade, avait promis au Roi de lui faire visiter un vaisseau de guerre tout équipé.

Les pilotes ayant unanimement objecté qu'il y avait impossibilité matérielle, Seignelay, qui, à la vérité, avait pris avis de l'ingénieur Decombes, venait de répondre courrier par courrier :

« J'ai promis au Roi que le vaisseau entrerait; je veux qu'il entre, et il entrera. »

Les pilotes s'obstinaient dans leurs protestations; le maréchal-gouverneur, le commandant de la marine, le chevalier de Léry, capitaine de *l'Entreprenant*, ancré sur rade, les ingénieurs ordinaires et extraordinaires, l'intendant enfin, étaient aux abois. Jean Bart parut, fut mis au courant de la question et dit simplement :

— Le marquis de Seignelay a raison.

— Et c'est vous qui le dites ! s'écria l'intendant transporté de joie. Nous sommes sauvés ! Venez donc avec moi chez le maréchal.

Les principaux pilotes et chefs en mer, convoqués par-devant un nombreux conseil d'officiers et d'ingénieurs, résistaient à toutes les promesses, à toutes les menaces, quand Hubert Descluzeaux introduisit Jean Bart en disant : « Il répond de tout ! »

— En ce cas, se hâta d'ajouter Vauban, invité à faire partie du conseil, je cesse d'appuyer l'opinion des pilotes. A vous l'honneur, mon cher capitaine.

Malgré tout le désir qu'on avait de complaire au marquis de Seignelay et de satisfaire le Roi, l'accueil trop flatteur fait à Jean Bart par Vauban ayant blessé certains amours propres, un sentiment de mesquine jalousie se manifesta.

— Monsieur, dit l'un des officiers supérieurs, voici des gens du métier qui ne veulent à aucun prix se charger de piloter *l'Entreprenant.*

— Je suis du métier aussi, je crois, dit Jean Bart.

— Vous affrontez une responsabilité bien terrible, monsieur.

— Non-seulement vous risquez de perdre un vaisseau de haut bord, mais encore de barrer l'entrée du port de Dunkerque.

— Prenez-y garde, ajouta le commandant de la marine, en cas de malheur, vous n'échapperiez point à la sévérité des lois. Savez-vous quel châtiment vous encourriez?

— La mort, dit Jean Bart, car après tant d'avertissements, je serais condamné comme ayant agi *avec malice* (1).

Le regard assuré, le ton franc et calme du lieutenant de vaisseau plurent au maréchal d'Estrades.

— Très-bien, dit-il; mais c'est un succès que nous voulons, non un *triple* désastre.

(1) Ordonnance de 1681, liv. ii, tit. iv, art. 7. — Déjà promulguée partiellement en 1680, et d'ailleurs, en l'espèce, ne reproduisant que des lois déjà en vigueur.

— Merci, monsieur le maréchal! dit Jean Bart touché du mot *triple* que venait d'employer le comte d'Estrades. Après la perte d'un vaisseau du Roi et un naufrage qui, s'il avait lieu dans le chenal, pourrait en effet obstruer l'entrée du port, ma vie serait bien peu de chose, et je mériterais toute la rigueur des lois, d'autant plus que je suis seul cause des ordres de M. le marquis de Seignelay.

— Vous!... vous?...

— Comment donc? s'écrièrent plusieurs officiers supérieurs.

— Parce que j'ai dit que l'entrée du vaisseau serait facile...

— A qui avez-vous dit cela, monsieur Bart?

— A M. l'ingénieur Decombes qui aurait dû informer M. le marquis de Vauban.

— Je me suis croisé avec Decombes entre Paris et Douai, dit Vauban; nous ne nous sommes point vus. Mais expliquez-nous, s'il vous plaît, la résistance des pilotes.

— Leur résistance est sage et légitime. Il y a six semaines, j'aurais été de leur avis, mais les sondages dont je suis chargé m'ont fait découvrir un récent changement de niveau. Les travaux de fondation des forts avancés en sont cause, car un courant sous-marin très-violent s'est formé en aval du fort de Bonne-Espérance. Les sables se déplacent, le chenal se creuse; nous avons gagné en profondeur trois pieds, qui suffisent à marée haute, pourvu que le vent soit maniable, à faire passer le vaisseau avec tout son armement, sans qu'il faille en ôter un canon.

Les pratiques, lamaneurs et chefs en mer, jusque-là

silencieux et sombres, saluèrent Jean Bart de leurs félicitations.

— Vive le Roi! dit le maréchal. Monsieur, vous piloterez donc *l'Entreprenant*; prenez vos mesures en conséquence.

Six heures après, le gros vaisseau du chevalier de Léry s'amarrait dans le bassin. La population enthousiasmée applaudissait, car Jean Bart, en prouvant ainsi la possibilité d'avoir des hauts-bords armés dans le port de Dunkerque, rendait à la marine un service plus important qu'une victoire.

— M. de Seignelay, lui dit Vauban, vous doit beaucoup de reconnaissance.

— Puisse-t-il, répondit Jean Bart, m'accorder la nomination de Keyser!

— Demandez toute autre récompense.

— Je ne désire que celle-là.

— Ignorez-vous donc que, l'an passé, la propre sœur de Seignelay s'est mariée au neveu de la Montespan, au fils de Vivonne, M. le duc de Mortemart, compère et compagnon du vicomte de Flamignes? La coterie des muguets de cour ne s'est que trop occupée de Keyser, et Seignelay se croit obligé de ménager ces gens-là.

Jean Bart se retira découragé; mais Marie Tugghe ne l'était point.

Le 27 juillet 1680, quand le roi Louis XIV, accompagné de la Reine, du dauphin et de la dauphine, eut reçu des mains du maréchal d'Estrades les clefs de la place, quand le commandant de la marine au nom de l'armée de mer, quand messire Tugghe, au nom de la municipalité de Dunkerque, l'eurent complimenté, on vit au milieu des officiers, des magistrats et des courtisans, s'avancer une députation de gracieuses jeunes filles vêtues de blanc et couronnées de fleurs qui, — selon l'usage, — venaient offrir à Leurs Majestés l'hommage du respect et de l'amour de la population.

Comme la plus noble, la plus sage et la plus belle, Marie avait été choisie pour présenter les bouquets et les dons de la ville.

Elle s'inclina devant le Roi, qui, admirant sa grâce et sa distinction, apprit avec une satisfaction marquée qu'elle était la fille de son loyal serviteur et sujet le chevalier Tugghe, son conseiller pensionnaire. Elle baisa la main du Roi et celle de la Reine; puis, avec un trouble charmant :

« Sire, dit-elle, nos parents, nos frères, nos sœurs nous ont désignées pour remplir la douce et glorieuse mission de déposer aux pieds de Votre Majesté, de S. M. la Reine et de Leurs Altesses Royales, ces fleurs, symboles de la joie la plus pure, ces présents, témoignages d'un dévouement inaltérable. »

Les sourires affables du Roi, de la Reine et des princes, qui recevaient les bouquets et faisaient emporter les autres dons de la ville, diminuèrent la timidité de Marie Tugghe :

« Après de trop longues et de trop cruelles épreuves, poursuivit-elle, Dunkerque, rendue à la France, ose espérer que le sang de ses fils les plus chers a scellé d'une manière impérissable son union au royaume de Votre Majesté. On nous a vues, nous, faibles jeunes filles, à l'exemple de nos mères, exciter nos frères, nos amis, nos pères même, à braver pour la gloire de ses armes tous les dangers de la guerre navale. »

— Très-bien! chère enfant, dit le Roi.

« Ils sont partis accompagnés de nos vœux, sauvegardés par nos prières ; ils sont revenus triomphants et nous en avons tressailli d'allégresse, en remerciant Dieu d'avoir béni leurs efforts. Ce n'étaient, Sire, que de modestes volontaires, des capres, hier pacifiques commerçants, transformés par dévouement pour le Roi de France en corsaires invincibles. Dunkerque reconnaissante remercie Sa Majesté d'avoir récompensé leur zèle en la personne du brave Jean Bart, appelé à l'honneur de servir sous son pavillon royal. »

Un murmure approbateur parcourut longuement les rangs de la foule. Marie Tugghe, avec un surcroît de fermeté, poursuivit en rougissant :

« Dunkerque ose espérer qu'en pénétrant dans ses murs, qu'en jetant d'augustes regards sur ses eaux, le Roi, dans sa bonté, daignera se souvenir des émules de Jean Bart : les frères Jacobsen, Pitre Lassep, Massemaker, Willam Doorn et Charles Keyser, cité comme le plus habile, et l'intrépide Soutenuie, et tant d'autres, dont M. l'intendant de la marine a eu soin d'enregistrer les hauts faits. »

— Cette jeune fille est audacieuse, murmura le marquis de Seignelay.

— Dites amoureuse, monseigneur, ne manqua pas d'ajouter on ne sait quel courtisan.

L'évidente bienveillance du Roi, de la Reine et des princes n'avait pas décru. Marie acheva sans aucune peine :

« Les jeunes filles de Dunkerque, en se prosternant devant Vos Majestés et vos Altesses Royales, n'oublient pas leurs frères ; puisse leur être pardonnée une hardiesse qui prend sa source dans les sentiments les plus respectueux et dans leur profonde confiance en la magnanimité du Roi, dont Dieu veuille à jamais protéger la gloire ! »

Keyser, du milieu de la foule avait tout entendu avec une vive émotion, il serra la main de Jean Bart :

— Que ta femme et ta sœur Agnès soient bénies! murmura-t-il ; Marie n'est pas insensible à mon amour !

— Ah ! pensait Jean Bart, pourquoi messire Tugghe n'est-il pas un simple bourgeois sans prétentions nobiliaires. L'accueil que le Roi vient de lui faire l'exalte et le transporte au septième ciel. Et malheureusement il est plus facile de faire entrer un soixante-quatorze dans nos bassins que de changer les sentiments hostiles des gens de cour.

Messire Tugghe, toutefois, ne trouva rien à reprendre au discours de sa fille. Généreux comme il l'était, il aimait les paroles généreuses. Ce que Marie avait dit des corsaires de Dunkerque lui plut, et il trouva naturel qu'elle eût, avec la commune renommée, proclamé l'habileté du brave Keyser, auquel il s'intéressait beaucoup lui-même.

Le chevalier Tugghe avait lu dans l'âme de sa jeune sœur.

Cependant le roi Louis XIV ayant répondu par les formules accoutumées, poursuivit sa route aux cris de la multitude.

Interrogé sur les travaux de fortification de terre et de mer, Vauban trouva moyen de raconter au Roi comment Jean Bart avait eu l'art de faire entrer le vaisseau dans le port. Puis, il parla de l'héroïsme héréditaire de sa famille, cita la fin glorieuse des frères Bart, déplora la perte récente de l'intrépide Cornil, mort comme son aïeul et son bisaïeul des suites de ses blessures, et enfin, par une transition rapide, il nomma Charles Keyser.

Au risque de mécontenter Seignelay, l'intendant Hubert Descluzeaux, par sympathie pour Jean Bart, eut aussi le courage de citer son ami. A la vérité, le Roi lui avait demandé quelques détails sur la course.

— Il y a déjà quatre ans, Sire, répondit-il, j'ai adressé à M. le contrôleur-général, ministre de la marine, des rapports très-circonstanciés sur nos principaux capitaines capres. Jean Bart et son valeureux ami Keyser étaient en tête de ma liste comme ayant accompli de concert, mais parfois aussi séparément, les plus belles actions qu'on ait faites durant la dernière guerre. En 1676, M. Bart prit aux ennemis plus de soixante-dix canons et leur détruisit environ sept cents navires de pêche. Dans les Pays-Bas et les Provinces-Unies on le pendait en effigie en le vouant à l'exécration publique. Aussi des misérables à gages sont-ils venus jusqu'à Dunkerque pour essayer de l'assassiner.

Le Roi fit un mouvement d'indignation et de surprise qui fut très-remarqué.

— En 1678, poursuivit l'intendant, les grands succès de la campagne furent dûs au capitaine Keyser qui s'empara du vaisseau de 50 canons *le Prince d'Orange*, et qui prit, coula ou brûla cent-dix bâtiments hollandais.

Pendant la fête donnée à l'hôtel-de-ville, le nom de Keyser, inséparable de celui de Jean Bart, frappa plusieurs fois encore les oreilles du Roi. Le conseiller pensionnaire Tugghe entre autres, interrogé sur ses armements en course, répondit nécessairement par la relation de certains exploits saillants du capitaine Keyser.

Enfin, sur le pont même de *l'Entreprenant*, le maréchal d'Estrades ayant présenté Jean Bart au Roi :

— Je vous reconnais ! dit Louis XIV.

Et Jean Bart répondit :

— Sire, j'ai eu l'honneur d'obtenir de Votre Majesté une audience dans laquelle je recommandais à sa justice l'intrépide Charles Keyser, en La remerciant du grade qu'elle m'accordait.

— Seignelay, dit vivement le oi, vous m'entretiendrez de ce Keyser dont tout le monde me parle ici.

Mais le chevalier de Léry faisait exécuter un simulacre de combat et d'abordage, merveilleux spectacle qui devait, hélas, faire oublier celui qui par tant d'abordages et de combats véritables aurait mérité d'être, à l'instant même, appelé en présence du Roi et publiquement récompensé.

L'ambitieux Seignelay, loin de remercier Jean Bart du pilotage de *l'Entreprenant*, trouva fort déplacés les éloges qu'on lui donnait. A lui seul Seignelay devait revenir tout l'honneur du succès obtenu à Dunkerque. Froissé des efforts de Vauban qui appartenait à Louvois, il s'irritait de ceux de l'intendant Hubert de Champy-Descluzeaux et de Jean Bart, ses subordonnés, en faveur d'un aventurier fort mal vu par les Mortemart, les Flamignes et la favorite (xiv).

— De quoi se mêlent ces gens-là ! pensait avec humeur le jeune ministre qui était fort loin, à cette époque, d'estimer et d'affectionner Jean Bart comme il le fit par la suite.

Bref, quoique pour la troisième fois on lui eût remis

un dossier très-complet contenant les détails des brillants services de Keyser, Keyser resta, comme devant, simple capitaine-capre, cabotant pour le compte de messire Tugghe dans les parages voisins de Dunkerque.

En vain Jean Bart avait multiplié les démarches, en vain ses amis avaient courageusement sondé les intentions du Roi lui-même, le fond était un fond de roches recouvertes du limon impur des intrigues et des rancunes.

On n'avait plus la ressource de s'écrier : « Ah ! si le Roi le savait ! » Il aurait fallu dire : « Ah ! si le Roi le voulait ! »

— Mais comment amener le Roi à vouloir ? Voilà ce que se demandait Jean Bart qui, ne voyant dans l'avenir que des écueils, méditait, cherchant à travers les sottises, les bassesses et les iniquités, à travers les respectables préjugés des uns, la loyale réserve et les justes craintes des autres, quel devait être le pilotage.

LA MAIN DANS LA MAIN.

Noble, riche, belle, adorable, adorée, Marie Tugghe était courtisée et recherchée par une foule de gentilshommes à qui son père faisait fête plus que jamais. Depuis que le Roi lui avait adressé des louanges pour ses armements en course et ses travaux administratifs, le conseiller pensionnaire était ravi, redoublait de complaisance envers la noblesse et ouvrait à deux battants au moindre des précieux de Versailles les portes de son salon de réception inévitablement fermées au capitaine capre Charles Keyser.

Jean Bart, lieutenant des vaisseaux du roi, et sa jeune femme, furent invités ; mais Agnès, ni la fière Catherine, ni les Keyser, n'ayant reçu la même invitation, ils s'abstinrent de pénétrer dans l'aristocratique milieu qui faisait les délices de messire Tugghe.

Cependant Marie fut demandée en mariage par plusieurs gentilshommes, — les uns, braves officiers de mer, cadets de province, n'ayant pour fortune que leur épée, — les autres, riches, appuyés, destinés aux faveurs, en crédit à la cour et tenus en estime singulière par le conseiller pensionnaire chevalier des ordres du Roi. Marie refusa constamment ; et, comme on l'avait bien prévu dans la famille Bart, comme Agnès la première l'avait affirmé, son noble père n'essaya jamais de forcer ses inclinations.

— Bien ! mon enfant, disait-il. Cette alliance m'eût honoré, elle me convenait ; mais tu la rejettes, n'en parlons pas davantage.

Et Charles Keyser, qu'on ne recevait point aux jours d'apparat, était parfaitement accueilli, soit dans les bureaux, quand il y venait rendre compte de ses opérations maritimes et commerciales, soit même dans l'intimité, quand il accompagnait sa mère restée en relations affectueuses avec la famille Tugghe. — Il voyait donc sans obstacle Marie, qu'il rencontrait, plus souvent encore, chez les dames Bart, à qui elle consacrait les meilleurs instants d'une vie pleine de généreuses pensées.

Charles Keyser aurait cru souiller un lis, s'il avait de

nouveau proféré devant elle un mot qui pût la faire rougir. Marie aurait cru commettre une faute grave en lui donnant le moindre des encouragements. — Mais pouvaient-ils ignorer ce qui se passait dans leurs cœurs?

Marie, après ce qu'elle avait entendu, après les franches explications de Jean Bart, n'avait pas craint de parler publiquement au Roi en faveur de Charles, et depuis elle ne cessait de refuser des partis brillants. — Charles, dès qu'il était à terre, se trouvait à miracle sur son passage. — Et Nicole, et Agnès, sœurs dévouées, leur servaient à tous deux d'interprètes avec une discrète ardeur. Keyser qui voyait en Marie un ange descendu des cieux, renfermait dans son âme le légitime espoir d'être aimé autant qu'il aimait, et avait le bonheur de confesser son amour à ces mêmes amies qui pouvaient, comme un écho mélodieux, en reporter les accents aux oreilles de Marie Tugghe.

Les amours partagées sont assez rares pour qu'on doive les estimer heureuses alors même que, contrariées par la distance sociale ou les préjugés de caste, elles restent sans épanchements, muettes au seuil de la félicité.

Reçue chez les dames Bart comme si elle eût été de leur famille, Marie se rendait parfois avec elles chez la mère de Charles où elle devait bientôt trouver à soulager de nouvelles douleurs.

La pauvre veuve déclinait.

En peu de jours, une maladie cruelle, qui commença par la priver de la vue, fit des progrès alarmants. Son fils Charles se trouvait alors en cours de voyage. Agnès et Marie, rivalisant de tendre charité, la soignaient et la gardaient. Elles secondaient avec un empressement pieux Mme. Guttiere, qui ne la quittait plus, Catherine et Nicole qui venaient sans cesse la visiter.

La vue s'était éteinte, l'ouïe devint dure, la mort s'avançait à grands pas. L'infortunée ne voyait plus, elle n'entendait qu'à peine, et demandait avec angoisse le retour de son fils :

— Dois-je donc mourir, disait-elle, sans l'avoir béni une dernière fois !

Avec une insistance remarquable, elle attirait sans cesse à elle la jeune Marie Tugghe :

— Mon enfant, ne vous éloignez pas ! disait-elle d'un ton suppliant. Soyez ici quand il viendra... Prévenez-moi quand vous entendrez son pas ; vous me serrerez la main comme ceci, ma chère fille... Je comprendrai.

Dans l'allée de la maisonnette, on entendit un pas précipité :

— C'est lui ! c'est lui enfin ! s'écrièrent à la fois le curé de Drinckam, Agnès et Mme Guttiere, qui entouraient le lit de la mourante.

Marie lui prit et lui pressa la main :

— Ah ! le voici ! Dieu soit loué ! s'écria Mme Keyser, qui, trouvant la force de se mettre sur son séant, manifesta une joie telle, qu'il eut été inhumain de la détromper ; car ce n'était point Charles, ce fut Jean Bart qui entra. Quatre mains se levèrent, quatre regards suppliants s'attachèrent sur lui :

— Mon fils ! mon noble fils ! si je ne dois plus te revoir ni t'entendre, dit-elle, je puis du moins te serrer encore dans mes bras !

Jean Bart se laissa presser sur le cœur de la mère de Charles, comme s'il eût été vraiment son fils.

Alors elle dit à Marie :

— Approchez, cher ange, donnez-moi votre main aussi, et surtout ne me la retirez pas quand je vous aurai tout dit. Il n'est ni riche, ni noble, ni puissant, et vous, fille soumise, vous obéirez toujours à votre père, dont je bénis les vertus; mais Dieu vous rapprochera et vous unira si vous mettez en lui votre confiance!

Marie Tugghe et Jean Bart hésitaient tous deux.

— Oh! ne craignez rien, chers enfants! c'est le Ciel même qui m'inspire! Les obstacles qui vous séparent seront aplanis!... Ne me résistez pas, vous êtes si dignes l'un de l'autre, mon fils, ma fille!... Mes derniers instants seront plus doux si je meurs en tenant vos deux mains unies dans les miennes.

Mme Guttiere, Agnès, le curé de Drinckam lui-même, firent des signes d'assentiment. Avec un accent de bonheur, la mourante dit encore :

— Soyez bénis par votre mère, chers enfants qui serez unis un jour!...

En ce moment, Charles Keyser entra.

Il vit tout; il fondit en pleurs.

Sa mère expira dans ses bras en murmurant son nom et celui de Marie, mais ce n'était point leur union qu'elle venait de bénir.

LA ROUTE DU BONHEUR.

— Mlle Marie Tugghe avait été recherchée en mariage par dix gentilshommes des plus distingués, et elle les avait refusés tous les dix ! C'était violent ! — Quoi ! le chevalier de Gardanne, cousin de Forbin comte de Janson; le baron de Rochefort, qui jouissait des bonnes grâces du maréchal de Vivonne ; René Cotentin, neveu de Tourville, et un Lussac, et un de Brosse, avaient échoué auprès d'elle comme de simples gentillâtres !... Gardanne en avait eu la jaunisse, tant et si bien qu'il était aux eaux; et Rochefort, pour se consoler, avait fait de telles folies, qu'une lettre de cachet le retenait bel et dûment sous les verrous de la Bastille ! — En vérité, cette Célimène flamande avait juré de faire le désespoir de toute la jeune noblesse.

Sur de tels propos, le vicomte de Flamignes, qui venait de reparaître à Dunkerque, s'empressa de se mettre sur les rangs. Etait-ce une gageure ? — Pour mystifier M. le *Bourgmestre aux kermesses flamandes*, pour s'amuser aux dépens de la Dulcinée Dunkerquoise et de M. le chevalier son frère, un petit avocassier jouant au magistrat, ou pour se divertir en passant, le vicomte voulait-il se poser en fiancé, puis rompre avec éclat et livrer à la risée publique Marie Tugghe et sa famille ? Ou bien encore, la beauté de la jeune fille assez riche et noble d'ailleurs pour n'être pas dédaignée, l'avait-elle impressionné au point de lui faire faire une démarche sérieuse? Réussir où n'avaient pu triompher Gardanne, Rochefort, Cotentin, Lussac et tant d'autres, pouvait suffire à contenter l'amour propre. En tout cas, l'aventure avait un côté piquant.

Le vicomte de Flamignes en voulut avoir le cœur net, fit pour la forme trois ou quatre visites, et enfin demanda résolûment la main de Mlle. Tugghe. Pour la forme aussi, Marie fut consultée; et en présence du chevalier son frère, le vicomte de Flamignes, repoussé avec froideur, répliqua fort aigrement :

— Monsieur le conseiller j'en croirai donc la rumeur populaire d'après laquelle Mlle. Tugghe serait éprise d'une homme de rien...

— Assez, monsieur! interrompit le chevalier, vous nous faites injure.

— Que prétendez-vous dire? demandait le conseiller.

— Le père m'interroge, le fils me coupe la parole; commencez par vous entendre, messieurs! dit le vicomte d'un ton persiffleur.

Le chevalier allait s'emporter; messire Tugghe, d'un geste sévère le contraignit au silence.

— Expliquez-vous, monsieur le vicomte! dit-il ensuite.

— Rien de plus simple. Après les refus sans fin de Mlle votre fille, on s'est demandé si un certain petit capitaine capre nommé, je crois, Keyser, ne serait pas l'heureux mortel qui tient son cœur captif. On s'est souvenu que, l'an passé, Mlle. Tugghe l'a désigné au Roi lui-même comme un miracle de vaillance. L'on dit que les Gardanne, les Rochefort, les Lussac, n'ont été sacrifiés qu'à un si glorieux chevalier. C'est pourquoi je me suis dévoué à l'éclaircissement d'un si piquant mystère.

— Monsieur, c'en est trop ! s'écria le chevalier en trépignant.

Mais son père le prit par la main et, sans même expulser de chez lui l'impertinent vicomte, il se retira de son salon.

— Point de querelles ! disait-il à son fils. Oubliez-vous donc qu'il est le propre cousin de Mme la marquise de Montespan !...

— Une femme indigne ! s'écria le chevalier. Mais il s'agit de ma sœur ! Et j'aurais voulu que cet insolent fût chassé d'ici ! Quoi ! s'il avait l'audace de revenir, vous le recevriez ?

— Certainement, surtout s'il n'a point menti, comme je le crains ! Marie aimerait Charles Keyser ; ce serait la rumeur du pays, et moi son père, j'ignorerais ce qui fait la fable de Dunkerque ?

— Mon père, répliqua le chevalier, vous craignez, dites-vous... Par le cœur, par le talent, par la vaillance, par ses vertus de frère et de fils, Charles Keyser est mille fois plus noble que ce vicomte de ruelles et d'antichambres !... Eh bien, sans admettre qu'il y ait fables ni rumeur ailleurs que dans le cabaret des messieurs ses pareils, je crois franchement que ma sœur Marie a distingué le digne ami de Jean Bart...

— Vous croyez cela, mon fils, et vous ne m'en parliez point, dit messire Tugghe avec émotion.

— Les inclinations de ma sœur seront toujours vaincues par le respect et l'amour qu'elle vous porte.

— J'aime à le croire !

— Marie ne m'a pas choisi pour confident. Mais, avec

ma confiance sans bornes dans sa piété, dans sa sagesse et sa retenue, je n'ai pas songé un seul instant à vous faire part de suppositions qui, du reste, sont peut-être mal fondées.

— Il suffit, laissez-moi, et rappelez-vous surtout que je vous défends de chercher affaire à M. de Flamignes.

— Je me résigne respectueusement à cet ordre pénible répondit le chevalier Tugghe.

Alors, avant de repartir pour Paris, le jeune vicomte égayait fort messieurs ses camarades par le récit, singulièrement amplifié, de sa scène chez le bourgmestre aux kermesses.

Après de longues réflexions, le conseiller avait fait appeler sa fille.

— Mon enfant, lui dit-il, si j'approuve ton dernier refus, les précédents m'étonnent et même m'affligent. Réponds-moi donc avec sincérité. Aurais-tu disposé de ton cœur?

Marie regarda son père de ce regard doux et pur qui lui attirait la sympathie de toutes les âmes généreuses, puis elle baissa les yeux et se recueillit un instant; enfin d'une voix calme :

— Oui, mon père, dit-elle.

— Et pourquoi me l'avoir caché, ma fille?

— Je n'ai rien caché; vous m'interrogez, je réponds. Depuis quelques jours seulement, depuis la mort de Mme. Keyser, je me demandais pourtant si je ne devais pas aller au-devant de vos questions paternelles.

— Et tu hésitais?

— J'attendais, j'espérais que mes parents provoqueraient enfin des confidences que je suis heureuse de leur faire.

Désarmé par tant de soumission, le conseiller voulut que sa femme fût présente à la suite de l'entretien. —

— Marie embrassa sa mère, et reprit :

— Une douce pitié a fait naître les sentiments que j'ai secrètement voués au plus loyal des hommes. J'aimais l'infortunée Mme. Keyser avant de m'intéresser à son fils et d'admirer en lui les qualités d'un héros. Son amitié fraternelle pour M. Bart, dont la femme et la sœur sont mes meilleures amies, m'a touchée et animée envers lui d'une bienveillance qui s'est accrue d'année en année, à mesure que j'appréciais mieux son dévouement, son courage et jusqu'à son malheur.

— Il est certain, dit Mme Tugghe, que Charles Keyser est traité avec une injustice affligeante.

— Ma fille, dit messire Tugghe, ces rêveries ne signifient rien. Keyser aurait-il osé te déclarer son amour ? Et s'il ne l'a point fait, il en aime peut-être une autre !

— Un soir, par hasard, j'ai entendu moi-même l'aveu de sa tendresse pour moi. Depuis, jamais il n'a osé faire allusion à cette circonstance fortuite. Son silence m'a plus touchée que n'eussent fait ses paroles. Son regard se détournait de mon regard ; il me recherchait, mais, si parfois je me trouvais seule avec lui, il ne manquait pas de se retirer respectueusement.

— Très-bien ! dit Mme Tugghe.

— Sans fortune, car, vous le savez, mon père, ses campagnes ne l'ont guère enrichi ; sans naissance puisque le docteur son père n'était qu'un savant et un brave ; sans protecteur, puisque ceux de M. Bart l'abandonnent, il ne se fait pas d'illusions, mais il m'aime, je le sens, je le sais....

Messire Tugghe soupira

— Il vous respecte, il vous vénère, il vous a voué une reconnaissance sans bornes, reprit la jeune fille. Moi, je connais vos principes et m'y soumettrai toujours avec une profonde tendresse filiale. Mais, puisqu'il faut tout dire, j'ai espéré comme M. Bart, comme tous les amis de Charles, que la mauvaise fortune cesserait tôt ou tard de le persécuter. Par ses rares vertus, il s'élèvera jusqu'au rang où vous voulez que je prenne un époux. Il a des ennemis acharnés; on le méconnaît, on l'accable sous un écrasant silence. Malgré tout, je ne désespère pas encore, et jamais je ne désespèrerai...

— C'est-à-dire ma fille, dit messire Tugghe avec une certaine sévérité, que jamais vous n'accepterez d'autre époux que M. Charles Keyser.

— Je sais que vous êtes bon, mon père, dit Marie en se mettant à genoux. Vous n'userez point de votre autorité pour me contraindre à un mariage contraire à mes sentiments.

— Chère enfant, dit messire Tugghe en la prenant dans ses bras, tu as raison de penser ainsi, mais le Roi de France lui-même ne peut rendre justice à Charles Keyser.

— Il y a d'autres rois que le Roi de France! reprit Marie. Oh! je n'ai pas tout dit encore!

Avec une émotion qui gagna sa mère, digne femme qui eût voulu pouvoir combler ses vœux, — avec une expression touchante qui attendrit son père, partagé entre des sentiments bien divers, — Marie fit enfin le récit de la mort de Mme Keyser et de la bénédiction suprême qu'elle lui avait donnée.

— Elle croyait t'unir à son fils Charles, la pauvre femme! dit Mme Tugghe en essuyant ses larmes.

— Mais c'est l'aveu formel de ton amour !... une promesse sacrée... un serment devant un lit de mort ! s'écria le conseiller.

— Que m'auriez-vous ordonné de faire ? demanda Marie avec une candeur angélique.

— Il est impossible maintenant que tu continues à être en relations avec ce jeune homme ! dit vivement messire Tugghe.

—. Charles le sent si bien, qu'il va partir à la conquête des titres, sans lesquels il ne peut être mon fiancé. Sous peu de jours, m'ont dit mesdames Bart, il viendra se démettre de ses fonctions de capitaine... Et moi, si j'hésitais, si j'étais impatiente de vos questions, mon père, c'est que je voulais vous supplier de me permettre de lui dire : « Je vous aime, Charles, et je vous attends. »

Marie prononça ces mots d'un ton simple et respectueux avec la sincérité d'une conscience qui ne se reproche ni une parole, ni une pensée susceptible de blâme.

Sa mère l'admirait ; son père avait fait un geste d'étonnement.

— Charles Keyser, reprit-elle, va risquer mille fois sa vie pour rester digne de votre estime. Soumis autant que moi-même à votre volonté, mon père, il n'a pas osé songer, — oh ! j'en suis sûre, — à obtenir de moi la promesse de garder son souvenir.

— Mais cette promesse, dit messire Tugghe, profondément agité, tu l'as faite à sa mère mourante. Dieu l'a voulu ainsi !... Eh bien ! qu'on aille sur le champ chercher M. Keyser, car je te permets de lui dire toi-même : « Je vous aime et je vous attends ! »

— Mon ami, s'écria Mme Tugghe, vous êtes bien toujours l'époux et le père généreux que nous aimons !

Marie palpitante se jetait dans les bras de sa mère qui, sans doute, eût désiré davantage. Mais qu'on fasse la part du temps et des circonstances, que l'on se rappelle comment, en se dévouant au parti français avec une rare abnégation, messire Tugghe avait mérité les faveurs royales, et qu'on tienne compte de ses relations habituelles, on conviendra qu'il fit plus que n'eussent fait à sa place la plupart des gentilshommes pères de famille. Enfin faut-il répéter que Keyser était en disgrâce flagrante, et que la constante ambition du père de Marie avait été d'être bien en cour? Malgré tout cela, renonçant à l'espoir de s'allier à quelque grande maison, il venait de faire une concession dont sa fille lui rendait grâce avec l'effusion la plus vive, lorsque Charles Keyser entra.

Il fut reçu cérémonieusement et s'en alarma tout d'abord ; car ayant évité, depuis la mort de sa mère, de se rencontrer avec Marie, il devait craindre qu'un hasard fâcheux eût appris au conseiller pensionnaire ce qu'il se réservait de lui dire lui-même en venant lui rendre ses derniers comptes.

Messire Tugghe était grave, sa femme pensive, sa fille évidemment triste, et comment, à l'heure d'adieux éternels peut-être, ne l'eût-elle pas été ? Ce qu'elle avait désiré si ardemment, ce qu'elle avait demandé, ce qu'elle venait d'obtenir comme un bienfait, n'était-ce point une sentence d'exil, une infinité de dangers incalculables? L'effroi glaçait l'espérance ; l'amour se faisait douleur.

— Monsieur, dit l'armateur en pesant ses paroles, je n'ignore rien de ce qui s'est passé au lit de mort de votre respectable mère. Je n'ignore même pas vos intentions actuelles, et je vous fais appeler parce qu'il nous importe à tous de mettre un terme à la plus délicate des situations.

Charles Keyser, devenu pâle, s'inclina sans tourner les yeux du côté de Marie.

— Je sais donc que vous aimez ma fille ; mais on dit en outre publiquement, surtout dans les réunions d'officiers de marine, que si elle a refusé plusieurs partis très-honorables c'est parce que vos sentiments sont partagés.

— Messire, dit Keyser d'une voix tremblante, je vous jure sur mon honneur et sur ma foi que je suis innocent de ces propos.

— Ce serment était inutile ; je ne doute pas plus de votre discrétion que de votre loyauté.

— Merci, monsieur Tugghe ! reprit Keyser. Quant aux bruits que de méchantes gens ont répandus, ils tomberont, j'espère, après mon départ. Oui, j'aime depuis longtemps Mlle. votre fille ; elle l'a su sans que je me sois permis de le lui déclarer à elle-même ; et ma mère le savait !... Oui, par une pieuse condescendance aux derniers désirs d'une mourante, Mlle. Tugghe n'a pas cru pouvoir lui retirer sa main lorsqu'elle la bénissait en pensant la bénir dans la mienne !...

— Notre fille nous a tout raconté, dit Mme Tugghe avec une douceur qui pénétra l'âme du jeune marin.

— Moi, poursuivit-il, je me berce de l'espoir, peut-être trompeur, que Mlle Marie me pardonne d'avoir osé l'aimer en secret, et qu'elle approuve mon dessein d'aller au-delà des mers chercher ou la mort, ou le rang qui me permettrait de me représenter devant ses parents le front haut, les mains jointes, le cœur toujours plein de sa seule pensée.

— Ce n'est point ma fille, dit l'armateur, mais sa mère et moi qui vous permettons de l'aimer et lui permettons de vous répondre elle-même.

— O mon Dieu! s'écria Keyser avec transport en voyant Marie qui, rouge de pudeur, les yeux baignés de larmes, lui tendait la main en souriant.

Il se précipitait à genoux, pressait cette main entre les siennes et disait d'un accent chaleureux :

— Marie! ma vie et mon amour!... Mon bonheur dépasse mes rêves... Vous consentez à m'entendre vous dire : — Je vous aime!

— Je vous aime, Charles!... murmura la jeune fille qui se rassit à bout de forces.

Sa mère se rapprocha, craignant qu'elle ne s'évanouît.

Mais, les yeux fixés sur ceux de Charles, elle lui parlait du regard, et Charles, en extase à ses pieds, la contemplait comme un astre divin.

— Mes parents, dit enfin la jeune fille, me permettent d'attendre votre retour, en priant nuit et jour pour que le Ciel vous protège.

— Oui, ajouta Mme Tugghe, nous vous permettons de vous aimer saintement dans l'espoir d'être unis un jour. Il faut qu'une mystérieuse absence prépare les voies : mais nos vœux sont les vôtres. Courage et confiance en Dieu! Ma pauvre amie Mme Keyser a bien fait de vous bénir!

Elle avait pris les mains de Charles et de Marie ; elle les tint silencieusement pressées sur son cœur maternel.

Messire Tugghe contemplait ce tableau avec un

mélange de tristesse et de fierté, de compassion et de tendresse. Il entendit Charles qui faisait l'histoire touchante de son amour à partir de l'instant où maître Vanburg lui avait parlé pour la première fois de l'accueil fait par Marie à sa mère sans asile et sans pain. Il entendit Marie répondre par l'expression de ce qu'elle éprouva en se jetant dans les bras de Charles Keyser, le soir où il reparut à Dunkerque avec Jean Bart et tous ceux que l'on croyait perdus.

— Où puisais-je mon espoir? disait-elle. Je répétais avec une ardente foi et comme inspirée d'en haut : — « Non ! ils n'ont point péri ! » — On m'appelait l'ange des consolations, l'enfant bénie, la messagère d'espérance !... Eh bien, Charles, depuis lors, le même pieux espoir m'a toujours soutenue. Dieu veuille qu'il me soutienne encore, puisque vous devez braver de nouveaux et terribles dangers !

Sans essayer de sonder l'avenir, Marie et Charles reconstruisaient le passé en se parlant des principales émotions qu'ils avaient ressenties, tantôt en se revoyant, tantôt en écoutant Agnès, Nicole et Jean Bart, amis dévoués, confidents discrets, dont les noms revenaient sans cesse dans leurs récits de cœur à cœur.

Messire Tugghe, de plus en plus touché, attira sa femme auprès de lui.

Charles et Marie, assis l'un à côté de l'autre à l'extrémité du salon, savouraient leur bonheur avec la crainte de s'entendre donner le signal du dernier adieu.

Messire Tugghe cependant songeait à leur accorder quelques heures de trêve. Puisque Jean Bart, Agnès et Nicole avaient fraternellement reçu les aveux de Charles Keyser, puisqu'ils avaient recueilli les pensées de Marie et pénétré ses muettes amours, puisqu'enfin sans une sorte d'ingratitude on ne pouvait rien leur cacher, il proposait de les rendre témoins d'une séparation qu'adoucirait leur présence.

— Combien vous êtes bon, mon ami ! dit Mme Tugghe reconnaissante.

— Réunissons au foyer de la famille les dignes amis de nos enfants ! Non, je ne me sens pas la force maintenant de renvoyer d'ici Charles seul... Qu'il s'éloigne appuyé sur le bras d'un frère !...

— Bien ! mon cher et noble mari.

— Peut-être, ajouta messire Tugghe, aurais-je mieux fait d'aller trouver Keyser et de ne pas le mettre en présence de notre fille...

— Non, mon ami, ce que vous avez fait était plus paternel. Voyez ! ils sont heureux ! Vous leur avez donné au moins pour consolation le souvenir de ces moments ! Hélas ! se reverront-ils jamais !

Mme. Tugghe ne compléta point sa pensée.

Après un silence assez long, l'armateur reprit :

— D'ailleurs il me faut le temps d'interroger ce jeune homme sur ses projets. La semaine dernière, il a retiré de chez moi toutes les sommes qu'il y avait placées durant la guerre. Dans l'intérêt de notre bonheur commun, j'entends le seconder de mon mieux. S'il a besoin d'un navire, d'une cargaison, de lettres de crédit, de recommandations que je puisse lui donner, je les lui dois. Allez, chère amie, le retenir à souper. Moi, je vais envoyer notre fils chez Mme Bart.

— Pourquoi n'iriez-vous pas vous-même ?

— En effet, cela vaudra mieux.

Le conseiller sortit.

Charles et Marie n'étaient plus que sous les yeux d'une mère tendre qui prenait une égale part à leurs transports de joie, à leurs craintes, à leurs illusions et à leurs douleurs.

Les poëtes ont représenté la route du bonheur comme un sentier étroit, raboteux, escarpé, glissant, obstrué par des ronces et des aspérités, où l'on se déchire en chemin le cœur et l'âme, — coupé de fondrières où s'engloutit l'espérance, — bordé de marécages empestés et de précipices sans fond. Au milieu d'un horrible chaos d'ossements humains on tombe à chaque pas ; on laisse des lambeaux de chair et des traces de sang à tous les angles de cette voie du martyre ; on s'épuise en efforts insensés, on se traîne, on rampe et l'on meurt sans jamais atteindre le but.

Dans l'origine pourtant, la route était large, unie, ferme et douce, ombragée par des berceaux de fleurs, entourée de paysages charmants ; on la parcourait d'un pas léger en y respirant de célestes parfums de paix et d'amour.

C'était avant l'Age d'or. En ces temps heureux, la Folie et la Sagesse étaient également inconnues. Mais l'Age d'or et son complice, l'Age d'argent, plus cruels mille fois que l'Age de bronze et de fer, vinrent nuitamment rouler sur cette route facile un amas de monts titanesques dont le sol maudit n'enfanta que misères.

Les nécessités de la vie, la civilisation, la fortune, les rangs, les dignités, la prévoyance et la prudence, — la Sagesse et la Folie, bordent de gouffres et d'obstacles sans fin l'âpre chaîne de montagnes. L'Humanité s'y égare en gémissant ; elle cherche, elle cherche la route du bonheur, mais la route n'est plus.

ADIEUX.

En présence de tous ses amis, de Jean Bart, de Nicole, d'Agnès et du chevalier Tugghe, Keyser disait aux parents de Marie :

— Ma sainte mère, qui est morte en vous comblant de bénédictions, est dans un monde meilleur. Mes devoirs de fils ne me retiennent plus à Dunkerque, et je me félicite maintenant de n'être pas officier dans la marine du Roi, car la paix règne en Europe. En temps de paix aurais-je trouvé l'occasion de conquérir les lettres de noblesse que j'ambitionne? Je ne possède pas, comme Jean Bart, les connaissances qu'il met au service du marquis de Vauban ; je n'ai pas conçu comme lui tout un système de guerre dont l'exposé seul mériterait une récompense hors ligne ; mais je suis marin et je suis lettré ; j'ai reçu dès l'enfance une instruction très-variée que j'ai cultivée plus tard à mes heures de loisir ; j'ai l'esprit aventureux, et enfin les grandes navigations ont de l'attrait pour moi.

— Du temps que nous servions en Hollande, dit Jean Bart, nous n'étions en désaccord que sur ce sujet.

— Le bonhomme Svoelt et sa femme nous l'ont assez dit pendant leur visite à Dunkerque, ajouta la blonde Agnès en souriant, mais ma sœur Nicole nous l'a dit mieux encore.

Nicole sourit à son tour.

Le chevalier Tugghe fit plaisamment l'éloge du débonnaire capitaine Svoelt, qui, comme on le voit, avait tenu la promesse de venir demander l'hospitalité à ses anciens lieutenants. Tout en continuant à maudire l'ambitieux Louis XIV, le bonhomme avait admiré avec force soupirs les admirables travaux exécutés à Dunkerque. Il avait bonnement fait allusion à ses déconvenues maritimes, et, tout en buvant aux prospérités de Keyser et de Jean Bart, il avait prophétisé que le petit François Cornil serait un jour amiral.

— Le père Svoelt, au demeurant, est un navigateur, reprit Keyser. Malgré certaines histoires semi-fabuleuses de typhons neptuniens, ce n'était ni sans intérêt, ni sans profit, que j'écoutais le récit de ses grands voyages.

— Avec *la Licorne Néerlandaise* et à bord du *Saumon Argenté*, dit Nicole en souriant.

— Plus tard, la relation des campagnes de notre valeureux ami Cornil Bart, dont Dieu ait l'âme, m'enthousiasmait. J'éprouvais le désir de marcher sur ses traces, de continuer ses travaux. Jacques et Michel Bart m'ont devancé dans cette mission. J'irai les rejoindre et les seconder, j'espère. Cornil avait battu toutes les mers. Du Japon jusqu'au Canada, changeant vingt fois de navire, il avait entrepris une foule de grandes choses. Nous ne serons pas trop de trois pour nous partager la gloire dont il a frayé la route, pour donner suite à ses alliances avec vingt peuplades, pour faire rentrer les créances de votre maison, messire Tugghe, pour aller recueillir les trésors enfouis par lui dans les parages les plus divers.

— Cornil avait une ardeur infatigable, dit Jean Bart,

et personne plus que lui n'a possédé le talent de se créer des ressources par ses seules forces. Le maréchal d'Estrées s'est, à deux reprises, félicité de son concours, et plusieurs fois les frères de la côte se sont réunis sous son commandement.

— Cornil est mon modèle, reprit Keyser. Le Roi de France ne peut me conférer la noblesse; mes services ne sont pas encore assez éclatants. Mais l'Angleterre, l'Espagne, le Portugal, la Suède et même le Danemark ont des intérêts dans les Indes. Rien ne saurait m'empêcher de servir en tout honneur des puissances alliées ou neutres. Je n'excepte que la Hollande; mais je ne repousse pas même l'Espagne, bien que je sois porté à faire cause commune avec les aventuriers flibustiers.

— C'est-à-dire que vous commencerez par la combattre, dit messire Tugghe.

— Il le faut bien; mais, ne pouvant prévoir les événements, je me réserve toutes les chances qu'ils sont susceptibles de faire naître. Un navire monté par soixante hommes d'élite m'attend à Dieppe. Alexandre Jacobsen, cousin de Jean Bart, l'équipe à mes frais. Quand on va jouer sa vie, on se soucie peu de son avoir. Tout ce que je possède est engagé dans cet armement. Seulement, j'ai laissé à ma tante Guttiere la jouissance et, dans le cas où je périrais, la propriété de la maison de mes parents. Puisque M. Tugghe accepte mon congé, dès demain je pars pour Dieppe. Avant peu de jours, nous ferons voiles. Je porte douze canons, six mois de vivres, un an de munitions de guerre et une pacotille d'excellente défaite dans les îles. Je commence par cotoyer l'Espagne et le Maroc. Les barbaresques sont de bonne prise. Si je rencontre l'occasion d'embrasser la querelle de quelque roi chrétien contre les peuples païens ou maures, je me fais délivrer des expéditions régulières et j'arbore son pavillon. Le navire n'est qu'à moi.

— Mon ami, dit messire Tugghe, je comptais vous en offrir un; mais le plus habile cavalier peut perdre sa monture. N'oubliez pas que mon crédit s'étend au loin et que je vous autorise à faire en mon nom tous les armements que vous jugerez utiles.

Keyser et ses amis remercièrent le conseiller de cette proposition généreuse.

— Les deux Indes me sont ouvertes, reprit le jeune marin. J'ai la copie du journal secret de Cornil et la clef de ses notes en chiffres. Je sais que Jacques et Michel ont choisi la Martinique pour leur point de ravitaillement. Des Canaries, à moins de force majeure, je vais directement les rejoindre et me concerter avec eux. Tel est le plan sommaire d'une campagne dont Jean Bart connaît et approuve les détails. Enfin, je m'abandonne à la garde de Dieu avec l'espoir que sa providence sera mon guide !

Bien différent de ce qu'il était en Hollande, Charles, en s'éprenant de Marie, avait adopté les principes de son *matelot* Jean Bart et réglé sa conduite sur la sienne. Les notes de l'intendant Hubert de Champy-Descluzeaux l'attestent historiquement.

Dans les documents expédiés en 1676 à Colbert, sur Jean Bart et Charles Keyser, on lit que tous deux étaient fils et petit-fils de fameux corsaires; que leur bravoure et leur *conduite* étaient *exemplaires*, etc., etc.

A Flessingue, Keyser avait tourné en amicale raillerie le dessein de Bart, qui voulait, pour trois ans, se séparer de Nicolita sa fiancée, après lui avoir juré amour et constance. Régénéré maintenant par les sentiments que lui inspirait Marie Tugghe, Charles allait s'éloigner, non pour trois ans, non pour guerroyer dans les mers voisines, mais pour un temps illimité, pour courir les grandes aventures aux extrémités du monde.

Dans la réunion de famille devant laquelle Keyser parlait de ses projets, contrôlés et approuvés par Jean Bart, on les accueillit avec confiance, avec chaleur, et, enfin, avec une exaltation qui s'accrut jusqu'à l'heure du couvre-feu. Mais dès que la cloche de Saint-Éloi eut retenti, dès que, selon l'usage, on se fut levé de table et qu'on eut récité les grâces, le signal de retraite produisit l'effet d'un glas funèbre.

Marie, frémissante, prit le bras de Charles avec une sorte d'effroi.

Messire Tugghe, sa femme et son fils le chevalier, reçurent ses adieux. On l'avait reconduit jusque sous le cloître de la grande-cour. Là, par une circonstance fort naturelle, l'émotion commune redoubla, car il s'écriait avec un accent d'amour et de douleur.

— Ici même, à cette place, Marie, vous avez pris par la main ma mère mendiante, désespérée, et vous lui êtes apparue comme l'ange de la charité divine; à la même place, Marie, je prends votre main et je jure que mon cœur de fils ne battra que pour vous jusqu'à mon dernier soupir. Adieu, ma bien-aimée, adieu! Vivre ou mourir pour votre amour... adieu!

Elle lui ouvrit les bras en pleurant, et quand ils eurent confondu en cet unique et chaste baiser d'amour leurs douleurs et leurs espoirs, Marie défaillit sur le cœur de sa mère.

Jean Bart soutenait et entraînait Charles.

Cependant, à la lueur de la lune qui éclairait cette touchante scène d'adieux, Nicole vit deux larmes plus brillantes que l'étoile du soir, rouler lentement sur les joues d'Agnès.

Elle s'approcha fraternellement et la soutint sans lui adresser une parole.

Le lendemain, après que Catherine qui le regardait comme son fils eut béni Charles Keyser, il partit pour Dieppe.

Jean Bart pleurait.

La semaine suivante, Agnès entrait comme novice au couvent de la Miséricorde, où sa sœur Sainte-Cécile venait de prononcer ses vœux :

— Tu l'aimais donc toujours ! lui dit Nicole en l'embrassant.

— Toujours ! murmura-t-elle. Je vais prier Dieu de le protéger, de le garder sur les mers et de l'unir à la fiancée qu'on autorise enfin à l'aimer.

Agnès ne pleura point ; mais Nicole fondit en pleurs.

Jean Bart venait de recevoir l'ordre de croiser avec deux légères frégates contre les pirates de Salé. Le 17 avril 1681, il appareilla, montant *la Vipère*, de 14 canons, que sa conserve *l'Arlequine*, de 12, suivait toutes voiles au vent.

Le 30 juin, non loin du cap Saint-Vincent, en vue d'une escadre anglaise, il reconnut deux saletins, arbora pavillon blanc et leur appuya la chasse.

CHANGEMENT A VUE.

Maître Thomas Vanburg, l'oracle du gaillard-d'avant, commentait les manœuvres de Jean Bart avec une verve justement admirée, et, par la même occasion donnait à ses camarades des explications sur toutes choses. Il se vantait de connaître Versailles, d'avoir vu le roi Louis XIV, et par conséquent d'être versé dans la politique, « pis que pas un, hormis son capitaine; » aussi savait-il à merveille pourquoi les Anglais s'avisaient de croiser sur les côtes de Portugal.

— Les Portugais, disait-il, ont été des poulets dans leur temps, et même des coqs d'Inde, vu que c'est aux Indes qu'ils ont le mieux joué du bec !.. Le Hollandais les brosse à cette heure ; l'Anglais en profite ; l'Espagnol marronne, et nous, nous restons calmes ! C'est la faute à la marquise de Montespan !

— En sait-il des histoires !.. — Quel fameux pour la palabre que ce maître Vanburg !

— Quelle platine pour un flamand !..

— Le Portugais vous avait pris mon Tanger aux Maures, et un peu proprement, c'était bien ; mais la bêtise, c'est qu'ils l'ont donné en dot à leur infante, rapport à son mariage avec Charles II d'Angleterre. Je ne passe pas de mettre, dans une corbeille de noces, un port, des fortifications, un point militaire, comme dit le prince de Condé.

— Bon ! il connaît Dieu et diable, maître Vanburg !

— Le Portugais repasse donc son Tanger à l'Anglais, mais l'Anglais n'a pas de quoi le garder, il ne veut pas le rendre gratis à l'autre, et il vous démolit lui-même les fortifications. Enlevé ! vous savez la politique.

— Eh bien, elle est propre !

— Quel malin que maître Vanburg !

— Portobraille s'arrache les crins et montre les dents, n'ayant pas goût à voir son pauvre Tanger revenir aux mauricauds du Maroc. Rosbif, par cette raison, protége les pirates à qui nous appuyons la chasse pour le quart d'heure. Ca t'entortille ?

— Pas mal, m'est avis !

— Ah ! ah ! mes beaux mylords, ne tarda pas à s'écrier maître Vanburg, vous êtes aux premières loges pour voir comment le Renard Blond sale le petit salé ! Pointez vos lunettes, nous pointons nos trompettes de chasse !... Chien de chien ! les Turcos sauvages courent deux bords différents... Ordre à *l'Arlequine* de couper la route au petit qui veut rallier l'Anglais. Le plus gros court droit sur la terre. Torche de la toile, ma *Vipère*, hisse ! étarque ! à bloc !... Bon ! nous voici à portée de canon ! En avant la musique !

— Silence à bord ! commanda Jean Bart qui serrait de près le pirate saletin, armé de seize canons et monté par cent cinquante Maures.

L'Arlequine cependant n'était point parvenue à rejoindre l'ennemi dont les Anglais favorisèrent la fuite en s'avançant à contrebord. Jean Bart fit un geste de méchante humeur et donna l'ordre à sa conserve de le rallier sans saluer les Anglais, ce qui était une sorte d'insulte.

D'après les usages du temps, le commodore eût été en droit, eu égard à son grade et aux forces qu'il avait sous ses ordres, d'exiger à coups de canon cette marque de déférence. Mais les instructions de Charles II, humble pensionnaire de Louis XIV, étaient telles que, n'osant les enfreindre, il se contenta de donner asile au pirate.

Cependant, non loin des côtes, une action fort vive s'engageait entre Jean Bart et son adversaire, dont les seize canons ne ripostèrent pas longtemps à ses quatorze pièces. Au bout de vingt minutes, le saletin s'échouait.

Les Maures, qui avaient pour chef le propre fils du gouverneur de Salé, se jettent à terre. Les Portugais courent aux armes, les font prisonniers et les emmènent.

Jean Bart, rejoint par *l'Arlequine*, entre dans le port de Lagos. Il y aperçoit avec joie un navire portant le pavillon des corsaires de Dunkerque.

— C'est M. Keyser! s'écrie Vanburg.
— C'est le Lion Brun! le matelot du capitaine!
— Hourra! Vive Jean Bart! dit tout l'équipage.

Tandis que le lieutenant de *la Vipère* est expédié au commandant de Lagos avec ordre de lui réclamer les prisonniers comme esclaves destinés aux galères du roi de France, Keyser accourt et se jette dans les bras de son cher matelot.

— Appareillons sous pavillon portugais, vivement, ça presse, se hâte de dire Jean Bart.

En quelques mots, il a pourtant eu le temps d'apprendre que Keyser, selon ses projets, vient de faire la plus heureuse des courses sur les côtes du Maroc.

Non-seulement il s'est emparé de plusieurs barbaresques, mais il a eu le bonheur de défendre et de sauver un convoi portugais à destination de Tanger, poursuivi par une flottille de pirates. Il l'a ramené dans le Tage, et a reçu les félicitations du régent Dom Pedro lui-même. Le baron d'Oppède, ambassadeur de France auprès de la cour de Portugal, a dû écrire au ministre et au Roi.

— Ce serait parfait sans les Flamignes, les Mortemart, les de Lorze et la Montespan que je donne à tous les diables, interrompt Jean Bart. Mais avisons au plus urgent. Il s'agit d'enlever, malgré les Anglais, le chien de Saletin qui s'est réfugié dans leurs eaux.

La Vipère et *l'Arlequine*, déguisées par des masques, auront l'air de flûtes escortées par le brig de Keyser qui passe fort insolemment en vue de l'escadre anglaise sans saluer du pavillon. Ce que le commodore a supporté de la part des Français, il ne le tolérera certes point de celle des Portugais qui, d'ailleurs, gouvernent vers Tanger.

Une frégate est détachée à leur poursuite.

Les trois prétendus portugais se dispersent aussitôt, ils seront cause de la dispersion des Anglais : c'est tout ce que veut Jean Bart.

Le pirate saletin, qui croit n'avoir plus besoin de protection, gouverne à l'ouest. *La Vipère*, tout en feignant une marche embarrassée, prend la même direction.

Tout à coup, se voyant convenablement placée entre les Anglais et le barbaresque, elle dépouille son masque, arbore pavillon blanc, se donne de l'erre et ouvre le feu. Son premier coup de canon est le signal d'un changement à vue. *L'Arlequine* et le navire de Keyser, cessant de fuir, hissent les couleurs françaises.

Le commodore, mystifié, est tenté de se venger sur-le-champ. Déjà le pirate épouvanté s'est rendu à Jean Bart. Les trois navires français et leur prise se forment en ligne et leur contenance dit assez qu'ils périront plutôt que d'abaisser leurs enseignes devant celles de Charles II. La crainte d'une disgrâce, ou même d'une peine plus sévère, l'emporte sur l'orgueil britannique. Le chef de l'escadre anglaise s'éloigne la rage dans le cœur.

Les Français, sans aucun obstacle, reprennent le mouillage de Lagos dont le commandant refuse la restitution des prisonniers salétins. Il fallut aller jusqu'à Lisbonne. Mais là, ce qu'on eût sans doute refusé à Jean Bart et au baron d'Oppède, ne put l'être à Keyser, à qui le Portugal devait le salut de tout un convoi de troupes et de munitions de guerre.

Les Maures les plus considérables, entre autres le fils du gouverneur de Salé, furent rachetés moyennant de grosses rançons par l'agent du Maroc à Lisbonne, d'où Jean Bart devait se rendre à Toulon pour conduire ses autres prisonniers aux galères du Roi.

Par le travers du détroit de Gibraltar, il fallut se faire les derniers adieux.

— Courage, matelot, et que le ciel te protége! dit Jean Bart à son ami Charles Keyser. Le jour de mon départ de Dunkerque, Marie me disait en pleurant : « Que le sort le seconde ou le trahisse, sa fiancée lui restera fidèle! »

FIN DU LIVRE PREMIER.

LIVRE DEUXIÈME.

LES FIANCÉS.

L'INCENDIE.

Jean Bart, nommé capitaine de frégate le 14 août 1686, après sept ans de services comme lieutenant de vaisseau, se trouvait seul dans sa modeste maison de la rue de l'Église, — triste demeure sans passé ni souvenirs.

Il était seul, car maître Vanburg venait de sortir pour ramener, de chez messire Tugghe, François Cornil dont la onzième année n'était pas encore tout à fait révolue.

1688 rallumait les hostilités générales; l'Europe presque entière se déclarait contre Louis XIV, la ligue d'Augsbourg venait d'être éventée, la paix de Nimègue définitivement rompue; la France allait lutter contre la plus formidable coalition.

A ces nouvelles, Jean Bart se remit à l'œuvre.

Il travaillait à son mémoire sur la course dans la mer du Nord et la Baltique, grand ensemble de combinaisons dont l'idée première le préoccupait depuis longues années. Le compas à la main, il méditait devant un Neptune de cartes marines; parfois il prenait des notes en langue flamande, la seule qu'il écrivît sans difficultés; parfois, d'un œil ardent, il traçait les routes que, d'après lui, le ministre devrait assigner aux croiseurs; parfois enfin, pour mieux réfléchir, il se promenait comme un marin sur le pont du navire, dans la pièce principale de son logis, — pièce assez vaste, mais toute nue, et bien différente en cela du glorieux parloir de la maison paternelle, décoré de trophées et de portraits de famille.

Ce n'est pas que depuis sa campagne de *la Vipère*, il n'eût amplement moissonné des pavillons barbaresques, espagnols, génois, ou même anglais et hollandais. D'une part, une courte guerre eut lieu entre la France et l'Espagne, dont la république de Gênes embrassa la cause pour son malheur. D'autre part, la paix continentale interrompait à peine les hostilités maritimes dans un temps où le salut impérieusement exigé, refusé fièrement, occasionnait à chaque instant des combats entre nations amies (xv).

Jean Bart avait vu grandir sa renommée. Les eaux européennes de l'Atlantique, la Méditerranée, les mers du Nord ayant été labourées par sa carène pendant de longues campagnes dont la plus récente dura quatre ans entiers, il aurait aisément pu tapisser aux dépens des vaincus toute sa nouvelle demeure.

Il n'en eut pas souci. — Quoi que pût dire le fidèle Vanburg, il n'appendit aux cloisons que deux images : — celle de sa chère Nicole, qui n'était plus, — celle de son matelot Keyser, dont il commençait à désespérer de recevoir des nouvelles.

Victory and glory not happiness ! — (Victoire et gloire, mais non bonheur !) — Sa jeunesse, son amour, son amitié, tout était là sans vie dans ces deux portraits, œuvres incorrectes d'un pinceau naïf, — tout, jusqu'au souvenir de sa mère, la fière Catherine, et de Martine, l'infortunée veuve d'Herman Bart, — tout : l'enfance de ses frères et la sienne, la vieillesse vénérée des deux nobles matrones, la perte de ses deux filles, Anne-Nicole et Jeanne, née pendant sa campagne contre les Salétins, les victoires de ses ancêtres, la gloire séculaire de la maison, — que de douleurs ! Trop de triomphes les avaient causées.

Parce que, selon la parole de Ruiter, sans cesser d'être chrétien, il avait été guerrier, brave, mais terrible, si terrible, — l'histoire l'atteste, — que plusieurs fois son nom seul prononcé dans les ports ennemis suffit pour y répandre l'alarme et qu'au cri de « Voici Jean Bart ! » on s'enfuyait pris de peur panique ; — parce que ses ruses de renard de mer étaient plus redoutées encore que son courage de lion, — de même qu'autrefois on avait tenté d'empoisonner Ruiter son maître, de même, à plusieurs reprises, on essaya de l'assassiner.

Enfin au milieu de la nuit, en juillet 1682, des misérables, soudoyés par la haine étrangère, — des bravi de la Flandre espagnole, dit-on, — mirent le feu à la maison de ses pères, peu de jours après son retour à Dunkerque.

On vit alors la fière Catherine prendre sa sœur dans ses bras et rouler avec elle dans la fournaise.

On vit Nicole échevelée emporter ses deux petites filles dont l'aînée périt étouffée à l'instant même, dont l'autre contractait la maladie qui l'enleva le 24 août suivant.

Jean Bart, en courant au secours de sa mère, fut frappé d'un coup de stylet; Vanburg l'arracha des flammes.

Mme Guttiere fut écrasée sous les décombres.

Catherine et Martine survécurent jusqu'au 15 juillet, bénirent leurs enfants et moururent en se tenant embrassées comme étaient morts Cornil et Herman Bart, leurs héroïques époux.

François Cornil, qui avait alors cinq ans, aurait été brûlé dans son berceau, si Marie Tugghe qui, toujours charitable, passait la nuit au chevet de Martine déjà mourante, ne se fût précipitée sur l'enfant abandonné qu'elle sauva.

Les gens du port, accourus en foule au son du tocsin, la virent avec une admiration pleine d'épouvante, courir sur une solive embrâsée, puis se suspendre d'une main aux colonnettes de la façade et, en invoquant l'aide de Dieu, sauter de la hauteur d'un étage sur la voile qu'ils lui tendaient.

L'hospitalier hôtel seigneurial de messire Tugghe s'ouvrit aux mourants et aux blessés; l'incendie avait dévoré de fond en comble l'antique demeure des Jacobsen et des Bart, leurs trophées, leurs portraits, tout ce qui faisait le juste orgueil de la famille. Dans les cendres pourtant on retrouva intacte l'épée de l'amiral Jacobsen, l'illustre Renard de la mer, — épée valeureuse qui était maintenant celle de Jean Bart, et qui, soixante-dix-sept ans après, brilla d'un éclat immortel, pour la dernière fois, lors du sublime combat de ses neveux Pierre et Benjamin Bart à bord de *la Danaé*. (XVI)

Jean Bart passa deux mois entre la vie et la mort. Ses trois sœurs, Mme Kerlynck, sainte Cécile et Agnès, en religion Sainte-Agnès, partagèrent avec Marie Tugghe leurs soins entre lui et Nicole, qui expira, la dernière, le 26 décembre de la fatale année 1682.

Depuis, Jean Bart, atteint dans toutes ses affections, n'avait guère cessé de battre les mers. Par une activité qui devait accroître son renom et le faire spécialement distinguer de Seignelay, il essayait de vaincre ses douleurs. Il demeura calme, pieux, résigné ; il devint plus grave.

Marie Tugghe l'avait supplié de lui confier François Cornil.

— Agnès est au couvent, lui dit-elle ; Mme Kerlynck a une famille nombreuse, et moi, vous le savez, je ne me marierai jamais qu'à un second vous-même. Souffrez donc que je sois la seconde mère de votre enfant.

Jean Bart y consentit avec reconnaissance, et François Cornil fut élevé dans la maison de messire Tugghe par l'angélique Marie, qu'en son babil affectueux il appelait sa petite maman. On le combla de soins et de caresses ; on l'instruisit à merveille ; on le gâta un peu, car il était délicat et frêle au point qu'on craignit plusieurs fois de le perdre. L'horrible catastrophe à laquelle Marie l'arracha si courageusement contribua sans doute à développer en lui une excessive sensibilité nerveuse ; on le traitait avec d'autant plus de sollicitude. Son éducation eut donc quelque chose d'efféminé, la prudence le voulait ; mais elle fut en cela bien opposée à celle qu'avaient jusqu'alors reçue les jeunes Bart.

Son intelligence était vive, son cœur tendre, son caractère charmant ; il apportait dans l'intérieur de messire Tugghe un mouvement qui le rendait plus cher à tout le monde. L'armateur et sa femme vieillissaient ; ils avaient consenti à ne transmettre à leur fille aucune nouvelle proposition de mariage ; aussi reportèrent-ils avec bonheur sur le fils de son affection ce vif intérêt dont l'âge avancé aime à entourer l'enfance.

Le frère aîné de Jean Bart, Cornil le navigateur, avait cru voir revivre en son petit-neveu le brave François son bien-aimé cousin, lieutenant et matelot. Fut-ce une illusion? On ne saurait le dire. Mais il est certain qu'en grandissant, le jeune garçon ressemblait de plus en plus à sa mère Nicole, et par conséquent à Charles Keyser.

Le chevalier Tugghe le dit un jour à Marie :

— Quoique ce cher enfant ait les yeux bleus et le regard de son père, quoiqu'il tienne des Bart certains traits de famille, je trouve, ma sœur, qu'il tient bien davantage de la pauvre Nicole et de notre valeureux Charles. Il a leurs cheveux foncés, leur sourire, leur teint plus espagnol que flamand, et surtout leur geste, leur désinvolture, leur accent de voix. Par moments, à l'entendre, je crois entendre Charles lui-même.

— Mon frère, dit Marie avec émotion, je ne me trompais donc point, comme je le craignais. Ce que tu observes, je l'ai observé depuis bien longtemps. Ce qui te frappe me frappait sans cesse ; je me complaisais à le penser ; je n'aurais pas osé t'en parler la première.

Les armements en course, après avoir enrichi messire Tugghe, avaient fini par lui être onéreux. A partir de l'époque où les rançons furent rigoureusement interdites par les ministres Colbert et Seignelay, qui ordonnaient, au nom du Roi, de détruire sans miséricorde les bâtiments capturés qu'on ne pourrait ramener et vendre dans les ports de France, les bénéfices cessèrent d'être en proportion avec les risques. L'institution du dixieme que le Trésor prélevait sur toutes les prises, sans indemnité aucune pour les expéditeurs en cas de revers ni même en cas d'avaries, fut cause que les associés de messire Tugghe se retirèrent pour la plupart. Mû par un sentiment de patriotisme exalté, il continua seul ; en résumé, il fit à ses frais la guerre au profit de la Couronne. Certains combats très-désastreux pour l'ennemi, très-glorieux pour nos armes, contre des navires coulés ou brûlés au large, ne donnèrent d'autres résultats financiers que des comptes de réparation ou même que des démolitions de coursiers mis hors de service. Plusieurs naufrages, quelques insuccès, — car nécessairement les Dunkerquois ne triomphèrent point toujours, — et enfin diverses faillites avaient singulièrement amoindri l'opulence du conseiller-pensionnaire.

Il diminua ses dépenses fastueuses, supprima les fêtes et les banquets, reçut beaucoup plus rarement MM. les muguets de cour, congédia une partie de ses laquais à livrées, mais ne réduisit aucunement ses aumônes hebdomadaires. Et c'était maintenant François Cornil qu'on voyait aux jours de marché s'avancer dans le cloître du vieil hôtel à la tête des serviteurs porteurs de corbeilles. Marie lui donnait la main. Jean Bart aimait à se trouver présent à cette scène, et, généreux comme il le fut toujours, il ajoutait souvent son aumône à celles de la famille Tugghe.

L'armement de la frégate *la Railleuse*, de 24 canons, dont il venait de recevoir le commandement, et celui de *la Serpente* qu'il avait précédemment montée et qu'on laissait sous ses ordres, l'avaient empêché d'assister à la distribution, d'autant plus que le temps était affreux. La tempête se faisait sentir jusque dans le bassin. Au dehors, la mer démontée hurlait des menaces de naufrage.

NOUVELLES D'OUTRE-MER.

Jean Bart, rentré chez lui à la nuit tombante, s'était remis à son mémoire en attendant son fils.

— C'est à son âge au plus tard que nous embarquons! se disait-il. Je n'ai pas souvenance du jour où je commençai, moi, d'aller à la pêche avec mon père et mon oncle; à douze ans je servais sous le plus brutal des maîtres. Cornil, mon pauvre enfant, tout ce qui me reste au monde, t'exposerai-je donc à la guerre et à la mer, malgré ta constitution chétive ?...... Il est assez grand, mais plus fragile qu'un roseau. Puis-je différer pourtant? Notre métier doit se commencer de bonne heure. D'ailleurs, je lui ai promis de l'emmener au large. Silence donc, mon cœur! assez de faiblesse!

Le jeune garçon, ramené par Vanburg, se jeta dans les bras de son père qui, par dix fois, le baisa au front, et puis se prit à le regarder attentivement comme pour s'assurer qu'en cet enfant il y eût bien l'étoffe d'un marin.

Cornil souriait du sourire de sa mère; ses beaux cheveux bruns bouclés flottaient sur son cou modelé avec une grâce féminine; il avait dans les yeux une douceur plus touchante que d'ordinaire.

— Mon père, dit-il, pourquoi ne me demandez-vous

pas comme les autres soirs l'emploi de ma journée ? Aujourd'hui, pourtant, j'ai à vous donner une grande nouvelle.

— Parle ! dit Jean Bart avec tristesse, car il n'était pas satisfait de trouver tant de grâce, de douceur et de mollesse dans ce fils qu'il devait, dès le lendemain, faire inscrire sur son rôle d'équipage.

— Aujourd'hui, reprit Cornil, parmi les pauvres il y en avait un qui nous a fait pleurer de joie, maman Marie et moi, — un vieux marin invalide, bien malade, bien malheureux pourtant !... mais il nous a parlé de Charles Keyser !...

— Et vous avez pleuré... de joie ? s'écria Jean Bart avec émotion.

— Ce pauvre homme assure que votre matelot était vivant l'année dernière : il l'a vu, il lui a parlé ; il se serait embarqué à son bord s'il n'eût été déjà trop malade.

— L'année dernière ! dit Jean Bart, et depuis trois ans sans nouvelles !... Ton mendiant en a menti peut-être.

— Je ne crois pas, mon père, dit Cornil avec une aimable fermeté.

— Ecoutons, capitaine, fit Vanburg ; j'ai bon espoir !...

— D'après notre invalide qui s'appelle Laurent Grosner....

— Connu ! interrompit Vanburg ; c'est un vieux de la cale ; on peut s'en fier à lui !

— Mais, va donc ! s'écria Jean Bart.

— Le capitaine Keyser aurait été, pendant deux ans, esclave dans l'intérieur du Pérou.

— Et après ?

— Malgré l'ombrageuse surveillance de ses maîtres et gardiens, il rompt ses chaînes, délivre vingt compagnons d'infortune, et à leur tête entreprend un voyage épouvantable à travers les bois, les rochers et les déserts. Poursuivi, traqué, chassé comme un animal féroce, il s'arme aux dépens des Espagnols ; sa troupe se grossit de quelques fugitifs, soutient dix assauts dans les montagnes, sort victorieuse du territoire ennemi, mais pour avoir bientôt affaire à des tribus sauvages et sans pitié. A chaque instant on manque de vivres ; il faut se nourrir d'herbes, de racines ou d'animaux pris au piége, car le brave Keyser a défendu, sous peine de mort, de dépenser à tuer du gibier une seule charge de poudre ou de plomb. Les munitions qui sont rares ne doivent servir que pour les combats. Durant un campement auprès des sources de l'Orénoque, on fabriqua des flèches qui furent ensuite d'un grand secours. Keyser fait construire deux pirogues, on s'embarque sur le grand fleuve, et après un trajet de cinq cents lieues, on finit par atteindre la mer. Neuf hommes seulement avaient survécu à ces aventures terribles. Ils s'embusquent dans les palétuviers, surprennent au mouillage un gros navire espagnol, s'en emparent par ruse et arrivent, non sans avoir couru bien d'autres dangers, à Saint-Domingue, où l'on préparait un grand armement. C'est alors que Laurent Grosner a vu votre cher matelot.

— Mais de Saint-Domingue on peut écrire !

— Vous savez, mon père, que les lettres s'égarent plus souvent qu'elles n'arrivent.

— C'est vrai. Pourtant ce Grosner aurait pu en apporter une...

— Quand notre invalide est parti de Saint-Domingue pour revenir en France, le capitaine Keyser n'y était plus. Il avait rejoint avec un navire bien équipé l'escadre des flibustiers réunis en grand nombre pour une expédition secrète.

— Ceci se comprend. Seulement pourquoi Grosner n'est-il pas tout d'abord venu me trouver, moi ?

— Il vous a cherché, mon père. On lui a dit que les jours de marché vous étiez ordinairement chez messire Tugghe, et il s'y est traîné. Le pauvre homme est tellement malade qu'il a fallu le faire porter sur un brancard à l'hospice de la Miséricorde, où maman Marie est allée elle-même le recommander à mes tantes Sainte-Agnès et Sainte-Cécile.

— J'irai demain ! dit Jean Bart en se levant pour arpenter de nouveau le parloir. Je verrai ce matelot, je saurai bien le forcer à me prouver qu'il dit vrai.

— Maman Marie et moi nous l'avons questionné de toutes les manières, avec défiance, avec insistance, avec prières. Il ne s'est jamais contredit et il nous a juré sur le salut de son âme que M. Keyser commandait *la Gallinette* de vingt canons, montée par cent aventuriers de choix.

— Keyser ! Keyser vivant ! ô mon Dieu ! s'écriait Jean Bart avec exaltation. Keyser sauvé !... Keyser pourrait m'être rendu !... Mon cœur bondit à rompre ma poitrine !

Le couvre-feu sonna.—Jean Bart, son fils, ni Vanburg, n'y prirent garde. — Ils continuaient à s'entretenir de la grande et heureuse nouvelle. On repassait les événements extraordinaires des campagnes lointaines de Keyser : car, durant les premières années qui suivirent son départ, on avait assez régulièrement été tenu au courant de ces grandes aventures. On savait comment il avait glorieusement marché sur les traces de Cornil le navigateur.

Charles II régnait encore en Angleterre. Les flibustiers de la Jamaïque et ceux de la Tortue fraternisaient, quand Charles Keyser rejoignit à la Martinique Jacques et Michel Bart.

Deux mois après, il portait secours à un vaisseau anglais qui, sans lui, se fût perdu corps et biens. — En sortant de la Jamaïque, il eut l'occasion d'aider fort puissamment une flottille anglaise et de coopérer à la déroute d'une expédition espagnole, partie de Cuba pour exercer des représailles dans les possessions britanniques. Enfin, se trouvant seul avec sa frégate, il put encore rendre, comme éclaireur, d'importants services à l'amiral anglais lord Welsby, qu'il mit en position de remporter un grand succès sur les Espagnols.

Lord Welsby, en repartant pour l'Europe, promit au capitaine Keyser, puisque c'était là ce qu'il désirait le plus, de lui faire conférer par son roi le titre de baronnet accompagné d'une décoration.

Keyser, ayant rallié les cousins Bart et les flibustiers français, parcourut avec eux la mer des Antilles, où la paix de Nimègue ne fut jamais franchement reconnue. Les possessions espagnoles étaient donc ravagées, pillées et rançonnées de plus belle. La torche vengeresse des flibustiers et des boucaniers embrâsait des provinces entières. La Saint-Louis, fête du roi de France, fut célébrée, selon l'usage des Frères de la Côte, aux dépens du roi d'Espagne, par un incendie de dix lieues carrées.

Mille prisonniers et un butin immense, qu'on partagea

conformément aux règlements de la chasse-partie, furent les fruits de l'expédition, après laquelle chaque capitaine reprit sa liberté de manœuvre.

Charles Keyser, Jacques et Michel Bart appareillèrent ensemble, recouvrèrent en divers ports amis des sommes considérables dues à messire Tugghe et dont la majeure part lui parvint dans des circonstances très-opportunes. Puis ils s'étaient dirigés vers les côtes méridionales d'Afrique. Leurs succès se prolongèrent dans vingt parages divers. Keyser rencontra l'occasion de rendre d'éclatants services à presque toutes les nations européennes. Plusieurs fois on avait pu espérer que le but de ses efforts était atteint.

Tout à coup, hélas ! le bruit courut que Keyser n'était plus. Marie et Jean Bart le pleurèrent ; la première seulement conservait un reste d'espérance.

— Que croire maintenant ?

— Qu'il est sauvé, qu'il est vainqueur, qu'il a reçu juste récompense de ses travaux et que nous allons le revoir ! s'écria le jeune Cornil.

Un feu martial brillait dans ses yeux ; il s'exaltait ; il tenait le langage qui devait plaire à un héros. Son père en tressaillit de joie.

— Bien, dit-il, tu seras un homme, un brave, un matelot !...

— En doutiez-vous donc, mon père ? murmura le jeune Bart en rougissant.

— Je t'aime, je t'aime trop ! s'écria Jean Bart, qui l'embrassait encore quand maître Vanburg s'avisa d'entendre sonner minuit.

— Capitaine, sans vous commander, dit-il, m'est avis qu'il est temps de faire branle-bas de couchage. Les cloches du port et celles de la paroisse piquent la fin du grand quart.

— Déjà!... Je ne pourrai dormir; mais il est bon que cet enfant se couche et que toi-même tu prennes un peu de repos, car tu dois être rudement fatigué, mon vieux camarade.

— Au fait, nous ne nous sommes pas croisé les bras aujourd'hui. Malgré le temps de damnation qu'il fait, tout est à son poste, le gréément est roidi, les voiles enverguées, et si *la Serpente* était aussi avancée que *la Railleuse*, on pourrait prendre le large dès demain.

— Tous les capitaines, mon vieux, n'ont pas des maîtres d'équipage qui te vaillent.

— Et de tous les maîtres, répliqua Vanburg, il n'y en a qu'un qui ait pour capitaine Jean Bart.

Cornil écoutait avec une joyeuse fierté. Tout à coup la porte du logis résonna violemment ébranlée par le marteau.

— Veille au grain, fit Vanburg, qui prit une paire de pistolets avant d'aller ouvrir.

Jean Bart s'était armé aussi, par une précaution qui n'était pas inutile après l'incendie et les diverses tentatives d'assassinat dont il faillit être victime.

— Vanburg, mon père, prenez bien garde! cria Cornil. Je vois par la lucarne un homme qui s'éloigne et un autre de bien mauvaise mine, portant d'affreux haillons... C'est lui qui frappe...

— Bien, mon enfant, éclaire-nous et ne crains rien!

DOUBLE COMBAT.

Jean Bart et ses amis n'ignoraient pas comment, par le travers de Sainte-Hélène, Charles Keyser, Michel et Jacques Bart, naviguant de conserve, en quête de grandes aventures, avaient rencontré une division hollandaise revenant des Indes orientales, et n'avaient pas hésité à exiger le salut au nom du roi de France.

Les Hollandais le refusent; le combat s'engage aussitôt. Michel Bart attaque impétueusement un gros vaisseau de compagnie.— Jacques, pris entre deux feux, se défend avec une énergie admirable; mais, écrasé par une artillerie trop supérieure à la sienne, il va couler à fond, quand Charles Keyser, qui a démâté le commandant en chef, accourt, aborde par l'avant le plus redoutable des ennemis et donne au frère de Jean Bart la facilité d'aborder le même navire, où il s'élance à la tête de tous ses gens. Michel vainqueur survient.

Les Hollandais se résignent enfin à saluer le pavillon des corsaires français, avec l'espoir d'être laissés libres de continuer leur route. Mais Keyser ne l'entend pas ainsi, rassemble les capitaines hollandais et s'adressant à leur commandant :

— Nous ne sommes pas dans la Méditerrannée ou sur les côtes de Flandre, dit-il. Quoi! parce que vous vous êtes crus assez forts pour refuser le salut au pavillon de la France, nous resterions exposés à périr au large, sans compensations aucunes; nous aurions perdu des hommes, reçu des blessures, fait des avaries, dépensé des munitions, et tout serait au mieux!

— Monsieur le capitaine, nous nous conduirons en amis, dit le commandant hollandais, nous vous offrons tous les secours convenables ; mais nous avons aussi essuyé des pertes graves et nous avons accordé le salut.

— Les secours convenables!... Qu'entendez-vous par là, s'écria le bouillant Keyser. J'entends, moi, que vos navires vont être visités, que nous y prendrons en vivres, en munitions de guerre et en agrès, tout ce qui nous est devenu indispensable par votre faute. Nous y choisirons des matelots en remplacement de nos morts et de nos blessés. Enfin nous garderons le vaisseau pris par Jacques Bart, dont la frégate est sur le point de couler. Sinon, messieurs, je vous renvoie à vos bords, le combat recommencera et sans quartier !

Les Hollandais hésitent. Keyser leur accorde cinq minutes pour se consulter. Mais l'orgueil batave l'emporte sur la prudence, les capitaines demandent le combat.

Attendu que la paix existe entre la Hollande et la France, procès-verbal est dressé de la délibération ; Français et Hollandais le signent, se séparent, et une seconde mêlée, plus sérieuse, plus terrible que la première, résulte de la convention écrite, que cette fois toute prise sera réputée bonne.

L'obstination des Hollandais leur fut fatale ; vaincus de nouveau après une résistance acharnée, ils sont entassés sur un bâtiment marchand. Keyser, Jacques et Michel Bart détruisent tous les navires hors de service et, avec six bâtiments parfaitement approvisionnés, font voile pour le Brésil.

Les plus grands honneurs les y attendent; car le

propre frère du vice-roi, dom Fernand d'Estrelhos, ci-devant gouverneur de Goa, sa femme et ses enfants, capturés en mer par les Hollandais, ont été délivrés par la flottille française. Keyser les a traités à son bord avec la plus généreuse hospitalité. Il leur a rendu tout ce qui leur avait été pris, navire, cargaison, trésors et pierreries dont la majeure partie appartient à la couronne de Portugal, — valeurs immenses qui, d'après les lois de la guerre, ne pouvaient lui être réclamées.—Les flibustiers rangés sous ses ordres, compagnons vaillants mais âpres au gain, savent si bien cela, que pour opérer la restitution complète, il a dû renoncer à toute autre part, et même diminuer d'avance celle qu'il aura dans les rafles à venir. Enfin, se détournant de sa route, il s'est fait un devoir d'escorter la noble famille jusqu'à ce qu'elle soit à l'abri de tout danger.

Le vice-roi du Brésil et l'ancien gouverneur de Goa jurent que le roi leur maître reconnaîtra les services qu'il vient de rendre au Portugal par des récompenses honorifiques dignes de son courage, de son désintéressement et de sa magnificence.

De la baie de Tous-les-Saints, Keyser descend jusqu'au Rio de la Plata, remonte le fleuve, dévaste ses rives, surprend vingt bourgades, répand la terreur jusqu'à Buenos-Ayres, rançonne les populations, fraternise avec les mamalucos brésiliens qui, de leur côté, ravageaient la contrée, s'empare de dix navires chargés de richesses, et remonte à Cayenne pour y liquider les comptes de la campagne, répartir à ses compagnons leurs parts de prises, vendre, réparer ou changer ses navires, renouveler ou compléter ses équipages.

Moroléon, Brown-Lion, Lion-Brun sont ses principaux noms de guerre ; parfois on l'appelle Barbe-Noire, car il ne s'est plus rasé depuis le départ de France. Il porte longue chevelure, justaucorps de basane, chapeau à plumes, ceinturon garni à la flibustière. Il a grand air et mine indomptable. Ses yeux noirs indiquent une volonté qui ne plie jamais. Sa parole est brève, impérieuse, parfois terrible, parfois joviale, toujours entraînante.

Il sait commander.

LE TOUR DU MONDE.

A Cayenne, on se retrouve avec d'aventureux flibustiers qui, las de la mer des Antilles, voudraient du nouveau :

— Je vous propose le tour du monde, s'écrie Keyser. Madagascar, l'Océan indien, Manille, la prise du galion des Philippines, une campagne tracée par Cornil le navigateur.

— Allons !... vive le tour du monde !

On trinque, on boit, on part.

La *chasse-partie* (1) a été adoptée à l'unanimité Les navires sont bons, les armes de premier choix, les munitions abondantes, les vivres de qualité supérieure, les équipages solides, les capitaines et lieutenants parfaits :

(1) Les flibustiers disaient *chasse-partie* par corruption de *charte-partie*, acte conventionnel entre le propriétaire et le chargeur du bâtiment,

Keyser, Michel, Alexandre Jacobsen, Gaspard Bart, récemment arrivé pour prendre part à la campagne, et Pierre Dehan, son camarade, autre enfant du Dunkerque.

On relâche à l'Ascension, puis à Sainte-Hélène; on ne craint pas de mouiller au cap de Bonne-Espérance, puisqu'on est en paix avec la Hollande; mais toujours et partout on fait bonne garde.

A Madagascar, on rétablit au Fort-Dauphin la puissance chancelante du Roi de France.

On charge des bœufs et l'on cingle vers la côte de Coromandel.

Aux Indes l'influence anglaise grandissait; toutefois les Hollandais avaient encore la prépondérance que leurs marchands s'efforçaient de conserver par l'emploi de tous les moyens. La fraude, la violence, la perfidie, tout leur fut bon pour achever la ruine des Portugais bien déchus de leurs splendeurs, pour paralyser les efforts des autres nations européennes et pour empêcher les progrès des Danois, des Suédois, des Français surtout (XVIII).

Nos comptoirs se virent menacés par des bandes d'aventuriers qu'ils soudoyaient secrètement. Faire dévaster et détruire les établissements des nations rivales, telle était leur politique.

Cette situation complexe fut de la part de Keyser l'objet d'études sérieuses, d'un mémoire complet qu'il adressa au ministre de la marine, et de négociations habiles, tendant à former une ligue des faibles contre les envahisseurs. Il servit encore les Portugais, porta secours aux Danois dont les navires étaient bloqués par une escadrille de pirates qu'il écrasa, donna d'utiles avis aux

Suédois, dont il sauva l'unique vaisseau expédié aux Indes avec mission d'y traiter pour l'acquisition d'un territoire et, apprenant que Pondichéry était assiégé, il alla mouiller sous ses murs.

« Les Hollandais, a dit un historien, essayèrent d'a-
» bord de faire attaquer Pondichéry par les naturels
» du pays, qui ne pouvaient jamais être contraints de le
» restituer. Le prince indien auquel ils s'adressèrent ne
» fut pas tenté par l'argent qu'on lui offrit :

— « Les Français, répondit-il constamment, ont
» acheté cette place, il serait injuste de les en déloger. »
» Ce que ce raja refusait de faire fut exécuté par les Hol-
» landais eux-mêmes. (1) »

La ville allait être prise et saccagée

Keyser et ses compagnons s'en font les défenseurs, repoussent l'assaut, exécutent une sortie, exterminent les *grecs* (2), s'emparent de la caisse des traitants bataves, la partagent, et après cet heureux coup de main, poursuivent avec leurs navires bien ravitaillés leur belliqueux voyage de circumnavigation.

On aborde par aventure dans le royaume de Siam, où règne la guerre civile. Au nom de Sa Majesté Louis XIV, Keyser y fait un roi dont il exige un tribut considérable, en lui imposant la condition de dépêcher une ambassade en France.

Un Grec nommé Constance Phaulcon, premier ministre du monarque siamois, est frappé de la valeur des

---

(1) Raynal, *Hist. phil. des deux Indes.*
(2) Dans l'Amérique espagnole, les flibustiers appelaient *grecs* les mercenaires aux gages des colons ; ils donnèrent le même nom à ceux qui investissaient Pondichéry.

flibustiers. Il sent l'importance d'être protégé contre les envahissements des Hollandais par le prince qui a de tels guerriers à son service. Des ambassadeurs se rendirent en effet à la cour de Louis XIV ; et telle est l'origine demeurée fort obscure, de la mission dont furent chargés, en 1685, le chevalier de Chaumont, l'abbé de Choisy et le fameux Forbin.

L'objet principal de la campagne étant le pillage de Manille, on se ravitaille pour la dernière fois, grâce à la paix nominale, mais non sans défiance, dans les possessions hollandaises de Sumatra.

La masse des flibustiers, selon leur déplorable coutume, y dissipe en orgies les dépouilles de l'Inde et du Siam. Mais Keyser et les Bart expédient leurs parts en Europe par un correspondant de la maison Tugghe. Les plaisirs de la relâche ont bientôt épuisé l'or de leurs formidables camarades. On appareille. On prend terre à la Grande Luhan, îlot qui rappelle la Tortue et d'où l'on compte fondre sur la capitale des Philippines, comme les flibustiers des Antilles fondaient sur Port-au-Prince ou Santo-Domingo.

Mais autre hémisphère, autre guerre.

L'on n'attaque pas une place telle qu'était Manille à cette époque, sans s'être rendu compte de ses abords. Après avoir jeté l'ancre au milieu de l'archipel de Luhan, Keyser, qui ne s'en fie qu'à lui même, part en pirogue pour aller en reconnaissance. Sous un déguisement, il ose pénétrer dans la ville et s'aperçoit que les Espagnols alarmés y font de formidables préparatifs de défense.

Ce ne peut être contre les flibustiers français embusqués depuis la veille seulement dans les îlots où ils se tiennent cachés. De tous côtés arrivent des troupes et des munitions ; on travaille aux retranchements ; les habitants s'organisent en milice; ils comptent sur des secours venant de Ternate, de Maïndanao, et des autres Philippines.

LES SAUVEURS DE MANILLE.

Keyser, en se mêlant aux groupes, apprend que Manille s'attend à être assiégée par une innombrable armée de Chinois, de Tartares et de Japonais réunis sous les ordres d'un nouveau Coxinga. Les mêmes faits qui, vingt ans auparavant, en 1662, ont mis la colonie à deux doigts de sa perte, se reproduisent sous un aspect non moins menaçant.

« En 1662, le célèbre rebelle Kouesing-Kong, que les Espagnols appellent Coxinga, le même qui avait délivré l'île de Formose du joug des Hollandais, envoya un prêtre dominicain à Manille en qualité d'ambassadeur, pour sommer les Espagnols de se reconnaître ses tributaires. Sa mort soudaine les sauva, car cent mille hommes de troupes chinoises et mandchoues, habituées à vaincre, étaient sur le point de les attaquer (1). »

Charles Keyser se hâte de rejoindre ses compagnons, les réunit et tirant son sabre :

---

(1) *Précis de l'histoire des Philippines* (Océanie), par D. de Rienzi.

— Au nom du Roi très-chrétien, dit-il, je vais, mes braves camarades, vous faire la proposition la plus extraordinaire qui ait jamais été faite par un capitaine flibustier.

A cet exorde succède un silence mêlé de surprise :

— Je viens de Manille ! Je connais le fort et le faible de la place, je sais ce qui s'y passe en ce moment.

— Bravo ! vive Moroléon ! vive Barbe-Noire ! vive l'Amiral !

Il était d'usage que le chef d'une expédition quelque peu importante prît, pendant sa durée, le titre d'*amiral*, qui indiquait simplement ses fonctions ; mais l'égalité la plus absolue régnait en principe parmi les Frères de la Côte. Les délibérations prises en commun faisaient loi ; le capitaine ou l'amiral commandait ensuite, avec droit de vie et de mort, dont certains, — tels que Van Horn, par exemple, abusèrent maintes fois ; — enfin, au retour de la campagne, le chef redevenait simple flibustier, comme auparavant.

— Si je vous disais, poursuit Keyser, que les Espagnols instruits de notre présence, se sont enfuis dans l'intérieur avec toutes leurs richesses, comme ils font si souvent en Amérique, vous seriez fort désappointés...

— Comment sauraient-ils déjà nos projets ?

— Silence ! silence !... A chacun son tour !... Continue, Amiral !

— Si je vous disais, au contraire, qu'ils ont rassemblé derrière leurs remparts tout ce qu'ils possèdent, que ceux des campagnes désertant leurs habitations sont à la ville avec leurs trésors, et qu'ils s'y retranchent en grand nombre avec le dessein de résister à leurs ennemis, vous applaudiriez en riant !...

— Quel coup de filet, si c'était possible !

— C'est si bien possible que cela est !

Un long rugissement de joie parcourt les rangs des associés.

— Ils sont tous sous les armes ; mais, à la vérité, ce n'est pas contre nous !...

— Ah ! ah ! écoutons !

— A l'intérieur, ils sont obligés de tenir en respect une population immense de Chinois et autres païens prêts à se révolter ; de l'extérieur, ils ont à craindre une invasion de cent mille infidèles. Et vous m'avez entendu vous annoncer une proposition fort extraordinaire...

— Oui !... va !... on te voit venir !

— Deux partis se présentent : — Prendre la ville, la piller, emporter ses richesses, et, au résumé, la laisser sans défense contre les païens qui s'empareront aussitôt de ce beau pays. Or, remarquez avant tout, camarades, que Chinois, Malais, Japonais, tous les autres, en un mot, sont des pirates maudits de Dieu, et non de pauvres Indiens, comme ceux que nous sommes fiers de venger sur les côtes d'Amérique. Ferons-nous les affaires de ces misérables ? Quant à moi, j'aurais horreur d'un tel crime. — Le second parti que je propose, au nom de notre Dieu, c'est de secourir et de défendre ceux que nous venions piller !

Des murmures confus répondent à ces paroles. La nombreuse assemblée des Frères de la Côte les désapprouvait évidemment. Keyser s'y attendait :

— Les Espagnols, après tout, sont des chrétiens ! reprend-il avec force ; et, selon moi, nous ne devons en aucun pays détruire le culte de notre sainte religion.

Choisissez donc! Que les partisans des païens passent à ma droite, que ceux qui sont de mon avis passent à ma gauche! Tout sera dit!

Les Bart et un certain nombre d'autres se placèrent résolûment à gauche de Charles Keyser; la plupart des flibustiers ne bougèrent point.

— En douceur! s'écria l'un des plus anciens; nous délibérons! L'Amiral a parlé... il n'a pas écouté ses camarades...

— On t'écoute, vieux grognon, dit rudement Keyser. Parle!

— Eh bien!... je ne suis pas pour les païens, Dieu m'en garde!... Mais faire alliance avec les Espagnols, sauver nos ennemis... Mille feux d'enfer! ceci est par trop chrétien, je trouve!... Prenons la ville et gardons-la! nous saurons bien la défendre!

— Oui! oui! prenons la ville et gardons-la!

— Joli cadeau pour le Roi de France!

— A la bonne heure!... — Bien parlé!

Dans le petit groupe des Bart, on se garde bien d'appuyer l'opinion qui prend faveur.

— Silence! commande enfin Keyser. Quelqu'un demande-t-il encore la parole?

— Non! Amiral, non!... Tu vois assez ce que nous voulons!...

— Ecoutez-moi donc de nouveau, dit impérieusement le jeune commandant en chef.

A ces mots, il déroula un parchemin scellé des armes de France, signé par le plus grand nombre des aventuriers et qui avait force de loi parmi eux. C'était la chasse-partie, rédigée à Cayenne par ses soins et dans la prévision de ce qui arrivait.

Il en commença la lecture d'une voix ferme :

« Gloire à la très-sainte Trinité !

» Au nom du Roi très-chrétien, les soussignés, Frères de la Côte, tant pour leur compte que pour celui des associés qui seraient admis plus tard dans leur troupe, ont juré librement et de bonne foi d'observer pour toute la durée de l'expédition les articles ci-dessous :

» Art. 1er. L'objet de la campagne est de faire le tour entier du monde en se signalant par des exploits profitables à la compagnie.

» Art. 2. La compagnie ne prendra possession d'aucune terre ferme, son dessein étant de revenir à son point de départ et de rentrer au Cap-Français avec la gloire d'avoir fait triompher son pavillon sous toutes les latitudes. »

Quoique l'on fût accidentellement parti de Cayenne, le Cap-Français, dans l'île de Saint-Domingue, était à juste titre considéré comme le centre des Frères de la Côte, car le gouverneur nommé par le Roi commençait à en faire sa résidence.

— Camarades ! dit Chasles Keyser, je passe les articles d'usage sur les droits des associés, leurs parts, les indemnités dues aux blessés, aux estropiés, aux *matelots* ou aux héritiers des morts, *et cœtera*. Je vais lire seulement l'article dernier :

« Sera réputé traître à la compagnie et puni de mort sur-le-champ quiconque proposera de violer un seul des articles ci-dessus. » — A Madagascar, nous avons secouru le fort Dauphin ; mais, liés par notre contrat, nous avons refusé de faire la conquête de la plus belle des îles du monde entier. A Pondichéry, nous avons exterminé les *grecs* soudoyés par les marchands hollandais pour anéantir la compagnie française des Indes; mais, attendu notre chasse-partie, nous n'avons pas consenti à nous fixer dans une contrée magnifique, où des gens tels que nous rendraient les plus utiles services à la France. Au Siam, même chose. Eh bien, ici c'est la même chose encore. Pouvons-nous défendre Manille contre les infidèles, païens et barbares, sans en prendre possession, y séjourner et renoncer à Saint-Domingue?

— C'est vrai! oui, malheureusement, c'est trop vrai! murmurent la plupart des associés.

— J'ai offert deux alternatives; on vous en a présenté une troisième en contradiction flagrante avec notre chasse-partie; une quatrième reste...

— Voyons!

— Par la sainte croix! si celle-là vous convient, j'en serai bien surpris, dit Keyser avec une froideur dédaigneuse. Partir d'ici comme nous y sommes venus, sans avoir rien fait...

— Non! non! non! hurla la bande entière.

— Non! criez-vous. Laissez-moi donc vous rappeler un trait du brave capitaine Montauban, que vous connaissez tous. Moyennant une forte rançon payée d'avance, il s'était chargé d'escorter et de protéger un galion espagnol. A moitié chemin, un de ses hommes propose d'enlever ce navire rempli de richesses. Que fit Montauban? Il se démit de son commandement en demandant d'être jeté à terre. Que firent les Frères de la Côte? Ils chassèrent de leur compagnie le misérable qui avait osé leur conseiller une trahison. Quant à moi, après vous avoir lu la chasse-partie, je me démets de mon commandement d'amiral, et je refuse de servir comme volontaire, par respect pour les articles premier, deuxième et dernier que j'ai juré d'observer.

— Jacques, Michel et Gaspard Bart, Jacobsen, Pierre Dehan, et vingt autres déclarent qu'ils ne violeront pas non plus le pacte social.

— Mille diables! s'écrie enfin le vieil aventurier cause de tout le tumulte, mettons donc que je n'aie rien dit... Et va pour sauver ces chiens maudits d'Espagnols..., moyennant qu'ils paient quatre tonnes d'or?... Vive l'Amiral!

— Vive l'Amiral!... — Moroléon, commande! cria la foule en trépignant et en applaudissant.

— Soit! fit Keyser. Sachez donc maintenant que, si nous contractons alliance avec les Espagnols, je fendrai la tête au premier qui ne les traiterait pas en alliés. En attendant, qu'on veille sous les armes... Bas la palabre!... A vos postes!

Une barque longue aux ordres de Gaspard Bart est immédiatement envoyée en croisière dans les eaux de Manille. Elle y capture quelques nobles espagnols qui, bâillonnés et garrottés, sont conduits au beau milieu de la nuit au chef de l'escadrille flibustière. Ils se croient perdus sans miséricorde, et passent soudain de l'extrême terreur à l'extrême joie.

L'amiral Moroléon leur déclare toute la vérité, en les chargeant de la rapporter au gouverneur général. En même temps il lève l'ancre, hisse pavillon parlementaire, et sabords ouverts, mèche allumée, va mouiller dans la baie même de Manille.

Un traité d'alliance offensive et défensive est conclu. Les flibustiers exigent pour prix de leur secours quatre tonnes d'or monnayé; les Espagnols veulent un serment solennel prêté dans l'église cathédrale sur les saints Évangiles.

— De grand cœur! répond le Lion-Brun.

Au pied des autels, en présence de l'évêque et de son clergé qui font en grande pompe prononcer le serment aux terribles auxiliaires aventuriers, le paiement de leurs services est effectué par le gouverneur général en personne.

Peu de jours après parut l'innombrable flotte des ennemis.

De tous côtés, ils débarquaient des troupes. Les flibustiers en riaient de bon cœur.

Retranchés derrière leurs murailles, les Espagnols contiennent aisément la population chinoise, malaise et indigène. Une troupe vaillante de Frères de la Côte secondée par la cavalerie de Manille va par terre au-devant des agresseurs. Par mer, l'escadrille de Keyser coupe la retraite aux jonques et transports qui furent coulés ou brûlés, non sans avoir été pillés comme de raison. Le butin fut prodigieux. Les chaloupes vomissent sur la plage une dernière bande de flibustiers. Les ennemis pris entre deux feux se défendent avec le courage du désespoir. Les aventuriers les attaquent avec une gaieté furieuse. Pas un Formosan, Malais ou Tartare ne se rembarqua. La plupart périrent, les autres, réduits en esclavage, furent condamnés aux travaux de défrichement ou aux mines.

Depuis ce temps, une vaste plaine des environs de Manille s'appelle le Champ du Massacre. C'est la plus fertile de toute l'île de Luçon.

Les habitants, délivrés du péril le plus pressant, tremblèrent aussitôt à la seule pensée que leurs défenseurs ne se changeassent en ennemis. Mais le gouverneur général des Philippines avait eu le temps d'apprécier le noble caractère de Moroléon.

— Seigneur Amiral, lui dit-il, malgré la guerre exécrable que vous et vos pareils ne cessez de faire à Sa Majesté Catholique, il ne tiendra point à moi que vos services actuels et votre loyauté comme allié ne reçoivent leur récompense.

— Je donnerais, répond Keyser, toutes mes parts de butin, mon rang de capitaine, mes fonctions d'amiral, pour le simple titre de chevalier de Saint-Jacques.

— Vous l'aurez ou j'y perdrai mon propre nom, dit le gouverneur, pourvu, cependant, que vous renonciez à la flibuste.

— Mon dessein est de rentrer en Europe, dès que je serai anobli ; d'ici-là, je ne cesserai de faire la grande course ; et quant à la campagne actuelle, je suis lié envers mes compagnons par un serment non moins sacré que celui que j'ai prêté dans votre cathédrale.

— Votre anoblissement, seigneur Moroléon, est donc de l'intérêt du roi d'Espagne autant que de son devoir.

La sévère discipline maintenue par la volonté de fer du jeune amiral ne tarda pas à rassurer les habitants de Manille. Tenant à faire un exemple, Keyser avait sacrifié deux des siens pour des méfaits assez pardonnables. Il s'ensuivit que l'accueil le plus hospitalier fut la récompense des redoutables aventuriers français.

Les délices de Manille, où ils laissèrent en détail l'or qu'ils avaient reçu en gros, ne tardèrent pourtant pas à les fatiguer. On appareilla.

Par la ligne la plus courte, avec trois petites frégates réparées à neuf, parfaitement espalmées et approvisionnées, on gouvernait sur Panama. On y atterrit en 1685, au moment de la grande expédition des flibustiers anglo-français dans la mer du Sud.

REVERS.

Keyser, Jacques et Michel Bart étaient parfaitement connus du chef de la flottille, le capitaine David, flamand de nation, qui montait une frégate de trente-six et prenait le titre d'amiral. Sous ses ordres il avait beaucoup plus d'anglais que de français. Leur entente fraternelle ne pouvait durer longtemps. Les Anglais se faisaient un jeu de piller et de profaner les églises. Ils indignèrent les flibustiers français. Une séparation à peu près amiable eut lieu. On aurait dû faire cause commune ; on ne parvint pas à s'entendre sur les droits respectifs des associés (XIX).

Keyser fit voiles pour le Sud.

Voilà tout ce que l'on savait à Dunkerque avant les nouvelles qu'y rapporta l'invalide Laurent Grosner.

Qu'étaient devenus Keyser, Jacques, Michel, Gaspard, Alexandre Jacobsen et le jeune Dehan depuis leurs communications avec l'amiral David, le capitaine Suams son vice-amiral, le capitaine français Grogniet et leurs compagnons?

En jetant les yeux sur la carte de l'Amérique du Sud, les côtes du Pérou, du Chili et de la Patagonie, le détroit de Magellan et le cap Horn, Jean Bart avait supposé que, vaincu par les éléments ou par les ennemis, Keyser, n'avait pu accomplir la dernière partie de son tour du monde.

Marie Tugghe, soutenue par son ardente foi, voulait espérer encore; aussi son premier cri fut-il une touchante prière d'actions de grâces, quand le mendiant invalide lui dit:

— Moroléon est vivant; je l'ai revu au cap Français où il a pris le commandement de la frégate *la Gallinette*.

Vinrent ensuite quelques détails recueillis par Laurent Grosner.

Dans la mer du Sud, un coup de vent épouvantable avait séparé les trois navires de Moroléon. Se trouvant seul, il fit voiles dès qu'il le put vers le cap Santa-Helena, point de ralliement convenu. Pendant qu'il croisait à cette hauteur, une épidémie causée par les intempéries du climat s'était déclarée dans son équipage. L'agglomération des malades faisait faire à la mortalité de tels progrès qu'il fallut absolument les établir à terre sur un îlot où on construisit un petit hôpital entouré de retranchements. Un tiers des gens valides les y gardait. Un second tiers sous les ordres d'Alexandre Jacobsen s'aventura dans les terres pour y faire des vivres, car on commençait à souffrir de la disette. Le reste, c'est-à-dire une quinzaine d'hommes, montait la frégate dont les vigies signalèrent tout-à-coup deux voiles haut-mâtées.

On espère que ce sont les navires de Jacques et de Michel Bart ; on reconnaît, hélas ! deux vaisseaux espagnols armés en guerre.

Keyser ne peut songer à leur résister avec ses quinze ou vingt matelots ; il s'échoue sur l'îlot hôpital, débarque sa poudre et ses armes, brûle sa frégate, et rejoint ses malades.

Bientôt les *grecs* de Guayaquil réunis aux équipages des vaisseaux font le blocus du dernier asile des flibustiers. Keyser ne voulant pas abandonner ses malades et ses blessés, ne peut, comme firent à cette époque plusieurs Frères de la Côte, se jeter résolûment en terre ferme et traverser tout le pays les armes à la main. Il se borne donc à forcer le blocus pour aller chercher des vivres. Ces sorties l'affaiblissent, mais il espère toujours l'arrivée de ses conserves et prolonge jusqu'à la dernière extrémité son héroïque défense. Malheureusement les Bart ne paraissent point, et les Espagnols, voulant réduire les Français par famine, ont eux-mêmes dévasté toutes les campagnes des alentours.

La mortalité continue, officiers et chirurgiens ont tous péri ; le brave Alexandre Jacobsen, lieutenant habile et dévoué, succombe à son tour ; Keyser se sent atteint par la fièvre.

Il n'hésite plus alors à recourir au cruel expédient maintes fois employé durant cette guerre par les aventuriers flibustiers.

A la faveur d'une nuit obscure, il part en chaloupe avec une trentaine de gens encore en état d'exécuter un coup de main. La garde de l'îlot reste confiée aux malades et aux impotents, mais les Espagnols ignorent l'absence des hommes valides et n'oseront pas attaquer. Keyser pénètre dans la ville, y répand l'alarme, met le feu de tous côtés, s'empare de cinquante habitants et entre autres du fils du président de Quito; puis il retourne à son îlot, où il arbore pavillon parlementaire.

— Ces cinquante prisonniers vont être décapités, dit-il, si la capitulation, dont voici le modèle, n'est pas signée avant midi.

Les Espagnols terrifiés acceptent, mais ne tardent pas à violer la capitulation.

Victime de leur trahison, Moroléon, renfermé dans une cage de fer, fut envoyé au président de l'audience de Quito et ensuite réduit au plus dur esclavage. Mais peu à peu il avait organisé un complot d'évasion; rompant ses chaînes et celles de ses compagnons d'infortune, il s'était réfugié dans les montagnes du Popayan, et sa retraite avait été couronnée de succès puisqu'enfin de retour à Saint-Domingue, il y commandait un nouveau navire.

Cette histoire, qui fut celle d'une foule d'autres aventuriers flibustiers, — tels que le capitaine Grogniet et Raveneau de Lussan, à qui l'on doit le journal de l'expédition dans la mer du Sud, — cette histoire étrange avait fait battre le cœur de Jean Bart sous des impressions bien diverses, tantôt d'horreur ou de pitié, tantôt d'un noble et tendre orgueil. Cornil et Vanburg les avaient partagées; mais quand la porte eut été ouverte avec toute la prudence convenable, l'émotion commune redoubla.

L'homme en haillons était Charles Keyser lui-même.

LE NAUFRAGÉ

Charles Keyser et Jean Bart se tinrent longtemps embrassés. Des larmes coulaient dans les yeux du bon Vanburg. François Cornil, palpitant, contemplait le valeureux marin, le hardi capitaine, l'ami et le frère d'armes de son père, le fiancé de sa seconde mère Marie Tugghe, le héros dont les merveilleuses aventures, passées en revue le jour même à plusieurs reprises, l'avaient déjà si profondément ému.

— Hélas! il revient misérable! pensait le fils de Jean Bart.

Keyser était dans l'horrible état d'un naufragé qui, par des efforts désespérés, vient d'échapper à la mort. Ses vêtements déchirés étaient humides; sa face, sa chevelure, sa longue barbe noire souillées de limon salin. Il était pieds nus, les mains et les jambes ensanglantées.

Sa première parole fut:

— Vit-elle encore, matelot?

— Elle t'attend toujours, répondit Jean Bart. Seule elle ne désespérait pas, quoique depuis trois ans nous fussions sans nouvelles. Et tu n'as pas oublié : « Que le sort le seconde ou le trahisse, Marie lui restera fidèle! »

— Aussi, matelot, n'ai-je demandé que si Dieu nous l'avait conservée. Elle vit!... je savais le reste!

Épuisé de lassitude, Keyser se laissa choir sur des coussins de Turquie qu'apportait maître Vanburg. Un cordial était versé par Jean Bart. Cornil lavait la figure du naufragé, qui, faisant effort, dit énergiquement :

— Je suis noble, riche, et de retour !

L'excès de la fatigue l'emporta ensuite ; il se laissa panser et soigner, souriant, soupirant, puis souriant encore, mais muet, abattu, glacé, n'essayant plus de se roidir contre l'assoupissement qui l'accablait. Un grand feu fut allumé ; Jean Bart et Vanburg le déshabillèrent. Ils trouvèrent sur sa poitrine un épais plastron en peau de buffle que des bretelles de cuir et une triple ceinture y tenaient fixé. Par un mouvement instinctif, quand ils y touchèrent, Keyser y porta les deux mains ; mais, entr'ouvrant les yeux, il reconnut ses amis et sourit de nouveau en pensant qu'à ceux-ci enfin il pouvait confier avec joie le précieux objet qui contenait évidemment ses titres de noblesse.

— Noble et riche ! avait murmuré Cornil étonné.

— C'est tout simple ! dit Jean Bart. Sans cela il ne serait point ici.

— Ah ! mon capitaine ! s'écria Vanburg, comme vous parlez bien !

— Après son tour du monde, aurait-il encore pris part à une expédition de flibustiers sans d'impérieux motifs ? Que lui fallait-il ? la noblesse. Il l'a décidément conquise puisqu'il a fait voile pour Dunkerque, comme le prouve son naufrage. Malgré tous les détails fournis par Laurent Grosner, je doutais encore, mon enfant ; mais Keyser vivant est ici sous mes yeux, eh bien, j'ose espérer maintenant que mes frères Jacques et Gaspard, et que mon cousin Michel sont sauvés aussi !...

Ces espérances ne devaient se réaliser qu'en partie, car on resta sans nouvelles, durant longues années, de Jacques Bart dont on supposait que le navire avait péri en plaine mer.

Quant à Michel, en longeant la côte pour rallier le cap Santa Helena, il fit volontairement naufrage parce que d'énormes vers avaient de toutes parts percé à jour la carène de sa frégate. Il en débarque en bon ordre avec armes et bagages, se dirige sur Guayaquil, apprend l'infâme trahison dont Keyser dit Moroléon vient d'être victime, la venge cruellement, et dans le dessein de délivrer les flibustiers réduits en esclavage, parcourt avec des succès divers tout l'intérieur du Pérou. Après des aventures et des combats invraisemblables, tant les forces des flibustiers étaient en disproportion avec celles des colons, il atteignit Cumana, au commencement de l'année 1688. Son cousin Gaspard et Pierre Dehan partagèrent sa fortune. Ils furent recueillis, ainsi que leurs trente derniers compagnons, par un croiseur français (xx).

Michel, demeuré aux Antilles, n'y était guère connu que sous son prénom, dont il fit encore grandir la grande célébrité. Il ne revint jamais en Europe et prit part jusqu'à la fin aux courses des flibustiers. Il jouissait de l'estime particulière du loyal et glorieux Ducasse, dont il seconda constamment les vues; en 1694, il monta des premiers à l'assaut de Carthagène, et, au retour de cette mémorable expédition, se retira paisiblement dans une habitation magnifique qu'il possédait à Saint-Domingue.

Gaspard Bart et Dehan, ayant retrouvé Keyser au Cap Français, s'embarquèrent sous ses ordres à bord de *la Gallinette*, qui, chargée de riches dépouilles, faisait voiles pour Dunkerque.

Avant d'entrer en Manche, à vingt lieues au nord d'Ouessant, la légère frégate est attaquée par un navire de même rang du parti du prince d'Orange. Le digne ami de Jean Bart l'enlève à l'abordage et le fait conduire au port le plus voisin, c'est-à-dire à Brest, par Gaspard, son lieutenant, puis, il continue sa route. — C'est pour faire naufrage au port.

A quelques milles de l'entrée, *la Gallinette*, battue par les vents du nord-ouest, est surprise par d'épais brouillards. On louvoie afin d'attendre l'éclaircie ; la tempête redouble, le mât de misaine éclate, l'unique ressource est de jeter l'ancre ; mais la tenue est mauvaise ; bientôt on est en perdition. Non-seulement toutes les ancres chassent, mais de furieuses lames de fond battent en brèche le navire, qui, drossé par les courants, talonne à mer haute. Keyser, secondé par Pierre Dehan, ne néglige rien de ce que peut faire un capitaine habile. La marée se renverse. La frégate tombe lourdement sur le côté, malgré les béquilles qui l'étayaient, car le ressac a tout brisé. Il démolit sur place le malheureux bâtiment. On essaye de lancer les embarcations ; chaloupes et canots, enlevés comme des fétus, sont immédiatement fracassés. La nuit est profonde, la brume opaque, l'artillerie noyée ; impossible de faire un signal de détresse. L'équipage se cramponne aux pavois démantelés. On ne se voit plus, on ne peut plus s'entendre. On lutte dans un chaos indescriptible.

Keyser rampe et s'approche à tâtons de chacun de ses hommes. Il leur donne ainsi, en leur criant à l'oreille, les ordres nécessaires pour la construction d'un radeau de sauvetage. Il veut réunir ses gens sur un ensemble d'espars et de barriques vides que la mer montante finira nécessairement par jeter au rivage. Ses instructions sont comprises. Le jeune Dehan, les maîtres et matelots savent comment procéder pour travailler utilement à l'œuvre commune.

Les uns s'affaleront dans la cale à demi submergée pour y pêcher les barriques flottantes, que d'autres saisiront au dehors au moyen de nœuds coulants ; un certain nombre d'hommes sont chargés de couper dans les débris du gréement les cordages nécessaires aux amarrages du système ; les efforts doivent se grouper sur le grand mât couché dans l'eau et qui tient encore au navire, dont on finira par le séparer à coups de hache. Ce travail doit durer six heures au plus ; car, s'il n'est pas terminé avant que la mer soit haute, les restes du navire échoué seront inévitablement engloutis.

On se met donc à l'œuvre, sans se voir ni s'entendre les uns les autres, mais dans un dessein parfaitement déterminé par l'ingénieux capitaine qui,— toujours en rampant, — se rend de l'arrière à l'avant de la frégate, surveille et aide tour à tour les travailleurs isolés, parvient à former des groupes de deux ou trois hommes et voit avec satisfaction que ses ordres sont exécutés activement.

Dehan à cheval sur le grand mât s'occupe de l'amarrage des premières barriques. Le ressac diminue, la coque est presque à sec, la lune se lève et perce la brume ; le travail va devenir moins difficile.

Tout à coup une immense lame de fond déferle sur les naufragés. Le montant auquel se tenait Keyser est arraché de la carcasse ; le brave capitaine, emporté au large par la mer descendante, se sent perdu.

Son sang-froid pourtant ne l'abandonne pas ; il se borne à flotter sans essayer de lutter contre la marée qui l'entraîne en pleine mer. Il recommande son âme à Dieu, il pense à son matelot Jean Bart et à Marie sa bien aimée; une douleur sans égale navre son cœur, et cependant il dérive au gré des lames.

Enfin, brusquement englouti par un remous, il se débat, et en sort pour s'apercevoir avec joie qu'un contre-courant le ramène vers le rivage.

Il se réveille pour ainsi dire alors, et nage jusqu'au moment où il s'accroche à l'extrémité même de la jetée. Il embrasse les piliers de l'estacade, rassemble ses forces et se hisse sur le pont, malgré le choc des lames, non sans s'être blessé dix fois. Il se traîne ensuite à la guérite des gardiens, dont l'un veut bien le conduire jusqu'à la porte de Jean Bart.

Tel fut le récit de Keyser lorsqu'ayant recouvré quelques forces, il put reprendre la parole.

— Magnifique ! sublime ! s'écriait par moments Jean Bart.

Maître Vanburg écoutait bouche béante. Mieux que personne il avait pu juger de la violence de la tempête, puisque durant toute la journée il était resté à bord. Jamais il n'avait ouï parler d'une plus belle défense contre la furie des éléments. Et de fait, Charles Keyser venait de déployer plus de génie durant son échouage que dans tout le cours de sa carrière d'aventurier.

Le sommeil exerce sur l'enfance un invincible pouvoir. Cornil s'était endormi si profondément que, sans le réveiller, maître Vanburg avait pu le mettre au lit.

— Quel retour ! dit Keyser avec douleur. Mes pauvres compagnons ont tous péri, sans doute,

— Pourquoi cela ? fit Jean Bart. Tes ordres étaient bien donnés, bien compris et en bonne voie d'exécution. Ton jeune lieutenant est capable. La grosse lame qui t'a emporté doit avoir été le dernier coup de ressac, puisque la mer descendait. Ils seront sauvés.

— Le plus difficile, capitaine Keyser, était de vous sauver vous-même, ajouta maître Vanburg.

— C'est un miracle. Marie devait prier pour moi.

— D'accord ! reprit le maître ; mais si M. Dehan et les autres s'en tirent au moyen de votre radeau, comme je pense, ils vont commencer par annoncer que vous avez péri !... Attention ! Faut que la bonne nouvelle entre chez messire Tugghe avant la mauvaise.

— Je t'en charge ! dit Jean Bart. Et maintenant, mon vieux, va te coucher aussi.

LES PARCHEMINS.

Dès que Vanburg se fut retiré, sur un signe de Keyser, Jean Bart prit le plastron, l'éventra et en fit sortir une liasse de parchemins, préservés de l'humidité par une triple enveloppe de basane goudronnée en dedans, de peau de serpent et de peau de chagrin.

— Tout est-il intact ? demanda le naufragé.

— Tout ! répondit Jean Bart en feuilletant. Ah ! voici un brevet anglais de chevalier de Saint-Georges, délivré au baron de Brown-Lion, né Charles Keyser.

— Je l'ai trouvé à la Jamaïque avec une lettre de lord Welsby, déposée depuis quatre ans dans les archives du gouverneur.

— A la requête de la compagnie danoise des Indes, la décoration de l'ordre royal de l'Eléphant au chevalier du Lion-Brun Charles Keyser.

— Cette pièce me fut remise à Saint-Thomas, où j'avais dit que j'irais tôt ou tard.

— Une lettre de remercîment de la part du roi de Suède à très-noble messire Keyser-Moroléon.

— Ceci m'est arrivé la veille de mon départ pour France.

— Oh! oh! en voici d'une autre! fit Jean Bart! L'ordre du Christ accompagnant des lettres de noblesse délivrées par Sa Majesté Très-Fidèle au marquis de Bem-Fazer, né Carlos Keyser, en récompense des éminents services qu'il a par trois fois rendus à la couronne de Portugal, savoir : en 1681, par la reprise, sur les pirates de Salé, d'un convoi marchand qu'il ramena dans notre port de Lagos ; — en 1682, par la délivrance de notre féal marquis d'Estrelhos et de sa famille traîtreusement capturés par une escadre de la compagnie Hollandaise ; — et en dernier lieu, par les soins qu'il s'est donnés pour préserver nos possessions de l'Inde d'une machination des mêmes susdits Hollandais.

— Ces lettres-ci, dit Keyser, étaient entre les mains de M. de Cussy, quand je revins au Cap Français après ma captivité au Pérou. Je ne m'en contentai point dans l'espoir que les autres puissances ne m'auraient pas toutes oublié. D'ailleurs, il me fallait un navire. J'usai, pour la première fois du crédit qui m'était ouvert par messire Tugghe, j'achetai la *Gallinette* et je partis pour une dernière expédition. Grammont, Laurent de Graff, Le Sage et leurs confrères comptaient sur moi; je ne pus leur refuser mon concours. Nous fîmes de concert une course superbe ; je pris un galion. Le nom de Moroléon retentit encore dans la mer des Antilles ; le gouverneur de Cuba le sut bientôt. C'est pourquoi, en rentrant au Cap Français, j'y trouvai l'invitation de me rendre sous pavillon neutre à la Havane dont le gouverneur devait me faire d'intéressantes communications de la part de Sa Majesté Catholique.

Jean Bart tenait un dernier parchemin adressé au comte de Moroléon, chevalier de l'ordre de Saint-Jacques, en récompense de la délivrance de Manille, mais à la condition d'honneur de renoncer à la course contre les colonies espagnoles.

— J'eus d'autant moins de peine à prêter ce serment, reprit Keyser, que mon équipage était satisfait et que mon seul désir était de rentrer en France. M. de Cussy voulut me retenir. Grammont et Laurent de Graff venaient sur sa demande d'être nommés lieutenants de roi; il sollicitait pour moi le grade de capitaine de frégate. — Sous quel nom? lui demandai-je. — Sous celui de Moroléon, parbleu! Vous appelleriez-vous autrement? — Mon véritable nom est Keyser, monsieur le gouverneur. — Peu importe, nous régulariserons cela, dès que votre brevet nous parviendra ici. — J'étais prêt à partir, je partis sans attendre ; mais à l'heure qu'il est, matelot, je dois être capitaine de frégate.

Le grade de capitaine de frégate fut évidemment considéré à cette époque comme l'équivalent de celui de lieutenant de roi, car on ne tarda point à le conférer à Laurent de Graff lui-même, attendu que ce chef de flibustiers, marin excellent, se montra fort peu capable des fonctions de commandant de place fortifiée. Quant au célèbre Grammont, à peine nommé lieutenant de roi, il partit pour une dernière course, et périt sans doute à la mer, car on n'eut plus de lui aucune nouvelle (1).

Jean Bart paraissait ravi.

— Tout ce que tu vois, reprit le naufragé, n'est rien en somme, si ma nomination n'est pas confirmée et si la France refuse de reconnaître mes droits à ces titres étrangers. Sans cela, je suis encore tout simplement le capitaine capre Charles Keyser.

— Sans doute!... mais ici vient mon tour! Je me charge d'avoir la signature du Roi lui-même.

— Toi! s'écria Keyser étonné.

— Matelot, dit Jean Bart, depuis six ou sept ans je ne me suis pas croisé les bras, moi non plus.

— Oh! je sais ton histoire! Si mes dernières lettres se sont égarées, le bruit de ta gloire m'est parvenu; nos Antilles retentissent du nom de Jean Bart.

Avec un sourire fraternel mais rempli de finesse, l'ami de Keyser reprit :

— Tandis que le Lion-Brun rugissait et bondissait tout à l'entour du monde entier, le Renard-Blond creusait son terrier par ici.

— Je ne comprends pas bien.

— Jean Bart n'avait qu'un but, matelot : te servir.

— Merci, matelot.

— Tu m'as conté dans notre jeune temps, à Flessingue, l'histoire d'un certain Brutus qui contrefit l'imbécile,

---

(1) Voir l'histoire des Flibustiers et des Boucaniers.

pour affranchir sa patrie en vengeant son père et son frère. Par amitié pour toi, j'ai fait de même. Oh ! je suis un marin brave, audacieux, terrible ! c'est prouvé, personne n'en doute. Mais je suis aussi un ours mal léché, un être grossier, ridicule, fantasque, ignare, capable de toutes les balourdises, fort bon à donner en spectacle et qu'un beau jour on montrera pour de l'argent à la foire de Saint-Germain.

— Que dis-tu là ? murmura Keyser.

— Je ne connais que la violence ! je ne sais ni lire ni écrire, je ne signe mon nom que par routine, je ne parle qu'un jargon mêlé de patois flamand, je jure et je sacre à chaque mot ; je prodigue en folies stupides les richesses inimaginables que je prends aux ennemis, toujours de vive force, jamais par combinaison. A la vérité, je suis irrésistible ; avec une chaloupe, j'enlèverais un vaisseau de haut-bord. D'un coup de poing je terrasse un taureau. Je suis un Hercule bouffon ! un grotesque indomptable ! En trois jours, je gaspille des millions avec une rare ineptie. Je porte des vêtements d'or que je mets en gage pour une bouteille d'eau-de-vie, et quand je me suis enivré comme un pourceau, j'endosse un vêtement de bure sans même m'en apercevoir. Je suis crédule, borné, superstitieux, téméraire. J'ai l'habitude de fumer ma pipe sur des barils de poudre. Dans mes moments de colère, je pourfends les administrateurs de la marine, les intendants et les payeurs du trésor royal. Je suis assez brutal pour rudoyer le Roi lui-même, et le Roi grille d'envie de se faire brutaliser pour moi. Mais le ministre m'ayant invité à venir me montrer à la cour, j'ai dicté la jolie réponse que voici : — « Le Roi peut attendre, le vent et » la marée n'attendent pas. L'ennemi est en vue et j'ap-

» pareille pour leur f... une brûlée!... Votre serviteur
» Jan Bart. » (1)

— Mais, interrompit Keyser stupéfait, cette réponse, je suppose, n'est pas plus vraie que tes prétendues folies?

— Les paroles volent, les écrits restent : j'ai voulu parler aux yeux. Ma réponse est textuelle. J'ai su que le Roi avait ri à se tordre de la forme et du fond de mon *billet doux* rédigé sur un chiffon de gros papier arraché à vieux journal de bord. J'ai fait une signature tremblée, et quoique j'ignore l'orthographe française, — tu sais que je n'écris qu'en flamand, — j'ai eu soin de faire cribler mes trois lignes de grosses fautes d'orthographe.— Cela fait rire les sots.

— C'est juste! murmura Keyser.

— Oh! j'ai forcé le rôle sans craindre que les muguets de Versailles pussent seulement en soupçonner l'invraisemblance. Amis, indifférents, ennemis, tous, — sans qu'aucun le sût, — ont contribué à mon absurde réputation. Les Vauban, les Duquesne, les Tourville qui m'estiment à ma valeur ont eu beau protester ; ma fameuse dépêche est venue leur donner tort. — Aussi, maintenant, suis-je bien sûr d'avoir une audience quand je le voudrai. Ce qu'on aurait refusé à Jean Bart le brave et loyal officier de mer, on l'accordera par curiosité à Jean Bart, le croque-mitaine et le pantin!...

— Tu me surpasses, tu me confonds, matelot! s'écria Keyser. Ce que tu entreprends là est plus merveilleux que tes manœuvres, tes pilotages et tes victoires. Quoi!

(1) Jan (*sic*).

u oses lutter de ruse avec les courtisans sur leur propre terrain ?

— Je suis renard !... Est-il donc plus difficile de revêtir la peau de l'ours à terre, que de se masquer au large pour prendre l'ennemi au piége ? Les mystères des courants, des marées, des vents et des bas-fonds se laisseraient-ils donc plus aisément pénétrer que les intrigues de quelques faquins à courte vue ? Les hommes sont partout les mêmes. Les assassins à gages qui ont brûlé la maison de mes pères et qui, à quatre reprises, ont failli me tuer, sont, au bout du compte, autrement dangereux que messieurs les courtisans. En me livrant à la risée de ceux-ci, j'étais bien sûr qu'ils me seconderaient et enchériraient à qui mieux mieux, — les officiers de marine par jalousie, — les autres par ignorance, — les femmes pour se divertir. Du reste, aucun des bruits qui courent sur mon compte n'est sans fondement ; je les ai répandus moi-même. Je n'ai pas voulu revoir le Roi, mais je suis allé trois fois à Paris et à Versailles ; je m'y suis affiché : « Jean Bart faisait des siennes, » disait-on. — Jean Bart observait !... Cependant, depuis que je désespérais de ton retour, je me suis tenu tranquille... On ne m'a plus revu à Paris ; mais je n'y suis point oublié. Mon commandement actuel en est la preuve.

— Matelot, dit Keyser, j'ai confiance en ta sagesse, quoique je ne sois pas sans craintes, car je me suis rencontré avec les pires de mes ennemis : Flamignes, Gardanne, Rochefort, Lussac, Cotentin...

— Et certainement tu as encore eu maille à partir avec ces messieurs ?

— Au Cap, j'ai échangé quelques bottes avec Gardanne; il en a reçu une entre les côtes, et nous nous sommes quittés très-bons amis en apparence...

— Je n'aime pas le duel! dit gravement Jean Bart.

— Dans le sud de la Jamaïque j'aperçus un vaisseau du Roi gouvernant à se mettre au plein. Je lui fais signal de serrer le vent; il poursuit sottement sa route; je me dérange de la mienne, je cours dessus à force de toile, je lui passe à pouppe encore à temps et le hêle : — « Brassez vivement à culer, et reprenez tribord amures, ou vous talonnez! » Au lieu de profiter immédiatement de mon avis, le commandant perd deux minutes à faire sonder, touche, démate et aurait perdu son vaisseau si je n'avais été là tout prêt à lui donner la remorque. — C'était le vicomte de Flamignes.

— Diable! fit Jean Bart, tu lui as rendu là un service qu'il ne te pardonnera guère....

— D'autant moins que j'ai carrément refusé l'invitation de dîner à sa table.

— Autre faute!

— Avec circonstances aggravantes, matelot, je le confesse. Je lui ai écrit que j'étais heureux d'avoir sauvé un vaisseau de la marine royale, mais que je serais plus heureux encore si, dans l'intérêt de sa marine, le Roi ne confiait à des capitaines de sa force que des vaisseaux en peinture. — Là-dessus, ordre de garder les arrêts à mon bord. — J'y réponds en allant à terre déclarer à M. le vicomte que je ne reconnais pas ses ordres. — Plainte est déposée par Flamignes entre les mains de M. de Cussy, qui instruit l'affaire, me donne raison sur tous les points, le démonte de son commandement et le renvoie en France comme incapable de manœuvrer une chaloupe.

— Tout cela est détestable, mon pauvre ami, dit Jean

Bart. Tu combats en héros, tu te comportes en écolier. Et les autres? voyons!

— Rochefort, en sortant de la Bastille, vint avec Cotentin s'enrôler parmi les flibustiers; mais les Frères de la Côte n'entendent pas que, sans leur consentement, on soit d'emblée capitaine dans leur troupe. Ces messieurs ne consentaient pas à débuter comme simples associés; nous refusâmes de les admettre, et le hasard fit que je fus chargé de leur signifier la décision du conseil. Ils retournèrent immédiatement en France.

— Depuis avant-hier ils sont à Dunkerque, dit Jean Bart.

— Enfin, à Madagascar, reprit Keyser, je me suis trouvé en contact avec M. de Lussac qui, rancunier et hautain, a feint de ne point me reconnaître. De mon côté, je me suis retranché dans une fierté dédaigneuse. Bref, nous n'avons échangé que des regards qui valent une déclaration de guerre implacable.

— Tant pis! mille fois tant pis! dit Jean Bart en soupirant. Ah! il est bien heureux que je sois renard, ours et bouffon sans conséquence!... Si j'avais choisi tout autre rôle, tu serais perdu, matelot; tes parchemins mêmes te feraient passer pour un intrigant; tu serais évincé à coup sûr, et fort probablement embastillé sans miséricorde... Attention!

— Gouverne!... j'obéirai aveuglément.

— As-tu dit ton nom au gardien qui t'a conduit ici?

— Non!..

— Très-bien!... Tu vas passer pour mort.

— Mais Marie!

— C'est ici que tu la reverras!... Cornil et Vanburg seront discrets; je réponds d'eux. Moi, malgré la joie que j'éprouve, je saurai paraître triste. Il faudra que la famille Tugghe feigne aussi une certaine tristesse ; mais avant le retour de *la Railleuse*, je ne puis aller à Paris, et à Paris, quand j'y serai, il me faudra de l'or, beaucoup d'or... Tu es riche, nous as-tu dit ?

— Mes trésors sont enfouis au lieu du naufrage de *la Gallinette*. J'ai jeté moi-même à la mer, sur fond de sable fin, — j'en suis sûr, car j'ai sondé, — une cassette de fer garnie d'anneaux de tous côtés et contenant mes plus précieuses valeurs.

— Bien ! dès la nuit prochaine, si le temps le permet, nous la draguerons !

Le crépuscule du matin commençait à poindre, la tempête s'apaisait et la marée montante avait succédé au jusant. Jean Bart réveilla Vanburg, se rendit sur la jetée et, après une assez longue attente, vit de ses propres yeux le radeau de Pierre Dehan qui s'échouait à la grève.

Vanburg avait sa consigne, il courut d'abord annoncer à Keyser que ses compagnons étaient sauvés, puis il se rendit en toute hâte chez messire Tugghe.

Jean Bart descendit sur la plage. Les gens de mer qui le vénéraient le saluèrent avec tristesse. Il allait aux informations. On fut bien obligé de lui annoncer que son ami le capitaine Keyser, emporté par le dernier coup de ressac, avait dû périr. Aussitôt, comme pour cacher sa douleur, il rentra chez lui, où il trouva son fils Cornil dans les bras de son cher matelot.

Le jeune garçon disait :

— Puisque Marie est ma seconde mère, vous êtes mon second père, vous, n'est-ce pas, mon bon ami ?

— Oui, mon enfant, répondit Jean Bart doucement ému.

— Heureux père, s'écria Keyser, ton fils a ton cœur, ton jugement, ta droiture et l'exquise sensibilité de Marie.

— Dites-lui aussi, je vous prie, que j'aurai du courage ! ajouta François Cornil en rougissant.

MESURES DE PRUDENCE.

Dans toute la ville de Dunkerque, il n'était bruit que du naufrage de la frégate flibustière *la Gallinette* et de la perte de son capitaine Charles Keyser, le matelot de Jean Bart, le lion brun, si fameux outre-mer sous le nom espagnol de Moroléon.

— Vanburg, mon vieux, dit Jean Bart, tous les deux aujourd'hui nous prenons congé. Va dire de ma part à M. de Guermont d'activer les travaux et fais-toi remplacer par ton second maître.

— Bien capitaine ; je cours prévenir le lieutenant.

— En douceur ! Si je te veux à terre, ce n'est pas pour rien.

— J'écoute, capitaine.

— Tu iras dans tous les cabarets, les chantiers et les carrefours, raconter et raconter encore aux plus bavards la vie entière de mon matelot, telle que tu la sais. Il faut que, dès demain, personne ici n'ignore que l'Amiral

Moroléon, le lion brun, Brown-Lion, le flibustier célèbre, le libérateur de Madagascar, de Pondichéry et de Manille, est bien notre Keyser enlevé cette nuit après l'échouage de son navire. Parle, parle, parle jusqu'à extinction de voix...

— C'est facile, capitaine !

— En route donc, sans perdre de temps !

Pierre Dehan avait tout d'abord fait son rapport à messire Patoulet qui, comme intendant, succédait au sieur Hubert de Champy-Descluzeaux, et se montrait animé des mêmes sentiments de bienveillance envers Jean Bart, le prétendu pourfendeur d'administrateurs et de trésoriers. A la vérité, Patoulet était une créature de Seignelay qui, fort bon calculateur de ses intérêts personnels, spéculait sur les succès de l'invincible Jean Bart. Les excentricités de *l'ours de mer*, ses sottises grossières dont on s'était tant diverti à Versailles, jointes aux états de ses prises et aux rapports de ses audacieux coups de main, avaient produit un effet d'autant moins incroyable qu'en France le ridicule réussit presque toujours, qu'on s'y engoue du succès et qu'on y aime passionnément le courage.

Bravoure à toute épreuve et bonheur invraisemblable, un éclat de rire brochant sur le tout — telle était l'idée à laquelle correspondait le nom de Jean Bart — personnage qui, dès son vivant, fut légendaire et semi-fabuleux. Aussi vit-on le ministre de la guerre lui-même, Louvois, l'ennemi intime des Colbert, vouloir s'associer et s'associer en effet pour moitié à l'armement de *la Railleuse* et de *la Serpente*. La dépêche de Seignelay le dit textuellement.

« Le Roi m'a ordonné, pour donner l'exemple en cette

» occasion, de faire armer en course pour mon compte
» au commencement de cette guerre ; nous voulons
» armer, M. Louvois et moi conjointement, un vaisseau
» à Dunkerque.... (1). »

La concurrence des ministres armant *pour leur compte* des navires de l'Etat était-elle un encouragement donné aux armateurs, tels que messire Tugghe, qui risquaient leurs propres bâtiments ? Il est permis d'en douter. Quoi qu'il en soit, l'intendant Patoulet devait s'honorer d'être l'ami du capitaine de confiance de LL. EExc. les ministres de la guerre et de la marine. En apprenant le naufrage et la mort de Keyser :

— Ah ! quelle profonde douleur doit ressentir notre brave Jean Bart ! s'écria-t-il.

Et il informa lui-même de ce triste événement le commandant de la marine, le major, les principales autorités de la place et même le gouverneur.

Les lieutenants de vaisseau Rochefort et Cotentin l'apprirent. — Ils en avaient beaucoup voulu à Keyser, à qui, d'abord, ils attribuaient les dédaigneux refus de Marie Tugghe, et qu'ensuite ils avaient trouvé parmi les chefs les plus influents des Frères de la Côte. Mais au récit de sa fin lamentable, ils changèrent de sentiments : — on rend si volontiers justice aux mérites de ceux dont on ne craint plus la rivalité. Rochefort et Cotentin se répandirent en éloges ; et leurs témoignages, fort peu suspects, confirmèrent ce que disaient de leur côté Pierre Dehan, ses compagnons, l'invalide Laurent Grosner et enfin maître Vanburg, qui s'époumonnait avec un zèle sans égal.

(1) *Hist. de Jean Bart.* Mss. Colbert, 1688.

Cependant, on avait vu toute la famille Tugghe se rendre chez le capitaine Bart, et l'on avait loué cette démarche charitable :

— Ils vont lui donner des consolations ! disaient les marins. Bien ils font, les braves gens ! car le pauvre M. Bart en a bien besoin, sur la foi de Dieu ! — En a-t-il eu des malheurs ! Sa mère, sa femme, ses deux fillottes, partie de ses frères, et sa vieille chère maison où il était né, tout ça perdu coup sur coup, et voici maintenant que son matelot, — son pareil, — s'en vient périr justement ici, à la veille de le revoir !...

— Melle Marie, la meilleure amie de défunte Mme Bart, dira de ces paroles de bénédiction qui lui poussent au cœur comme fleurs parmi la rosée !

— Savez-vous ce que raconte maître Vanburg, vous autres ?.. Paraîtrait que le Lion Brun, Moroléon à leur mode, s'en revenait capitaine de frégate aussi...

— Avec un tas de décorations et de titres donnés par par tous les rois du monde... Marquis, comte, baron.... En veux-tu ? en voilà !... Tout ça bravement gagné par des sauvetages et des victoires à la Jean Bart.

— Jésus, bon Dieu ! ce que c'est que de nous !

Tandis que la population maritime de Dunkerque s'apitoyait de la sorte, Marie et Keyser, pénétrés d'une joie ineffable, se retrouvaient en présence après leur longue séparation.

Revêtu d'un des uniformes de Jean Bart, rasé de frais, reposé par quelques heures d'un sommeil réparateur, heureux d'avoir appris que ses compagnons étaient sauvés, rempli d'espoir, ivre d'amour, Keyser, âgé alors d'à peine trente-cinq ans, était dans la plénitude de la beauté virile. Une année de prospérités avait réparé les souffrances de son esclavage et de sa retraite par terre à travers les montagnes, les déserts et les forêts de l'Amérique du Sud. Le soleil des tropiques dorait son teint d'une chaude nuance qui convenait bien à son genre de physionomie dont la hardiesse était le principal caractère. De longs cheveux noirs bouclés encadraient ses traits aquilins, légèrement amaigris, mais d'une fermeté rare. Jamais son regard n'avait été plus vif. Par l'allure, la souplesse, la pose et toutes les apparences extérieures, il n'avait pas changé; il semblait aussi jeune qu'autrefois.

Marie, au contraire, avait changé beaucoup, mais pour embellir. Comme ces roses à mille feuilles dont la magnificence augmente d'heure en heure jusqu'à leur complet épanouissement, elle s'était épanouie jusqu'à la splendeur. Eblouissante de pureté virginale, elle était femme par le développement de toutes les formes et de toutes les grâces. Quoique une teinte de mélancolie se fût répandue sur ses traits, ses grands yeux bleus n'avaient rien perdu de leur angélique sérénité. Seulement son regard était moins timide, sa lèvre aurait pu se contracter dédaigneuse; elle avait plus de fierté dans la démarche et portait le front plus haut, comme pour mieux braver du fond de sa résignation muette, les audaces de certains admirateurs qu'elle ne voulait point apercevoir. Toujours voilée, drapée dans sa mante noire, évitant les costumes recherchés, elle essayait de n'être point remarquée; on la remarquait toujours.

En entrant dans le modeste appartement de Jean Bart, où elle pénétrait pour la première fois, Marie releva son voile.

Keyser éperdu la contemplait comme une apparition

céleste. Il la voyait plus belle qu'il ne l'avait jamais rêvée; et comme s'il eût fait un rêve, il demeurait immobile, frémissant, ravi en extase, n'osant faire un pas, ni un geste, de crainte que l'image adorée ne fût encore un songe trop doux. Il avait perdu la notion du temps et de l'espace. Où était-il? Que lui était-il arrivé? Il ne s'en souvenait plus; il se gardait de faire effort pour s'en souvenir. Il voyait Marie et tremblait de cesser de la voir. Sa bien-aimée était-elle bien là, elle-même, corps et âme, vivante, avec ce regard qui le pénétrait, avec ce sourire qui le charmait et lui faisait éprouver un trouble mystérieux? Ou bien n'était-ce qu'une vision trompeuse qui allait s'évanouir et le rejeter dans la sombre réalité de l'exil, des tortures, des courses aventureuses, des combats sans fin?

Elle, de son côté, le regardait, haletante, oppressée, avec une émotion qui faisait bondir sa jeune poitrine. Elle fixait sur lui des yeux humides, et de même qu'à l'instant de la séparation, elle lui parlait avec le cœur.

Tout à coup, lisant dans sa pensée :

— Charles! dit-elle, c'est moi! c'est bien moi!

A sa voix, à son geste, Charles poussant un cri de joie, se mit à ses genoux, prit sa main et la portant à ses lèvres, l'arrosa de larmes de bonheur.

Avec un muet attendrissement, messire Tugghe, sa femme et son fils, avaient assisté à cette scène muette.

François Cornil avait rougi et palpitait. Si chaste que fût l'amour de Charles et de Marie, c'était un amour brûlant qui se dévoilait devant lui dans toute son innocente nudité. Il en sentit la chaleur, il en goûta le charme enivrant. Impressionnable comme la sensitive, précoce par l'intelligence, d'une constitution essentiellement nerveuse, cet enfant tout aimant et tout aimable partagea les émotions passionnées des deux fiancés dont les âmes se fondaient en un long regard. L'effet des ses impressions fut tel, que son sang refila soudain de ses tempes à son cœur ; il pâlit, il trembla, il ne se soutenait plus et fut sur le point de s'évanouir ; personne ne s'en aperçut. Son père lui-même ne voyait que Charles et Marie.

Cependant, toujours prompt à maîtriser ses plus violents transports de joie ou de douleur, de colère ou d'amour, — l'homme aux sages combinaisons devant l'ennemi quel que pût être le danger, l'homme aux manœuvres hardies prudemment improvisées et calculées d'un coup d'œil, l'imperturbable renard de mer qui savait déployer le même sang-froid devant les écueils, les tourbillons ou les tempêtes, que devant les insubordonnés, les rebelles, les railleurs ou les grands, — Jean Bart le premier recouvra son calme, et rompant le silence :

— Messire Tugghe, dit-il, Keyser est noble de par tous les souverains d'Europe, mais sa noblesse n'est pas reconnue par le roi de France ; — il est capitaine de frégate, mais sous le nom de Moroléon qui n'est pas le sien ; — il est riche, mais ses richesses sont encore sous la mer ; — il est vivant, mais il passe pour mort, car je l'ai voulu ainsi. Écoutez-moi donc, je vous en prie...

Marie penchée sur Charles lui répétait à demi-voix :

— Que le sort le seconde ou le trahisse, sa fiancée lui restera fidèle.

— Cette parole n'a cessé de retentir au fond de mon cœur, murmura Keyser. Dans l'esclavage, dans l'exil, elle soutenait mon courage et ranimait mes forces épuisées. Cette nuit encore, je me la redisais quand je me suis senti entraîné au large par la marée descendante...

— J'ai combiné plusieurs projets qui demandent votre approbation, poursuivait Jean Bart.

Messire Tugghe l'interrompit :

— Non! assez! assez d'attente, d'obstacles et de douleurs, s'écria-t-il. Depuis trop longtemps j'éprouve le remords d'avoir refusé le bonheur à ma fille, à mon fils!...

Il étendit les bras sur les fiancés :

— Soyez unis, soyez bénis, soyez heureux, et pardonnez-moi de vous avoir fait endurer trop de tourments !

Keyser et Marie essayaient de répondre par l'expression d'une respectueuse reconnaissance ; messire Tugghe ne le permit pas. Il voulut que Charles ouvrît les bras à sa fille. Et les deux fiancés mélangèrent enfin dans une étreinte de cœur à cœur les douces larmes de leur doux triomphe.

Mme Tugghe s'approcha en s'écriant :

— Mon mari vous unit enfin! En comblant vos vœux, il comble ceux de votre mère, mes pauvres enfants, ma fille, mon fils !

Elle les tint embrassés comme au jour du départ, et il sembla que le Bonheur arrachait des tablettes du Temps les longues années d'absence et d'attente, de travaux et d'adversité, de gloire et de victoires, qui venaient de s'écouler si cruelles et si lentes.

Le chevalier prenant la main de Charles lui donnait le nom de frère.

— Il convient cependant d'agir avec prudence, reprit

Jean Bart dès que l'émotion générale fut un peu apaisée.

— Sans doute, dit le conseiller.

— Je m'abandonne aveuglément à votre sagesse, se hâta d'ajouter Keyser qui, tout entier à son amour, savourait le bonheur d'en faire librement entendre à Marie l'expression ardente et chevaleresque.

Jean Bart exposait la situation à messire Tugghe et à son fils. Mme Tugghe et le jeune Cornil, peu à peu remis de son trouble, écoutèrent sans prendre la parole.

D'un côté se déroulaient de riants projets d'avenir mêlés à de généreuses pensées, de l'autre on débattait l'opportunité des mesures à prendre.

Marie et Charles, abandonnés à eux-mêmes, s'avouaient leurs craintes passées, leurs angoisses, leurs nobles terreurs.

Tels étaient leurs propos d'amour :

— L'esclavage, Marie, c'était peu auprès de l'horreur d'être à jamais séparé de vous !...

— Je priais, j'espérais, je sentais que vous étiez vivant, je le disais à votre ami Jean Bart et à son fils ; mais j'étais plongée dans une tristesse navrante, car j'avais deviné votre captivité dont je n'osais parler à personne.

— Une trahison exécrable, un crime son nom ! Oh ! Marie, quand on me mit les fers, je vous invoquais, je vous implorais. Du fond du cœur je vous suppliais, en frémissant, de me crier : « Patience ! » Avant de subir un tel outrage, je me serais fait massacrer, si je n'avais cru vous entendre m'ordonner de vivre pour vous aimer à jamais !..

Ainsi le souvenir des maux soufferts ramenait les tendres aveux.

L'Amour planait sur les récits sanglants, dont il adoucissait les teintes jusqu'à ce qu'il les eût effacées du bout de son aile blanche.

L'admiration de la jeune fille pour l'héroïsme persévérant de son fiancé se trahissait en termes chaleureux. On sait assez combien elle aimait la vraie gloire. Dès l'enfance elle s'était éprise de celle de la race généreuse des Bart; elle avait pris pour modèle la fière Catherine; elle vouait à sa mémoire un culte qui se traduisait par une conduite semblable. Elle aimait comme doit aimer la femme d'un guerrier et d'un marin. Aucun regret ne fut donné par elle aux jours perdus pour les joies paisibles du foyer, puisque chacun de ces jours avait ajouté de l'éclat à la carrière de son époux.

Keyser, dont le but constant avait été de mériter la main de Marie, fut profondément touché de l'élévation de ses sentiments. Le but était atteint et, loin de détourner son fiancé de la route sublime des dangers, elle avait dit :

— Vos succès, mon ami, étaient les garants de votre retour et de notre union, mais je les aimais aussi en eux-mêmes et en vous. Mon cœur ne vous aurait jamais appartenu si vous n'aviez été le digne émule de Jean Bart. Vous l'égalez, je suis heureuse, je suis fière de mon sort.

— Et moi je bénis doublement le mien, ô ma bien-aimée! puisque tu aimes en moi jusqu'aux grands périls que j'aime.

— Dès demain, Charles, s'il le fallait, s'écria Marie Tugghe avec enthousiasme, ce que la mère de Jean Bart disait à son époux ou à ses fils, je te le dirais moi-même: « Le devoir et la gloire t'appellent, va, pars, et reviens avec une palme de plus!... »

Trop magnanime parole, trop héroïque amour !

— Mes cheveux ont blanchi, disait messire Tugghe, l'âge a tempéré mes ambitions ; j'ai souvent été froissé par l'ingratitude de ceux à qui j'ai sacrifié ma fortune, mes loisirs et jusqu'à ma paix domestique. J'ai hâte d'être enfin tranquille sur l'avenir de Marie, j'ai hâte de jouir de son bonheur ; mais j'aime toujours avec le même patriotisme la France et son grand Roi ; je n'ai renoncé à aucun de mes principes et je serais fier de me proclamer le père d'un héros reconnu comme tel par le Portugal, l'Espagne, l'Angleterre, la Suède et le Danemark, mis au nombre des plus valeureux officiers de la marine royale, marchant de pair avec les plus illustres et pouvant conduire ma fille à la cour.

— Il est certain, dit le chevalier Tugghe, qu'on ne saurait sans faiblesse renoncer à de tels avantages ; malheureusement nous avons à soutenir une dernière lutte !...

Mme Tugghe soupira.

Mais, en ce moment même, Marie exprimait à haute voix son opinion si imprudemment généreuse,

François Cornil, électrisé, faillit applaudir.

— Je m'attendais à cela, dit Jean Bart avec un sourire fin qui déguisait une tristesse réelle. MM. Tugghe, ni Mlle Marie, pensais-je, ne se priveront des fruits des travaux de Charles Keyser, baron de Brow-Lion, comte de Moroléon, marquis de Bem-Fazer, chevalier des principaux ordres d'Europe. C'est pourquoi j'ai longuement réfléchi. Si le commandement de *la Railleuse* ne me retenait ici, je partirais pour Versailles dès demain, j'agirais moi-même auprès du Roi, et je gagnerais notre cause. Mais il vous faudrait attendre mon retour qui peut tarder, et tout retard rendra la situation plus difficile.

— C'est évident, la ligue des anciens ennemis de Charles se reformerait, et ce que nous désirons doit au contraire être emporté d'assaut par une sorte de surprise.

— Gagnons donc du temps, si c'est possible. M. Hubert Descluzeaux, notre ami à tous, à l'oreille du ministre. La ville entière de Dunkerque fait des vœux pour que le grade et les honneurs décernés au chef des flibustiers Moroléon soient reconnus comme légitimement acquis à Keyser, qu'on croit perdu, mais qui cependant pourrait avoir été miraculeusement sauvé au large. Par mes ordres, Vanburg provoque ces rumeurs qu'augmenteront Pierre Dehan et ses compagnons. D'un autre côté, de notoriété publique, monsieur Tugghe, vous êtes le propriétaire de *la Gallinette*, vous avez le droit d'en recueillir les épaves ; au lieu d'aller draguer de nuit avec mystère, comme j'en avais le dessein, je dirigerai sur vos instances les travaux des sondeurs et des plongeurs. Les indications très-précises de Keyser, jointes à ma connaissance spéciale des fonds, des courants et des marées, doivent me faire retrouver sa précieuse cassette. Ne la retrouverais-je pas, je serais censé avoir repêché un coffret contenant ces parchemins. Immédiatement M. votre fils part en poste pour Paris où il les confie à M. Hubert Descluzeaux. Or, en ce moment, le marquis de Seignelay est intéressé à m'être agréable, et l'on ne manquera pas de lui dire que Jean Bart, désespéré de la disparition de son matelot, recevrait comme une consolation la nouvelle que justice lui est enfin rendue par les marques d'estime et les récompenses posthumes que sollicite toute la ville de Dunkerque. Les ennemis de Keyser, persuadés qu'il a péri, sont pris à l'improviste. M. Descluzeaux réussira!... Mais quel que doive être le succès de nos démarches, Keyser devra reparaître sous peu de jours comme arrivant de Hollande, dont quelque caboteur l'aura sauvé en pleine mer. Enfin, si nos amis ont échoué, j'irai à Versailles, moi, aussitôt après le retour de *la Railleuse*.

— Ces combinaisons me paraissent excellentes, dit messire Tugghe. Nous allons nous rendre au port, où je vous prierai publiquement de vous charger du sauvetage de mes épaves. Ensuite j'irai à la maison de ville pour faire émettre par les échevins mes collègues le vœu que le grade de notre brave concitoyen Keyser soit confirmé, afin que la ville puisse faire rendre à sa mémoire tous les honneurs qui lui sont dus.

— Ne vous mettez pas en avant, messire Tugghe, dit vivement Jean Bart; vous montreriez le bout de l'oreille. Cette utile proposition devrait être faite en votre absence bien constatée.

— Vous avez raison, mon ami; mais il est facile de prendre un détour et, la rumeur populaire aidant, de faire adroitement pousser nos échevins à se disputer le mérite d'en avoir eu la première idée.

— Très-bien!... A l'œuvre donc!

— Pardon, mon père, dit timidement le jeune Cornil; vous oubliez quelque chose, je crois.

— Que veux-tu dire?

— Cette nuit, un naufragé a été conduit chez vous par l'un des gardiens du poste avancé de la jetée. Lorsque M. Keyser reparaîtra, ces hommes devineront tout de suite qui il est; ils ont peut-être déjà commis quelque fâcheuse indiscrétion.

— Diable! fit Jean Bart. Qu'il est difficile d'être assez prudent!... Très-bien! mon fils, reprit-il en lui donnant un baiser paternel. Voyons! ce naufragé, conduit chez moi au milieu de la nuit et qui n'a dit son nom à personne, est un de mes anciens matelots gravement compromis dans de fâcheuses affaires et à qui je prête secrètement mon secours pour faciliter son retour honorable en son pays. Rien de plus vrai, et pourtant, après cette explication, les gardiens seront à mille lieues de la vérité.

— Vous êtes casuiste, capitaine Bart, dit le chevalier Tugghe en souriant.

— Il faut savoir louvoyer par vent contraire. Mon fils, tu iras porter cette gratification aux gardiens, en ajoutant que je les prie de ne point ébruiter l'aventure de mon pauvre protégé. S'ils ont commis des indiscrétions, ils se hâteront de les réparer : un secret de Jean Bart peut, sans danger, être confié à tous les gens de mer de notre port.

— Bien ! mon père, j'ai compris, dit Cornil.

— Ensuite tu iras dans les bureaux de la marine te faire inscrire sur le rôle d'équipage de *la Railleuse* en qualité de pilotin. Si d'aventure l'intendant Patoulet t'interroge, sois discret.

François Cornil sourit avec finesse.

— Enfin tu te rendras à bord, tu t'y mettras aux ordres du lieutenant Guermont et tu m'attendras.

— Vous l'emmenez donc, sans merci ! s'écria Marie Tugghe comme eût fait une mère véritable.

— Il est de la race des Bart, mademoiselle. D'un instant à l'autre l'ordre d'appareiller peut nous arriver de Paris avec le capitaine de *la Serpente*, qui n'est pas encore désigné. Je veux que mon fils soit en règle. — Quant à Keyser, dès ce soir, il ira prendre asile chez mon cousin Nicolas, le curé de Drinckam.

— Pourquoi point chez moi? demanda messire Tugghe.
— Vous avez trop de domestiques. Votre hôtel seigneurial est une maison de verre ; un étranger ne saurait s'y cacher pendant vingt-quatre heures ! D'ailleurs, à Drinckam, Mlle. Marie pourra sans difficultés et sans craintes aller revoir son fiancé, ce qui serait impossible ici, chez moi, et plus impossible encore partout ailleurs dans Dunkerque. Il faut que les amoureux aient le bonheur de se parler de leur amour !...

Tout ce qui venait d'être décidé fut mis à exécution. Jean Bart dragua la précieuse cassette de son matelot qui, sous un déguisement, fut conduit à nuit close chez le bon curé de Drinckam.

Deux jours après, *la Serpente* avait pour capitaine M. de Lussac, l'un des ennemis invétérés de Charles Keyser.

Et Jean Bart mettait sous voiles.

LE CHEVAL MARIN.

Le capitaine de *la Serpente*, M. de Lussac, était un officier médiocre, singulièrement humilié, lui, gentilhomme pur sang, fort bien en cour, d'être placé sous les ordres directs d'un grossier parvenu tel que Jean Bart. Proche parent des Letellier et conséquemment du marquis de Louvois, il avait dû à ce ministre une mission très-honorable sans doute, mais singulièrement désagréable par le fait du malicieux Seignelay.

— Il n'a pu refuser de me confier *la Serpente*, disait Lussac à ses amis du grand corps, car Louvois, qui est de moitié dans l'armement, avait le droit de choisir l'un des deux capitaines... On devine le reste!... Convenez, messieurs, que ce Jean Bart a le plus insolent bonheur qu'on puisse imaginer. Chacune de ses balourdises lui est comptée pour une action d'éclat.

Lussac passait la soirée qui précéda l'appareillage avec Cotentin, Rochefort et le vicomte de Flamignes, arrivant de Paris fort contrarié, car depuis les rapports de M. de Cussy, gouverneur de Saint-Domingue, il était en disgrâce complète. Son crédit, fort ébranlé par la chute de sa cousine la marquise de Montespan, était désormais si complètement ruiné que, sans la déclaration de guerre, il aurait quitté le service. Et l'auteur principal de sa défaveur n'était autre que l'éternel Charles Keyser, le fameux chevalier, comte, baron et marquis des grandes flibustes.

— Ma bouline de revers ! comme disent nos matelots, s'écria le vicomte d'autant plus aigri qu'il avait revu Marie dans tout l'éclat de sa beauté (xxii).

Lorsqu'il vint à Dunkerque prendre le commandement de ce vaisseau que Keyser préserva du naufrage au sud de la Jamaïque, il n'avait pas manqué de se présenter fort audacieusement chez *le bourgmestre aux kermesses flamandes*. A l'aspect de la jeune fille qui avait refusé son titre et son nom, il tressaillit d'admiration cette fois. L'obstacle était invincible. Le dépit s'en mêla. Le vicomte devint aussi ardemment amoureux que pouvaient l'être Gardanne, Cotentin ou Rochefort. Il se souvint avec amertume de l'échec qu'il avait essuyé la veille du départ de Keyser ; il s'en ressouvint plus amèrement encore, quand il dut le salut de son vaisseau et les sévères remontrances du gouverneur de Saint-Domingue à ce même Keyser dont il aurait voulu se venger d'une manière terrible. La pensée de Marie se mêlait comme un venin subtil à sa haine ravivée par un concours fatal de circonstances. Pourquoi, retenu par le point d'honneur, n'avait il pu donner sa démission? Pourquoi le renvoyait-on précisément à Dunkerque, où il retrouvait Marie Tugghe et où le nom du naufragé Keyser était dans toutes les bouches ?

— S'il n'a point péri, comme c'est fort possible, je veux qu'il périsse de ma main, pensa le vicomte dont les suppositions, en dépassant la vérité, s'en rapprochèrent. Keyser est excellent marin, il connaît parfaitement ces côtes, il a dû faire naufrage exprès. L'art avec lequel on a sauvé toute la cargaison, — y compris, dit-on, ses parchemins, — en est la preuve. On accorde aisément aux morts ce qu'on refuse aux vivants. Il reparaîtra, je l'attends de pied ferme. Non ? non ! ma belle Marie la dédaigneuse, vous ne serez jamais marquise de Bemfazer, ni comtesse de Moroléon ! Il reparaîtra, car vous l'attendez aussi, j'en suis sûr ! Je l'ai senti, je l'ai lu dans vos yeux, qui l'ont revu sans doute ! Oh ! si vous n'aviez reçu que des nouvelles sinistres, on ne vous verrait point sortir portant votre mantille de deuil comme un manteau de reine ; vous seriez pâle, abattue, chancelante ; ou plutôt renfermée dans votre appartement, vous pleureriez... comme vous pleurerez bientôt, je vous le jure !

La haine et la jalousie inspiraient Flamignes exaspéré

par ses disgrâces. Il ne parla pourtant pas encore de ses soupçons, mais il fut mordant et rempli de fiel. Rochefort et Cotentin avaient eu un moment de bienveillance; Flamignes leur en fit presque honte. M. de Lussac fut aigre-doux.

— A Madagascar, dit-il, je n'ai pas daigné reconnaître cet insigne aventurier ; nous n'avons pas échangé un traître mot.

— Si votre commandant savait comment vous vous être comporté envers son cher matelot, vous pouvez être sûr, mon pauvre Lussac, qu'il vous brutaliserait...

— Oh ! oh !

— Jean Bart se gênerait bien !

— Doucement !

— Il n'y a pas à dire, mon bon ami ! Vous semblez menacer ; ce butor-là se moquerait bien de vos menaces ! Abattez-vous un bœuf d'un coup de poing ?

— Je ne suis pas un crocheteur, mais j'ai mon épée.

— Qu'est-ce que cela fait à Jean Bart ?

— Hors du service, je redeviens son égal en grade, son supérieur en naissance, et je lui ferais vraiment honneur en me mesurant contre lui.

— Vous ne connaissez pas les principes de Jean Bart en matière de duel.

— Il refuserait de se battre ?

— Ecoutez. Un jour, nous parlions devant lui de la nécessité du duel ; il la nia : — « On a tort ou l'on a raison, dit-il : si l'on a tort, on ne fait que son devoir en accordant toutes les réparations convenables ; si l'on a raison, on a l'avantage de ne devoir d'excuses à personne. » — « Eh bien ! on en exige ! » — « Si l'on a été offensé par un entêté, l'on n'obtiendra rien ; donc il ne faut rien exiger ! » — Nous nous récriâmes tous. — « Le Roi, disait Jean Bart, a, par un édit, défendu de se batre en duel. Je dois doublement obéissance au Roi ; je suis son sujet, je suis officier dans son armée de mer. Donc je me soumettrai à ses ordres. » — Là-dessus on lui demanda : — « Que feriez-vous pourtant, monsieur Bart, si l'on vous traitait de lâche, si l'on vous souffletait, si l'on vous crachait au visage ? » — « Ce que je ferais ? répondit-il avec son flegme stupide... Si l'on me traitait de lâche, je hausserais les épaules : peut-on se fâcher contre un aveugle ou un idiot?... Jean Bart compte à l'heure qu'il est soixante abordages ; à cinq combats singuliers chaque, cela fait trois cents. Que prouverait de plus un duel?... Si l'on me souffletait, j'arracherais ou j'abattrais sur-le-champ la main qui m'aurait fait cette offense et je la foulerais à mes pieds !... Mais, si l'on me crachait au visage, je ferais ceci : — « Devant nous se trouvait une table massive chargée de porcelaines ; il la brise d'un coup de poing épouvantable, puis s'élance dessus à pieds joints, la réduit en poudre et termine sa pantomime en feignant de s'essuyer la figure. Le garçon de l'établissement accourait effaré ; Jean Bart lui jette une bourse fort bien garnie : « Paye le dégât à ton maître et garde le reste pour toi !... » Là-dessus, il prend son chapeau, se dirige vers la porte, et avant de sortir : — « Mais si j'étais moins vigoureux, je traiterais les insulteurs comme des assassins de carrefour, je les poignarderais ! Bien le bonsoir, messieurs ! »

— Le brutal animal ! s'écria Lussac consterné.

— Mais Keyser ? demanda le vicomte de Flamignes.

— Oh ! celui-là ne boudait pas devant un duel, dit Rochefort en souriant. Gardanne en a reçu entre les côtes une preuve de six bons pouces.

Flamignes se promit de fréquenter assidûment l'académie d'escrime, et il se tint parole.

Le lendemain matin, Lussac fit un assez piteux appareillage. Pendant toute la journée, Jean Bart observa ses manœuvres, s'aperçut à grand regret qu'elles laissaient beaucoup à désirer, et s'avoua qu'il ne devait guère compter sur un semblable auxiliaire. Mais, d'un autre côté, il ressentait une vive satisfaction, car les questions de son jeune fils, qui s'attachait à se rendre compte des mouvements des deux navires, prouvaient en lui un sens marin très-développé.

Cornil n'était étranger à rien. Elevé dans un port, chez un armateur, en contact perpétuel avec des gens de mer raisonnant bien du métier, il avait sans cesse vu des navires et entendu parler marine. Il se savait destiné à suivre la carrière paternelle, n'admit jamais qu'il en pût embrasser une autre et brûla, dès l'enfance de marcher sur les traces de ses aïeux, dont Marie lui racontait toutes les belles actions navales. Ses lectures, ses promenades, des leçons théoriques ou pratiques de maîtres capables de le diriger, tout avait concouru à compléter son instruction première. A l'imitation de son père, il s'était appliqué à l'étude des cartes marines et du pilotage. Les jeux de sa tendre enfance étaient marins. Il savait gréer et voiler un modèle. Son plaisir le plus grand avait toujours été de visiter des vaisseaux ou d'aller en canot, surtout à la voile. Il était fier de tenir la barre du gouvernail et charmé de louvoyer sous une brise ronde; messire Tugghe était en position de lui procurer souvent ces distractions favorites pleines d'utilité. Aussi, quoiqu'il embarquât pour la première fois, Cornil était-il bien loin d'être emprunté à bord. Malgré sa constitution frêle et nerveuse, il ne souffrit point du mal de mer. Dès l'instant de l'appareillage, sous les yeux de Vanburg, son maître spécial pour la manœuvre, il avait pris part à tous les travaux, et s'acquittait avec le plus grand zèle des modestes fonctions de pilotin. Il n'encourut pas la moindre réprimande, quoique Jean Bart eût recommandé de le traiter avec toute la sévérité d'usage.

Le lieutenant Guermont en complimenta son père, qui répondit gaiement :

— Bon chien chasse de race.

Maître Vanburg, enchanté de son élève, disait de son côté :

— Capitaine, ça va tout seul ! je n'ai jamais vu novice plus dégourdi. Pour ce qui est des nœuds et des amarrages, il s'y entend comme un vieux matelot; il connaît sur le bout du doigt sa nomenclature et son passage des manœuvres. Sur les vergues pourtant il tremblotte un brin...

— Qu'on l'y envoie souvent !... De petit temps d'abord !...

— Soyez tranquille, capitaine. Quand il travaille dans la mâture, je veille. Deux de mes meilleurs gabiers, sans faire semblant de rien, se tiennent toujours à portée. Si son pied glissait, il ne tomberait pas, j'en réponds !

— Merci ! très bien ! dit Jean Bart à demi-voix. C'est mon unique enfant, et je l'aime comme j'aimais ma pauvre Nicole !

— Pour les exercices du canon, du fusil et des armes blanches, ça va bien aussi; mais il nous faudrait quelques exercices à feu.

— Au large, en temps de guerre, c'est impossible ; nous aurons mieux, j'espère !

— Voiles !... convoi !... cria la vigie.

— Ah ! ah ! fit Cornil, accourant joyeusement auprès de son père ; serait-ce l'ennemi ?

— Peut-être, mon enfant !

Jean Bart ayant fait signaler à *la Serpente* l'ordre de rallier à portée de voix, M. de Lussac, au lieu de prendre du tour en approchant, gouverna si maladroitement, qu'il faillit d'abord se heurter contre *la Railleuse*, et qu'ensuite il la dépassa sans avoir pu communiquer.

— Décidément j'ai affaire à un âne, grommela Jean Bart.

Par un second signal, le capitaine de *la Serpente* fut appelé à l'ordre, mit en panne, amena un canot et se présenta de fort mauvaise grâce. Jean Bart feignit de ne point s'en apercevoir, et, jugeant inutile de donner une leçon de manœuvre à un officier si peu capable, il se contenta de lui dire :

— Ces voiles sont hollandaises. Si le chef du convoi porte plus de trente canons, nous l'attaquerons ensemble, moi d'un bord, vous de l'autre. Ensuite, pour me donner toute facilité d'évolution, vous vous maintiendrez invariablement par son travers ; car moi, suivant les occasions, je le prendrai en enfilade par l'arrière ou par l'avant, ou encore je l'aborderai.

— Bien, commandant, c'est convenu !

— Dans le cas, au contraire, où le convoyeur ne serait pas de force trop supérieure à la mienne, je l'attaquerai seul. N'oublions pas que le but de MM. de Seignelay et Louvois est de faire des prises. Jetez-vous donc sur les marchands, capturez-en le plus possible, et ne venez à mon aide que si, par malheur, vous me voyiez en trop grand danger!

— Parfaitement, j'ai compris.

— Eh bien, retournez à votre bord, et commencez par y consigner ces instructions sur votre journal de capitaine.

Lussac, qui s'était attendu à une semonce grossière, se retira étonné, satisfait, et bien résolu à faire de son mieux.

Pavillon déployé, mèche allumée, sabords ouverts, les deux conserves cinglèrent sur la flottille déjà en déroute, mais fièrement soutenue en arrière-garde par un navire haut de bord qui aborait les couleurs hollandaises.

Un superbe cheval doré qui ornait la proue de ce bâtiment le rendait fort remarquable.

— A sa figure de poulaine, dit maître Vanburg, je reconnais le *Cheval-Marin*, de Flessingue, un vaisseau de cinquante qui se croit déguisé en frégate parce qu'un masque de toile noire cache sa batterie basse.

— Il faudrait être myope pour ne pas voir que c'est un vaisseau, dit Cornil.

— Ah! le triple imbécile! l'animal! le bêtard! s'écria maître Vanburg avec humeur.

M. de Lussac, n'ayant compté que ving-six canons, se jetait sous le vent à la poursuite de la flotte marchande.

Jean Bart haussa les épaules!

— Ce maladroit, murmura-t-il, nous aurait peut-être plus gênés que servis!

La Railleuse, armée de vingt-quatre canons, continuait à courir droit sur *le Cheval-Marin*, qui en portait cinquante d'un calibre très-supérieur. Et le commandant hollandais était évidemment bon manœuvrier ; il s'était mis en travers pour écraser la frégate par une bordée d'enfilade.

Dès qu'elle fut à portée de canon, il démasqua sa batterie inférieure du côté qu'il présentait à Jean Bart, et, charmé de son stratagème vulgaire, il dut bien rire de la sottise de l'autre capitaine français qui s'y était laissé prendre.

— Que ce niais rafle mon convoi tout à son aise, au lieu de se sauver lui-même ! Bien, très-bien ! Je le prendrai comme dans un filet, dès que j'en aurai fini avec cette téméraire petite frégate.

Le commandant du *Cheval-Marin* ordonna aux dix plus adroits de ses canonniers de viser à démâter, et à tous les autres de tirer en plein bois. Les pièces furent chargées à doubles projectiles et, pour faire feu plus sûrement, on attendit que *la Railleuse* se fût encore rapprochée.

Cependant Jean Bart avait eu tout le temps de réfléchir.

En poursuivant directement sa route, il ne perdait ni une brasse de chemin, ni un quart de minute, et il n'offrait à l'ennemi que sa moindre surface ; mais il exposait un plus grand nombre d'hommes, et, pour peu, que le Hollandais eût quelques pointeurs très habiles, la mâture de *la Railleuse* risquait d'être totalement rasée du premier coup ; après quoi, toute manœuvre devenant impossible, on en serait réduit à se faire broyer. En présentant immédiatement le travers, la situation était pire ; non-seulement on perdrait du temps et du chemin, mais on s'enlèverait toute chance de succès, car le vaisseau plus fort d'échantillon et de calibre, souffrirait à peine à cette distance et n'aurait qu'à ménager convenablement son feu pour démanteler *la Railleuse* morceau par morceau.

Le parti le plus simple eût été de renoncer à l'attaque, de rejoindre *la Serpente* et de battre prudemment en retraite. Jean Bart n'y songea même point. Les yeux ardemment fixés sur *le Cheval-Marin* :

— Attention au gouvernail ! commanda-t-il. Les gens de la manœuvre, parés à leurs postes ! Les gens des canons à plat ventre !... Et silence absolu !...

Ensuite il resta immobile, muet, guettant son adversaire comme un renard qui se défie d'un piége. Il veillait aux mouvements les plus insignifiants des canonniers ennemis entrevus par les sabords ; il écoutait comme si le vent pouvait laisser parvenir à son oreille les commandements faits à bord du vaisseau ; il essayait de pénétrer les pensées du capitaine hollandais ; il y parvint.

Un bruit très-léger lui fit deviner qu'un ordre était donné au porte-voix ; un mouvement peu sensible parmi les servants des pièces lui fit comprendre que cet ordre devait être : « Canonniers, attention ! » Quelques étincelles qui pétillèrent à la fois en dedans des embrasures lui prouvèrent que l'on secouait la cendre des boute-feu :

— Tribord, la barre ! commanda-t-il.

Au moment même où le vaisseau vomit ses vingt-cinq boulets doubles, sa frégate présenta brusquement le travers avec une précision magique. De toutes parts sifflèrent les projectiles ronds ou ramés. Un certain nombre de cordages furent hachés entre le mât d'artimon et le grand mât, c'est-à-dire dans la ligne même qu'auraient occupée les trois mâts de *la Railleuse*, si, par son embardée soudaine, Jean Bart ne les avait déplacés avec le plus rare bonheur. Les voiles se présentant en ralingue, pas une d'elles ne fut trouée. Les mâts ni les vergues ne reçurent la moindre atteinte, mais la partie du plat-bord correspondant à la route jusque-là suivie par le navire fut littéralement foudroyée. Les éclats de bois tuèrent un homme, deux autres furent blessés.

Le tir des Hollandais avait été remarquablement juste, et *la Railleuse*, totalement démâtée, aurait, à coup sûr, été couverte de morts sans le mouvement si opportun qu'elle fit et qui fut, à travers la fumée, si promptement suivi du contre-mouvement, que les gens du *Cheval-Marin* n'eurent pas le temps de s'en apercevoir.

Pendant qu'ils rechargeaient leurs bouches à feu, Jean Bart devait arriver à excellente portée pour sa propre artillerie. La partie serait encore singulièrement inégale, mais au moins on ne courrait plus risque d'être battu sans avoir fait le moindre mal à l'ennemi.

Tout entier à la manœuvre, absorbé par une combinaison qui exigeait une présence d'esprit pour ainsi dire divinatoire, Jean Bart n'avait pu regarder son fils.

— Grâce au Ciel, s'écria-t-il, nous voici en bonne position pour riposter.

Tout à coup ses yeux rencontrent ceux de Cornil, sur qui venait de rejaillir le sang de l'homme tué. La formidable bordée du vaisseau, les ravages qu'elle a exercés à bord, et surtout ce sang qui l'inonde, ont surexcité outre mesure le système nerveux du jeune pilotin; il pâlit, il tremble, il est près de défaillir.

— Mon fils avoir peur! murmure Jean Bart frémissant; et, sous l'empire de cette pensée qui le bouleverse, il s'écrie d'un accent de courroux inconnu jusqu'alors : — Vanburg ! Vanburg ! par le sang de mon père, amarre-le au pied du grand mât, le front devers la mitraille ! Mille fois plutôt mort que lâche !...

Terrifié par la colère inouïe de son capitaine, toujours si calme, toujours si complétement maître de lui, Vanburg obéit en frissonnant d'horreur. Il attache au mât l'enfant, qui rougit et pleure de honte, qui tremble encore, mais sans courber la tête.

L'ennemi va de nouveau faire feu. Un lugubre silence règne à bord de *la Railleuse*, dont les officiers et l'équipage, frappés d'une sorte d'effroi, ont peine à reconnaître la voix de Jean Bart. Il ne parle plus : il rugit, il tonne. Il inspire à ses propres gens plus de crainte qu'une escadre entière. Les boulets et la mitraille du *Cheval-Marin* ne les ont pas fait sourciller, la fureur de Jean Bart les émeut et les stimule en même temps. Le danger pour eux cesse d'être au dehors ; les plus braves ont peur de ne point paraître assez braves à leur terrible capitaine.

Heureusement son transport de rage ne paralyse aucune de ses qualités de marin. Il a changé sa route, il présente le côté à l'ennemi et s'en rapproche cependant par une ligne oblique :

— Canonniers, du calme ! commande-t-il de sa voix si étrangement troublée. Ne nous pressons pas ! ne perdons pas nos boulets !... Saluez doucement ! en plein bois ! Tuez des hommes !... Gabiers ! parez vos grenades !.... Mousquetaires ! feu à volonté !.... avec sang froid !... Du calme ! du calme ! et encore du calme !

Ici commence une double lutte de manœuvre et d'artillerie. Jean Bart est bord à bord d'un champion habile, deux fois plus fort que lui ; il ne s'occupe que de vaincre maintenant. Après la victoire, il demandera ce qu'est devenu son fils, — son fils qu'il ne veut pas regarder, son fils qu'il évite de voir, afin de rester capable d'opposer des talents supérieurs aux talents du capitaine hollandais.

Celui-ci, au lieu de lâcher encore toute sa bordée, a ordonné à ses pointeurs de tirer au moment le plus favorable, chacun à volonté. *La Railleuse* essuie le feu successif des vingt-cinq canons ennemis ; elle en souffre, mais sans faire d'avaries majeures.

La mitraille, la mousqueterie et les grenades qui éclatent à son bord y frappent plus de vingt hommes. Les blessés crient : « Vive Jean Bart ! » Une voix juvénile domine toutes les autres. Jean Bart a reconnu celle de son fils. Il se tourne enfin vers lui. L'enfant ne tremble plus ; il fixe l'ennemi d'un air menaçant ; des larmes roulent encore sur ses joues. Immobile, les mains liées au mât, il n'essaye point de se détacher, chose facile, tant l'amarage a été peu serré par le bon Vanburg, qui s'est constamment tenu devant lui comme pour lui faire un rempart de son corps.

Jean Bart sourit, essuie à son front une sueur glacée et dit au maître d'équipage :

— Rends-lui son mousqueton !

La Railleuse est assez près du *Cheval Marin* pour y faire pleuvoir une grêle de balles et de grenades. Les mousquetaires ont reçu l'ordre de viser chacun sur le chargeur d'un canon. Cornil se poste parmi eux. Il ne tarde pas à prouver que, pour le sang-froid et la justesse du tir, il ne le cède à personne.

A bord du vaisseau, les marins se disent avec terreur :
— C'est Jean Bart !

— Qu'importe ! s'écrie leur commandant, feu ! feu à mitraille !.. Tirez donc !

— Commandant, on ne peut pas ! le Renard nous en empêche.

A peine un chargeur paraît-il au sabord pour mettre la gargousse dans le canon, qu'il tombe sous une balle, et les douze pièces de la frégate de vingt-quatre vomissent la mitraille.

— Fermez les mantelets ! bourrez avec les refouloirs à manche de corde ! commande le capitaine du *Cheval-Marin*.

Jean Bart entend cet ordre ; les canons, cette fois, ne peuvent manquer d'être chargés, puisque leurs servants seront abrités par les volets mobiles qu'on ne rouvrira que pour une bordée décisive.

Le vaisseau, beaucoup plus haut de bord que la frégate, la domine. Ses grenadiers et fusiliers, des châteaux de poupe et de proue, des hunes, des passavants, continuent un feu nourri. Jean Bart, devenu le point de mire des tirailleurs, entend siffler les balles à ses oreilles, en reçoit dans ses vêtements, est effleuré plusieurs fois, et voit à chaque instant de vaillants compagnons tomber autour de lui.

Par bonheur, il est enfin en position de tenter l'abordage. Le *Cheval-Marin* évolue pour l'éviter, mais n'évite pas une volée d'enfilade que *la Railleuse* lui envoie en plein arrière. Son gouvernail est démonté. Son mât d'artimon, criblé, craque sous l'effort du vent. La manœuvre est ainsi entravée ; Jean Bart en profite.

Avec une méthode parfaite, il aborde sans fracas le

point du vaisseau où règne le plus de désordre, c'est-à-dire la hanche de sous le vent. Un feu d'enfer à bout portant y augmente la confusion; une large brèche est ouverte. En même temps des boulets enchaînés, des cordes à nœuds, des grappins de toutes sortes sont lancés, par les soins de Vanburg, au mât ébranlé, qui doit, en tombant avec sa chevelure, servir de pont et d'échelle pour monter aisément à l'abordage.

Le mât s'écroule en effet; Jean Bart fait battre la charge.

M. de Guermont, ce jour-là, se montra digne d'être son lieutenant. A la tête de la première division, il s'élance sur le château d'arrière du *Cheval-Marin.*

Le commandant hollandais s'y défend en héros.

La masse de ses gens monte sur le pont pour repousser les Français à la baïonnette; ceux-ci, à coups de pistolet, de sabre et de hache, s'ouvrent un passage qui se referme devant eux à chaque pas.

M. de Guermont dirige énergiquement l'attaque.

Le capitaine du *Cheval-Marin* donne l'exemple de la plus belle résistance. Il recule sans fuir, réunit son monde sur le château d'avant, s'y retranche et prépare un retour offensif.

— Tenez bon, camarades! s'écrie-t-il. Tirez par les meurtrières; nous sommes encore les plus nombreux. La chance va tourner cap pour cap!

En effet, la division du lieutenant Guermont ne parvient pas à franchir les passavants. Les abordés, qui ont de nouveau l'avantage d'un point culminant d'où l'on tire à couvert, se servent des espingoles de leur sorte de blockhaus, et réduisent les assaillants à se retrancher derrière les espars et les débris, barricades fort insuffisantes. De la grand'hune, de celle de misaine, les gabiers hollandais font tomber sur les abordeurs des projectiles de tous genres.

Mais Jean Bart, dont six canons chargés à boulets ronds et à grappes de raisin peuvent être pointés sur le château de proue, les décharge en écharpe, et lance, immédiatement après, sa seconde division d'abordage.

Cloué à son bord par ses devoirs de capitaine, il n'y garde que maître Vanburg et quinze hommes pour les besoins de la manœuvre.

La face des choses change soudain. Le lieu de refuge des Hollandais est devenu le théâtre d'une lutte acharnée.

Jean Bart voit Cornil montant à l'assaut, Cornil, échevelé, le sabre à la main, bondissant au plus épais de la mêlée, fondant sur les baïonnettes, essayant de rejoindre le capitaine des ennemis.

Alors le héros dunkerquois, sûr de vaincre, apprend enfin ce que c'est que la peur. — Le fils de la fière Catherine, Jean Bart, pâlit et tremble à son tour.

— Vanburg! dit-il d'une voix étouffée, regarde!... cours!... va!...

Le maître se précipite à bord de l'ennemi. Jean Bart, enchaîné à son poste d'honneur, y reste frémissant, épouvanté de la témérité de son fils.

Le lionceau a fait sa trouée ; il croise le fer avec le capitaine hollandais.

— Rendez-vous au fils de Jean Bart! dit-il.

Une hache est levée sur son jeune front.

La main qui la tenait tombe hachée par Vanburg.

Le sabre de Cornil blesse et désarme le commandant ennemi, qui chancelle en criant aux siens : — Courage, toujours!

— Il est mon prisonnier ! dit Cornil, qui voyant à l'extrême avant sur le beaupré un pavillon flottant encore, se fait jour à travers ses défenseurs, l'atteint, le saisit, reçoit une balle, perd ses forces et va rouler à la mer.

Vanburg le recueille entre ses bras.

Drapé dans le pavillon teint de son sang, l'enfant lui dit avec un fier sourire :

— Mort peut-être, mais non point lâche!

Et à ces mot il s'évanouit. (XXIII).

UN CONSEIL ET UN SERVICE.

Sous-venté par la chasse qu'il appuyait aux marchands, M. de Lussac s'aperçut tout à coup avec un incomparable dépit que le commandant hollandais montait, non une frégate, mais un vaisseau de cinquante canons. Il vit de ses propres yeux, lorsqu'il était cent fois trop loin, les batteries basses ouvertes de bout en bout. Il se souvint qu'autour de lui, officiers, maîtres, matelots, en parlant de l'ennemi, s'étaient constamment servis du terme de *vaisseau*, jamais de celui de *frégate*.

Sa confusion alla jusqu'au désespoir.

Croyant Jean Bart perdu sans ressources, il résolut de ne point survivre à sa désobéissance par maladresse; il songea un instant à remonter le lit du vent pour venir se faire écraser tout de suite. Il eut toutefois la sagesse de comprendre qu'en commençant par amariner le convoi, il renverrait peut-être à MM. de Seignelay et Louvois de quoi les indemniser de leurs frais d'armement.

La Serpente était bonne marcheuse, les fuyards très-lourds; au premier boulet chacun d'eux amena sans trop de chagrin, dans l'espoir d'être bientôt repris par *le Cheval-Marin* victorieux.

La rafle fut complète; un équipage de prise fut mis à bord de chaque navire avec l'ordre de gouverner sur Dunkerque.

— Pour faciliter leur retour, pensait Lussac, je vais me battre jusqu'à la mort, m'accrocher au vaisseau et me faire sauter avec lui.

Il était de fort bonne foi; mais il oubliait qu'on n'accroche point comme on le voudrait bien avec une petite frégate de seize un vaisseau de cinquante, maître de la mer et du vent. Son dessein héroïque était tout simplement ridicule.

Lussac orienta au plus près et se mit à louvoyer. Il vit le mât d'artimon du vaisseau abattu et coupé, ses châteaux d'arrière et d'avant saccagés, *la Railleuse* intacte et les couleurs du Roi flottant à bord des deux navires. Il n'en resta pas moins convaincu que Jean Bart avait succombé dans la lutte, et, croyant que le rusé Hollandais arborait de fausses couleurs pour l'attirer au piège, il s'imagina être bien plus rusé encore en feignant d'y donner tête baissée.

— Mort de ma vie, se dit-il, c'est par une bordée à bout portant que j'assurerai mon pavillon.

Tous les gens de l'équipage à bord de *la Serpente* étaient émerveillés et applaudissaient.

— Jean Bart! Jean Bart! rien de tel que Jean Bart! disaient-ils avec enthousiasme.

Ils furent singulièrement surpris d'être remis aux postes de combat et de s'entendre dire par leur capitaine :

— Mes amis, nous allons vaincre ou mourir, venger Jean Bart et sauver nos prises ! Canonniers, pointez en plein bois ; chefs de hune et gabiers, parez les grappins d'abordage !

Officiers, maîtres et marins s'entre-regardèrent avec stupeur ; les plus malicieux se mordaient les lèvres. Un immense éclat de rire faillit éclater de l'arrière à l'avant.

Lussac se fit apporter un boute-feu et se jura de sauter impétueusement dans la soute aux poudres dès que *la Serpente* aurait abordé *le Cheval-Marin*.

Encore une fois il calculait mal, car en supposant que sous aucun autre rapport il ne se fût trompé, le navire dont il aurait dû se débarrasser était *la Railleuse*, beaucoup plus capable que le vaisseau, en partie démâté, d'appuyer la chasse au convoi. Du reste, son aveuglément fut tel qu'en voyant *la Railleuse* courir droit à lui pour lui donner des ordres, il crut qu'elle venait le mettre entre deux feux, et virant de bord coup sur coup, il la croisa de telle sorte que Jean Bart, haussant les épaules, dut virer de bord aussi.

Mais enfin *la Serpente* ayant à peu près atteint son but, Lussac, noblement déterminé à périr, commanda de faire feu et de mettre la barre au vent pour arriver en grand sur *le Cheval-Marin*.

A ce coup, par exemple, l'éclat de rire homérique retentit d'un bout à l'autre de son bord. Les canonniers se pâmaient, les matelots n'y tenaient plus ; l'hilarité trop longtemps contenue devenait un outrage involontaire.

Bien entendu, pas une pièce ne fit feu ; la barre avait été poussée dans le sens opposé au commandement ;

la Serpente masqua, recula et se trouva tout à coup assez près de *la Railleuse* pour qu'on entendît parfaitement Jean Bart criant au porte-voix :

— Que diable faites-vous donc, capitaine? Mettez en panne, s'il vous plaît, et venez à mon bord !

Lussac pâlit, consterné ; des larmes de honte roulèrent dans ses yeux. Il venait d'être la risée de son équipage ; il allait être fort justement réprimandé par son chef. Son orgueil était terrassé.

— Je voulais mourir en héros, et je me suis conduit en Pourceaugnac ! se disait-il. Je n'ai fait que sottises sur sottises ! Décidément je demande à Louvois de passer dans la cavalerie !

Ce ne fut plus d'un air hautain, mais avec un évident souci qu'il se rendit à bord de *la Railleuse*.

Jean Bart qui, sur les entrefaites, avait signalé au convoi de ralentir sa marche et de se former en bon ordre, se montra indulgent jusqu'à la cordialité. A la vérité son cœur paternel était rempli de joie.

L'enfant était brave et sa blessure ne présentait aucune gravité. Une balle tirée de bas en haut lui avait labouré toute la poitrine et l'épaule gauche ; elle avait fait couler beaucoup de sang, mais sans pénétrer dans les chairs. En sa qualité d'ancien capitaine corsaire, Jean Bart avait fait office de chirurgien après maintes rencontres, il se connaissait parfaitement en blessures et vit de ses propres yeux que celle de son fils n'était qu'une écorchure profonde. Le jeune garçon, pansé avec soin, dormait du sommeil des victorieux et, comme les enfants qui veulent dormir avec leurs jouets, il tenait encore par un coin le dernier pavillon enlevé au *Cheval-Marin*.

Le vaisseau de cinquante avait été vaincu, malgré sa belle défense. Le convoi était amariné.

Par les soins de maître Vanburg, la voilure et le gréement de *la Railleuse* étaient réparés déjà. Un pan de muraille crevé, le canon correspondant démonté, quelques éclaboussures de çà de là ne constituaient point des avaries sérieuses. Les pertes en hommes étaient malheusement beaucoup plus sensibles ; mais les gens de guerre ont toujours accoutumé de faire passer avant leurs regrets la satisfaction légitime que doit inspirer un difficile triomphe.

Jean Bart était donc dans des dispositions excellentes qu'augmenta l'humble contenance de Lussac :

— Capitaine, lui dit-il je m'aperçois de votre chagrin, j'y prends part. Vous avez perdu une belle occasion de déployer votre courage. Ça se retrouvera !... Et, au résumé, tout est au mieux, puisque le convoi nous aurait échappé sans votre première erreur. Vous n'avez pas l'œil d'un marin, mais vous en avez le cœur, j'en suis sûr ! J'ai compris jusqu'à votre dessein de vous faire écraser dans l'espoir de conserver vos prises.

Lussac releva les yeux, vit une grave sourire sur les traits de Jean Bart, et, confondu d'étonnement, il s'écria :

— Quoi ! vous aviez deviné ?

Le rustre, le bourru grotesque, l'ignare matelot dunkerquois, le brutal dont la grossièreté faisait tout le renom (1), comme disaient messieurs les talons rouges, le

---

(1) Textuel. Voir *les Mémoires de Forbin*.

vainqueur du *Cheval-Marin*, lui parut ce qu'il était en effet : un homme de bien et un homme de génie.

— Ah ! Monsieur Bart, ajouta Lussac pénétré de reconnaissance, je m'attendais à être accablé de justes reproches, non à être ainsi reçu. Oui, je voulais périr pour expier mes fautes, mais je n'ai fait encore qu'une insigne gaucherie, après avoir douté de votre invincible talent.

— Personne n'est invincible, Monsieur, répondit Jean Bart d'un ton assez froid; tout le monde est sujet à l'erreur, et moi-même aujourd'hui j'ai joué un jeu trop téméraire.

— Le succès justifie votre sublime audace.

— Un revers l'eût donc condamnée ! Vous avez, je crois, assez peu navigué ; vous commandez pour la première fois, et beaucoup de marins capables, en devenant capitaines, restent au-dessous de leur tâche. Votre inexpérience que vous reconnaissez, ne diminue en rien votre courage. Vous ne pouvez avoir mon amitié, mais vous avez droit à mon estime.

— Monsieur Bart, pardonnez-moi une question que j'ose à peine vous faire, dit Lussac avec une courtoisie respectueuse. Votre indulgence même me porte à vous l'adresser.

— J'écoute, monsieur le capitaine.

— Pourquoi, commandant, consentant à m'estimer quand je suis la risée de mes gens, ne sauriez-vous m'accorder quelque amitié au moment même où moi, je suis porté à vous aimer, comme je vous admire ?

Jean Bart soupira, regarda fixement l'officier de cour, et lui dit d'un accent ferme mêlé de tristesse :

— Monsieur, vous êtes l'ennemi de mon ami le plus cher. Vous avez essayé d'écraser de vos dédains Charles

Keyser, mon camarade d'enfance, mon frère d'armes, mon matelot, mon second moi-même. Je ne vous hais point, je vous traite sans aigreur, sans colère; c'est tout ce que je puis faire de mieux en honneur et en conscience.

De généreuses larmes roulaient dans les yeux de Lussac :

— Monsieur Bart, s'écria-t-il, plût à Dieu que Keyser fût vivant ! Je vous demanderais pour grâce suprême de l'inviter à me faire l'honneur de me tendre la main.

— Prenez donc la mienne, monsieur de Lussac! dit Jean Bart rasséréné; vous êtes vraiment un gentilhomme.

— Et vous, commandant, vous êtes un modèle de noblesse !

— Maintenant, reprit Jean Bart, je vais vous parler en ami, vous donner un conseil, vous demander un service.

— Le conseil sera suivi, le service sera rendu, dit énergiquement Lussac transformé en un homme nouveau par la loyale franchise de Jean Bart.

— Le conseil, reprit celui-ci avec douceur, est de ceux que l'on ne peut risquer sans précautions. Je ne me serais point permis d'en ouvrir la bouche il y a cinq minutes...

— Je devine, interrompit Lussac ; vous allez me confirmer dans ma résolution déjà prise, de renoncer au service de mer pour celui de terre.

— Avec votre bouillante intrépidité, vous seriez en effet plus utile au Roi dans une arme où il faudrait moins de connaissances acquises par une pratique de tous les jours. J'ajouterai pourtant, mon cher capitaine, que partout il est bon de ne pas s'en fier à son seul jugement, de ne pas dédaigner sans examen les opinions désintéressées des subalternes, et d'en faire son profit s'il y a lieu. Je me suis bien trouvé nombre de fois d'avoir pris les avis de mes camarades ou même de mes inférieurs; et cependant personne moins que moi ne recule devant la responsabilité de ses actes. Plus les circonstances sont graves, plus je tiens à décider et à commander seul.

— Mon cher commandant, vos conseils sont tous marqués au cachet de votre esprit supérieur. La cruelle humiliation que j'ai subie cût-elle été une leçon suffisante? j'en doute; mais vos paroles porteront fruit, j'en suis sûr. En tout lieu, je me souviendrai des sages consolations que je vous dois; et maintenant, de grâce, quel service puis-je vous rendre?

— Avant tout, dit Jean Bart, soyez discret. Ne parlez point de nos relations nouvelles. Que Flamignes, Gardanne, Rochefort, Cotentin et autres ne puissent se douter que vous avez changé à mon endroit. Si vous êtes mon ami, restez leur camarade.

— Monsieur Bart, je m'honore d'être votre ami, dit Lussac avec chaleur; mais...

— Je ne vous demande rien d'indigne d'un officier, monsieur! interrompit Jean Bart. Trameraient-ils quelque infamie contre moi et les miens, je ne vous demande pas d'en trahir l'odieux secret!

— Je n'ai point supposé cela, reprit Lussac. Je voulais dire seulement que vous me privez d'un grand bonheur en m'empêchant de proclamer bien haut votre talent obscurci par l'envie, et du bonheur plus grand de me montrer fier de votre amitié.

— Très-bien, merci! Je vous avais jugé homme de cœur, je ne me trompais pas! Quant à moi, je passe pour un manant dont l'audace irréfléchie fait l'unique mérite, pour un ours de mer qui doit tout à sa bonne étoile, pour un matelot stupide qui joue d'un bonheur insensé!

— Rien n'est plus faux! s'écria Lussac.

— D'accord!.. Et pourtant rien ne m'est plus utile!... Dans la vie comme à l'abordage, on ne choisit pas son échelle; on s'en fait une aux dépens de l'ennemi; on s'ouvre une brèche comme l'on peut, par force ou par ruse; on s'accroche aux éclats de bois en s'y déchirant les mains et parfois le cœur; on laisse dans cette route hérissée d'éclisses des lambeaux de chair saignante; mais on monte, on lutte, on combat, on triomphe ou l'on meurt!... Au large, ma tâche est facile; à la cour, elle est ardue, et je m'y suis déjà cruellement blessé jusqu'au fond de l'âme, car les ambitions de Keyser étaient mes seules ambitions; son amour pour Marie Tugghe, ma préoccupation opiniâtre. Je ne voulais, moi, que ce que j'ai : un navire où je puisse faire de mon fils un vrai marin! Mais, pour Keyser, je voulais tous les grades, tous les titres afin qu'il fût heureux, et afin d'être mille fois heureux de son bonheur. Eh bien! depuis dix ans passés, monsieur de Lussac, vos camarades ont paralysé tous mes efforts; depuis dix ans passés, je gravis cette échelle d'épines où des courtisans et des favorites me font rouler en se riant de mes plaies vives !... Vous entrevoyez mon secret. Mais j'ai foi dans votre honneur de gentilhomme; vous avez serré dans ma main la main de Keyser !... Je continue..

— Dieu! ne serait-il point mort? dit Lussac.

Jean Bart se croisa les bras sur la poitrine. Ses yeux bleus, vifs et pénétrants sondèrent les regards du jeune officier de cour, puis, sans répondre :

— N'allez donc pas démentir les jaloux, les méchants et les sots ligués contre nous et nos espérances, poursuivit-il. Vous ne pouvez guère nous servir qu'à la condition d'être en apparence peu bienveillant.

— Ceci est de la triple ruse, reprit Lussac dont la surprise ne cessait d'augmenter.

— Certainement ! fit Jean Bart. Les stratagèmes sont de bonne guerre. Mes ennemis en mer m'appellent *Renard*, je m'en fais gloire. Mes ennemis à terre me traitent d'*Ours*, je m'en applaudis ! Dès l'origine on m'a fait malgré moi une réputation ridicule, je m'en sers. Par méchanceté ou par ineptie on m'a, de parti pris, déclaré niais, bouffon, bélitre, butor. Eh bien soit ! On rit volontiers à Versailles des frasques de Jean Bart ; vous devez en savoir quelque chose.

— J'en conviens.

— Ai-je ou n'ai-je point le droit d'accepter le rôle qu'on m'impose ? Et, si je l'accepte, n'est-il point juste que je l'utilise pour mon ami et moi contre ses ennemis et les miens ? Sachez cela ! Et si vous apprenez que Jean Bart est à Versailles, accourez-y ! Tenez-vous prêt à rire de ses incartades en secondant ses desseins. Vous avez vu Keyser à Madagascar, vous pouvez rendre témoignage des services qu'il y a rendus ; — vous trouverez aisément des témoins de sa belle conduite à Pondichéry, — dans le royaume de Siam, dont on s'occupe si fort sans parler de lui, — dans les Antilles et ailleurs. Vous propagerez, vous appuierez impartialement tous leurs dires favorables. Que Louvois, votre proche parent, que vos plus puissants protecteurs, que les femmes de la cour surtout plaident, s'il y a lieu, la cause de Keyser tout en se moquant bien de Jean Bart !...

— Keyser ! Keyser est donc vivant ? s'écria de nouveau Lussac.

— Ecoutez ! fit Jean Bart avec finesse, je suis dans certains cas un excellent devin. Keyser, arraché par une lame à son navire, a été emporté au large. Ceci est de notoriété publique. Ensuite un pilote d'Ostende ou de quelque autre port des Pays-Bas l'a recueilli par hasard. Il était mourant, il va mieux. On l'a fait prisonnier de guerre, mais il s'évadera, et même, entre nous, il se serait déjà évadé si son grade de capitaine de frégate lui était confirmé sous ses noms, titres et qualités de marquis de Bemfazer, comte de Moroléon, etc... Dans ce que je vous dis, quelques légers détails pourraient bien être de pure imagination, mais le fond est vrai, j'en suis convaincu..., et même j'en étais sûr avant notre appareillage.

— Je comprends ! répondit Lussac en présentant à son tour la main à Jean Bart, qui lui dit d'un ton paternel :

— Je vais passer à votre bord. Sur votre journal de capitaine mes instructions doivent être rédigées plus complètement que je ne le veux. J'y effacerai quelques mots inutiles. Cette rature sera bien approuvée en marge. Je tiens en outre à souper chez vous avec votre état-major. Vous donnerez double ration à votre équipage, et je saurai bien forcer vos gens à boire à votre santé.

— Commandant Bart ! dit Lussac d'un ton pénétré vous ne faites pas les choses à demi ! Quand il vous faudra ma vie, elle est à vous !....

Le lendemain, de grand matin, la petite division de Jean Bart naviguant en bon ordre dans la Manche au bord de Boulogne, les vigies signalèrent un croiseur anglais courant à contre-bord. Pour la seconde fois, Bart passa sur *la Serpente* avec une escouade de gens de *la Railleuse*, commandés par maître Vanburg.

Le Cheval-Marin, privé de son gouvernail et de son mât d'artimon, naviguait horriblement mal. On avait dû se régler sur lui, et c'est pourquoi l'on cédait au vent en se dirigeant sur le port d'Ambleteuse.

M. de Guermont resta chargé de protéger la rentrée du convoi avec *la Railleuse* fort dégarnie de monde, par les pertes qu'elle avait essuyées, par l'équipage de prise fourni au vaisseau capturé, et enfin par l'escouade qu'emmenait Jean Bart.

Déjà le convoi était aux atterrages, quand *la Serpente* se trouva bord à bord du navire ennemi. L'action s'engagea par plusieurs volées à couler bas. Lussac était radieux :

— A l'abordage, de grâce, à l'abordage ! demandait-il tout bas à Jean Bart.

— Soyez tranquille, mon ami, je vous réserve cette revanche, répondit le renard de mer, qui avait eu soin de cacher dans l'entrepont les deux tiers de ses gens.

L'Anglais, qui entrait en campagne avec l'intention de faire beaucoup de prises, était pourvu d'un double équipage. Sa force numérique lui inspire l'audace d'enlever d'assaut *la Serpente* qui se laisse faire.

On s'accroche de long en long. De part et d'autre, on s'est lancé les grappins. Les deux frégates sont liées entre elles par cent amarrages étroits.

— En haut tout le monde ! commande Jean Bart.

Les canons qui se touchent sont abandonnés et se

taisent. La fusillade répond à la fusillade. Des deux côtés on bat la charge pour sauter sur l'ennemi.

Les Anglais déconcertés sont repoussés par une foule compacte de gens sortant de tous les panneaux.

Le tumulte redouble, les deux bastingages se couvrent de combattants acharnés.

Lussac, le premier, passe au milieu du feu, on le suit; le pont de l'Anglais est envahi de bout en bout. Lussac y combat avec une fougue désespérée; il fait des prodiges de valeur; mais emporté par son ardeur irrésistible, il n'entend pas retentir la retraite.

Arrêté, enlevé, pour ainsi dire, par les derniers des siens, il s'aperçoit enfin que les ennemis éperdus ont mis bas les armes et se précipitent du côté de *la Serpente* d'où Jean Bart crie impérieusement :

— « A bord !.. à moi !... ici !... Rentrez tous ! En double !.. »

Anglais et Français, réunissant leurs efforts, coupent les cordages, larguent les amarres, détachent les grappins. Quelque grande catastrophe est imminente. Les deux bâtiments se séparent.

A peine Lussac, couvert de blessures, est-il revenu, que *la Serpente*, chargée de toile, s'éloigne du champ du combat, où coulera sur place la frégate sabordée au-dessous de la flottaison par les premières volées d'artillerie.

Pendant l'abordage, la voie d'eau ayant fait des progrès immenses, *la Serpente* même aurait pu être entraînée au fond, si l'on n'avait rapidement haché les liens qui réunissaient les deux navires.

La mer s'entr'ouvre, gronde, mugit, tourbillonne,

bondit, ondule et se tait. La frégate vaincue est engloutie.

Cependant, à bord de *la Serpente*, les matelots, forcés d'admirer l'intrépidité de Lussac, se disaient entre eux :

— Mille noms d'un tonnerre! quel œil vous a ce Jean Bart!... Sous cette mine de vent debout avoir relevé un brave premier brin, voilà qui vous la coupe! Le Lussac est marin tout juste comme ma petite sœur, mais il y a du charme à lui voir jouer sa peau.

On trinqua de bien meilleur cœur que la veille. Les plus railleurs ne songèrent plus à sourire en choquant leurs quarts de fer blanc aux cris : — « Vive le commandant Bart! vive le capitaine Lussac! »

La Serpente, encombrée de prisonniers, et qui avait reçu plusieurs boulets dans ses œuvres vives, gouvernait pour rejoindre *la Railleuse*, *le Cheval Marin* et le reste du convoi déjà au port, quand la vigie signala :

— « Voiles en vue! »

— Bravo, s'écria Lussac, mes blessures n'ont pas encore eu le temps de se refroidir. Recommençons si c'est possible!...

Jean Bart hocha la tête. Les prisonniers répartis aux pompes avaient grand'peine à franchir. On essayait toutefois d'aveugler les voies d'eau; déjà même des plaques de plomb avaient été adroitement clouées sur plusieurs trous et l'on achevait les réparations du gréement; mais les voiles signalées étaient maîtresses du vent, en nombre, et les plus fortes sans doute. On avait essuyé des pertes fort sensibles; on se trouvait en excellente position pour entrer à Ambleteuse; la nuit approchait. N'y aurait-il pas témérité insigne à risquer un combat trop inégal qu'on était libre d'éviter?

Jean Bart toutefois avait ralenti sa marche ; il observait attentivement à la longue-vue une petite frégate qui, surchargée de toile, courait droit sur *la Serpente* dont l'équipage reprit les postes de combat. Ceux des Anglais placés aux pompes étaient surveillés par des gardiens bien armés ; les autres furent mis aux fers.

La petite frégate chasseresse taillée comme *la Lionne-Brune*, navire de la maison Tugghe récemment descendu des chantiers, arbora le pavillon de Dunkerque, l'appuya et fit le signal par lequel les corsaires se demandaient entre eux aide et secours. Jean Bart, loffant aussitôt, courut en sens contraire du bâtiment qu'on ne tarda point à reconnaître pour *la Lionne-Brune* elle-même.

Le front enveloppé d'un manteau, le bras gauche en écharpe, l'épaule droite dont on venait d'extraire une balle convenablement pansée, Lussac se promenait à grands pas pour entretenir la souplesse de ses membres dont il craignait par-dessus tout l'engourdissement et la roideur. — Si le corsaire demandait protection, ce n'était pas pour rien, et si l'on devait se battre de nouveau, le point important était de ne pas se trouver au lit.

Lussac buvait du vin chaud, souriait à ses compagnons, lisait dans tous les yeux des sentiments sympathiques et se sentant encore solide, il n'avait jamais éprouvé satisfaction plus grande :

— Je ne donnerais pas ma matinée d'aujourd'hui pour l'empire du Mogol ! pensait-il. Certes, il est dommage de quitter la marine au moment où l'on y devient l'ami de Jean Bart, mais j'en sors par la bonne porte ; voilà ce qui me console !

LA LIONNE-BRUNE.

La Lionne-Brune dont Marie Tugghe était la marraine, avait pour capitaine nominal, inscrit comme tel au rôle d'équipage, le brave Gaspard Bart arrivé de Brest le surlendemain du départ de *la Railleuse* et de *la Serpente* pour leur mémorable croisière de 1688. Messire Tugghe, en quête d'un officier capable, s'était empressé de la confier au valeureux frère de Jean Bart, ancien et fidèle compagnon de Charles Keyser. Jean-Baptiste et Jean-Brunet Bart, frères de Michel, étaient les lieutenants du bord. En très-peu de jours l'équipement terminé, le navire était allé en rade pour y attendre les derniers ordres de l'armateur.

Or, le voyage à Paris du chevalier Tugghe avait été couronné d'un prompt et plein succès. Les démarches de l'ancien intendant Hubert de Champy-Descluzeaux, les sollicitations de la municipalité de Dunkerque, celles de Messire Patoulet qui avait adressé au ministre un mémoire sur les brillants services de Charles Keyser et, par-dessus tout, le désir qu'avait Seignelay d'être agréable à Jean Bart, présentement chargé de faire des prises pour son compte, aplanirent toutes les difficultés.

Keyser reparut donc. La version convenue d'avance avait un caractère vraisemblable, mais un peu romanesque ; elle n'en fut que mieux goûtée. Dunkerque applaudit au retour de son Lion-Brun, marquis de Bemfazer, comte de Moroléon, baron de Brown-Lion, chevalier du Christ, de Saint-Jacques, de l'Eléphant de Danemark, et de plus capitaine de frégate dans la marine du Roi. Les quartiers maritimes illuminèrent en l'honneur du matelot de Jean Bart; on faillit le porter en triomphe; on lui donna des sérénades.

L'intendant et le commandant de la marine l'accueillirent avec les plus grands honneurs.

Messire Tugghe donna une fête magnifique, pour le fiancer publiquement à sa fille Marie et annoncer que le mariage serait célébré dès que Jean Bart reviendrait de sa croisière.

Marie qui avait plusieurs fois revu son ami chez le bon curé de Drinckam, était heureuse d'un bonheur sans mélange.

Le vicomte de Flamignes exaspéré, et à son instigation Rochefort et Cotentin se trouvèrent un soir, sur le passage de Keyser, reconduit par Pierre Dehan et le chevalier Tugghe jusqu'à sa petite maisonnette.

Quelques mots piquants servent de prélude.

— Je ne vous comprends pas, monsieur le vicomte, dit Keyser avec impatience.

— Puisque vous avez l'intelligence si dure, je vais être précis, monsieur le marquis de Bemfazer!

— Voyons! s'écrie Keyser avec emportement.

— Eh bien! je prétends que vous êtes un barateur indigne qui avez dérobé votre épaulette par un naufrage volontaire.....

— Vous en avez menti!

— Vous m'insultez!

— L'épée en main!

— A la bonne heure !

On se trouve hors des murs, sur les bords du canal, dans un lieu désert, choisi pour l'outrage, propre à la rencontre. Le vicomte a poussé les précautions jusqu'à se munir d'épées de longueurs égales pour le chevalier Tugghe qui proteste et pour Pierre Dehan qui a déjà souffleté le baron de Rochefort.

Impossible de reculer. Les six épées se croisent.

Keyser est adroit, Flamignes exercé par des leçons de tous les jours.

Pierre Dehan est doué d'une rare vigueur, mais moins habile à l'escrime que Rochefort transporté de rage.

Cotentin plus calme se voit en présence d'un adversaire trop inexpert ; il le désarme et ne tarde pas à s'écrier :

— Assez, messieurs ! assez ! nous sommes découverts ! séparons-nous !....

Le chevalier Tugghe unit ses efforts aux siens.

— A tous les diables ! dit Rochefort à Cotentin, as-tu été souffleté, toi ?... Je me battrais sous les sabres des gens d'armes !..

— T'a-t-on donné un démenti ? criait Flamignes ?

— Barateur ! naufrageur volontaire ! moi !... Ah ! malheur à ce faquin ! hurlait Keyser.

Des cavaliers accourent : c'est la maréchaussée. Au nom du Roi, le brigadier ordonne de loin aux combattants de mettre bas les armes. Ils précipitent leurs coups.

Flamignes, percé de part en part, tombe baigné dans son sang.

Rochefort et Pierre Dehan se fendent à fond tous les deux à la fois et s'atteignent en même temps.

Keyser relève ce dernier, le charge sur ses épaules,

se jette dans le canal, et disparaît en appelant le chévalier Tugghe, qui a la présence d'esprit de détacher un canot où il les recueillera.

Pendant que la maréchaussée s'empare des trois officiers du roi, dont deux grièvement blessés réclament de prompts secours, Keyser et le chevalier rament de toutes leurs forces, atteignent la rade et abordent *la Lionne Brune*, où Pierre Dehan sera soigné par le chirurgien du navire.

Un billet expédié par un bateau-pêcheur instruira messire Tugghe que son fils et son futur gendre sont en sûreté à bord du navire qui appareille.

Gaspard Bart s'est empressé de céder le commandement supérieur de *la Lionne-Brune* au Lion-Brun son ancien amiral.

Au bout de peu de jours, après un beau combat, on a capturé un convoi de cinq navires ; mais on craint d'aborder en France, où Keyser, Pierre Dehan et le chevalier Tugghe seraient exposés à toute la rigueur de l'édit royal contre les duels. Il faut donc absolument tenir le large ; cependant les prises sont un grand embarras ; et voilà pourquoi le corsaire de Dunkerque demande secours.

Jean Bart, rempli de joie en reconnaissant son propre frère Gaspard et ses deux cousins sur la dunette de *la Lionne-Brune*, accourt à leur bord. Il est bientôt consterné par les déplorables nouvelles qu'il y apprend :

— Ah ! le duel ! l'infernal duel ! s'écrie-t-il en prenant la main de Keyser. Comment, mon pauvre matelot, as-tu été assez faible pour te laisser prendre au piége ?

— Para eur ! naufrageur indigne de mon épaulette! Pourquoi point pirate? Pouvais-je supporter ces indignités?...

— Des hommes tels que nous doivent dédaigner de telles injures, reprend Jean Bart; j'aurais répondu à M. de Flamignes : « Accusez-moi devant le conseil de guerre... En attendant je me marie... » Et, sans tirer l'épée, je me serais fait livrer passage...

— Mais ils auraient tiré l'épée, eux.

— J'en doute. L'auraient-ils osé, ce n'était plus un duel accepté, réglé, convenu; c'était un guet-apens; tu te trouvais dans le cas de légitime défense, et tu restais à terre sans crainte. Enfin, le mal est fait; cherchons-en le remède. Allez croiser sur les côtes de Norwège et y prendre ensuite vos quartiers d'hiver. Le chevalier du Lion-Brun, décoré de l'ordre de l'Eléphant, sera le bienvenu de Drontheim à Christiania et pourra s'y ravitailler à son aise. Je vous écrirai à Berghen dès que je serai parvenu à apaiser la colère du Roi.

— Merci, matelot, s'écria Keyser; tu me rends l'espérance que j'avais perdue !

— Maintenant, pour ne point vous priver d'une partie de votre équipage, je vais faire monter vos prises par les gens de mon bord. A l'œuvre !

On s'occupa sur-le-champ de ce transbordement avantageux, durant lequel Jean Bart eut tout le loisir de raconter ses dernières aventures; aussi ne se sépara-t-il point de son frère Gaspard ni de Keyser sans les avoir réconciliés avec le brave Lussac.

On soupa tous ensemble. On parla cordialement de Madagascar, de Pondichéry, de Manille, et même de Marie Tugghe.

Lussac se confondit d'abord en excuses, puis, trinquant au mariage de Charles Keyser, il lui jura ce qu'il avait déjà juré à Jean Bart : une amitié à toute épreuve.

Quand minuit sonna, la *Serpente* et les cinq prises de la *Lionne-Brune* étaient en bon abri dans le port d'Ambleteuse; Keyser, Gaspard et leurs compagnons faisaient route pour la mer du Nord.

Alors Marie Tugghe priait et pleurait avec une douleur nouvelle, en s'écriant parfois :

— Mon Dieu ! mon Dieu : pourquoi le sage Jean Bart était-il absent !...

Jean Bart trouva son fils Cornil à peu près remis.

Sans la misérable aventure de Keyser, il aurait été trop heureux, mais, encore une fois, hélas ! il fut obligé de se dire : « Victoire et gloire ne sont pas bonheur ! »

Il dut ensuite s'occuper fort activement de faire valider ses prises par les officiers de l'amirauté de Boulogne. Elles furent, en effet, déclarées bonnes, par leur procès-verbal, que le Roi, étant en son conseil, approuva en date de Versailles, le 30 novembre 1688.

Dans le cours du mois suivant, *la Railleuse* et *la Serpente* désarmèrent à Dunkerque pour y être activement réparées.

A PARIS ET A VERSAILLES.

Sa Majesté Louis Quatorzième s'ennuyait royalement entre le révérend père François de La Chaise et Mme de Maintenon, dont les édifiants propos n'avaient rien de bien récréatif; le grand Roi baillait en regardant tomber la pluie sur son parc de Versailles. On était en plein hiver; les arbres tendaient vers un ciel grisâtre et triste leurs bras dépouillés de feuilles.

— Le printemps reviendra pour eux, pensait le Roi. Hélas! toutes mes grandeurs ne valent pas un jour de jeunesse et d'amour.

La Vallière, Montespan, Fontanges, comme les feuilles mortes des grands arbres, tourbillonnèrent dans la bise des souvenirs, des regrets, des soucis.

Agé de cinquante ans et quelques mois, revenu de ses galantes erreurs, engagé dans une nouvelle guerre contre toute l'Europe, privé de Colbert mort depuis sept ans, de Turenne, de Condé, du grand Duquesne, à qui une sépulture honorable avait été refusée parce qu'il était protestant, irrité des succès du prince d'Orange, désormais roi d'Angleterre sous le nom de Guillaume III, tiraillé d'un côté par Louvois, de l'autre par Seignelay, accablé de soins politiques, mécontent de son entourage, et peut-être de lui-même, le Roi gardait un morne silence: symptôme alarmant, il finit par soupirer.

La marquise de Maintenon parla de son établissement de Saint-Cyr. Le père La Chaise dit quelques mots du chevalier de Forbin qui, revenu depuis peu du royaume de Siam, sollicitait une audience.

Le Roi ne sembla pas entendre.

— A propos de cet aventureux marin, poursuivit le révérend confesseur, la ville ne s'entretient que des équipées d'un certain Jean Bart, dont Votre Majesté daigne peut-être se souvenir.

Le Roi prêta l'oreille.

— Un original fort grossier, mais bien divertissant, se hâta d'ajouter la marquise.

— Divertissant! répéta le Roi dont les traits se déridèrent. Je me souviens à merveille de ce sabreur : je l'ai vu deux ou trois fois. Seignelay me parle très-souvent de lui, et je me rappelle fort bien que le drôle de corps s'est avisé un beau jour de me refuser une visite. Ah! je n'ai jamais ri de meilleur cœur qu'à la lecture de sa réponse : « Le vent et la marée n'attendent pas, le Roi peut attendre!... »

Louis XIV cessait d'être maussade ; la marquise et le révérend père échangèrent un regard de satisfaction.

— Tout récemment, ajoutait le Roi, notre conseil a validé des prises fort importantes qu'il a faites pour le compte de Louvois et Seignelay. Mais encore, que dit la ville et que fait maître Jean Bart?

— Il sème l'or à pleines mains, Sire, se fait suivre par un carrosse où il ne monte guère, et se fait précéder par des piqueurs portant un costume incroyable. Il se montre tous les jours dans une tenue nouvelle. Le chevalier de Gardanne, qui est assez bon plaisant, lui ayant dit : « Monsieur Bart, votre habit et vos rubans ne sont pas en rapport avec votre train de maison ! » notre homme s'est piqué au jeu. Dans la nuit, il s'est fait faire pour point, veste et culotte de drap d'or doublés de drap d'argent, et s'est empressé d'offrir à déjeuner à tous les amis de Gardanne. Lussac, qui s'y trouvait, m'a raconté un détail un peu scabreux, Sire...

— Allez toujours, mon révérend père ! dit le Roi, Mme. la marquise a son éventail.

— La doublure de drap d'argent, Sire, causait à notre brave des démangeaisons si cuisantes, qu'il ne parvenait pas à rester assis. — « Aïe ! aïe ! aïe ! » faisait-il à chaque instant. — « Qu'avez-vous, monsieur Bart ! » lui demande Gardanne. — « Ma chienne de doublure m'écorche vif, » a-t-il répondu en demandant la permission de changer de culotte.

Le Roi riait, la marquise riait, le père jésuite continua, enchanté de son succès :

— Jean Bart se fait souvent accompagner par des musiciens à gages et il est toujours escorté par une demi-douzaine de gens de mer qui chantent ses louanges sur des airs de matelots. Je crois avoir retenu le refrain.

— Voyons !

— C'est encore assez trivial, Sire.

— Qu'importe ! Mme la marquise veut bien permettre.

— J'ai mon éventail, Sire.

Le confesseur du Roi se mit à chanter

> A bord, tant qu'on fera le quart
> A la belle étoile,
> *Torchant* de la toile,
> A bord, tant qu'on fera le quart,
> On chantera Jean Bart (XXIV)

— Torchant! torchant est du dernier bon goût! dit le Roi qui fredonna lui-même le refrain.

— C'est, au dire de Lussac, un terme de métier. Les gens de mer entendent par là qu'ils déploient au vent jusqu'à leur dernier lambeau de voile, jusqu'aux *torchons*... Jean Bart va partout, aux théâtres, à la foire, dans les jardins publics. Il attire les regards par ses façons bizarres et finit toujours par charmer les spectateurs, car il ne manque pas d'esprit, somme toute. Ses saillies ont un cachet inimitable dans leur grossièreté. Aux Tuileries, la foule lui demandait : — « Monsieur Bart, comment vous y prenez-vous donc pour vaincre toujours? » — « Rien de plus simple, j'oublie d'avoir peur. » — « Mais pour oublier, comment faites-vous? » — « Vous vous grisez en buvant, vous; moi je me grise en me battant à la santé du Roi! »

— Cette réponse me plaît, dit Louis XIV.

— Est-il vrai, demanda la marquise, qu'il ait un goût déplorable pour les rixes à coups de poing?

— Rien de plus vrai, madame, mais il ne cherche querelle à personne, paye des forts de la halle pour jouter avec lui, les rosse à plate couture, leur demande pardon d'avoir tapé un peu fort, et grâce à son étonnante libéralité se fait adorer par le bas peuple : — « Si je ne me dégourdissais pas de temps en temps, dit-il, je me rouillerais. »

— Ceci est bien commun, fit le Roi, mais je n'y vois pas grand mal. Sous le rapport religieux, mon père, que pensez-vous de Jean Bart?

— Tous les matins, il assiste à la messe d'une manière fort édifiante; quoi qu'il soit veuf, il n'affiche aucune relation blâmable; il fait des aumônes vraiment princières ; il n'est ni débauché, ni avare ; mais en revanche, il entend qu'on lui paye sans retards ce qui lui est dû. Votre trésorier royal en sait quelque chose.

— Racontez-nous cela, je vous prie.

— Jean Bart avait mille écus à toucher. Il s'informe de l'adresse de messire Pierre Gruin, se rend rue du Grand-Chantier, demande au portier : — « Est-ce ici que demeure Gruin, le garde du trésor ? » — « C'est ici que demeure M. Pierre Gruin, honoré de la confiance particulière du Roi, » répond le suisse. Jean Bart monte avec fracas dans l'escalier, repousse les domestiques qui lui ont ouvert la porte, entre brutalement dans la salle à manger où M. le garde du trésor royal dînait en nombreuse compagnie avec son frère le maître de la chambre, et d'une voix terrible : — « Qui de vous, dit-il, est Pierre Gruin ? » — « C'est moi, » répond le maître de la maison choqué de ces manières incultes. Jean Bart lui présente sa créance, M. Gruin la lit, la passe pardessus son épaule comme pour la rendre, la laisse tomber et dit : — « Repassez dans deux jours ! » Jean Bart tire son sabre en criant : — « Ramasse cela et paye tout de suite ! » L'un des convives reconnaissant Jean Bart, engage son hôte à ne pas s'exposer davantage à sa colère. M. Gruin se lève, ramasse le papier, passe dans la pièce voisine et s'y dispose à peser des sacs d'argent : — « Je ne suis pas un mulet, il me faut de l'or ! » reprend Jean Bart d'un ton de menace. M. Gruin, que la peur a rendu soumis, paye en or sans souffler mot.

D'un bout à l'autre, l'anecdote déplut au Roi. Messire Pierre Gruin et son frère maître de la chambre des deniers, étaient deux officiers considérables, qui, en vertu des prérogatives de leurs charges, travaillaient directement avec Sa Majesté et ne rendaient compte qu'à elle de ce qui concernait leurs fonctions :

— Les frères Gruin se sont comportés en poltrons, car si le payement avait été refusé fort et ferme, Jean Bart, qui n'est pas un assassin, en eût été pour la courte honte de sa fanfaronnade.

— Sire, je n'ai pas été le témoin du fait, dénaturé, amplifié, controuvé peut-être. Chacun aujourd'hui a sa sa fable à débiter sur le compte de Jean Bart.

— De qui tenez-vous celle-ci ?

— De madame la douairière de Flamignes.

— Eh bien ! s'écria la marquise de Maintenon, ce ne peut être qu'une calomnie.

— A la bonne heure, fit le Roi. Cette douairière n'est-elle pas la tante du vicomte qui est à la Bastille avec le baron de Rochefort et Cotentin pour avoir bravé mon édit de 1661 contre le duel ?

— Précisément, Sire !

On annonça que le souper était servi.

— Marquise, dit le Roi en se levant, j'accorde six milles livres à votre établissement de Saint-Cyr. Mon révérend père, que le chevalier de Forbin se présente demain, je le recevrai. — Votre Jean Bart est fort amusant !

Lussac et Gardanne, qui se trouvaient sur le passage du Roi, n'entendirent que ces derniers mots.

— Bon ! fit Gardanne à demi-voix, vous verrez que mon cousin Forbin ne sera pas reçu et que cet ours de Jean Bart viendra faire ses frasques ici même dès qu'il le voudra.

Lussac partit de Versailles sur l'heure pour avertir Jean Bart que le Roi venait de parler de lui :

— Enfin! s'écria le matelot de Charles Keyser, à demain les grandes marionnettes!

Le contenu de la fameuse cassette était largement entamé. En partant de Dunkerque, où il laissa de nouveau son fils Cornil dans la maison de messire Tugghe, Jean Bart avait dit :

— Cet or ne peut être mieux employé qu'à obtenir la grâce de nos amis et de nos ennemis, car on ne peut demander que l'oubli de leur malheureuse affaire. J'userai de tous les moyens ; je me créerai toutes sortes de relations ; je serai follement prodigue en apparence, pour me mettre en mesure d'acheter le concours des intrigants qui pourraient nous être utiles.

— Que Dieu vous seconde, mon loyal ami! s'écria Marie Tugghe. Cet affreux duel m'épouvante plus que toutes les formidables aventures de Charles dans les deux Indes. Le Roi, dit-on, est inexorable. Il veut que tous les duellistes sans distinction soient livrés à la rigueur des lois.

Mme. Tugghe, sachant son fils et son futur gendre tous deux passibles de la peine de mort, ne cessait de pleurer et dépérissait.

Marie, consternée, soignait sa mère en mélangeant ses larmes aux siennes. Cornil, affectueux et tendre enfant, s'ingéniait à leur parler d'espérances.

— Mon père est allé aux informations, disait-il. Le Roi n'est point aussi impitoyable que vous le croyez et s'est départi de sa sévérité à plusieurs reprises. Il a fait grâce notamment à M. le chevalier de Forbin qui ne vaut pas à beaucoup près notre brave Keyser.

— M. de Forbin est de la plus illustre noblesse de Provence. Sa naissance l'a sauvé.

— La gloire de mon père sauvera notre ami.

— Mon cher Bart, ajouta messire Tugghe, ma fortune entière est à votre disposition; n'épargnez rien ! rendez-nous nos proscrits !

— Nous avons gagné du temps, c'était l'essentiel. L'instruction du procès est ajournée, grâce à la fuite des nôtres qui, bloqués par les glaces dans quelque port de Norwége, n'y risquent absolument rien. Fort heureusement Flamignes ni Rochefort n'ont péri; donc il n'y a pas eu mort d'homme à la connaissance du Roi. Les familles de ces messieurs et celle de Cotentin, proche parent de Tourville, sollicitent assurément de leur côté. Enfin, je vais aussi solliciter à ma manière.

Jean Bart, à Paris et à Versailles, ne négligea ni pas ni démarches. Il vit Tourville, alors sur le point de faire armer une escadre dans le port de Brest.

— Mon cher Bart, lui dit le lieutenant général, j'ai déjà entretenu le roi de cette fâcheuse affaire. Mon neveu René Cotentin est le moins coupable des trois prisonniers puisque, se bornant à désarmer le chevalier Tugghe, il a fait aussitôt son possible pour prévenir l'effusion du sang. Le Roi m'a répondu qu'il n'entendait plus tolérer des parties de duellistes trois contre trois, dix contre dix, — qu'une simple rencontre aurait pu le trouver moins sévère, — mais qu'un exemple, cette fois, devenait indispensable. Mme la marquise de Maintenon, qui déteste les Flamignes et n'aime pas les Rochefort, encourage le Roi à demeurer inflexible. Enfin, le père, La Chaise, en ma présence, a eu soin de rappeler à Sa Majesté les calculs de M. de Loménie, qui évalue à quatre mille le nombre des gentilshommes tués en duel sous les deux derniers règnes. — « Dans l'intérêt de l'État, dans celui de ma vaillante noblesse, m'a dit le Roi, je me suis juré de mettre un terme à cet abus. Lors de ma majorité, je l'ai déclaré au Parlement; depuis, j'ai publié un édit à ce sujet. Le duel est une désobéissance à mes ordres les plus formels, il viole les lois divines, je le regarde comme un crime de lèse-majesté. Par conséquent, monsieur le comte de Tourville, ne me parlez plus de faire grâce ! »

— Voici qui est déplorable ! fit Jean Bart.

— Le procès par contumace n'a pas lieu; c'est là tout ce qu'ont pu obtenir les efforts réunis de nos puissantes familles. Engagez donc vos amis à se tenir bien cachés. Le temps seul pourra modifier les intentions du Roi, surtout si, sur les entrefaites, quelque autre grand acte de justice a été fait pour l'exemple.

Jean Bart consulta secrètement l'intendant Hubert de Champy-Descluzeaux et ses amis les frères Gruin, que leurs charges mettaient en relations directes avec la personne du Roi. Il fit courir lui-même le bruit absurde de son algarade chez ces derniers, avec l'espoir que Louis XIV les questionnerait et qu'ils trouveraient ainsi l'occasion de parler de Keyser.

Rien ne réussissait; seulement la rumeur populaire, grandissant toujours, devait tôt ou tard faire renaître la curiosité du Roi. Jean Bart, bon gré mal gré, continua d'exagérer son rôle. Lussac, qui seul en avait la confidence, le servit avec un zèle fort adroit. Mauvais manœuvrier au large, il connaissait à merveille le terrain de Versailles; il mit son ex-commandant en rapport avec la jeunesse de cour. Jean Bart ne recula devant aucune balourdise.

Il commençait pourtant à trouver que l'entourage immédiat du Roi tardait bien à s'occuper de lui, lorsque Lussac vint lui apporter l'excellente nouvelle d'une exclamation de nature à délier toutes les bouches :

— Chacun sera jaloux de divertir Sa Majesté. Il suffisait d'un mot pour mettre en verve ces messieurs et ces dames. Demain matin, je vous tiendrai au courant de tout ce qu'on aura dit.

— A midi, mon cher Lussac, dans la grande allée, si vous le voulez bien.

— C'est convenu !

Durant tout le souper du Roi, ce fut à qui raconterait sa fable sur Jean Bart. Gardanne en personne s'en mêla, mais à la vérité pour ménager des transitions en faveur du chevalier de Forbin, dont la romanesque biographie plaisait fort aux dames.

Mais le Roi, lancé maintenant dans la haute dévotion, ne la trouvait pas à beaucoup près si plaisante :

— M. de Forbin, dit-il, a bien des choses à faire pour regagner notre indulgence royale, dont il n'a pas trop usé.

Le chevalier Claude de Forbin, comte de Janson, alors âgé de trente-trois ans, était à la fois l'un des plus intrépides gentilshommes et des plus mauvais sujets du temps. Il avait débuté dans la vie par des actes coupables et même criminels. — « L'absence de tout respect pour ses parents, a écrit M. Léon Guérin, une ténacité souvent brutale, une vanité sans bornes, une improbité qui allait jusqu'au larcin, une violente passion du jeu, des goûts de spadassin que signalèrent tout d'abord des querelles à coups de poing, puis des duels incessants, voilà ce qu'on trouve dans le tableau que Forbin lui-même a tracé de ses premières années dans ses *Mémoires.* »

Destiné par sa famille à entrer dans les ordres, il se fit remarquer dès l'âge de quinze ans par un trait de grand courage. Un chien enragé répandait l'épouvante dans la ville d'Aix ; Forbin ose courir sur l'animal furieux, lui donne à mordre son chapeau, et avec un admirable sang-froid lui plonge un couteau de chasse au défaut de l'épaule.

Des affaires de brelan et des aventures galantes de la pire espèce l'obligent bientôt à s'enfuir à bord de la galère de son oncle le commandeur de Gardanne.

De nouvelles rixes et un duel malheureux contre le chevalier de Gourdon qu'il tua, l'obligent à fuir de nouveau. Le parlement d'Aix le condamne par coutumace à avoir la tête tranchée. Mais son oncle, le cardinal de Janson, étant à grand'peine parvenu à obtenir sa grâce, Forbin avait successivement servi avec bravoure sous le comte d'Estrées et sous le grand Duquesne.

Il venait en dernier lieu de faire partie, en qualité de major, de l'ambassade envoyée au roi de Siam qui le retint à son service et lui conféra la dignité d'*Opra sac di son craam*, ou littéralement de *Dieu ayant les lumières de la guerre*. Forbin disciplina ses troupes à l'européenne dirigea plusieurs expéditions de terre et de mer, encourut les mauvaises grâces du ministre grec Constance Phaulcon, et fatigué outre mesure de son exil de généralissime divin, prit le parti d'abandonner le royaume de Siam sans y attendre l'arrivée d'une nouvelle ambassade française. Il en revenait fort agri et avait déjà blessé le marquis de Seignelay par ses rapports en contradiction avec ceux des missionnaires (xxv).

Le Roi mis au courant par le père La Chaise, se souciait assez peu des récriminations de ce bretteur aventureux dont les services personnels n'avaient encore qu'un éclat médiocre, mais dont la grande famille était trop bien en cour pour qu'on pût indéfiniment lui refuser une audience. Il l'accorda donc. Toutefois il coupa court aux propos de Gardanne.

Les courtisans n'en furent que plus empressés à parler de Jean Bart.

Les ana de Paris et de Versailles, les contes de carrefour, les anecdotes bizarres ne suffisant pas, les glorieux faits d'armes furent cités par surcroît et amplifiés, exagérés, présentés sous le jour le plus merveilleux. Si l'on riait d'une part, de l'autre on était forcé d'admirer.

Louis XIV, intéressé par ces récits tour à tour héroïques et bouffons, s'en amusa tellement que la veillée se prolongea d'une heure entière. Il s'endormit en souriant à la pensée du bizarre marin dunkerquois et peut-être ne passât-il jamais une meilleure nuit.

Dans la grande allée de Versailles, le lendemain à midi, Lussac à qui Gardanne avait tout raconté, dit à Jean Bart :

— Votre histoire a mis le Roi en gaîté. L'audience est pour deux heures précises.

— Très-bien ! fit Jean Bart, et du fond du cœur il pria Dieu de ne pas l'abandonner dans son étrange tentative. — Du calme ! du sang-froid ! de la présence d'esprit ! se disait-il. Ne point dépasser le but ! Que ne s'agit-il d'un combat à outrance ou d'une navigation sous la tempête à travers les brouillards et les brisants ! Ici la lutte est bien autrement dangereuse, la navigation bien autrement compliquée ; je ne puis compter mes ennemis, je les connais à peine ; la brume est plus épaisse qu'au large, les cœurs plus durs que les rochers, les courants et le fond plus impénétrables. J'ai sondé pourtant, j'ai fait tout ce que doit faire un sage pilote ; mais je dépends de hasards incalculables. L'humeur du Roi sera-t-elle la même qu'hier soir. ? Ne dirai-je, ne ferai-je rien qui l'indispose contre nous ? J'affronte le ridicule, je l'attire sur ma tête ; ne serai-je point en pure perte sorti de mon caractère ? N'aurai-je pas sacrifié mes goûts simples à une vaine espérance ? Plus le moment approche, plus je doute de ma manœuvre ; sauverai-je Keyser ? Mon Dieu ! qui lisez dans mon cœur, vous qui avez tant de fois protégé au large Jean Bart le marin, daignez ici prendre en pitié Jean Bart le bouffon !

Quand deux heures sonnèrent : — « A Dieu vat ! » murmura-t-il, et, refoulant ses inquiétudes, s'étudiant à prendre cet air calme et serein qui lui était ordinaire devant les ennemis, composant ses traits, affectant la démarche indifférente et lourde d'un pêcheur qui va monter sa barque, il s'achemina du côté du château.

Jean Bart portait le costume des officiers de marine du temps, sans exagération aucune ; — seulement il s'était décoré de la chaîne d'or que le Roi lui avait autrefois fait remettre en récompense de ses exploits de corsaire.

L'antichambre était pleine de solliciteurs, parmi lesquels on remarquait Forbin donnant le bras à son cousin le chevalier de Gardanne.

Lussac tendit familièrement la main à Jean Bart qui, la secouant à tour de bras et la serrant comme dans un étau, dit d'une voix de stentor :

— Eh ! eh ! bonjour, mon brave petit bonhomme ! Comment ça navigue-t-il ?

— Aïe! aïe! pas si fort, commandant Bart! s'écria Lussac en riant.

— Monsieur le capitaine de frégate, avez-vous une lettre d'audience? demandait l'officier chargé d'introduire

— Moi! fit Jean Bart, je n'en ai pas besoin. Je suis trop bon ami du Roi pour qu'il ne soit pas charmé de ma visite. Dites-lui que Jean Bart est ici ; ça suffira !

— Vous vous trompez, monsieur! dit le maître des cérémonies. D'ailleurs personne ne se permettrait de vous annoncer.

— Je m'annoncerai bien moi-même ! fit Jean Bart qui s'approcha de la porte du Roi comme pour entrer.

— On ne passe pas ! dit le mousquetaire de faction.

— Au diable la consigne ! grommela Jean Bart. Mais une consigne est une consigne, je respecte la vôtre, mon camarade.

Sur ces mots, il s'adossa carrément à la cloison la plus rapprochée de la porte. Quelques solliciteurs furent successivement appelés et introduits :

— Ouf! fit bientôt Jean Bart d'un ton rude, je me crève d'ennui, brûlons le temps !

Il tira de sa poche une vieille pipe noire et courte, la chargea de tabac, battit le briquet, et l'alluma en disant :

— Mille tonnerres à la voile ! genopons patience !

On le regardait en souriant, il n'avait pas l'air de s'apercevoir qu'il devînt l'objet d'une hilarité moqueuse mal contenue.

— On ne fume pas ici, monsieur le capitaine de frégate! dit très-sèchement l'officier de service.

— Ah ! par exemple ! Est-ce bien possible ? répliqua

Jean Bart en lançant de tous côtés d'épaisses bouffées de tabac.

— Vous êtes dans l'antichambre du Roi, monsieur.

— Je m'y ennuie assez pour le savoir !

— Mais le Roi ne permet pas qu'on fume ainsi à sa porte !...

— De par tous les diables, monsieur l'adjudant, riposta Jean Bart avec brusquerie, le Roi mon maître est trop juste pour m'empêcher de satisfaire une habitude contractée à son service !

— Vous violez toutes les lois de l'étiquette, je vais être obligé de vous faire sortir.

— Avant que j'aie parlé au Roi ! fit Jean Bart en riant aux éclats, j'en défierais tous les diables !...

Et le brave marin, les bras croisés, le sourire aux lèvres, tout en affectant une attitude gauche et brutale, continua de lancer sa fumée dans le couloir même qui conduisait à la salle de réception.

— La fumée de nos canons sent plus fort que ça, sans avoir le même goût, pas vrai, mon petit Lussac ?

— Mais il est charmant votre Jean Bart ! disait ironiquement Forbin à Gardanne et à Lussac lui-même :

— Voulez-vous faire sa connaissance ?

— Non, mille fois ! je ne tiens pas à être en rapport avec un malotru pareil qu'on va chasser d'ici comme il le mérite.

Le maître des cérémonies faillit appeler à la garde, mais, craignant un scandale, il crut devoir auparavant prendre les ordres du Roi lui-même. Au moment où Forbin allait à son tour être introduit, il entra et dit :

— Sire, il y a dans votre antichambre un officier de

marine qui se permet d'y fumer sa pipe et nous met au défi de le faire sortir.

L'odeur du tabac arriva par les portes entr'ouvertes jusqu'aux augustes narines de Sa Majesté.

— Ah! s'écria Louis XIV en souriant, je parie que c'est Jean Bart.

— Oui, Sire!

— Qu'on le laisse faire, et dès qu'il aura fini sa pipe, qu'on l'introduise.

Forbin s'avançait.

— Ma pipe est finie, s'écria Jean Bart en la lançant dans la cheminée à l'autre bout de la salle et passant de vive force devant son altier collègue. — Pardon, excuse, collègue, dit-il, je suis pressé.

— Quelle bête sauvage! murmura Forbin irrité, pendant que tout le monde riait autour de lui.

Jean Bart était entré.

Il s'avança d'un pas ferme, avec une certaine rondeur marinière, mais d'un air respectueux que Louis XIV remarqua parfaitement.

— Jean Bart, dit-il tout d'abord, il n'est permis qu'à vous de fumer chez moi.

— Sa Majesté est mille fois trop bonne, répondit Jean Bart. Je n'avais pas de lettres d'audience, je demandais à être annoncé, on me refusait cette faveur. J'ai osé enfreindre l'étiquette dans l'espoir qu'on instruirait le Roi de mon humble désir d'arriver jusqu'à lui.

— Vous êtes aussi rusé que cela, monsieur Bart?

— Toute ma ruse consiste à croire en l'indulgente bienveillance de Votre Majesté ; mais en mer, Sire, nous usons contre ses ennemis de stratagèmes autrement audacieux.

— Depuis hier, Jean Bart, j'ai beaucoup pensé à vous.

— Depuis que j'ai l'âge d'homme, Sire, je ne cesse de penser à me rendre digne de cet honneur.

— Très-bien ! dit le Roi qui, se tournant vers la marquise de Maintenon et le petit nombre de grands qui l'entouraient, ajouta en souriant : — M. Bart s'exprime en vrai marin.

— J'ignore les manières élégantes de la cour, dit Jean Bart, mais mon sang, jusqu'à la dernière goutte, appartient à Votre Majesté.

— Je le sais, dit le Roi, et maintenant quel est l'objet de vos désirs ? S'il m'est possible d'y satisfaire, j'en serai ravi.

Jean Bart sentit qu'il était beaucoup trop tôt pour parler en faveur de Keyser.

— Mon Dieu ! dit-il, trop de choses sont impossibles au Roi, et je crains déjà d'être indiscret ou même imprudent.

— Voyons pourtant, monsieur Bart ?

— Sire, je suis un ancien corsaire ; cette chaîne d'or que je dois au généreux souvenir de Votre Majesté l'atteste à mon honneur. Mes confrères de Dunkerque et moi avons longtemps pratiqué un mode de guerre fort différent des grandes évolutions de MM. Duquesne, Châteaurenauld et Tourville. Ces glorieux amiraux combattent en ligne, mais la guerre de tirailleurs, d'incursions, d'escarmouches peut rendre des services non moins profitables que la guerre d'escadres et de flottes. Je viens supplier Votre Majesté de m'accorder sa recommandation pour le mûr examen d'un plan de campagne rédigé en ce sens et déposé depuis vingt jours entre les mains du marquis de Seignelay.

— Monsieur Bart, dit le Roi en souriant, c'est à moi que vous demandez de vous protéger auprès d'un ministre ; le contraire est moins inusité.

— Sire, Votre Majesté a bien raison, et voilà justement ce qui me fait craindre l'insuccès de ma démarche. Avec la meilleure volonté du monde, me disais-je à l'instant, le Roi gâtera peut-être mes affaires au lieu de les servir, car je ne le sais que trop, il n'est pas maître chez lui comme je le suis chez moi.

— Oh! oh! fit Louis XIV diverti par cette assertion paradoxale, vous croiriez-vous donc plus puissant que moi, monsieur Bart?

— Sans aucune comparaison, Sire ! Dans votre royaume de France, ce que veut Votre Majesté ne se fait guère ; à mon bord, où je suis roi, ma volonté se fait toujours.

— Vous me piquez, Jean Bart.

— Le profond respect que je dois à Votre Majesté, le grand et loyal amour que je lui porte ne m'empêcheront pas de dire que je ne cherche pas autre chose.

— Vous voudriez me blesser, moi ?

— Dieu m'en garde, Sire ! Votre Majesté parlait de piqûre ; celle que je veux faire à son auguste personne finira, j'espère, par la chatouiller agréablement.

— Allez donc, monsieur Bart, allez toujours !

Le monarque, admirablement préparé par les propos de la veille, prenait plaisir aux dires de Jean Bart, qui, mesurant ses paroles, songeait constamment à ne pas outrepasser son rôle. L'épiderme des grands est délicat, un seul mot mal placé pouvait changer soudain les dispositions évidemment favorables de Louis XIV qui disait tout bas à la marquise de Maintenon :

— Il ne jure ni ne sacre, il s'exprime seulement avec originalité ; il n'est pas brutal, et même il doit être fin.

— Sa pipe, qui lui sert d'introducteur, nous le prouve Sire, répondit la marquise. On nous avait fait un Jean Bart de tréteaux, au lieu d'un Jean Bart de bonne comédie.

Jean Bart observait les physionomies, comme sur les bancs des Pays-Bas il aurait observé la nuance des eaux.

— Le Roi est bon et généreux, dit-il avec un enthousiasme sincère ; le Roi aime à connaître et à récompenser les gens de cœur qui font triompher ses armes. Il est adoré par ses armées de terre et de mer ; son nom leur fait faire des prodiges, et le monde entier est obligé de proclamer sa grandeur. Malheureusement, le vaisseau géant dont le Roi est le capitaine est trop vaste pour que Sa Majesté puisse à la fois diriger le timon et la manœuvre de toutes les voiles, dicter constamment la meilleure route, se garantir par elle-même des écueils et se faire obéir directement. Pendant que nous combattons et que nous mourons obscurément pour son triomphe, la maladresse, l'ignorance, l'envie enveloppent le Roi de brouillards. Elles trahissent jusqu'à ses plus nobles promesses. Le Roi de France veut et ordonne le bien ; trop souvent, hélas ! ce bien n'est pas exécuté.

— Jean Bart, interrompit le Roi devenu sérieux, vous ai-je jamais promis quelque chose que vous n'ayez pas obtenu ?

— Oui, Sire ! dit le marin dunkerquois avec une fermeté sereine. Et moi, plein de reconnaissance pour les intentions formelles de Votre Majesté, j'ai redoublé de zèle, afin d'avoir le droit de venir lui dire comme je le fais : — « Sire, ce que Votre Majesté m'avait accordé, je ne l'ai pas obtenu ; j'ai combattu dix ans de plus avec un amour que rien n'égale. Sire, prenez pitié de votre serviteur ! »

Jean Bart, devenu pâle, poursuivit avec une émotion extrême :

— Mon père, deux de mes frères et vingt autres membres de ma famille sont morts à votre service, Sire ! Les ennemis du Roi me trouvant trop redoutable, s'en sont vengés en brûlant ma maison. Ma mère, sa sœur, ma femme, sa mère, mes deux filles ont péri des suites de ce criminel incendie. Hier, je lançais à l'abordage mon fils unique, mon dernier enfant, et il s'y faisait blesser en criant : « Vive le Roi !... » Aujourd'hui, Sire, je viens, les mains jointes, vous demander la force de vivre, de combattre et de mourir les armes à la main pour Votre Majesté !

— Que voulez-vous donc, mon ami ? demanda le Roi touché de ces paroles trop éloquemment vraies.

De grosses larmes roulèrent alors sur les joues du brave marin, qui se mit à genoux en criant :

— Grâce, Sire ! grâce pour mon frère !

— Remettez-vous, Jean Bart ! Qu'a donc fait ce frère dont vous me parlez ?

— Sire, ne me le demandez pas ; mais daignez lui rendre la vie, car il est condamné à mort !

Jean Bart présenta un parchemin auquel ne manquait que la signature royale.

Louis XIV y lut les noms de Keyser, du chevalier Tugghe et des quatre autres duellistes ; son front s'assombrit.

Jean Bart poursuivait d'un ton respectueux, avec l'accent de la plus profonde douleur :

— Si les glorieux services de mon frère Charles Keyser avaient été récompensés autrefois comme l'ordonnait Votre Majesté, sa destinée n'aurait pas été la même. Il ne se serait pas exilé pour aller délivrer le fort Dauphin à Madagascar, faire lever le siége de Pondichéry, et placer sur le trône, au nom du roi de France, le roi qui règne au Siam. Mon frère, Charles Keyser, n'aurait pas, au nom du Roi très-chrétien, préservé les Philippines d'une invasion de païens qui, sans lui, s'en emparaient. Il n'aurait pas mérité les dignités dont l'ont comblé tous les princes de l'Europe. Non, il serait moins illustre peut-être ; mais il n'aurait cessé de combattre à mes côtés, et durant son long exil, je n'aurais pas été en proie à une douleur qui n'a cessé de grandir et qui deviendra du découragement, du désespoir, si le Roi ne daigne me rendre l'espérance.

La marquise de Maintenon, attendrie et désarmée, présenta elle-même la plume au Roi. Le Roi signa :

— Jean Bart, dit-il, je vous accorde ce que j'ai refusé à Tourville.

— Vive le Roi ! murmura Jean Bart d'une voix tremblante. Que le nom du Roi soit béni !

La grâce signée était entre ses mains, il essuya ses larmes et attendit d'être congédié ; mais Louis XIV, mieux disposé que jamais par son acte de clémence, se complut à prolonger l'entretien. Jean Bart le soutint sans efforts avec un entrain charmant. La reconnaissance lui inspira vingt mots heureux. Sa naïveté naturelle perça ; il était désormais à son aise, ne calculait plus, se laissait aller à sa verve flamande, montrait une bonhomie guerrière, une simplicité audacieuse et une foi chrétienne qui ne pouvaient être que les bienvenues sur un terrain d'où la bonhomie et la simplicité se trouvaient exilées, et où la foi sincère était presque un phénomène.

Il conquit la bienveillance déjà toute puissance de la marquise de Maintenon. Il fit à plusieurs reprises rire le grand Roi, qui ne riait plus guère. Il l'intéressa par des traits empruntés tantôt à l'histoire de son héroïque famille, issue du Renard de la Mer, Michel Jacobsen, tantôt à sa propre carrière, souvent à celle de son matelot Charles Keyser, marquis de Bemfazer et comte de Moroléon. Il exalta en passant la bravoure de Lussac, qui serait, disait-il, le plus brillant des colonels de hussards.

— Pourquoi pas capitaine de vaisseau ? demanda le Roi.

— Sire, notre métier de loups de mer doit s'apprendre au berceau et demande plus de malice que n'en a ce valeureux gentilhomme. Son intrépidité a fait l'admiration de tous mes matelots, mais ils disent dans leur langage qu'il est marin comme leur petite sœur, et franchement ils n'ont pas tort. Faites-nous-en un colonel de cavalerie, je vous réponds de son sabre.

— Décidément, nous recommanderons votre mémoire à Seignelay et votre lieutenant à Villars.

— M. de Villars, Sire, vous remerciera de la recommandation, j'en ferais serment.

— Monsieur Bart, demanda la marquise, on débite sur votre compte tant de sottes fables que je m'y perds. Serait-il vrai que vous prissiez plaisir à boxer comme un portefaix d'Angleterre ?

— Madame la marquise, la force physique impose aux

gens que je commande. Par des exercices journaliers, j'ai soin d'entretenir ma vigueur; je fais en sorte qu'ils le sachent; par ce moyen j'augmente mon empire sur eux dans l'intérêt du service de Sa Majesté.

— Est-il vrai que d'un coup de poing vous tuez un bœuf? demanda le Roi.

— Je n'en sais trop rien, Sire. Je n'ai essayé qu'une fois : le bœuf était vieux et malade, je me foulai le poignet; je ne recommencerai plus.

— L'on m'a raconté que, malgré les croiseurs ennemis, vous êtes plusieurs fois sorti de Dunkerque avec une audace incroyable.

— Audace n'est pas le mot, Sire; adresse, finesse, habileté, à la bonne heure. Depuis mon enfance, j'explore les bancs, les courants et les marées de nos côtes, et je continue sans cesse, car il y a parfois des changements très-remarquables dans les fonds. C'est grâce à mes observations multipliées, comme Votre Majesté peut s'en souvenir, que, malgré tous nos pilotes, je fis entrer dans le port de Dunkerque le vaisseau *l'Entreprenant* qu'Elle désirait y voir. De même, Sire, je me glisse dans les chenaux dont l'ennemi n'ose approcher; la nuit et la tempête me viennent en aide; je sors du terrier en renard....

— Pour aller combattre en lion, ajouta gracieusement le roi.

L'audience était terminée. Forbin n'avait pu être reçu, non plus que vingt autres solliciteurs.

— Eh bien! s'écria Gardanne, que disais-je hier soir?

— Vous parliez d'or, mon cher, répondit Lussac.

— Ce Jean Bart fait donc ici la pluie et le beau temps! dit Forbin avec humeur.

— Comme vous voyez, cousin. Les plus longues audiences durent à peine dix minutes, et il vient de passer deux heures avec le Roi.

Jean Bart reparut. Lussac courut à lui :

— Avez-vous gagné la bataille? demanda-t-il tout bas.

— Oui, mon colonel aux hussards de Villars, répondit de même le marin, qui ajouta bruyamment: — Le Roi voulait savoir comment je m'y prends pour sortir du port, à la barbe des ennemis.

On entourait le divertissant Dunkerquois.

— Et qu'avez-vous répondu ?... — Comment vous y prenez-vous? demandaient les courtisans d'un ton railleur et blessant.

— Comme ceci, mes jolis seigneurs !

A ces mots, fondant tête baissée sur le groupe impertinent des curieux, Jean Bart les poussa brusquement à coups de genoux, à coups de coudes, à coups d'épaules, marcha sur les pieds des plus insolents, fit chanceler les autres et sortit en riant aux éclats..

Forbin, témoin de cette scène, réfléchit un instant. Il savait déjà que Lussac comptait renoncer à la marine:

— Voilà mon homme ! se dit-il.

Le comte de Janson venait de raisonner à merveille dans l'intérêt de son avenir. Il sollicita ce que craignaient tous ses collègues, et obtint sans difficultés d'être placé sous les ordres de Jean Bart (XXVI).

PRESSENTIMENTS.

Jean Bart venait d'obtenir ce qu'il avait sollicité lui-même, en jouant un personnage demeuré dans la mémoire du peuple, gravement enregistré par les historiens, qui, pour la plupart, n'ont pas plus que les courtisans entrevu la transparente vérité, platement outrée par les caricaturistes et les dramaturges, mais jusqu'à un certain point pressentie par l'ambitieux Forbin qui, se croyant sûr de sa propre finesse et de sa force, résolut de faire tourner à son profit les ridicules plus ou moins naïfs du célèbre ours de mer.

Ce que Jean Bart avait laissé aux soins du Roi, c'est-à-dire un appui efficace pour le succès de son mémoire, il ne l'obtint pas.

Charles Kesyer, le chevalier Tugghe et Pierre Dehan, s'il avait survécu à sa terrible blessure, étaient désormais à l'abri de toute poursuite judiciaire.

Marie Tugghe se jeta au cou de Jean Bart en l'appelant son sauveur. Cornil pleura de joie ; un mieux soudain se manifesta dans la santé chancelante de Mme Tugghe, qui sembla reprendre vie. Le conseiller armateur voulait expédier sur-le-champ en Norwége un navire qui en ramènerait les fugitifs.

— Vous oubliez, lui dit Jean Bart, qu'ils sont bloqués par les glaces. Il faut maintenant attendre le dégel.

— Attendre! encore attendre! murmura Mme Tugghe découragée. Toujours des retards, toujours des obstacles! Non! je ne serai jamais témoin du bonheur de ma fille!

Et elle retomba pâle, tremblante, désolée sur son lit de douleurs. Ses paroles de mauvais augure mirent des larmes aux yeux de Marie, consternèrent le jeune Cornil et frappèrent Jean Bart.

— La route par terre est difficile mais non impossible! s'écria messire Tugghe. J'enverrai en Danemark et en Norwége courriers sur courriers jusqu'à ce que nos amis sachent que, grâce à vous, ils peuvent revenir sans danger.

— Sans danger!... Les dangers, hélas! renaissent sans trêve ni merci! murmurait avec amertume l'infortunée mère de la fiancée.

— Ecrivons à nos amis, dit Jean Bart, rassurons-les, je le désire et m'en réjouis pour eux! Mais, tout compte fait, aller, recherches, retour, Keyser et le chevalier ne peuvent revenir par terre plus sûrement ni plus vite qu'ils ne reviendraient par mer avec *la Lionne-Brune*.

— La guerre! toujours la guerre! par terre comme par mer! des périls de tous côtés! dit Mme Tugghe en gémissant. Mon fils! ma fille! mon pauvre Charles!...

L'insistance de ces plaintes troublait tous les cœurs. Comme un sinistre présage, elles détruisaient jusqu'à l'effet des heureuses nouvelles rapportées de Versailles par Jean Bart, qui ne sentait que trop ce qu'il y avait de fondé dans les appréhensions de Mme Tugghe. Alors, songeant au mémoire qu'il avait remis à Seignelay et qu'il devait bientôt lui faire expédier en duplicata avec de nouveaux détails par l'intendant de Dunkerque:

— Ah! s'écria-t-il, puisse le Roi, dans son intérêt comme dans le nôtre, me faire comprendre par son ministre! En ce cas, c'est moi-même qui vous ramènerais Keyser.

Malheureusement la recommandation du Roi demeura nulle et non avenue, attendu que Seignelay trouvait son avantage personnel à se faire l'armateur d'un croiseur tel que Jean Bart. Jean Bart ayant insisté à plusieurs reprises, — comme il ne cessa de faire jusqu'à ce que ses vues fussent adoptées (1), — Seignelay répondit à l'intendant Patoulet par une dépêche en date du 9 mai 1689 :

« J'ai examiné la proposition que fait le sieur Bart, par le mémoire que vous avez apostillé, pour détruire le commerce des Hollandais dans le Nord et la mer Baltique; mais comme les quatre vaisseaux que vous estimez devoir être armés pour y réussir sont destinés pour servir dans le corps d'armée, et que la dépense d'un armement tel que celui-là serait trop considérable, je ne juge pas à présent devoir suivre cette pensée (2). »

En présence de pareils documents, n'est-il pas étrange que des historiens sérieux s'obstinent à faire de Jean Bart un être totalement illettré, ne signant son nom que de routine? A la vérité, l'histoire est aussi souvent un roman que le roman même.

Le vicomte de Flamignes, Rochefort et René Cotentin sortirent de la Bastille sous des impressions fort différentes.

Le dernier, bien que piqué de devoir à un simple par-

---

(1) Elles le furent en 1691, sous le ministère Pontchartrain
(2) Textuel. Voir note vIII.

venu, capitaine de frégate, ce que son oncle le lieutenant général comte de Tourville avait inutilement imploré, se montra convenable, et, par une lettre de bon goût, remercia Jean Bart en le priant de le réconcilier avec l'intrépide Moroléon et l'aimable chevalier Tugghe.

Rochefort se conduisit à peu près de même; mais, pour éviter d'avoir à l'avenir aucune relation avec les Dunkerquois, il se fit attacher au corps royal des galères, encore indépendant de celui de la marine, auquel on ne le réunit qu'en 1748.

Quant à Flamignes, qui venait d'hériter de la fortune colossale de sa tante la douairière, ennemie intime de la marquise de Maintenon, il renonça complètement au service du Roi, mais non à sa jalousie furieuse envers Keyser et à son amour insensé pour Marie Tugghe.

Irrité d'être dans la plus complète disgrâce, exaspéré par ses échecs et par les succès de Keyser, torturé par l'envie et mal conseillé par la solitude où il acheva de s'aigrir en formant des projets monstrueux, il n'en sortit que pour chercher des distractions dans la pire compagnie. Jean Bart et Keyser s'élevaient par leurs grandes actions, par la noblesse de leurs sentiments, par la générosité de leurs caractères. Flamignes descendit en se dégradant. Il fit sa société, non plus de jeunes gentilshommes rachetant leurs défauts par une foule de qualités solides, mais d'intrigants de bas étage, de chevaliers de brelans, de hobereaux déchus et de parasites qu'il gorgea d'ignobles plaisirs. Il eut sa petite cour de spadassins, de joueurs, de libertins et de femmes perdues; mais au fond de ce cloaque, loin d'oublier Keyser et Marie Tugghe, il ne cessa de s'occuper d'eux. On le revit même à Dunkerque, où il entretenait de misérables agents.

Marie ne s'alarma point de sa présence ; elle l'aperçut à peine.

Flamignes cependant la guettait, passait des heures entières à rechercher ses traces ou à la contempler, lorsqu'à genoux dans l'église elle priait pour sa mère malade, pour son frère, pour leurs amis.

Le tableau de la vie honteuse du vicomte de Flamignes doit être relégué dans l'ombre où se complaisent les vices et les désirs criminels.

Cependant Forbin, assez froidement accueilli par le Roi, venait d'être nommé au commandement de *la Serpente*, en remplacement de Lussac, nommé colonel de hussards et qui, mettant à profit les conseils de Jean Bart, se conduisit tout autrement dans l'armée de terre que dans la marine. Excellent cavalier, mais ignorant les manœuvres de cavalerie, il étudia consciencieusement les détails de son nouveau métier, se fit donner des leçons par quelques subalternes capables et bien choisis, fit preuve d'une modestie égale à sa présomption passée, acquit fort vite les notions élémentaires indispensables et se mit en mesure de devenir ce qu'il devint en effet, l'un des officiers les plus distingués de son arme.

Le nom de hussard était alors une nouveauté, bien que sous Louis XIII on eût déjà de la cavalerie hongroise dans les troupes de France. Le maréchal de Luxembourg proposa de former un corps de hussards ; Villars était chargé de l'organiser. MM. de Mortagne, de Verseils et du Raschi furent les premiers colonels des régiments récemment créés, qu'on ne compta régulièrement dans l'armée qu'en 1692. Mais, sur les entrefaites, ces troupes

20

légères firent de belles campagnes auxquelles Lussac prit une part glorieuse. Aussi dit-il par la suite à Jean Bart :

— Vous désespériez de faire de moi un marin passable, et vous m'avez fait excellent officier de cavalerie.

Quant à Forbin, il était marin consommé.

Lorsqu'il vint se ranger sous les ordres de Jean Bart, il évita d'être hautain, mais sans dissimuler son caractère impatient et fougueux. Le marin dunkerquois, qui reconnut parfaitement en lui l'un des beaux rieurs de Versailles, le reçut, la pipe à la bouche, avec une souveraine indifférence.

— Monsieur Bart, dit Forbin, sur votre réputation j'ai demandé à devenir votre compagnon de courses. Le danger me plaît, et je sais que vous ne boudez pas.

— J'ai tant de réputations différentes, monsieur de Forbin, répondit tranquillement Jean Bart, que vous ne trouverez peut-être pas en moi ce que vous voudriez. Tenez, par exemple, vous croyez que le danger me plaît, quand je me contente de n'en faire aucun cas et de prendre le temps comme il vient.

— Merveilleusement pensé, monsieur Bart ! dit Forbin avec une nuance d'ironie qui n'échappa point à son futur commandant.

— Franchement ! je ne vois rien de merveilleux dans cette manière de sentir, reprit Jean Bart.

Avec une imperturbable sérénité, il regardait en face l'altier Provençal, dont la taille dégagée, souple, et du reste remarquablement élégante, annonçait une vigueur et une vivacité peu ordinaires, ainsi qu'une rare aptitude aux exercices du corps. Comme Charles Keyser, Forbin avait le teint très-brun, les sourcils fortement prononcés, les yeux noirs et hardis ; mais cette hardiesse voisine de l'effronterie manquait de franchise.

Jean Bart, avec son profond bon sens, avait déjà une opinion faite sur le compte de Forbin, qui, — si fin qu'il fût, — était fort loin encore d'avoir deviné Jean Bart.

Les yeux bleus et calmes du Flamand ne s'abaissèrent point devant les regards fixes du fier Provençal ; ils se détournèrent insouciants, placides et toujours fermes, sans que la physionomie trahît aucune impression. — La glace éteint le feu.

L'esprit délié de Forbin escarmoucha quelques instants; tous ses traits s'émoussèrent sur l'impassible Jean Bart, qui se contenta de dire :

— Après la campagne, si vous y tenez, camarade, je vous déclarerai franchement ce que je pense de vous. Keyser, Lussac et pas mal d'autres se sont bien trouvés de mon opinion.

— Je suis certain de m'en bien trouver aussi, mon brave monsieur Bart. J'y tiens énormément! Mais, moins prudent que vous, je puis affirmer dès-à-présent que vous serez pour moi un parfait *matelot*.

— Je l'espère ! fit Jean Bart qui avait connu et fréquenté trop de courtisans pour s'étonner du tour ironique des moindres mots de Forbin.

— Très-bien ! Cet ours-là me servira de marche-pied, pensait ce dernier qui n'avait saisi que la moindre partie de l'énigme et encore parce que Jean Bart le voulut bien.

— Lussac, se dit le marin flamand, n'était que sottement orgueilleux, mais il avait le cœur droit; il n'était pas incurable, je l'ai guéri ! Celui-ci est envieux, plein de fiel et d'astuce ; je me tiens sur mes gardes. L'ours grossier de Versailles embarquera donc avec le renard de mer. Nous jouterons de bravoure, monsieur de Forbin, car vous êtes brave ; mais nous jouterons aussi de finesse. A la garde de Dieu !

La première croisière de Jean Bart et de Forbin fut très-fructueuse. Le 25 avril, à la hauteur de Newport, ils rencontrèrent deux gros navires espagnols, l'*Union* et le *Roi-David*. Jean Bart s'empara du premier, chargé de poudre d'or, de sacs d'argent et d'épices ; Forbin prit le second, chargé de bois des îles. Peu de jours après, ils livrèrent un combat acharné à un corsaire hollandais qui, voulant se défendre jusqu'à la dernière extrémité, avait fait clouer ses écoutilles.

« L'abordage se fit, a écrit Forbin dans ses *Mémoires* ; je n'en ai guère vu de plus sanglant. Ces malheureux se battaient en désespérés, en sorte que dans un instant leur pont fut couvert de morts. A cette vue, je sautai dans le vaisseau pour faire cesser la tuerie ; sans cela, il n'en échappait pas un seul, tant mes gens étaient irrités de la résistance qu'on leur avait faite. »

Forbin ne souffle mot du rôle de Jean Bart dans une affaire si chaude. Il lui dut cependant le salut de *la Serpente* qui coulait bas et qu'il fallut refondre à Brest, ou les prises furent vendues au grand profit de Seignelay.

Aussi l'intendant Patoulet eut beau apostiller et recommander le mémoire de Jean Bart, rentré à Dunkerque à bord de *la Railleuse* ; la dépêche du 9 mai coupa court à son espoir de joindre Keyser et de faire de conserve avec la *Lionne-Brune* un retour triomphant au port natal. Le ministre ajoutait :

« J'ai résolu de prendre aux *deux tiers* pour mon

compte la frégate *la Railleuse*, commandée par le sieur Bart, et *les Jeux*, par le chevalier Forbin (1). »

Sur le texte de la dépêche, il y avait primitivement *moitié*. Seignelay, estimant sans doute que cette expédition comportait les plus heureuses chances, écrivit de sa propre main : *deux tiers* (2).

Pendant que Forbin pressait l'armement de la frégate *les Jeux* de vingt-huit canons, Jean Bart fréquentait assidûment la maison Tugghe, où régnait une impatience mêlée de tristesse.

De jour en jour en y attendait Keyser et le chevalier Tugghe, qui avaient répondu aux dépêches de messire Tugghe par l'expression de leur joie et l'annonce de leur prompt retour. Le dégel avait eu lieu, la navigation était libre, la **Lionne Brune** tardait encore. On savait que six frégates hollandaises commandées par le vice-amiral Van der Putten avaient été vues à la hauteur de Plymouth; six vaissseaux anglais louvoyaient devant Dunkerque; d'autres divisions faisaient sans doute bonne garde : on commençait à craindre que, rencontré par des forces trop supérieures, le brave Keyser eût succombé.

Depuis un an, messire Tugghe n'éprouvait que des revers. Comme *la Gallinette*, dix de ses meilleurs navires avaient péri, pris, naufragés ou disparus sans nouvelles. La banqueroute frauduleuse de son correspondant de Paris, la perte d'un procès qu'en saine justice il aurait dû gagner, avaient ruiné son grand crédit ; enfin la concurrence des ministres et des grands seigneurs, qui se

(1) Textuel.
(2) Historique.

faisaient armateurs de navires de l'État, décourageait les négociants, entre lesquels toute association devenait impossible. Pour faire face à ses engagements, messire Tugghe avait retiré du commerce des fonds de roulement qu'il immobilisa ; il réalisa des capitaux et négligea forcément ses affaires. Une sorte de panique s'était mise parmi ses créanciers ; il ne cessait d'opérer des remboursements ; ses rentrées devenaient presque nulles ; il mit ses terres en vente et songea même à vendre son hôtel. En d'autres termes, il liquidait malgré lui, sans parvenir à comprendre pourquoi les maisons avec lesquelles il avait toujours eu les meilleures relations se montraient toutes à la fois exigeantes jusqu'à la défiance. Il ne devinait pas, — et comment aurait-il pu le deviner ? — que les agents occultes du vicomte de Flamignes travaillaient sans relâche à paralyser ses nobles efforts, répandaient à grands frais sur toutes les places de l'Europe des bruits désastreux pour ses opérations, et profitaient de ses échecs trop réels pour en accroître rapidement les déplorables conséquences.

Messire Tugghe était abattu. Sa femme, qui partageait ses soucis, devint plus gravement malade ; elle ne se rétablit plus ; découragée, désespérée, elle ne cessait de gémir :

— L'orgueil nous a perdus ! murmurait-elle. Ah ! pourquoi n'avoir pas accordé dès l'origine au brave Keyser la main de notre fille qui l'aimait. Il a été condamné à la perte des plus belles années de la vie, à tous les dangers, à toutes les misères, à l'exil, à l'esclavage, aux tortures. Il est revenu triomphant, noble, titré, riche. Eh bien ! sa gloire et ses dignités ont causé nos infortunes nouvelles. De là l'envie, l'insulte, un duel affreux, une fuite trop nécessaire devant la peine capitale, et l'obligation de dissiper les trésors si péniblement conquis au prix de son sang.

En effet, Jean Bart n'avait réussi que par des prodigalités qui anéantirent à très-peu de chose près l'opulence éphémère de son digne *matelot*.

— A quoi ont abouti nos rapports avec une noblesse insolente, qui méprise les commerçants et se rira de notre chute? Notre faste, nos réceptions, nos fêtes sont aujourd'hui blâmés par nos amis comme par nos ennemis. Mon mari est accablé de douleur. Mon fils, après avoir encouru la peine de mort, est peut-être prisonnier de guerre maintenant, et plaise à Dieu qu'il n'ait point péri! Ma fille est malheureuse. Et moi, en proie aux plus sombres pressentiments, je descends dans la tombe en pleurant sur l'avenir de tous ceux que j'aime.

La confidence de ces plaintes plongeait Jean Bart dans une tristesse d'autant plus profonde que son plan de campagne était repoussé par le ministre, qu'il ne pourrait, avec quatre bons vaisseaux, aller protéger le retour de Keyser, et enfin qu'il venait de recevoir l'ordre pressé de remplir une mission très-différente.

— Mon ami, lui dit Marie Tugghe, Cornil a été encore blessé dans votre dernier combat; il est convalescent, ménagez-le!... Et laissez-le moi comme une consolation, car je suis plus affligée que jamais.

Jean Bart y consentit.

Sous l'influence des inquiétudes et des malheurs de la famille Tugghe, il ne pouvait lui-même se défendre contre de sinistres appréhensions. Jean Bart, catholique fervent, n'était pourtant pas superstitieux. Il ne fut jamais aussi porté à croire à d'inexplicables prévisions de succès ou de revers que l'était son rival de fortune et de gloire, l'illustre Duguay-Trouin, alors au début de sa carrière ; car, — par un rapprochement digne d'intérêt, — le jeune Malouin faisait ses premières armes comme volontaire à bord du corsaire *la Trinité*, en cette même année 1689, la plus accidentée peut-être de toute la vie de Jean Bart.

Duguay-Trouin a écrit au sujet de ses pressentiments :

« Je laisse aux philosophes à expliquer ce que peut être cette voix intérieure qui m'a souvent annoncé les biens et les maux ; mais je ne sais rien de plus marqué en moi que cette voix basse, distincte, et pour ainsi dire opiniâtre, qui m'a annoncé et m'a fait annoncer plusieurs fois à d'autres jusqu'aux jours et aux circonstances des événements. »

A l'état vague, Jean Bart éprouvait quelque chose d'analogue.

Sa mission consistait à faire sortir de Dunkerque quatorze navires marchands chargés de munitions de guerre, que six autres gros bâtiments chargés de même rejoindraient devant le Havre, et à conduire ce nombreux convoi jusqu'au port de Brest, malgré les redoutables croisières des Hollandais et des Anglais. Encore le ministre, qui semblait ne douter de rien, ajoutait-il fort à son aise :

« Sa Majesté désire néanmoins que le sieur Bart donne la chasse aux corsaires hollandais qui sont en grand nombre sur les côtes de France, et qu'il fasse en sorte d'en enlever quelques-uns. »

Si la bravoure et les talents de Forbin étaient hors de doute, son caractère frondeur n'avait rien de rassurant, et Jean Bart pouvait craindre à bon droit de n'être pas secondé avec toute la subordination nécessaire. En cas de désastre, mieux valait que Cornil ne fût pas à bord ; d'ailleurs Cornil pouvait être fort utile à terre.

Les revers de la maison Tugghe avaient un côté mystérieux. Jean Bart alla jusqu'à se figurer que des gens de mauvaise mine rôdaient autour du vieil hôtel seigneurial du conseiller pensionnaire, et son impression fut si vive qu'il recommanda confidentiellement à son fils de se tenir sur la défiance.

— Le retard de Keyser m'alarme. Les plaintes continuelles de Mme Tugghe m'influencent. Je me forge peut-être des chimères ; mais n'oublions pas que des malfaiteurs ont brûlé la maison où tu es né, mon pauvre enfant.

— Vous croiriez qu'on voudrait incendier celle de messire Tugghe ?

— Non ! je ne sais que croire ! Si j'avais seulement des soupçons quelque peu fondés, je les communiquerais à nos magistrats, mais je ne puis me donner l'air d'un rêveur. Je n'ai que d'étranges dispositions à une inquiétude généralement contraire à ma nature. Je m'agite dans le vide, et je ne sais pourquoi je crains des ennemis cachés.

Comme pour accroître ses ennuis, Jean Bart se rencontra chez l'intendant Patoulet avec le vicomte de Flamignes, qui avait eu soin de conserver dans la marine de nombreuses relations.

L'impertinent gentilhomme affecta de parler de ses querelles et de son opulent héritage, de son duel avec Keyser, de son emprisonnement à la Bastille, et de sa récente acquisition des biens vendus par messire Tugghe.

— Un bourgmestre coulé !.... Un homme qui avait voulu trancher du grand seigneur et qui ne tarderait point à faire faillite !

Forbin était présent. — Il s'étudiait à faire de Jean Bart un objet de risée : — « Tôt ou tard, je montrerai l'ours à Versailles ; voyons comment s'y prendre. » Et les mots piquants, gazés, entortillés, mais en somme fort intelligibles, se succédaient sans que Jean Bart eût l'air de les sentir.

A la vérité, il se demandait pourquoi Flamignes démissionnaire s'avisait d'acheter des terres en Flandre. Etait-ce bien pour cela qu'il était à Dunkerque ?

L'intendant Patoulet prit le bras de Jean Bart et fit avec lui le tour du jardin :

— Mon ami, lui dit-il, ne voyez-vous pas que M. de Forbin s'amuse à vos dépens ?

— Si ! je le vois !... mais je pensais à quelque chose de plus sérieux.

— C'est égal, vous ne devriez pas souffrir des railleries poussées à ce point.

— Vous avez raison, dit Jean Bart, le jeu a déjà trop duré.

On était en plein air, entre hommes pour la plupart marins. Jean Bart alluma une longue pipe blanche toute neuve, et, s'asseyant en face de Forbin, se mit à fumer avec le calme souverain de ses jours de bataille.

— Messieurs, dit aussitôt Forbin, voici la grande maîtresse des cérémonies du commandant Bart : c'est elle qui l'introduit auprès de Sa Majesté.

— Et qui est cause que vous restez à la porte, Forbin, dit Jean Bart d'un ton indifférent.

— Je n'ai pas, il est vrai, mon cher Bart, votre esprit

fin, délicat, ravissant, et capable, durant deux heures entières, de captiver la marquise de Maintenon, le grand Roi et sa suite.

Jean Bart fixa Forbin d'un regard implacablement tranquille.

— Tant pis pour vous, camarade, dit-il. Quant à moi, sachez que je n'ai pas le temps de chercher les puces à vos paroles !

— Quelle mouche vous pique ? s'écria Forbin en lançant un regard de colère à Jean Bart, qui, cette fois, loin de baisser les yeux, le soutint avec un surcroît de calme.

— Je ne me suis pas servi du mot *mouche*, qui est une injure. Avant notre dernière campagne, vous m'autorisiez à vous dire au retour mon opinion sur votre compte. Voulez-vous la savoir maintenant ?

— De grand cœur, Monsieur Bart, dit Forbin avec hauteur.

Les yeux des deux marins restaient fixés avec une opiniâtreté menaçante. On s'attendait à un éclat. L'impétueux Forbin frémissait. Jean Bart ne fit ni un geste ni un mouvement brusque, rendit tranquillement une bouffée de tabac et dit ensuite :

— Vous êtes brave et vous êtes marin, mais vous êtes taquin. Maintenant voulez-vous être mon ami ou mon ennemi ? Choisissez !

— Pour Dieu, Monsieur Bart, dit Forbin, cédant en dépit de son orgueil presque indomptable, je suis votre ami et désire l'être toujours.

La glace avait éteint le feu.

— Topez donc là ! reprit Jean Bart en tendant sa large main ouverte.

Et quand Forbin y eut mis la sienne :

— Vous avez bien fait, dit-il, avec un sourire, car les Anglais croisent au large, j'appareille demain soir et ce ne sera pas sans vous ! J'ai pour principe que, dans les cas difficiles, les amis doivent être amis ; il faut que deux capitaines convoyeurs s'entendent parfaitement entre eux, sans bouderies ni tâtillonnages.

Forbin comprit que Jean Bart n'aurait pas hésité, en cas de brouille, à le démonter de son commandement.

— Mais demain ! s'écria l'intendant Patoulet, il n'y aura pas de clair de lune.

— Je compte bien là-dessus, fit Jean Bart, et je voudrais un coup de vent. La tempête et l'obscurité, voilà ce qu'il nous faut.

— Bien du plaisir et bon voyage, Monsieur de Forbin, dit le vicomte de Flamignes. Moi, demain soir, je roulerai en poste sur la route de Paris.

Jean Bart pensif était retombé dans son humeur noire :

— Je ne rêve que malheurs ! se disait-il. Mon cœur est oppressé. J'éprouve un trouble extraordinaire. Avant de partir, il faut que j'en parle à mon cousin Nicolas.

Maître Vanburg, qui, n'ayant jamais quitté son capitaine, avait fait avec lui ce qu'il appelait la campagne de Paris et de Versailles, fut immédiatement expédié à Drinckam.

Dès le lendemain matin, le bon curé accourut :

— Cousin, dit-il à Jean Bart, l'homme n'est que faiblesse ; les plus grands courages ont leurs défaillances. Tu mets ta confiance en Dieu ; tu feras ton devoir. Moi je prierai sans cesse pour les tiens et pour toi ; mais, hélas ! je ne suis qu'un pauvre prêtre trop étranger au monde pour déjouer les intrigues des méchants. Je ferai le peu dont je suis capable ; j'irai souvent visiter la famille Tugghe, y porter la parole de Dieu et y donner des consolations à ceux qui souffrent. Faut-il que le plus craintif des hommes dise maintenant au plus brave : « Courage, mon ami, reprends courage ! »

Ce jour-là, les Anglais, instruits sans doute par leurs espions de l'armement d'un convoi chargé de munitions qu'il leur importait d'intercepter, s'approchèrent de la rade et louvoyèrent presqu'à portée de canon. A nuit tombante, pourtant, ils s'éloignèrent de crainte d'être jetés à la côte par les courants et par la brise de nord qui fraîchissait.

Jean Bart avait embrassé son fils et dit adieu à la famille Tugghe, dont le bon curé de Drinckam s'efforçait de dissiper les pressentiments douloureux.

L'obscurité la plus profonde voilait le ciel et la mer. *La Railleuse* en avant, *les Jeux* en arrière-garde, le convoi se glissa hors des passes. Beaupré sur pouppe, sans fanaux de position, tous les feux éteints et sous petite voilure, on longeait les terres plongées dans une ombre épaisse. Un menu cordage traînait d'un navire à l'autre. Jean Bart, qui faisait sonder, dictait la route au porte-voix ; ses ordres étaient ainsi transmis de tête en queue.

A moins de deux milles, on apercevait les feux des ennemis que la prudence forçait de s'éloigner.

— Quand même ils nous verraient, dit Vanburg, ils n'oseraient pas nous appuyer la chasse par ici !

Comme ces longues files de mulets qui cheminent sur la corniche d'un précipice escarpé, les seize bâtiments, guidés par le nouveau Renard de la mer, cheminaient sur la lisière du naufrage.

— Mille diables ! se dit Forbin, je n'ai jamais navigué dans un chenal plus étroit ni si dangereux. Maître Bart est un pilote hardi jusqu'à la folie. De plus braves que moi en auraient la chair de poule.

Par moments la quille des *Jeux* raguait légèrement le fond de sable où le gouvernail faillit s'engraver.

— Ce démon-là, pensa Forbin, va finir par me faire peur !

MAGNIFICAT.

Au milieu de la douleur morne qui faisait un sépulcre de l'hôtel seigneurial de messire Tugghe, éclata tout-à-coup une joie immense, sonore, resplendissante d'espoirs et de triomphes.

Charles Keyser et le chevalier Tugghe y rentraient couverts de gloire. Gaspard Bart, Jean-Baptiste et Jean Brunet, ses dignes cousins, venaient ensuite ; un équipage en liesse, une population ivre de joie les escortaient en poussant des hourras.

Il faisait bon entendre ce qui se disait dans cette foule, heureuse du bonheur de la famille des Tugghe, que l'on confondait avec celle des Bart.

— La brise adonne... Le Lion-Brun a paré toutes les coques !... Vive le Roi qui a eu le bon nez de lui faire grâce !... Vive Jean Bart qui a finement manœuvré dans leur Paris de damnation !... Attrape à boire à Jean Bart et à son matelot Moroléon !... Vive la mariée !

— A quand la noce? — Sitôt le retour du Renard-Blond, parbleu !

— Comme il navigue, notre Lion-Brun !

— On s'y entend au pays des grandes flibustes !

— Quand on a fait le tour du monde, sabords ouverts, mèche allumée, on peut bien jouer le tour aux kayserlikes et aux goddam !

— Par le travers d'Edimbourg, un brave Ecossais tenant pour le roi Jacques se défendait contre deux Anglais du Guillaume ; le Lion-Brun court dessus, leur affaire a été claire en deux temps !

— Jolie paire de combats !

La double victoire remportée à la hauteur d'Edimbourg avait été chèrement achetée. Pierre Dehan avait péri ; *la Lionne Brune*, criblée d'avaries, faisant eau à couler bas, privée de son gouvernail et assaillie par un coup de vent de sud-ouest, fut obligée de fuir à sec de toile, faillit se perdre corps et biens sur le Nord-Bygden, et n'entra dans le port de Drontheim qu'en se risquant avec une audace désespérée entre des écueils de fer et des glaçons déjà compactes.

— Chien de pays ! bonnes gens ! disaient les marins dunkerquois. Quelles fêtes on fit à Moroléon, quand on sut qu'il était décoré de l'ordre de l'Éléphant par le roi Christian V. Nous reçumes aide et secours de tout le monde. Les bois de Norwége sont bons, mais le dur hivernage ! Un froid à glacer le feu ; un soleil enrhumé du cerveau qui ne paraît tout juste que pour le temps d'éternuer; vingt pieds de neige sur le pont. Jour et nuit, il fallait balayer, et encore, des fois, nous étions forcés de creuser dedans à coups de pêles et de pioches.

C'est égal! leur hydromel a quasiment goût de vin d'Espagne ! Et les Norwégiennes ne sont pas à dédaigner.

— Blanches comme Mlle Marie ! Roses comme le mois de mai ! Des cheveux blonds tirant sur le roux ; le soleil se décoiffe de ses rayons pour leur agrément.

— Et portant culottes, matelots !

— Pas toutes ! farceur !

— Ah ! cet hivernage était gentil ! J'ai Drontheim dans le pertuis de mes sentiments ! dit en soupirant un jeune et galant timonnier.

Quelque grognard l'interrompit :

— Nous nous réparons, nous nous espalmons un peu proprement ! Moroléon nous fait soigner l'arrimage. Du suif d'ours sous la carène, en veux-tu, en voilà ! De façon qu'apparcillant de là, nous marchions comme un tonnerre à roulettes.

— Le matelot de Jean Bart s'entend à donner des jambes à un navire !

— Dis-moi des ailes, nous volions comme une hirondine de mer.

Plus rapide, plus alerte que jamais, tant Keyser avait apporté de soins à rendre sa marche supérieure, *la Lionne Brune*, en cotoyant la Norwége, avait tout d'abord fait route pour Dunkerque, car la bonne et grande nouvelle de la grâce obtenue par Jean Bart était enfin parvenue aux exilés. Aucune rafle, aucune victoire ne répandit à bord une joie égale. Un message de messire Tugghe venait d'être transmis au noble et féal Charles Keyser du Lion-Brun, chevalier de l'Eléphant, défenseur des colonies danoises des deux Indes, en vertu des ordres et par les soins du roi Christian V, grand admirateur et imitateur passionné de Louis XIV. — Il est excellent d'avoir des amis partout. — Quoique le Danemark s'intéressât à la cause du Prince d'Orange, le corsaire français Keyser fut traité en enfant gâté du roi, comblé d'honneurs et fort utilement secouru à plusieurs reprises.

Chemin faisant, il avait capturé vingt bâtiments hollandais en route pour les pêcheries de Spitzberg, mais les frégates du vice-amiral Van der Putten s'étaient lancées à sa poursuite. Brûler les plus mauvais marcheurs, se réfugier à Berghen et y vendre les autres, rien de plus simple ; mais là difficulté est de sortir malgré les six frégates qui bloquent les passes.

Le Lion Brun va se montrer l'égal du Renard Blond par un appareillage à travers les brouillards du matin, entre les épouvantables rochers qui bordent la côte. Mais certain qu'on le cherchera dans le Sud-Ouest, il gouverne au Nord et relâche aux îles Féroe (1), où de nombreux bâtiments de pêche tomberont encore en son pouvoir.

De là, les retards de *la Lionne-Brune* dont la route de retour fut peut-être le plus étonnant trait d'audace de l'audacieux Moroléon. Un coup de vent de Nord se déclare ; il abandonne définitivement le petit Archipel Norwégien et s'élance vent arrière au milieu des îles Britanniques. Les Shetland sont relevées dans l'Est ; les Hébrides longées sous la pouillouse, voile des tempêtes ; ou s'engage résolument entre la Grande Bretagne et l'Irlande ; on passe en vue l'île de Man, assiégée par une mer furieuse ; on se trouve dans le canal Saint-

---

(1) Plus correctement : *Faero* (BALBI).

Georges, au milieu d'une flotte ennemie qui tient la cape. On arbore pavillon anglais, et sans dévier, les canons chargés jusqu'à la gueule, on s'apprête à périr.

L'excès de témérité du corsaire français fera son salut. Sa nationalité n'est soupçonnée qu'au moment où il double le cap Lézard. L'ennemi prend chasse alors, et tout serait perdu, si *la Lionne-Brune* ne rencontrait sous le vent des terres une mer un peu moins tourmentée. Elle peut enfin se charger de voiles et continuer entre deux eaux sa terrible navigation.

Il a fallu clouer les panneaux et les recouvrir de toiles goudronnées, sans quoi les lames géantes qui s'abattent sur le navire l'engloutiraient en quelques instants. Les hommes sont obligés de s'amarrer pour n'être point balayés par la mer. Les mâts se courbent comme des roseaux, mais le bois de Norwége choisi par Moroléon est de première qualité : il plie et ne rompt pas. Les vaisseaux anglais, dont les mâts craquent ou éclatent, sont aux abois, reprennent la cape et renoncent ainsi à chasser davantage la diabolique petite frégate française, dont la belle retraite vaut une victoire.

— Magnifique à crever de peur ! Cocasse à crever de rire ! disaient les matelots. De temps de foudreau, comme tu sais, il n'y a suif ni graisse qui vaillent un bon ventre et un haut bord. Les plus gros vaisseaux tenant mieux la lame vous gagnent pour lors la plus fine voilière, rase et légère comme notre *Lionne-Brune*, — de manière que les damnés mylords venaient, tantôt l'un, tantôt l'autre, nous flairer les talons et nous saluer l'arrière avec leurs pièces de chasse. Les boulets ramés sifflaient dans les embruns ; fichue musique. Si un de nos mâts était touché, nous étions frits ; par bonheur on ne pointe pas à son aisance quand la mer est démontée, comme dit la chanson. L'anglais brûlait donc sa poudre aux goëlands et aux mouettes. C'est égal, le hasard est grand, et une mauvaise prune trop vite gobée; voilà pour la peur!... Mais, cric-crac! un de leurs mâts dans le sac! Attrape à ramasser tes claques, vieux goddam de bric-à brac! Ils piquaient dans le vent sans demander leur reste!... Berniquot! les chasseurs s'en vont la carnassière vide, avec une patte ou deux en brinde-zingue! Chaque fois que le vent du nord vous en mouchait un, fallait nous voir rire!... Car pour nous entendre; pas mèche; le foudreau criait trop haut : oh! l'on ne distinguait pas même le canon!...

Débarrassé, par le coup de vent, de la poursuite des vaisseaux anglais, Keyser franchit la Manche sans autres dangers. Il avait, le matin même, pris en un quart d'heure un corsaire du prince d'Orange; enfin *la Lionne-Brune* captura, par surcroît, une pauvre busse d'Ostende, affalée sur la côte même de Dunkerque, dont s'étaient éloignés tous les vaisseaux auxquels Jean Bart et Forbin s'étaient audacieusement soustraits le mois d'auparavant.

Du reste, par la correspondance de M. de Louvigny, intendant du Havre, avec le sieur Patoulet, son collègue de Dunkerque, on savait parfaitement que, le 20 mai, Jean Bart avait heureusement rallié les six derniers navires de son convoi. Une prise faite de son consentement par Forbin était le même jour entrée dans les bassins où on la déchargeait. Enfin les vingt-deux bâtiments avaient pris la route de Brest, où on les supposait arrivés avant l'effroyable coup de vent dont Moroléon s'était servi pour revenir des îles Faero.

Les récits relatifs à Jean Bart se croisaient avec ceux

de la campagne de Keyser, à qui Marie Tugghe avait ouvert les bras.

Quel pinceau est assez délicat pour peindre l'expression angélique répandue sur ses traits pâlis par trop de douleurs? quel langage humain pourrait traduire les émotions divines des deux fiancés, réunis de nouveau après tant de traverses et de périls toujours renaissants? quelle mélodie est assez suave pour rendre les doux transports qui les faisaient palpiter? Tous les arts sont vaincus par la nature, dont le chef-d'œuvre est le cœur humain.

Le bonheur complet est, hélas! si rare, qu'il n'est pas donné aux poètes de le représenter dans sa plénitude sacrée. Le plaisir frivole prend au moins le temps de sourire; mais le bonheur, trop rapide, trop insaisissable, se dérobe à leurs efforts. Pour chanter, pour peindre le bonheur, il faudrait avoir pénétré dans ces deux cœurs battant d'amour, l'un sur l'autre appuyés.

Un long frémissement parcourut la foule, émue jusqu'aux larmes. Les chants de gloire cessèrent. On aurait pu dire cette fois sans amertume, mais avec une sympathique admiration : *Victory and glory not happiness!*

Par une touchante discrétion, les gens de mer se retiraient.

La famille se réunit, ranimée par l'espérance. Pour la première fois depuis le jour du duel, Mme. Tugghe sourit.

Son fils le chevalier lui était rendu, après s'être distingué par une bravoure calme et une patience infatigable, dont témoignaient tous ses compagnons. Et Marie, la pâle Marie s'écriait avec effusion :

— Mon Dieu ! pardonnez-moi d'avoir désespéré de votre bonté infinie !

L'excellent curé de Drinckam entra au moment où elle parlait de la sorte. D'un regard surpris et charmé, il comprit tout :

— *Magnificat anima mea Dominum*, murmura-t-il.

Puis il embrassa tour à tour Keyser, Gaspard, Jean-Baptiste et Brunet.

— Et moi, monsieur le curé, dit le chevalier Tugghe, ne suis-je pas un peu votre cousin ?

— Vous êtes mon fils ! répondit le prêtre en l'embrassant aussi.

On passa une soirée dont les délices sont inexprimables. Malgré la fièvre qui ne la quittait plus, Mme. Tugghe voulut présider au repas de famille.

Cornil et Marie, placés à droite et à gauche de Keyser, l'écoutaient avec attendrissement ; car il ne racontait point ses combats, mais ses peines d'amour si douloureusement comprimées et qui se transformaient à cette heure en joies d'une douceur infinie. Le trouble de la fiancée se manifestait par de pudiques élans de tendresse. Elle rougissait, penchée vers celui qu'elle aimait. Délivrée de ses cruels pressentiments, elle voyait les cieux ouverts.

L'impressionnable fils de Jean Bart, comme s'il avait eu tout à la fois le cœur de son père et celui de sa mère, partageait dans toute leur étendue les ineffables émotions des fiancés.

Plus loin la gaîté franche s'épanchait par la bouche du brave et modeste Gaspard Bart, dont l'abnégation fraternelle ne saurait être assez louée. Capitaine en titre de *la Lionne Brune*, il avait généreusement exigé que

Moroléon, son ancien Amiral, devînt le chef supérieur de l'expédition :

— Quand le matelot de Jean Bart est à mon bord, je suis plus fier d'obéir que de commander, dit-il.

Mais Keyser ne fit jamais rien sans le traiter en égal et sans partager avec lui la glorieuse responsabilité de ses manœuvres. Gaspard voulut prendre sur l'avant du navire le poste de second :

— Non, capitaine ; à mes côtés, sur le banc de quart ! Tu tiendras le porte-voix, tu conserveras ton rang légitime, ou c'est moi qui me rendrai sous la misaine pour obéir au frère de Jean Bart.

— Tu es pour moi Jean Bart lui-même, mon cher Moroléon ! répondait Gaspard reconnaissant.

Et maintenant, si Keyser ne parlait pas de ses magnifiques navigations du Nord, Gaspard en parlait pour lui. Les fils d'Herman, Jean-Baptiste et Brunet, lieutenants qui avaient noblement contribué à tous les succès, faisaient vibrer d'autres cordes généreuses.

Le bon curé de Drinckam, qui n'avait plus de larmes à essuyer, laissait librement couler les siennes.

Cependant les riches prises faites durant la campagne sur les Anglais et les pêcheurs de baleine avaient nécessairement été converties en numéraire dans les ports de Norwége, à Drontheim, à Berghen, à Thorshavn, capitale des îles Faero, et dans quelques autres points de relâche. L'on venait de déposer chez messire Tugghe un coffre rempli de valeurs qui devaient être déclarées, contrôlées par l'intendant et réparties entre les ayant droit après le prélèvement des dixièmes dus au trésor.

— Mon hôtel est sauvé ! s'écria l'armateur. C'est donc ici, mes enfants, que vous serez enfin unis ! Ah ! Charles, mon cher fils, je ne vous demandais que d'être noble, car je croyais que la richesse vous viendrait de moi ; vous avez conquis toutes les noblesses, et de plus vous rétablissez ma fortune détruite.

— Ne parlons point de cela aujourd'hui ! répartit Keyser. Toutes les dignités, tous les trésors du monde, sans l'amour de Marie, n'avaient aucun prix pour moi ! Marie m'a conservé son amour, que m'importent tous les trésors et toutes les dignités !

— Bien, mon fils ! dit Mme. Tugghe. Plût au ciel que nous eussions toujours pensé comme vous !

— Point de regrets, ma mère ! Les maux passés sont oubliés à jamais ! disait Marie. Si Jean Bart était ici, notre bonheur serait complet.

Elle parlait encore quand le malheur entra.

Il entra sous la forme du plus dévoué des serviteurs, maître Vanburg, qui apparut, les yeux rougis, pâle, chancelant, dans un état tel que sa vue seule répandit la consternation.

Mme. Tugghe, trop faible pour résister au moindre choc, poussa un cri de détresse et s'évanouit.

Le curé de Drinckam, Marie, le chevalier l'entourèrent.

— Mon père est-il vivant ? s'écria Cornil.

— Peut-être ! répondit Vanburg.

— Qu'est-il donc arrivé ? demandait Keyser frémissant.

— Une double trahison ! murmura sourdement le maître de manœuvre.

LE COMBAT DES CASQUETS.

Le 22 mai 1689, par très-beau temps, ciel clair, belle mer à peine agitée, mais trop faible brise au gré de Jean Bart, les vingt navires marchands qu'il escortait avec sa frégate de 24 *la Railleuse*, naviguaient au sud de l'île Wight, non loin du banc des Casquets. Forbin, avec *les Jeux* de 28, se tenait à l'arrière-garde. Il découvrit le premier des voiles dans la partie du vent qui soufflait du nord-est et signala bientôt un autre convoi soutenu par deux vaisseaux, l'un de 42, l'autre de 50 canons.

Jean Bart diminue aussitôt de toile, tandis que Forbin, quittant précipitamment son poste, cesse de régler sa marche sur les plus mauvais voiliers.

— Les Anglais ! crie-t-il à Jean Bart.

— Je les vois bien ! répond celui-ci avec un mouvement d'humeur ; mettez en panne et venez à mon bord !

Les ennemis ont évidemment reconnu les Français ; car leur flotte marchande se replie vers les côtes d'Angleterre, tandis que les deux vaisseaux prennent chasse dans le dessein de faire une rafle magnifique. Il doit leur sembler naturel que les deux petites frégates prennent la fuite et leur laissent faire des captures à discrétion.

« Forbin, a dit Richer l'un des biographes de Jean Bart, proposa de prendre le large. » Dans ses propres mémoires, il semble le confesser : « Je représentai à

Jean Bart qu'à la vérité, nos vaisseaux étant légers et bons voiliers, il nous serait aisé de nous sauver si nous le voulions ; mais que cette manœuvre, qui nous mettrait en sûreté, nous déshonorerait... » — « Le plus sûr, a encore écrit Forbin, était d'abandonner la flotte, et, s'il faut dire la vérité, il n'était guère possible de sauver nos deux vaisseaux par une autre voie. »

Quelles qu'aient pu être, dans le premier moment, les insinuations d'un marin dont l'impétueuse bravoure ne saurait être suspectée, Jean Bart, qui commandait, trancha la question.

— L'essentiel, dit-il, est que notre convoi chargé de munitions de guerre pour l'armée navale de Brest y arrive à bon port. Il a, grâce à Dieu, un vent favorable, — trop faible par malheur, — mais suffisant, pourvu que nous le délivrions de la poursuite de ces vaisseaux.

Après de telles paroles, Forbin n'était pas homme à hésiter. — Peut-être rougit-il d'avoir eu un instant la pensée de se soustraire à une lutte trop inégale. — Mais il dit et répète avec insistance : « Malgré le danger qu'il y avait d'aller à l'ennemi, je crus qu'il ne convenait nullement de fuir. »

Jean Bart décida qu'on renforcerait les équipages des deux meilleurs navires marchands qui, portant à eux deux vingt pièces de canon, barreraient la route au moindre des vaisseaux anglais, tandis que *la Railleuse* et *les Jeux* aborderaient l'autre, l'enlèveraient et viendraient ensuite terminer la partie.

Cette combinaison, que Forbin approuva chaudement, était d'autant plus praticable que le vaisseau de 50, nommé *le Sans-Pareil*, comme on le sut par la suite, avait une avance considérable.

En conséquence, maître Vanburg, chargé de faire exécuter les ordres de Jean Bart, se rendit avec un léger canot à bord des bâtiments marchands, tandis que *la Railleuse* et *les Jeux*, changeant brusquement de route, allaient aborder *le Sans-Pareil* étonné de tant d'audace.

Bart et Forbin, tous deux manœuvriers consommés, ne commettent aucune faute. L'Anglais, dans son orgueilleuse présomption, poursuit maladroitement son chemin, au lieu de s'arrêter pour les canonner de loin. Malgré la faiblesse de la brise, les deux frégates se trouvent ainsi très-promptement dans ses eaux. Sans avoir tiré un coup de canon, sans avoir reçu aucune de ces bordées foudroyantes qui donnent au plus fort un avantage décisif, elles sont en position de tenter l'abordage.

Jean Bart, le premier, marque sa manœuvre ; il décrit une courbe calculée avec un coup d'œil jusqu'alors infaillible ; mais la brise déjà trop faible calmit instantanément. Les voiles de *la Railleuse* tombent inertes ; l'évolution savamment commencée est contrariée par une perte de vitesse. Le beaupré de la frégate s'engage dans les haubans du vaisseau qui décharge sur elle une effroyable bordée à bout portant.

Forbin profite habilement de cette situation en s'accrochant de l'autre bord. Tandis que les Anglais se divisent pour repousser ce second assaillant, Bart parvient à se dégager.

Par un feu de mousqueterie bien nourri et une pluie de grenades qui éclatent coup sur coup, le pont de l'ennemi est déblayé. La charge est battue. Les deux équipages français se précipitent à l'abordage ; un carnage épouvantable commence. Le succès du hardi coup de main semble infaillible.

Mais les navires marchands chargés d'arrêter le second vaisseau prennent lâchement la fuite. Les chances favorables que Jean Bart et Forbin avaient mises de leur côté sont perdues. Les gens du *Sans-Pareil* reprennent courage. Jean Bart est entre deux feux. Forcé de rappeler à son bord les divisions d'abordage, il s'y défend avec un courage infatigable.

Forbin ne se montre pas moins brave.

En digne matelot de Bart, il manœuvre adroitement pour le secourir, tourne autour du *Sans-Pareil* et dégage ainsi *la Railleuse*, qui reste libre de diriger tous ses efforts contre l'autre vaisseau, arrivé tout frais sur lieu de la mêlée.

Jean Bart s'accroche à lui. Ses pertes énormes ne l'empêchent point de renouveler l'abordage. L'Anglais ne parvient point à l'éviter.

Tandis que Forbin tient tête au *Sans-Pareil*, Jean Bart lance son monde à l'assaut. Les abordés sont six contre un; ils ont l'avantage de la hauteur sur l'eau, ils sentent leur force et résistent avec confiance. Les abordeurs, encouragés par Jean Bart, se font jour néanmoins et s'emparent du château de pouppe, d'où ils voudraient fondre sur l'ennemi retranché par delà les passavants.

Cinq blessures mettent en sang l'intrépide Forbin, qui ne cesse de combattre en lion ; la victoire reste en suspens.

A bord du *Sans-Pareil*, cent cinquante Anglais ont péri.

A bord du vaisseau où ont pénétré les gens de *la Railleuse*, tous les officiers sont tués.

Hélas ! une seconde défection change encore la face du combat ; le lieutenant Guermont, saisi de terreur panique, se jette dans une chaloupe, et va se réfugier à bord des bâtiments marchands.

Les gens de *la Railleuse* ainsi abandonnés redescendent sur leur frégate, où Jean Bart les reçoit à coup de plat de sabre en les replaçant aux canons.

Un simple contre-maître anglais, nommé Robert Small, a pris le commandement du *Sans-Pareil*. C'est un homme énergique, de vaste carrure, de haute taille, qui se montre digne d'occuper le premier rang. Doué d'une voix de stentor, il crie : Victoire ! montre à ses gens les chaloupes des fuyards, leur dit que les Français de la petite frégate sont écrasés, ranime les siens et fait tant que l'équipage de Forbin, cédant au nombre, doit aussi se replier à son bord.

Ainsi le combat redevient un combat à coups de canon et à bout portant. Jean Bart et Forbin, rivaux de gloire en cette journée demeurée fameuse, n'ont plus qu'un but, mettre le convoi français à l'abri de toute poursuite. Ils prolongent donc la lutte, criblent d'avaries les deux vaisseaux et ne songent plus à sauver leurs petites frégates démantelées de bout en bout.

Enfin Jean Bart, frappé en pleine poitrine par un éclat de bois, est renversé sans connaissance.

Forbin, baigné dans son sang et qui est obligé de se faire panser, s'informe de l'état des Anglais et de la distance où est le convoi.

— Les Anglais n'ont plus une voile, plus un cordage, plus un mât qui ne soit criblé. Le convoi est à perte de vue et la brise qui devient plus ronde le pousse en bonne route.

D'un autre côté, la plupart des Français sont blessés, et la moitié des affûts de canons incapables de servir. On prétend à bord des *Jeux* que Jean Bart est mort.

Le maître calfat survient et déclare, très-confidentiellement selon la consigne, qu'avant dix minutes le navire aura coulé.

Forbin permet d'amener pavillon.

Des quatre navires, un seul devait à grand'peine finir par rentrer à Plymouth. *La Railleuse* et *les Jeux* sombrèrent presque sur place. Le vaisseau de 42 fit naufrage au port.

Le Sans-Pareil dut être refondu. Les Anglais apportèrent les plus grands soins à faire un chef-d'œuvre de ce navire victorieux, dont le commandement fut conservé à Robert Small, que le prince d'Orange, Guillaume III d'Angleterre, avait nommé capitaine de frégate en récompense de sa belle conduite.

Mais les destins et les flots sont changeants. *Le Sans-Pareil*, que l'orgueil britannique avait voulu rendre digne de son nom, tomba cinq ans après aux mains de Duguay-Trouin. Le vengeur de Jean Bart et de Forbin, dont, par parenthèse, les brevets furent retrouvés à bord, le reprit à Robert Small lui-même, le trouva trop beau et trop lourd, rasa ses châteaux de proue et de pouppe parés de dorures fastueuses, l'allégea de huit canons, et en fit, au grand dam des Anglais, le roi des vaisseaux de course (XXVII).

Chez messire Tugghe, le malheureux Vanburg ne donna que peu de détails sur les péripéties du combat des Casquets. Pour sa part, il avait d'abord fort aisément accompli le commencement de sa tâche; mais dès que le vaisseau de 42 eut lâché sa première volée, les marchands avaient eu peur, et forçant de toile, en dépit de tous ses efforts, s'étaient hâtés de rejoindre le gros du convoi. Vanburg, transporté de colère, se jeta sur le capitaine, faillit le tuer, et fut mis aux fers par ses ordres.

Il ne pouvait affirmer que le noble Jean Bart eût péri, mais il le craignait, car il avait vu de ses propres yeux amener le pavillon de *la Railleuse*.

Vanburg qui, suivant l'usage des corsaires, portait sa petite fortune dans sa ceinture, prit la poste à Brest, paya triples guides ; et à peine à Dunkerque, il demandait à messire Tugghe un bateau pour aller à la recherche de Jean Bart.

Keyser et Cornil parlèrent de l'accompagner.

— Non! non! s'écrièrent à la fois Mme Tugghe et Marie.

— Oubliez-vous, dit Gaspard en souriant, que je suis le frère de Jean Bart. Nous avons ce qu'il nous faut : une busse d'Ostende pourvue de ses expéditions. Je parle le flamand et l'anglais ; en route, Vanburg !

— Droit à Plymouth, dit le maître ; si M. Jean Bart est vivant, c'est là qu'il est prisonnier et qu'il a besoin d'amis.

— Voici de l'or! dit messire Tugghe.

— Que Dieu vous accompagne et bénisse tous vos efforts comme je les bénis! ajouta le bon curé de Drinckam.

Au point du jour, la busse appareillait sous une très-fraîche de nord-est, et se chargeant de toile à tout rompre, ne devait pas tarder à simuler des avaries, pour relâcher, sous de fausses couleurs et avec des expéditions trompeuses, dans le port où Jean Bart et Forbin devaient être prisonniers.

A peine était-elle partie que l'intendant Patoulet reçut avis du combat des Casquets, dont les détails furent transmis au ministre.

En date du 14 juin, Seignelay s'empressait de répondre :

« J'ai reçu avec votre lettre du 5 de ce mois le rôle des prisonniers anglais qui sont à Dunkerque. J'écris à M. de Louvigny de travailler de concert avec vous à l'échange des sieurs Bart et Forbin, mais *surtout du sieur Bart*, et il faut que vous vous entendiez avec lui à ce sujet. (1) »

L'on savait donc que Jean Bart et Forbin, loin d'avoir péri, comme le bruit en avait généralement couru, avaient survécu à leur formidable combat, dont l'objet principal fut atteint, puisque tous les navires du convoi échappèrent aux Anglais. On savait même que la blessure de Jean Bart n'avait eu aucune suite grave.

La famille Tugghe était rassurée.

Un bâtiment parlementaire fut équipé pour s'occuper de l'échange. Keyser, qui n'avait cessé d'agir en ce sens, fit valoir, outre sa qualité de baron de Brown-Lion, chevalier de Saint-Georges, qu'il ne manquait pas de crédit auprès de l'amirauté anglaise, dont lord Welsby était l'un des membres les plus influents ; il obtint d'être chargé de la négociation.

Marie, sa blonde fiancée, l'approuva.

Mme Tugghe était retombée dans ses sombres pressentiments.

(1) Textuel.

— Au nom du ciel ! que peux-tu craindre, ma pauvre amie ? lui demandait son époux. Il ne s'agit, cette fois, que de la plus pacifique et de la plus douce des missions. Charles va nous ramener Jean Bart et alors enfin nous serons au terme de nos vœux.

D'une voix éteinte, avec un accent de découragement rempli d'amertume :

— Nous avons abusé de la patience divine ! répondit Mme Tugghe. Pourquoi ne sont-ils que fiancés !

GUET-APENS.

Lindora, baronne de Saint-Ange et comtesse della Stampa, duègne bien conservée dont le nom patronymique demeurera enseveli dans les ténèbres de l'inconnu, habitait Dunkerque depuis six semaines ou deux mois. Presque sans sortir de sa mystérieuse retraite, elle était au courant des moindres détails de la situation.

— Jean Bart mort ou prisonnier, fier débarras! Son frère Gaspard et son serviteur Vanburg en mer sur une busse battant pavillon d'Ostende ; ses parents et ses nombreux amis tout occupés de sa mésaventure ; Keyser partant comme parlementaire, impayable sottise ! La famille Tugghe inquiète, troublée, affligée et de plus épiée par les plus adroits coquins qu'un grand seigneur ait jamais eus à ses gages. Un coffre rempli d'or chez messire l'armateur, qui ne semblait pas y songer et n'avait pas même pris le temps de s'acquitter des dixièmes dus au trésor royal : jolie rafle à exécuter si l'on savait mettre à profit le temps et les circonstances. Enfin, chez le vicomte de Flamignes, l'idée fixe de satisfaire à tout prix une passion incessamment surexcitée, parvenue au paroxysme, ardente jusqu'à la folie, et qu'il s'agissait maintenant d'exploiter en femme capable, pour faire d'un coup une fortune splendide, et ensuite se reposer à Naples sous les lauriers des coupe-jarrets avec le trop aimable Lindor, — car il y avait un Lindor, baron de Saint-Ange au besoin, et à l'occasion comte della Stampa.

S'être mise avec un zèle à toute épreuve au service de l'unique héritier de la douairière de Flamignes ; avoir essayé de distraire sa mélancolie par l'appât de plaisirs renouvelés chaque jour, et en groupant autour de lui une société pétulante merveilleusement choisie : c'était la chose la moins difficile, la plus vulgaire, la plus banale. Mais s'être avisée de pénétrer les soucis du libertin disgrâcié, lui en avoir arraché la confidence, l'avoir habilement entretenu dans ses ennuis, et enfin lui avoir juré de faire triompher ses haines et son hideux amour : ceci est le comble de l'art.

Cheville ouvrière de l'intrigue, Lindora fit saper le crédit de messire Tugghe par d'intelligentes correspondances. Son cher Lindor, sous des noms et des déguisements divers, remplit très-convenablement l'office d'ambassadeur. Les capitaux sont toujours et partout timides : on exagéra l'étendue des désastres de la maison Tugghe, l'on précipita la catastrophe par toutes les perfidies imaginables.

— Une fois la ruine complète, monsieur le vicomte,

disait la duègne, vous compromettez Mlle Marie, et puisque vous voulez absolument l'épouser, — ce qui me paraît entre nous bien inutile, — vous l'épousez avec ou sans le consentement de ses parents, en France ou en Italie, ce qui vaudrait mieux.

— Pour vous peut-être, non pour moi! s'écria le vicomte. L'enlever, la compromettre, très-bien!... La réduire à implorer ma main et mon nom pour n'être pas déshonorée à tous les yeux, voilà mon but!... Ma vengeance ne sera complète que par son éclat. Je veux épouser Marie Tugghe et l'épouser en France; je veux enfin que son propre père s'estime trop heureux de me voir consentir à cette union!

— Laissons dire ce triple sot! pensa la duègne; la question est de gagner à l'aventure une villa située sur le golfe de Naples et la fortune nécessaire pour y vivre honnêtement!

Sur quoi elle se rendit à Dunkerque, s'y embusqua et attendit l'instant favorable. Dix fois elle craignit de l'avoir laissé se perdre; elle s'applaudissait maintenant de ne s'être pas trop hâtée. Bref, elle décréta qu'une chaise de poste l'attendrait dans le chemin creux voisin de la petite chapelle de Notre-Dame des Dunes, où, selon son usage pieux, Marie Tugghe ne manquerait pas d'aller en pèlerinage dès que son fiancé serait sous voiles. Ensuite on outrepasserait bien un peu les instructions du vicomte de Flamignes; mais l'occasion fait le larron, Lindor était adroit, et abondance de biens ne nuit pas, même dans une villa napolitaine.

Accompagnée de son frère le chevalier et du jeune Cornil, Marie s'acheminait pensive vers la petite chapelle isolée que les pêcheurs ont bâtie au bord de la mer. De la hauteur, elle aperçoit à l'horizon le navire de son fiancé cinglant vers les côtes d'Angleterre. Elle entre enfin dans l'humble édifice, autour duquel se glissent aussitôt six hommes armés et masqués.

Marie, recueillie en ses pensées, sort au bout d'un quart d'heure. On se précipite sur elle. Le chevalier tire son épée ; Cornil, qui est sans armes, pousse un cri de désespoir et fond sur les ravisseurs. Un herculéen bandit assène un coup de poing terrible au fils de Jean Bart, le renverse, le prend par les pieds et le lance dans la mer. Le chevalier, qu'on n'a pu désarmer, garrotter et baillonner selon le programme, est frappé de coups de stylet et tombe baigné dans son sang.

Marie, mise hors d'état d'appeler au secours, se voit en voiture à côté d'une femme voilée qui a eu grand soin d'abaisser les rideaux :

— Chère enfant ! lui dit-elle, soyez sans crainte ; on ne veut vous faire aucun mal.

Trois heures après, le chevalier Tugghe fut rapporté mourant dant la maison de son père. Cornil s'était ranimé ; puis, par des efforts inouïs, il avait réussi à prendre terre et avait rejoint le chevalier encore sans connaissance. Il dit que des malfaiteurs masqués ont enlevé Marie.

Mme Tugghe ne peut supporter ces horribles nouvelles et se meurt.

Un désordre inexprimable règne dans l'hôtel, ouvert à tous venants.

Lindor, sans le moindre obstacle, force le coffre, s'empare de son contenu, en charge ses complices et disparaît avec eux.

Le succès du guet-apens est complet.

Il faut reconnaître décidément que M. le vicomte de Flamignes avait placé sa haute confiance en des serviteurs remplis de mérite.

A L'INVINCIBLE.

Au-delà du palais d'Orléans, communément appelé Luxembourg pour avoir été bâti sur les ruines du vieil hôtel de ce nom, s'étendaient, à perte de vue, passé la rue de Vaugirard, des bois ombreux et des jardins charmants. A gauche du chemin de Notre-Dame-des-Champs, les chartreux avaient leur immense clos que bornait la rue d'Enfer; mais, sur les limites de la monastique enceinte, la volupté avait bâti de toutes parts des réduits enchanteurs.

Ici la prière et les règles sévères du cloître; là les rendez-vous galants, les petits soupers, les parties joyeuses; ici les psaumes des pénitents, là les chansons badines des mondains; ici la cellule froide et nue, là les boudoirs fastueux, les élégants pied-à-terre, les nids d'amourettes et d'amours : — contrastes du passé auxquels s'ajoutent, dans le présent, le mouvement industriel et l'étude silencieuse.

Le plaisir des maîtres nécessitait pour les valets un asile de plaisir, un cabaret, au moins, où l'on pût attendre, le verre en main, que les bouteilles des maisons champêtres fussent enfin vidées.

Or ce cabaret inévitable, situé précisément aux lieu et place qu'occupe aujourd'hui l'extrémité méridionale de la rue Jean Bart, était fort remarquable par son ameublement et sa décoration ultra-maritime.

Au-dessus du comptoir, qui affectait la forme d'une pirogue des Antilles, on voyait une panoplie d'ancres, de grappins, d'avirons et de cordages entourés d'instruments de pêche; quelques hamacs pendaient çà et là. Les murs étaient tapissés d'images coloriées rue Saint-Jacques, à l'enseigne du Phœnix, chez Michel Soly, éditeur de l'Hydrographie du père Georges Fournier.

Les plus anciennes représentaient Polain de la Garde, l'amiral Jean de Vienne, le commandeur Paul et le vaisseau *la Couronne*, monté par l'archevêque de Bordeaux, lieutenant général des armées navales, le combat de *la Cordelière*, — Saint-Houardon poursuivant avec son auge de pierre, et son goupillon en main, le sabot du diable gréé en vaisseau de ligne, — la prise de La Rochelle, et la défaite du gigantesque monstre marin qui malgré les ailes de moulin à vent qu'il portait en croupe fut forcé de s'échouer sous les murs de Malaga.

Le portrait en pied du grand Duquesne faisait pendant au bombardement d'Alger. Une image digne d'une mention spéciale représentait les débuts de Tourville, pris pour une fillette et punissant d'un coup d'épée l'audacieux corsaire qui s'était permis d'embrasser ses joues de pêche.

L'histoire des flibustiers et boucaniers tapissait, et pour cause, tout un panneau où l'on pouvait admirer les faits et gestes des principaux chefs, depuis Pierre Franc de Dunkerque, l'Olonnais, le Basque, Pierre le Picard, Monbars et Montauban, jusqu'à Grammont, Grogniet,

Laurent de Graff, Lesage, Michel cousin de Jean Bart, et enfin Moroléon.

Mais ces annales maritimes enluminées étaient peu de chose auprès de la galerie de dessins de toutes grandeurs consacrés à l'invincible Jean Bart :

« La naissance de Jean Bart, son baptême, Jean Bart enfant éventrant une baleine, Jean Bart matelot dressant à lui seul le grand mât d'un vaisseau du Roi, Jean Bart fumant sur des barils de poudre, Jean Bart battant les Anglais, les Hollandais, les Espagnols, les Barbaresques, Jean Bart délivrant les prisonniers français mis aux galères par les Saletins, Jean Bart à l'abordage, Jean Bart tirant un canon à bras tendu, Jean Bart en habit d'or, Jean Bart se faisant payer à coups de sabre par un trésorier insolent, Jean Bart à Versailles fumant sa pipe au nez du Roi, Jean Bart apprenant aux courtisans comment on force un blocus. »

Les quatre dernières images étant les plus récentes, les plus amusantes et les plus belles, le maître de l'établissement les avait fait encadrer.

Ce cabaretier, du reste, était façonné pour le cabaret comme l'escargot pour sa coquille.

Bronzé, tanné, couturé de cicatrices, borgne et manchot des suites de ses aventures, trapu, carré, solide, — brave, cela va de soi, — et par-dessus tout reconnaissant, il avait voué un culte à Jean Bart dont il n'osa prendre le portrait pour enseigne ; il se contenta de l'inscription :

A l'Invincible !

Cet invalide avait nom Laurent Grosner.

Ci-devant boucanier et flibustier, il reçut de ses camarades les Frères de la Côte, selon les règles sacrées de la chasse-partie, cent écus pour la perte de son œil, deux cents pour celle de sa main, et outre cela pas mal de parts de prise. Il n'en était pas moins arrivé mendiant et presque mourant à Dunkerque, où le premier il apporta l'heureuse nouvelle que Moroléon vivait et commandait *la Gallinette*.

Marie Tugghe et Cornil le confièrent aux soins des deux sœurs de Jean Bart, sainte Agnès et sainte Cécile. Il fut traité avec une sollicitude et une libéralité qui le ravirent. Jean Bart, Keyser, toute la famille Tugghe s'intéressèrent à lui.

Au sortir de l'hôpital, il épousa une cousine de Vanburg, veuve très-accorte et mère d'une fort jolie fille dont les beaux yeux ne devaient point nuire à son commerce actuel.

Jean Bart, au nombre des mille moyens qu'il avait employés pour servir la cause de *son matelot*, jugea bon de se tenir au courant, par les propos de la valetaille, des faits et gestes de messieurs les muguets de cour. En conséquence, il acheta le cabaret pour le compte de Laurent Grosner, qui s'y installa comme un coq en pâte et y fit bientôt des affaires excellentes. Soldats, ouvriers et laquais fréquentaient à l'envi l'établissement, tenu à la flamande avec une exquise propreté, pourvu de bon vin et de cervoise mousseuse introuvable ailleurs, gouverné sagement par la mère Laurent, qui avait toujours le mot pour rire, et enfin desservi par la mignonne Ludivine, un bijou ! taille de papillon, yeux de chevrette, dents d'écureuil, une bonne enfant, et la vertu même, rare merveille dans le quartier.

L'invalide, attristé, pensif et nonchalamment assis sous un berceau de verdure, prenait le frais devant sa porte, quand deux hommes portant le costume de charpentier s'arrêtèrent sous les arbres à une trentaine de pas.

Le plus grand s'appuya sur sa hache comme une sur canne et fit signe à son camarade qui portait le sac aux outils d'aller seul échanger le bonsoir avec Laurent Grosner. Ce ne fut pas inutile. Le manchot fit un mouvement de surprise et faillit pousser une exclamation fâcheuse, qu'un geste rapide étrangla au passage :

— Bien, dit-il à voix basse, ma femme et ma fille vont être prévenues. Vous pouvez entrer.

— Patron, cria l'ouvrier charpentier, la place ne manque pas.

Rechargeant sa hache sur l'épaule, le maître s'avança, sans se presser, du pas d'un homme fatigué par une longue journée de travail. C'était le meilleur moyen de donner à Laurent Grosner tout le temps de mettre sa femme et sa fille au courant d'événements assez extraordinaires pour l'avoir fait bondir sur son banc de verdure. Le vieil aventurier, l'homme de coups de main et d'embuscades, n'était pourtant pas de nature à se laisser aisément émouvoir. Ce soir-là, il se bornait à être rêveur jusqu'au chagrin, car il savait avec la France entière que l'invincible Jean Bart, son bienfaiteur, avait été vaincu et se trouvait prisonnier à Plymouth :

— M. de Seignelay aura beau faire, les Anglais n'auront pas la sottise de consentir à nous rendre Jean Bart,... se disait-il précisément quand l'aide-charpentier, se penchant à son oreille, lui dit à voix basse quelques phrases qui produisirent sur lui plus d'effet qu'autant de bordées à mitraille et à bout portant.

Il entra dans son cabaret rempli de chalands, emmena Mme. Laurent à la cave, y passa deux minutes avec elle, et, remontant pour trôner au comptoir, dit impérieusement à Ludivine :

— Descends, ta mère a besoin de toi.

Un laquais beau diseur et galant, qui contait fleurette à la sémillante cabaretière, contrarié sans doute d'être interrompu au milieu d'un madrigal, s'avisa de prendre sa revanche aux dépens du papa beau-père.

— Ah çà, l'ancien, quand changeons-nous d'enseigne ? demanda-t-il d'un ton narquois.

— Pourquoi en changerais-je ?

— Puisque votre Jean Bart s'est laissé brosser, il n'est plus l'*invincible*.

— Mon Jean Bart, mon Jean Bart ! fit Laurent Grosner avec insouciance, n'est pas plus le mien que le vôtre, d'abord...

— Quoi ! vous le reniez déjà ! On nous contait que vous aviez été un de ses marins.

— On vous contait mal, mon petit. Je n'ai jamais navigué avec Jean Bart qui, de sa vie, n'a passé le tropique. Mon histoire à moi, est sur ce pan de muraille avec celles de Grammont, Grogniet, Lesage, Graff, et autres Frères de la Côte !...

— Vous fouinez, père Grosner ! reprit le laquais toujours goguenard ; mais nous avons des yeux. Votre Jean Bart est ici dans des cadres dorés comme son pourpoint, sa veste et sa culotte doublée de drap d'argent qui le chatouillait si bien !... Oh ! la bonne bêtise !.. Il couvre à lui seul la moitié de vos murs.

— Qu'est-ce que ça prouve? dit tranquillement le cabaretier. Prenez-vous en à M. Michel Soly, l'éditeur d'estampes. Mon goût à moi, vieux marin, est de décorer ma maison avec les beaux faits d'armes de la marine française. On ne vend plus que du Jean Bart ; Jean Bart est à la mode : j'achète Jean Bart comme j'ai acheté Duquesne, Tourville et les autres...

Presque tous les consommateurs, ouvriers revenant de leur journée, soldats du poste du Luxembourg, valets de messieurs les grands seigneurs en goguette, prenaient part à la conversation devenue bruyante. — Cependant le maître charpentier et son aide s'étaient installés dans un coin obscur assez voisin de la porte. Leur gros sac en cuir rempli d'outils était glissé sous la table; ils avaient posé leurs haches à côté d'eux, et fumaient en vidant un pot de bière fraîche. — Ludivine et sa mère n'avaient reparu qu'un instant pour charger de brocs le comptoir largement approvisionné de la sorte. La discussion continuait.

— Turlututu ! papa Grosner, s'écria un valet de pied. Sifflotez, branlez la tête tant qu'il vous plaira, on sait ce qu'on sait !

— Voire ! fit l'invalide.

— Votre prétendu *Invincible* est Jean Bart; on l'a toujours dit, vous l'avez toujours laissé dire, donc maintenant vous gaussez pour l'honneur de votre enseigne.

— Eh bien, mettons que *l'Invincible* en soit un autre, votre maître, par exemple...

— Le vicomte de Flamignes, bon!...

— Pourquoi pas ! Aucune danseuse ne lui résiste.

— Bien tapé, camarade, dirent en riant quelques ouvriers du quartier.

Un sergent aux gardes s'avança, le poing sur la hanche, et retroussant sa moustache.

— Mort diable! père Grosner, s'écria-t-il, vous m'étonnez en faisant si bon marché du brave Jean Bart... Parce que blessé, trahi, abandonné par des lâches, il est prisonnier des Anglais, voilà que vous le reniez ou quasiment...

— En douceur, sergent, fit l'aventurier ; je ne renie rien, s'il vous plaît.

— Tant mieux. Mais moi, tel que vous me voyez, j'ai eu l'honneur de faire campagne avec Jean Bart, et je n'entends pas qu'on se moque de lui.

— Oh! oh!... oh! oh! grommela la valetaille.

— Il n'y a pas de *oh* qui tienne. C'était à bord du *Modéré,* commandé par M. d'Amblimont, en 1683. Jean Bart venait de prendre avec sa petite frégate *la Serpente* un gros vaisseau espagnol, monté par près de cinq cents hommes. Il le ramène à Brest ; mais, dam, sa pauvre *Serpente* était aux trois quarts crevée, de façon qu'il demande un autre navire. Il y avait droit. Tout le monde sait qu'il n'a quitté la marine corsairienne pour la marine du Roi qu'à la condition d'être toujours capitaine sur son bord.

— Oui, c'est connu... Après ?

— Après. On ne lui tint point parole. Pour le récompenser de ses deux belles campagnes de *la Vipère* et de *la Serpente*, au lieu de lui donner l'avancement qu'il mérite, on le fait de capitaine lieutenant. En voilà de la justice !... De manière qu'on l'embarque à notre bord pour la campagne de Cadix. J'ai connu de bons serviteurs, mais pas un pareil à Jean Bart. Il ne bronche pas, il ne murmure pas, il demeure calme, faisant, comme un vrai mouton, son chien de service de second, qui est un métier de chien...

— Chien, mouton, ours, loup de mer, requin, taureau, c'est toute une ménagerie que votre Bart, dit un laquais gouailleur.

— Vous oubliez renard et lion, tas de marauds galonnés, dit le sergent. Si Jean Bart était ici autrement qu'en peinture, vous claqueriez dans vos peaux vendues.

Au milieu des clameurs que provoqua cette apostrophe, l'aide-charpentier dit à son patron :

— Ah ! mon capitaine, voilà un sergent qui parle bien.

— Ta langue au taquet, mille tonnerres ! murmura le prétendu maître-charpentier.

— Pardon !... l'habitude...

— Cale donc ta boque; bois, fume, écoute et attends.

— Sergent, pas d'insultes ! s'écriait Gosner d'une voix tonnante ; et la paix, messieurs les domestiques. Vous êtes libres de ne pas faire attention à sa palabre.

— Nous connaissons notre Jean Bart aussi, reprit l'un des plus insolents laquais, un butor dont nos maîtres ne font que rire.

Le sergent haussa les épaules ; puis, à la grande satisfaction des ouvriers, des soldats et de quelques paysans ébahis, il reprit le récit homérique de sa campagne du *Modéré*.

Jean Bart, durant deux années entières, avait été second sur ce vaisseau, et, comme tel, chef des divisions d'abordage. M. d'Amblimont, grâce à lui, avait enlevé notamment deux vaisseaux espagnols de soixante-quatorze canons. Jean Bart fut, en cette occasion, blessé à la cuisse d'un éclat de mitraille. Comme capitaine de débarquement, il ne s'était pas moins signalé.

Le sergent aux gardes, qui avait pris part à toutes les descentes en territoire ennemi, captivait l'assistance. La partie la moins connue de la carrière du héros dunkerquois était peinte avec une verve soldatesque fréquemment applaudie, et telle que les laquais eux-mêmes, — de beaucoup les plus nombreux, — se laissèrent gagner par l'intérêt romanesque.

On sait à peine qu'après avoir fait *sa corvée de second*, comme le disent encore nos officiers de marine, Jean Bart en débarquant du vaisseau *le Modéré*, obtint un commandement et servit activement dans la Méditerrannée sous Duquesne et Tourville. Il prit part aux expéditions de Gênes et de Tripoli, croisa contre les Tunisiens, les Algériens et les autres pirates mahométans, exécuta des coups de main ignorés de nos jours, seconda les opérations de l'armée navale du Levant, et dans une position très-secondaire, déploya ainsi son infatigable ardeur en des parages fort éloignés de ceux qui furent le principal théâtre de sa gloire.

Le sergent aux gardes prouvait par ses dires que ces pages demeurées obscures mériteraient, autant que le reste de la biographie de Jean Bart, d'avoir été mises en lumière par les historiens. Il comblait éloquemment la grande lacune qui existe dans sa vie entre 1684 et la fin de 1687, époque de son retour à Dunkerque.

— Jean Bart, disait-il, est un troubadour à trois poils, sans crainte ni reproche, pas si fort que le montrent ces estampes, et encore moins bête.... Les bêtes sont ceux qui gobent de pareilles bourdes !...

— Tous nos maîtres y croient, fit un laquais.

— Bien fait pour eux !

— Et leurs dames aussi.

— Ça prouve qu'il y a des bêtes des deux sexes !...

— Ah ! fichtre, murmura l'aide-charpentier, voici un sergent qui parle bien.

— Te tairas-tu, pie flamande ! dit à voix basse son rude patron.

— Mais il a du cœur en pile, en masse, du premier choix, et il nous l'a montré assez à nous autres, reprenait le sergent. Dans un incendie allumé par des *kaiserliques*, d'autres disent des *sisignores*, n'importe, des brigands payés pour ça par les ennemis, sa vieille maison, sa mère, sa femme, ses deux pauvres petites filles, toute sa famille quasiment avait péri ! Plus de nouvelles de ses frères ! A terre, malheurs sur malheurs ! Notre brave avait la tristesse collée sur la face comme un crêpe de deuil. Ça ne le rendait ni injuste ni méchant. Tant seulement, ayant grand envie d'en finir avec ses chagrins, il allait au feu comme à la danse : une fière danse, mes cadets, que les Espagnols, les Génois et les Turcs ont dansée au son de la grosse musique ! Les balles, les biscaïens ne voulaient pas de lui. Débarquant à Rota, un obus lui éclate entre les jambes, dix des nôtres sont renversés, Jean Bart n'est pas effleuré, rien ! D'aucuns m'ont dit qu'il en fit un gros soupir. — « En avant !» Nous enlevons à la baïonnette la batterie espagnole, nous mettons les canons hors de service, et rembarque !... Croisant devant Gênes, une autre bombe amortie en trouant la hune de misaine et une voile de rechange, tombe aux pieds de Jean Bart, qui bourrait sa pipe sur le château d'avant. Il se baisse, en arrache la mèche, s'en sert pour allumer sa pipe, et dit au canonnier :

« Mettez-moi à ceci une mèche neuve, les Génois fument aussi, je pense ! » Et nous autres de rire.

Le sergent ne tarissait pas. Si le patron charpentier n'avait été plongé dans l'ombre, son camarade aurait pu lire sur ses traits une émotion généreuse. Quelques larmes roulèrent sous ses paupières; à plusieurs reprises il rougit.

Quel est l'homme assez orgueilleux ou assez modeste, assez insensible ou assez maître de lui-même, pour entendre, par la voix du peuple, son propre éloge, le récit de ses exploits et surtout de ses douleurs, sans que son cœur tressaille dans sa poitrine ? — Jean Bart, malgré ses préoccupations, ne put se soustraire au charme de ce panégyrique naïf, naïvement accueilli par l'enthousiasme des bonnes gens du quartier.

Quant à Vanburg, il se mettait les poings dans les yeux. Le sergent Brind'orge parlait si bien !

— Il n'a rien à lui, Jean Bart !... Tout pour ses braves, marins, soldats, ouvriers, pêcheurs, sondeurs, en campagne, au chantier, à la caserne. Quand nous étions avec lui au fort Saint-Luc, qu'il commanda six mois, la paye n'arrivait pas, il nous paya de sa bourse; et quand la paye fut arrivée, il fit mine de ne pas s'en souvenir : « Le soldat a mangé l'autre jour, tant mieux, dit-il; mais aujourd'hui et demain le soldat ne sera pas fâché de manger. » Suffit ! Nous autres, pas vilains, nous ramassons les pièces de huit, et, arrivés à Marseille, nous achetons une paire de pistolets dorés à son chiffre, que les sous-officiers et officiers mariniers lui offrent, sans parler de la sérénade que nous lui fîmes donner par toutes les musiques de la ville. Une fière aubade. Les Provençaux jouaient du galoubet, les Bretons du biniou, les Flamands du tambour et de la trompette. Un certain maître Vanburg fit le discours d'offrande : c'était un matelot dunkerquois qui s'y entendait.

— Tu t'y entends aussi, toi, sergent Brind'orge! murmura le bon Vanburg, qui se tenait à quatre amarres pour ne point trahir son incognito.

— Jean Bart, continua le sergent, pour essayer nos pistolets, fit ranger au bout du jardin cinquante bouteilles de vin de Lamalgue, le bouchon au trois-quarts dehors, et il vous les décoiffe l'une après l'autre sans écornifler un goulot.

— Quel tireur!

— Les pauvres qu'il trouve sur sa route, et notez qu'il fait route pour en trouver, il leur donne sans regarder au fond de sa bourse. A ce train-là, s'il devient riche, foi de soldat, ce ne sera ni sur mer ni sur terre... Au paradis, je ne dis pas non.

— A la santé de Jean Bart!... et c'est moi qui régale! s'écria Laurent Gosner.

— A sa santé, d'accord, ajouta Brind'orge, mais surtout à son retour, à sa délivrance, à son évasion.

— De quelle évasion parle-t-on ici? demanda un piqueur qui entrait.

— De celle de Jean Bart

— Quoi! vous savez déjà...

— Non, explique-toi!

— Jean Bart et M. de Forbin sont en France...

— Pas possible!

— J'arrive à franc-étrier de Versailles par ordre de M. de Forbin en personne, dont l'histoire est la nouvelle du jour......

— Conte-nous ça!

— En douceur ! s'écria Grosner ; trinquons d'abord, nous écouterons après

La femme et la fille du cabaretier invalide avaient à plusieurs reprises paru et disparu ; en ce moment, elles étaient absentes. Il remplit donc successivement tous les verres, et s'approchant à la fin de la table où se trouvaient Jean Bart et Vanburg, déguisés en charpentiers, il les servit en criant : « Vive Jean Bart ! »

Brind'orge entonna le refrain : « A bord, tant qu'on fera le quart !... » On trinquait, on hurlait.

A la faveur du tumulte, Grosner dit rapidement :

— De Mlle Marie, pas de nouvelles sûres... Une chaise de poste toute attelée attend derrière la petite maison du vicomte... Ma femme et ma fille font le guet... M. Keyser, M. Gaspard et vos deux cousins sont dans le bois.... On n'a pas vu M. Cornil...

— Qui a les clefs ?

— Ce laquais à livrée verte et or.

Le silence se rétablissait, tout le monde demandait le récit de l'évasion ; l'invalide regagna son comptoir. Neuf heures du soir sonnaient à l'horloge de Saint-Sulpice. Le quartier devenait désert ; les paysans qui cultivaient les champs voisins se renfermaient chez eux ; les ouvriers du faubourg avaient regagné leurs domiciles. Çà et là seulement, par les fenêtres entr'ouvertes des vide-bouteilles, on entendait de frais éclats de rire féminins ou de légères chansons gazouillées au cliquetis des verres. Parfois sous les grands arbres roulait un carrosse, parfois le trot d'un cheval retentissait. La prière du soir fut psalmodiée chez les chartreux. Les grilles du palais d'Orléans étaient closes. A l'enseigne de *l'Invincible*, le tintamarre se prolongeait.

— Pas de nouvelles certaines de Marie, pensait Jean Bart ; mais Flamignes est positivement dans sa petite maison, quoique rideaux et contrevents empêchent de voir aucune lumière. Cette fermeture complète tend à confirmer mes soupçons. Dans le doute pourtant, je ne puis, comme un malfaiteur, violer un domicile.

La femme de Laurent avait frappé à la porte ; personne n'avait répondu. Le postillon questionné par Ludivine avait dit qu'il ignorait sa destination.

— Mais qui vous a posté là ?

— Un laquais à livrée verte et or.

— C'est-à-dire un des gens de Flamignes, pensait Jean Bart. Malgré l'avance qu'il croit avoir sur les amis de messire Tugghe, le misérable projette un second enlèvement pour échapper à toute poursuite. Mais la police est-elle à l'œuvre ? Quelque ruse infernale n'aura-t-elle pas déjoué mes efforts ? Cornil sera-t-il parvenu à rejoindre Lussac ? Enfin sommes-nous véritablement sur la trace du crime ?

Le piqueur qui était au service du chevalier de Gardanne venait de prendre la parole.

ÉVASION D'ANGLETERRE.

D'après le chevalier de Forbin, si *la Railleuse* et *les Jeux* se sacrifièrent au salut du convoi chargé de munitions pour l'armée de Brest, l'initiative de cette noble résolution lui appartenait en propre. Le crut qui voulut. Il avait tant d'esprit que bien des sots durent le croire à la lettre. Et l'intrépide Jean Bart passait pour un tel butor, qu'un ingénieux personnage, parlant comme parlait Forbin, devait assurément avoir tout prévu, tout combiné, tout réglé d'avance, en lui faisant comprendre la honte qu'il y aurait à profiter de la marche supérieure de leurs frégates pour éviter la rencontre. Forbin à Versailles disait hautement ce qu'il n'a pas craint d'écrire dans ses Mémoires :

« En ce cas, nous pouvions être assurés que les deux
» vaisseaux anglais enlèveraient plus de la moitié de
» nos bâtiments ; qu'on ne manquerait pas de nous
» rendre responsables d'un événement si fâcheux, et de
» publier qu'il n'avait tenu qu'à nous de prévenir cette
» perte en nous défendant. J'ajoutai que s'il voulait sui-
» vre *mon conseil*, nous nous hasarderions à faire une
» action d'éclat qui nous donnerait de la réputation et
» qui contribuerait infailliblement à *avancer nos af-
» faires à la cour.* »

Avancer ses affaires à la cour, avoir donné à Jean

Bart le conseil de combattre et non d'abandonner lâchement son convoi, — l'ambition et la jactance de Forbin sont là tout entières étalées en une phrase contredite, d'ailleurs, par les gauches aveux dont elle est entourée.

Le piqueur qui, dans le cabaret de Laurent Grosner, rapportait complaisamment cette version, fit grogner le maître de l'établissement ainsi que le sergent Brind'orge, et fut cause que Jean Bart posa lourdement les deux pieds sur ceux de Vanburg, en vérité fort à plaindre de ne pouvoir à son gré rire, pleurer, se fâcher, ni pérorer à la plus grande gloire de son capitaine.

Celui-ci souriait de pitié, avec la certitude que la relation de son dernier combat était connue à Versailles par dix rapports officiels.

Que Forbin se donnât les gants de l'affaire, qu'il s'en attribuât tous les mérites, et que, non content de rejeter l'insuccès sur les fuyards, il insistât sur l'abordage manqué par *la Railleuse* au début de l'action, qu'importaient ces misérables détails! Le ministre, le Roi, Mme de Maintenon, Vauban, Lussac et foule d'autres savaient à quoi s'en tenir. Mais les hâbleries fort récréatives du marin provençal relativement à l'évasion étaient au contraire une nouveauté assez bonne à connaître.

— L'écrivain du *Sans-Pareil*, disait le piqueur, eut soin de faire panser M. le comte de Janson et votre Jean Bart dès qu'ils eurent été portés à bord. M. le comte avait un costume fort propre; les matelots anglais s'en accommodèrent, le dépouillèrent nu comme la main et lui donnèrent pour tout vêtement une méchante camisole rouge avec une grosse culotte dont le fond était percé de grands trous.

— Et Jean Bart? demandaient Brind'orge et ses camarades.

— Il fut beaucoup moins maltraité. D'abord il était déjà presque guéri de sa blessure et n'en était point réduit, comme M. le comte de Janson, à ne bouger bras ni jambes, et puis il parlait un peu anglais.

— Un peu! grommela Vanburg, il parle mieux que le roi d'Angleterre.

Cette observation, faite en sourdine, valut une menaçante bourrade au maître d'équipage, tandis que Laurent Grosner, Brind'orge et compagnie disaient que si les matelots du *Sans-Pareil* n'avaient pas osé déshabiller Jean Bart, c'est que ses deux poings fermés devaient parler un flamand facile à comprendre en tous pays.

— Dans le bel équipage où était M. le comte de Janson, poursuivait le piqueur, il devait se soucier fort peu d'être mis en montre.

— On le conçoit! firent les rieurs.

— Dites donc, piqueur, la camisole rouge était-elle longue ou courte?

— Trop courte, beaucoup trop courte à ce qu'il paraît.

Un éclat de rire prolongé qui fit trembler les vitres stimula le narrateur.

— *Le Sans-Pareil* tout délabré n'étant entré à Plymouth que trois jours après le combat. M. le comte de Janson pouvait commencer à se traîner. Il est conduit avec Jean Bart à travers les huées de la populace, chez le gouverneur anglais, qui leur donna un fort beau repas et le fit asseoir dans un fauteuil à la place d'honneur.

— Eu égard à sa culotte! dit Brind'orge.

— Sans quoi, ajouta Grosner, la place d'honneur, je pense, eût été pour le commandant Bart.

— Vous m'en demandez trop long. M. le comte ne nous a point dit à quelle place fut mis votre cher commandant ; mais, en racontant son aventure, il n'avait pas l'air trop gai : « C'était encore plus odieux que ridicule ! s'écriait-il. On savait mon nom, on me comblait de politesses, mais j'étais vêtu de haillons percés jusqu'à l'indécence, et l'on ne m'offrit pas même une chemise ! »

— Mais Jean Bart, Jean Bart ? s'écriaient les ouvriers et les soldats.

— Jean Bart mangea comme un goinfre et but comme un tonneau.

— Pas si bête !.. autant de pris sur l'ennemi !

Vanburg, rencontrant le regard sévère de son capitaine, ne bougea point malgré sa bonne envie. — Certes Jean Bart n'était pas homme à se prêter au jeu grossier des Anglais qui, affectant de faire à leurs prisonniers une réception fastueuse, prenaient un méchant plaisir à leur accoutrement. Seulement Forbin laissa percer son humeur, tandis que Jean Bart joua la plus profonde indifférence.

— M. le gouverneur ayant refusé de laisser ces messieurs prisonniers sur parole, M. le comte songea tout de suite à s'évader de prison.

— Parbleu ! fit la galerie.

— Un matelot d'Ostende, parent de Jean Bart, avait été obligé de relâcher avec sa barque dans le port de Plymouth.

— Drôle de chance ! s'écria Brind'orge.

— Toujours est-il, poursuivit le piqueur, que cet homme, sachant son cousin prisonnier, s'avisa d'aller le voir. Le comte lui communique aussitôt son projet et lui promet quatre cents écus, s'il consent à le favoriser. La somme était ronde! Elle fait ouvrir les yeux au pauvre diable d'Ostendais, qui consent à tâcher de la gagner.

A ces mots, Jean Bart et Vanburg échangèrent un sourire : — Les quatre cents écus de Forbin faisant ouvrir les yeux, à qui? au brave Gaspard qui, risquant sa vie, s'aventurait en pays ennemi sous un faux pavillon. — Mais, à la vérité, on n'avait pas jugé prudent de mettre complètement dans la confidence le présomptueux Forbin, qui, selon son usage, crut ou voulut faire croire qu'il avait été l'âme du complot d'évasion.

Le piqueur du chevalier de Gardanne continuait son récit.

— Avec une lime secrètement apportée par l'Ostendais, M. le comte attaque les barreaux de fer de la fenêtre et a grand soin de cacher son travail en le couvrant de pain mâché mêlé de suie. Cependant ses blessures achevaient de se guérir. Le gouverneur lui avait donné pour chirurgien un Flamand fort désireux de passer en France, mais qui, faute d'argent, ne pouvait y parvenir. M. le comte le fit entrer dans le complot, ainsi que les deux mousses chargés de le servir.

— Décidément, s'écria Grosner, Jean Bart ne se mêlait de rien ; votre farceur de Forbin a tout mené.

— A ce qu'il raconte, père Grosner! ne nous fâchons plus!...

— Me fâcher, moi! pour des vanteries!... Allez toujours!

— Il ne manquait plus à ces messieurs qu'un bâtiment, poursuivit le piqueur. L'Ostendais leur aurait donné le sien bien volontiers..

— Ouf! fit Vanburg qui, ayant eu part à l'entreprise, étouffait de dépit en écoutant un récit si singulièrement défiguré pour amoindrir la part de chacun, à l'unique louange du chevalier de Forbin.

— La barque du cher homme n'était pas tout à fait à lui, disait le conteur, mais il tenait assez à ses quatre cents écus pour ne regarder guère à si peu de chose. Le plus grand obstacle, c'est qu'il aurait fallu mettre trop de gens dans la confidence.

— Puissamment raisonné! dit un des laquais du vicomte de Flamignes.

— La belle histoire! pensait Vanburg, nous y étions tous dans la confidence, et les écus de messire Tugghe, adroitement employés, ne firent point de mal, sans que M. de Forbin s'en doute. Mais une busse comme la nôtre, appareillant de nuit, aurait été chassée et probablement prise, auquel cas M. Gaspard, moi et notre équipage, nous aurions été pendus comme espions de guerre, sans avoir délivré personne. Le mieux était donc de décider notre brave chevalier à déserter en canot, quoiqu'il n'eût pas trop goût au voyage.

Le soir du onzième jour de captivité, les mousses, rendus fort attentifs par les gratifications qu'ils recevaient de Jean Bart, annoncent qu'ils viennent de trouver le batelier d'une yole de Norwège ivre-mort dans son canot, qu'ils l'ont transporté dans un autre, et qu'en se servant de cette embarcation, l'évasion sera facile. Vanburg, qui jouait le rôle de batelier norwégien, avait d'avance parfaitement approvisionné le bateau. — L'occasion si habilement ménagée par Jean Bart et les siens détermine Forbin à jouer quitte ou double. La grille de la fenêtre est brisée, on se laisse glisser par une corde faite avec les draps de lit ; la barque est prête ; elle pousse montée par le chirurgien flamand, les deux mousses et les deux illustres marins.

Vanburg la voit qui s'éloigne et regagne son bord, où Gaspard se tient à tous risques prêt à lever l'ancre. Par bonheur, rien ne nécessitera qu'on ait recours à des moyens désespérés.

Les sentinelles de vingt bâtiments de guerre ont hélé le petit canot. Jean Bart répond en anglais d'une voix ferme et calme : — *Fishermen* ! Pêcheurs ! On est plaine mer.

« Le péril nous donnait des forces, a écrit Forbin qui s'était mis au gouvernail ; nous naviguâmes deux jours et demi dans la Manche, par un fort beau temps, couvert d'un brouillard qui favorisait notre fuite. Pendant cette longue traite, Bart rama toujours avec une vigueur infatigable, sans se reposer que pour manger un morceau à la hâte. »

— Mille diables ! s'écria Laurent Grosner, dans l'admiration. Soixante heures l'aviron à la main ! Il n'y a que Jean Bart pour nager de même.

— La cour le dit aussi, reprit le piqueur du chevalier de Gardanne. Enfin la pauvre petite barque des ces messieurs aborda en Bretagne à six lieues de Saint-Malo, d'où M. le comte arrive à petites journées pour émerveiller la cour, et moi j'ai reçu ordre de porter cette nouvelle à son cousin, qui a, comme vous le savez, une petite maison par ici.

— Mais Jean Bart... Jean Bart ? demandaient toujours le sergent Brind'orge et quelques autres.

— Eh bien, Jean Bart a eu peur que le Roi ne fût pas

23*

satisfait et a laissé à M. de Forbin « le soin de sonder le gué (1). »

— Sottise! murmura Vanburg.

Jean Bart, qui souriait de pitié maintenant, n'avait pas un seul instant douté de la manière dont sa conduite serait appréciée par le ministre et par le Roi. En touchant la terre de France, son souci ne pouvait être d'aller parader à Versailles, alors que tous ses intérêts de cœur l'appelaient à Dunkerque.

Il s'y rendit donc en grande hâte et y arriva peu d'heures après l'enlèvement de Marie, pour être témoin du désespoir de messire Tugghe, dont la femme et le fils se mouraient et à qui l'on venait de voler des sommes très-considérables, dues en majeure partie à l'équipage de la *Lionne-Brune* et au trésor royal.

Jean Bart, secondé par son fils, passa la nuit à prendre les mesures les plus urgentes.

Les notables de Dunkerque, l'intendant Patoulet, le commandant de la marine et le gouverneur, informés des événements, prouvèrent mieux que par des paroles la part qu'ils prenaient à tant d'infortunes.

L'estime générale dont jouissaient messire Tugghe et Jean Bart leur valut le concours sympathique de tous et de chacun. L'argent qu'il leur fallait fut mis à leur disposition avec le plus honorable empressement. La vente de l'hôtel seigneurial était nécessaire : la municipalité prit l'engagement de faire, en attendant qu'elle fût effectuée, l'avance des fonds destinés à désintéresser les marins par le payement intégral de leurs parts de prise. Les autorités

---

(1) *Mémoires de Forbin.*

maritimes, à commencer par l'intendant, promirent de ne rien négliger pour obtenir remise du dixième attribué au trésor.

Au point du jour, Jean Bart se disposait à partir pour Paris avec Cornil, quand survinrent à la fois tous leurs amis les plus chers. Ce fut une consolation qui, sans diminuer la douleur, augmenta les espérances fondées sur les démarches dont on s'occupait.

La busse de Gaspard, rencontrée et reconnue à peu de distance de Dunkerque par Charles Keyser, le ramenait au port, puisque sa mission de parlementaire pour l'échange de Jean Bart devenait inutile.

Le désespoir de Keyser ne saurait être peint. La mâle énergie de cet homme de guerre, dont ses compagnons avaient tant de fois admiré l'esprit de ressources, faisait place à un abattement, à une prostration pitoyables; Jean Bart n'hésita pourtant pas à l'emmener,

— Il faut agir ! je vous dirige !... Partons sans perdre un instant.

Moins de douze heures après l'enlèvement de Marie, Jean Bart et ses amis couraient à sa recherche. Des indications nombreuses et précises, recueillies dès le premier soir sur les routes avoisinantes, prouvaient que les ravisseurs se dirigeaient sur Paris. Les courriers chargés de faire préparer les relais acquirent, de poste en poste, la certitude qu'une chaise dont les rideaux étaient fermés parce qu'elle renfermait, disait-on, un malade presque mourant, les avait précédés allant avec toute la vitesse possible.

A Paris, on devait nécessairement en perdre la trace.

Les soupçons de Jean Bart se portèrent tout d'abord sur le vicomte de Flamignes, dont les voyages à Dunkerque, depuis qu'il avait quitté la marine, ne s'expliquaient pas trop clairement. Qu'y venait-il faire ? Pourquoi s'était-il empressé d'acheter les terres de la famille Tugghe ? Il avait demandé la main de Marie ; il était l'ennemi invétéré de Keyser ; il passait pour adonné aux plus abjectes débauches. Les gens de mauvaise mine que Jean Bart avait cru remarquer devaient être à ses gages ; pour un guet-apens on ne peut employer que des misérables capables de tout. Certes, Flamignes n'avait pu commander un vol avec effraction, mais, à la faveur de rapt, les drôles l'avaient commis pour leur propre compte. Point de contradictions en ceci.

De suppositions en rapprochements, le clair-voyant Jean Bart avait pénétré la vérité.

Comme point de ralliement général, il choisit le cabaret de Laurent Grosner.

La petite maison du vicomte était gardée à vue par Gaspard, Jean-Baptiste, Jean Brunet et Keyser que ses compagnons avaient grand'peine de modérer.

Dès l'arrivée à Paris, une plainte avait été déposée. Cornil, envoyé à la recherche de Lussac, devait avec son concours obtenir de M. de La Reynie, lieutenant général de police, qu'il s'en occupât sur-le-champ.

En attendant, il importait de ne point laisser aux auteurs du rapt la possibilité de s'enfuir et d'emmener hors de France la victime de leur tentative criminelle.

D'un autre côté, il eût été infiniment dangereux d'agir sans preuves suffisantes.

— Matelot, mon pauvre Keyser, avait cent fois répété Jean Bart, si je me trompe, si Marie n'est pas la prisonnière de Flamignes, ne commettons pas l'imprudence de nous mettre sur les bras une méchante affaire, dont la première conséquence serait de nous réduire à l'inaction. A prix d'or, par ruse ou par force, savoir! Voilà le premier point. Jusque là patience, quoi qu'il t'en coûte!

— Tu as raison, dit Keyser; mais penser que Marie est peut-être là, dans cette maison fermée, en butte à d'infâmes persécutions, et attendre!.. Je suis à la torture... Je cesse d'être maître de moi!

— J'ai peut-être eu grand tort de t'emmener, dit Jean Bart en soupirant.

Sur ces mots, il s'était dirigé avec Vanburg vers le lieu des réunions ordinaires des laquais, valets et domestiques, gens assez disposés à trahir par leurs indiscrétions les secrets de leurs maîtres. Laurent Grosner, sa femme et sa fille étaient à l'affût.

Jusqu'ici cependant rien n'était éclairci, et le temps fuyait avec une déplorable rapidité.

Outre les valets encore très-nombreux, il ne restait au cabaret que le sergent Brind'orge et trois de ses camarades qui avaient comme lui la permission de onze heures.

DÉNOUEMENT.

Dix heures sonnèrent successivement aux Chartreux, au Luxembourg et à Saint-Sulpice; quelques laquais faisaient mine de sortir. De plus en plus confirmé dans ses soupçons par les chuchotements des gens à la livrée verte et or du vicomte de Flamignes, Jean Bart se leva.

Sa hache sur l'épaule, il se posta au milieu de la porte, tandis que Vanburg, reprenant le sac aux outils, se mettait à sa droite et Laurent Grosner à sa gauche. A eux trois, ils interceptaient ainsi l'unique issue du cabaret, dont Ludivine et sa mère avaient successivement fermé les volets de fenêtres sans qu'on y prît garde.

Alors Jean Bart interpelle le valet porte-clef de la petite maison du vicomte :

— Mon garçon, dit-il, n'êtes-vous pas au service de M. de Flamignes ?

— Pourquoi cela, mon bonhomme ?

— Pour savoir si, depuis ce matin, il n'a point chez lui une jeune personne à qui je m'intéresse...

La valetaille entière éclate de rire.

— Ami Brin-d'orge, vous connaissez Jean Bart ! demande Jean Bart lui-même d'une voix qui fait tressaillir le sergent. Eh bien, regardez-moi, et dites à ces rieurs qui je suis.

— Jean Bart !... Jean Bart !... Jean Bart !...

Laurent Grosner fermait sa porte ; le sac aux outils s'était ouvert.

— Vanburg, distribue les pistolets à nos amis, dit Jean Bart. Reconnaissez-vous cette paire-ci, sergent ? Par bonheur, je ne l'avais pas à bord de *la Railleuse !*...

— Capitaine ! commandant ! mille tonnerres ! murmurait Brin-d'orge, quelle surprise !

— Les plus surpris, je crois, sont ces marauds. Mais riez donc, tas de drôles ! riez donc ! ceci est une nouvelle farce de Jean Bart !

Les laquais, épouvantés, jetaient les hauts cris.

— Du silence ! ou gare à vous ! commande le brave

marin avec impatience. Pourquoi avez vous peur? Suis-je un loup-garou? Silence donc!

On se tait.

— Je ne désire qu'un simple renseignement. Voici l'affaire, sergent Brin-d'Orge : la fiancée de mon meilleur ami a été enlevée et conduite de force, à ce que je crois, chez M. de Flamignes. Je veux être sûr de mon fait. Pas autre chose.

— Compris! firent les soldats en riant de la terreur des valets.

Jean Bart prit le porte-clefs au collet, et d'une voix menaçante :

— Y a-t-il chez ton maître une jeune fille prisonnière, oui ou non?

— Non! répondit le valet tremblant.

— Tu mens. Je t'observais, je t'écoutais...

— Je n'ai rien dit de cela.

— Peu importe! Je veux y voir par mes yeux. Tu vas me faire visiter la maison, du grenier à la cave.

— Impossible! murmura le laquais, gravement compromis sans doute, car il opposait une résistance opiniâtre.

Les promesses d'argent, pas plus que les menaces, ne l'ébranlèrent, dès qu'il eut recouvré un peu de sang-froid.

— Soldats! dit Jean Bart, je vous prends à témoin de la répugnance de ce drôle. Si l'enlèvement n'avait pas eu lieu et si la maison était déserte comme il le dit, il s'estimerait trop heureux de recevoir cent écus pour la laisser visiter. Bâillonnez et garrottez!...

Un autre valet de Flamignes, interrogé de la même manière, avoua qu'il avait reçu l'ordre d'aller chercher la chaise de poste qui maintenant attendait derrière la maison.

— Ton maître y est donc?

— Dam! Monsieur Bart, puisque vous le savez, je ne le nierai point.

— Et la jeune fille que je cherche?

— Je ne la connais pas, Monsieur Bart. La maison de M. le vicomte est toujours remplie de jeunes et jolies femmes.

— Assez! nous perdons du temps! s'écrie Jean Bart en forçant tous les laquais à descendre sans bruit dans la cave, dont un soldat promet de garder le panneau.

Le laquais bâillonné est, bon gré mal gré, traîné jusqu'à la porte du vicomte.

Jean Bart avait rejoint Keyser et ses compagnons:

— Ma conviction est complète, leur dit-il; Marie doit être prisonnière ici. La police tarde, l'heure presse. Agissons seuls, puisqu'il le faut.

En cas d'issue secrète par laquelle Flamignes pourrait essayer de fuir, la chaise de poste fut dételée; la mère Laurent, Ludivine et deux soldats se postèrent en vedette aux quatre coins de la maison.

— Ouvre maintenant! commanda Jean Bart au porte-clefs.

Mais les clefs tournèrent sans que la porte s'ouvrît. Elle était fermée aux verrous:

— Il y a un mot de passe! donne-le! dit Jean Bart en ôtant le bâillon du valet.

— Je ne le sais pas, dit-il. Au résumé, vous n'êtes pas des assassins; je veux me taire et je me tais.

— Vanburg, amarre-moi ce drôle à la crapaudine; nous le livrerons à la justice plus tard.

— Grâce! cria le laquais.

Jean Bart frappait la porte avec violence.

— Au nom du Roi! disait-il d'une voix terrible, ouvrez! ouvrez sur-le-champ!...

Une fenêtre s'était légèrement entre-bâillée. De l'autre côté de la porte, Jean Bart crut entendre un bruit confus :

— Là, derrière, il y a des gens armés, dit-il à voix basse à ses compagnons en leur donnant l'ordre de se serrer contre les murs.

Puis il frappa de sa hache ; Vanburg en fit autant. Au quatrième coup, la porte vola en éclats.

Flamignes, entouré de spadassins, dit du milieu de l'obscurité :

— Feu sur ces voleurs! je défends ma maison !

Mais personne ne fit feu, car Jean Bart et Vanburg s'étaient rapidement mis à couvert à droite et à gauche de la porte défoncée.

Quatre torches allumées par l'invalide Grosner, porteur d'une lanterne sourde, éclairèrent soudain le lieu de la scène.

Jean Bart se fait un bouclier du valet lié à ses pieds, se montre seul et dit :

— Rends Marie Tugghe à Jean Bart !

— Arrière, bandits! répond Flamignes en déchargeant son pistolet.

Dix coups de feu retentissent. Jean Bart et ses compagnons se précipitent dans le vestibule. Une horrible lutte s'engage sur les marches d'un escalier mal éclairé par les torches; elle se prolonge dans un corridor obscur. Quelques estafiers ont pris la fuite.

Flamignes, couvert de sang, lutte avec rage contre

Keyser, qui frémit d'horreur et de joie. Il vient de reconnaître la voix de Marie appelant au secours.

Les Bart et Vanburg abattent les cloisons à coups de hache.

Ils se trouvent enfin dans une salle de festin remplie de femmes décolletées qui poussent des clameurs perçantes.

Liée avec des rubans ornés de fleurs sur le siége le plus élevé, Marie, pâle comme un spectre, voit Flamignes et Keyser aux prises. Elle voudrait se précipiter entre eux. Elle est réduite à l'immobilité par la plus infâme des volontés de Flamignes, qui, le matin, l'a reçue avec certains ménagements, mais qui, sourd aux conseils de ses plus exécrables agents, n'a pas tardé à s'emporter jusqu'à la démence. Aussi a-t-il eu l'impudeur de la rendre témoin d'une orgie en la menaçant, si elle refuse toujours de lui accorder sa main, de la traiter comme sont traitées par les convives du banquet les indignes créatures rassemblées pour insulter à sa douleur.

Le dénoûment de l'effroyable situation de Marie Tugghe approchait. Elle priait Dieu de lui ôter la vie. Autour d'elle la licence dépassait toutes les bornes ; elle se voyait perdue et n'osait plus espérer de secours humain. La chaise de poste qui devait l'emporter avec Flamignes au delà des frontières était là toute prête, elle le savait. On le lui avait répété vingt fois, en la saluant sans pitié du titre de *vicomtesse* ; on avait porté des toastes à sa beauté, à ses richesses, à ses grandeurs. Pâle, muette, semblable à une martyre livrée aux belluaires, elle invoquait la mort, quand l'alarme se répandit dans la salle du festin.

Flamignes se repentit alors de n'avoir pas suivi les

conseils et l'exemple de Lindora, qui, grassement payée, roulait maintenant sur la route de la belle Italie.

Qui pouvait frapper ainsi à la porte de sa maison? La police peut-être, peut-être des amis de Marie Tugghe. — En vérité, il songea, contrairement à toute vraisemblance, à Jean Bart et à Keyser. Quels que fussent les assaillants, ils n'étaient pas nombreux; il en compta six ou huit, ne vit ni fusils ni baïonnettes, et comprit qu'il ne pouvait avoir affaire aux gens de M. de La Reynie. Il avait avec lui une quinzaine de chevaliers de brelan, spadassins et coupe-jarrets déterminés.

— Du silence, mesdames, dit-il. Qu'on empêche ma belle vicomtesse de crier. Vous, messieurs, venez m'aider à chasser les importuns!

Flamignes était bien résolu à repousser la force par la force, à vaincre pour s'enfuir en enlevant Marie, ou à périr les armes à la main pour ne point se laisser traîner devant les juges comme un vil misérable.

Quand il se vit en face de Keyser, il poussa un rugissement de haine. S'il n'assouvissait point son amour, il assouvirait au moins sa vengeance.

Trois fois dans la mêlée ils furent séparés, trois fois il se rejoignirent. Leur fureur était égale. Blessés tous deux, ils combattaient avec un acharnement qu'on ne saurait peindre. Leurs épées se brisent, ils frappent à coups de crosses de pistolets. Ils s'étreignent, ils se déchirent avec les dents, ils roulent ensemble sur les verres brisés, ils ne peuvent être séparés que par la mort.

Les spadassins ont fui ou sont désarmés, les femmes ont disparu.

Marie, que Ludivine et sa mère viennent de délier,

accourt au moment où Jean Bart porte enfin à Flamignes un coup mortel ; mais le monstre est parvenu à plonger un couteau dans le cœur de Keyser, et il expire en hurlant :

— Marie ! je l'ai tué !

Alors enfin on arrache à l'étreinte de ses muscles crispés l'infortuné fiancé de la jeune fille.

Lussac, Cornil et les agents de police entraient trop tard !...

— Ah ! s'écria noblement Lussac en prenant la main de Jean Bart, ma vie vous appartient et c'est Keyser qui se meurt !...

Cornil se mettait à genoux devant Marie et pleurait avec elle.

— Je ne veux pas mourir ici ! dit Keyser. Qu'on m'emporte bien vite !...

Ce désir put être exaucé. On le plaça sous les grands arbres, où une ambulance venait d'être installée par Ludivine et sa mère.

A la lueur des torches, on le vit avec un calme pieux prendre d'une main la main de Marie, de l'autre celle de Jean Bart.

— Elle est délivrée !... son honneur est sans tâche !... Dieu soit béni ! disait-il.

Au bruit des armes à feu, l'alarme s'était répandue de toutes parts. La valetaille, qui sortait de la cave de Laurent Grosner, Brin-d'orge et ses camarades expliquaient l'aventure. Le chevalier de Gardanne, le baron de Lorze cousin de Flamignes, vingt autres jeunes seigneurs, brusquement arrachés à leurs plaisirs, des chirurgiens et l'aumônier des Chartreux accouraient.

Les agents de police et la force armée mise en réquisition maintenaient l'ordre.

Dans le cabaret, un officier de M. de La Reynie procédait à l'interrogatoire des gens arrêtés et des témoins.

Les compagnons de Jean Bart, pour la plupart blessés, furent pansés à la hâte.

Le baron de Lorze, en sa qualité de parent du vicomte de Flamignes, fut autorisé à entrer dans sa maison, où l'accompagna le chevalier de Gardanne. Ils le virent mort de sa mort ignoble, cadavre livide, ensanglanté, hideux. Avec un profond dégoût, ils le firent mettre sur un lit par quelques-uns de ces mêmes valets qui devaient à Jean Bart d'être restés étrangers à la bagarre, et qui maintenant déblatéraient à l'envi contre leur maître.

Cependant le prêtre s'était approché de Keyser, qui ne laissa point retirer le fer de sa poitrine. — Jean Bart et Marie allaient se reculer.

— Vous pouvez tout entendre ! murmura le mourant ; puis s'adressant au confesseur : Mon père, Jean Bart peut tout dire !

— Ne vous épuisez donc pas, mon fils !... Soyez absous de vos fautes, soyez béni au nom du Dieu de paix !...

— Le prêtre fit quelques pas, se mit à genoux et récita la prière des agonisants.

Cornil, Lussac, Vanburg l'entouraient et répondaient.

Charles Keyser, comme sa mère mourante, pressait encore entre ses mains moites et déjà refroidies les mains de sa fiancée et de son frère Jean Bart :

— Matelot, vis pour elle ! Marie, nous n'avions qu'un cœur !... Ce cœur tout entier lui reste !... Marie, il est si malheureux qu'un ange lui doit la consolation!.. Jean, Marie, mon âme est en vous... Adieu !

Ses mains se desserrèrent, son regard s'éteignait, un sourire d'une douceur inexprimable errait sur ses lèvres. Jean Bart ni Marie ne pouvaient pleurer. Autour d'eux on n'entendait que sanglots.

Les gens de l'art ébranlèrent l'arme fatale, ils durent l'arracher ; le sang alors s'échappa en un jet. Keyser dit d'une voix ferme :

— Aimez-vous en moi !

Et il cessa de vivre.

Le Roi, voulant témoigner à Jean Bart la satisfaction qu'il éprouvait de sa belle conduite au combat du *Sans-Pareil*, venait de l'élever, ainsi du reste que le chevalier Forbin, au grade de capitaine de vaisseau.

La nouvelle de cette faveur lui fut apportée au moment où le corps de son noble frère d'armes Charles Keyser, son matelot bien aimé, venait d'être cloué dans le cercueil qu'il devait conduire à Dunkerque. (xxviii)

Victory and glory, *not happiness.*

CONCLUSION.

Sur les bords de la baie de Naples, dans une élégante villa où Lindora, baronne de Saint-Ange et comtesse della Stampa, venait filer des jours désormais tissus d'or et de soie, le magot qu'elle rapportait en récompense de ses bons et loyaux services fut merveilleusement reçu par Lindor, comte della Stampa et baron de Saint-Ange.

Mais elle, arrivée à dix heures du soir, eut, avant onze heures sonnées, le chagrin d'être étranglée en tête-à-tête et précipitée au fond d'un puits.

A la vérité, son cher Lindor ne jouit pas très-longtemps du plaisir d'être débarrassé d'une si tendre amie. Quelques bandits calabrais, trop bien informés, pénétrèrent nuitamment en son logis, lui coupèrent la gorge et se partagèrent ses trésors.

D'autres coquins, il faut l'espérer, rendirent plus tard la pareille aux brigands calabrais.

Enterré par les soins de son cousin le baron de Lorze, le vicomte de Flamignes reposait alors au cimetière Saint-Sulpice. Sa fin tragique ne fut déplorée par personne, si ce n'est peut-être par certains drôles dont M. de La Reynie fit prompte curée. Le chevalier de Gardanne et son cousin le chevalier de Forbin entre autres se permirent maintes observations assez légères

L'aventure y prêtait. On parla de Sardanapale et même de Nabuchodonosor. Rochefort et Cotentin, qui se trouvaient à Versailles, sourirent, renchérirent et furent vraiment bons compagnons. Cette fois enfin, tous tant qu'ils étaient, ils daignèrent rendre pleine justice aux rares qualités du brave Keyser, marquis de Bemfazer et comte de Moroléon. Entre deux bouffonneries on reconnut que, sans la mort prématurée qui privait le Roi de ses services, il serait assurément devenu l'un des plus illustres marins de la France.

Voilà ce que se disait aussi, mais avec une émotion profonde, la population de Dunkerque, où les obsèques du matelot de Jean Bart furent un deuil public.

L'oraison funèbre, prononcée dans l'église Saint-Eloi par le vénérable curé de Drinckam, mit des larmes dans tous les yeux.

Dans toutes les bouches, l'éloge de Keyser se mêlait au récit des derniers malheurs de la famille Tugghe.

Marie n'était revenue à Dunkerque que pour y fermer les yeux de sa mère, et cela dans la maison même de Charles, car l'hôtel seigneurial de messire Tugghe venait d'être acheté par la ville pour être converti en place dont on ferait un marché. Ainsi, par un enchaînement de circonstances frappantes, le modeste asile que le charitable conseiller pensionnaire avait conservé à la veuve Keyser devint son asile à lui-même, et sa femme rendit le dernier soupir exactement au lieu où la mère de Charles, picusement induite en erreur, avait béni en mourant l'union de Jean Bart avec Marie.

Le chevalier, pâle, défaillant, mal remis de sa grave blessure, donnait le bras à son père, trop cruellement frappé pour survivre à tant de catastrophes.

Quant à Marie, elle s'était retirée au couvent de la Miséricorde, où l'héroïque sainte Agnès pleurait avec elle, et devait au bout de six mois lui répéter, en parlant de son frère Jean Bart, les dernières paroles de Keyser expirant :

— Il est si malheureux, ma sœur, qu'il aurait besoin des consolations d'un ange !

Or Marie Tugghe était déjà une mère pour le fils unique de Jean Bart.

. . . .
. . . .

Le conseiller-pensionnaire, naguère le plus riche des armateurs, était mort pauvre et pleuré de tous les pauvres.

Son fils, entouré de la considération générale, travaillait avec ardeur à reconquérir la haute position qui, par la suite, le mit en mesure d'être le premier citoyen, le bienfaiteur et l'avocat de sa ville natale auprès de la reine Anne d'Angleterre.

Mais les cruels événements qui motivèrent sa mission étaient encore fort éloignés.

Dunkerque florissante armait et triomphait par les armes de ses glorieux enfants, entre lesquels Jean Bart, ses frères et son fils tenaient le rang le plus glorieux.

Le chevalier de Forbin, comte de Janson, qui n'en eut pas le démenti, montra l'ours à Versailles, car il fallut bien que Jean Bart allât remercier le Roi de son grade de capitaine de vaisseau ; seulement la parade fut triste et courte. Les ennemis de la France eurent lieu de le regretter. Jean Bart mit sous voiles.

Ses victoires se multiplièrent, sa gloire ne cessa de grandir ; il était si malheureux !

— Ma sœur, Marie, ma pauvre sœur, disait encore sainte Agnès, il a besoin des consolations d'un ange !

. . . .
. . . .(XXIX).

FIN.

NOTES.

I. — La Famille Tugghe . . . . p. 7

Messire IGNACE TUGGHE, époux de Marie-Catherine Sergeant, — père du chevalier THOMAS Ignace Tugghe et de Jacqueline MARIE, née le 11 novembre 1663, — était originaire d'Angleterre. Des actes authentiques attestent que ses ancêtres s'étant fixés à Dunkerque, servirent honorablement leur nouvelle patrie dans les premières charges de la ville, et s'allièrent aux familles les plus considérables du pays. (VOIR l'*Histoire de Jean Bart et de sa famille*, par Vanderest).

II. — La Famille Bart . . . . p. 18

Les auteurs de dictionnaires historiques, se recopiant servilement les uns les autres, répètent encore que Jean Bart était fils d'un simple pêcheur. Les documents les plus positifs établissent au contraire, que son père Cornil fut capitaine corsaire, ainsi que son oncle Herman et son aïeul Michel.

Du reste, pour la partie généalogique de cet ouvrage, nous avons constamment été guidé par les notes circonstanciées que nous devons aux communications de M. le comte Albert de Circourt, ami intime du dernier Bart, Jean-Pierre Bart, lieutenant de vaisseau, mort le 3 juin 1843, à Nosse Bey (Madagascar), à bord de *la Sarcelle* qu'il commandait.

Nous avons également eu recours aux précieuses recherches de M. Vanderest.

Aucun des membres de *la Race héroïque* n'est imaginaire.

D'autre part, comme on l'a vu p. 103, nous n'admettons pas que le grand maître de l'ordre teutonique, Herman Bart ou de Barth, puisse être de la même famille que les Bart de Dieppe et de Dunkerque.

M. Adolphe Badin, dans sa *Biographie nationale* de *Jean Bart*, publiée depuis l'insertion au feuilleton du *Moniteur* de notre roman, dont parfois il a tenu un certain compte avec une bienveillance pour laquelle nous lui devons des remerciements, y fait clairement allusion quand il dit que : « Quelques historiens ont » avancé, sans toutefois présenter aucune preuve à l'appui de » leur assertion, que le père de Jean Bart et son oncle Herman » Bart, s'étaient faits pêcheurs, durant la domination anglaise, » de 1658 à 1662, *par patriotisme, pour ne point commander des* » *navires* dunkerquois *sous pavillon britannique.* » (Textuel p. 18, ci-dessus). — Confessons humblement que nous n'avons emprunté à aucun *historien* l'espèce d'explication que nous, simple *romancier*, avons essayé de donner, (conformément à notre programme de conciliation entre la légende plus ou moins fabuleuse et l'histoire plus ou moins erronée), de l'éternelle assertion que Jean Bart était fils de pêcheur. Faisons remarquer en passant que les historiens ne sont pas prodigues *de preuves à l'appui de leurs assertions:* — L'histoire, on le sait assez, est une fable convenue. — Et soulignons les mots essentiels de *navires* DUNKERQUOIS, car M. Adolphe Badin, ajoute : « Il est permis de douter » que les frères Bart aient pu concevoir, dès cette époque, un » attachement bien fanatique pour la France, puisque Dun- » kerque n'avait encore été française que de 1646 à 1652. » Français d'origine, les Bart pouvaient fort bien comme nous l'avons supposé, s'être rattachés au parti français qui n'est pas une fiction. Sous la domination espagnole, leur famille s'était élevée assez haut pour qu'ils eussent une profonde aversion pour la domination anglaise, par des motifs très-divers et surtout par *patriotisme* Dunkerquois. Enfin, suspects aux Anglais, ils pouvaient fort bien avoir été réduits à la nécessité de faire la pêche. Pour un historien toutes les preuves manquaient, ce qui n'empêche pas les historiens d'affirmer à l'envi que Jean Bart était fils d'un pêcheur, mais pour un romancier, à la recherche de la vraisemblance, il y a surabondance d'inductions justificatives.

L'auteur d'un article biographique publié en 1866 dans *le Livre d'or des Peuples*, M. Auguste Cabrol, s'en tire en disant que l'aïeul et le père de Jean Bart étaient *deux intrépides corsaires, pilotes et pêcheurs*. Ce procédé par confusion de métiers et d'emplois est commode ; nous en avons préféré un autre, tant il y a loin du capitaine d'un navire corsaire au patron d'une simple barque de pêche.

III. — Martin Lanoix . . . . p. 23

L'atroce exécution de Martin Lanoix, est de tous points authentique. Elle eut lieu à bord du brigantin de 120 tonneaux *le Cochon Gras*, commandé par Valbué. Il est de même historique que Jean Bart et un autre marin du bâtiment, votèrent seuls la non-culpabilité.

IV. — *Le Canard Doré* . . . . p. 26

On lit dans plusieurs articles biographiques que, lors de la déclaration de guerre, en 1672, Jean Bart était second et Keyser maître d'équipage, à bord du brigantin flessinguois du capitaine Svoelt *le Canard Doré* ; notre roman est plus exact ; Charles Keyser occupait la position de premier lieutenant ou second du navire, et Jean Bart celle de lieutenant.

V. — L'Évasion. — Michel Ruiter . . . . p. 44

Dans ces deux chapitres, la figure historique culminante, est celle de Ruiter, que nous nous sommes attaché à peindre avec une rigoureuse exactitude.

Quant à l'évasion, les biographes sont fort laconiques à cet endroit.

« Jean Bart, dit Hennequin, avait vingt-un ans lorsque la
» guerre éclata entre la France et la Hollande. On lui fit les
» offres les plus séduisantes pour le retenir au service ; » —
(Quelles offres? qui les lui fit? Est-il probable que le modeste
second lieutenant d'un pauvre petit brigantin, ait été l'objet
d'offres séduisantes?) « Mais l'honneur lui dictant la conduite
qu'il avait à tenir dans cette circonstance, il quitta la Hollande et
revint à Dunkerque. »

Vanderest, plus explicite, parle aussi *d'offres brillantes*, c'est-
à-dire de la proposition du grade de lieutenant de brulôt ! —(Voilà,
en vérité, une proposition d'une rare magnificence). Vanderest
atteste ensuite, avec tous les historiens, que Jean Bart et son ami
Charles Keyser *s'évadèrent*.

M. Adolphe Badin dans sa *biographie nationale* de Jean Bart,
reproduit les *offres brillantes* de Vanderest, et l'éblouissante proposition d'un grade de lieutenant de bruiot. (Où sont, de grâce,
les preuves à l'appui de cette invraisemblable *assertion* d'historien?)

M. Hippolyte Demanet affirme dans son article sur Jean Bart,
que : « On lui fit pour le retenir, des promesses séduisantes qui ne
produisirent aucun effet sur cette âme fortement trempée; alors
ces promesses se changèrent en menaces, (quelles menaces?) et
dans la crainte d'un transfuge on le surveilla rigoureusement
(Quelle fut donc cette surveillance si sérieuse?) Pas plus que les
promesses ne l'avaient gagné, les menaces ne l'effrayèrent ;
d'accord avec son compatriote Charles Keyser, *il déserta*, et tous
deux parvinrent à travers mille dangers, (quels dangers?) à
regagner Dunkerque. »

Dans son Histoire de la *Marine française*, livre IV, chap. XI,
Eugène Sue donnant un libre essor à sa féconde imagination,
met en scène les offres faites à Jean Bart et à Charles Keyser, et
leur désertion *immédiate*, (ceci au moins est conforme à la vraisemblance); malheureusement, le chapitre XI tout entier est un
chapitre de roman.

Certes ! le romancier a les coudées franches, alors que les biographes et les historiens en prennent aussi à leur aise. S'il a jugé
inutile de parler d'offres douteuses qui, en somme, ne pouvaient
avoir rien de bien tentant, il a cru mieux faire en s'efforçant de
peindre *les mille dangers* de l'évasion.

VI. — Noble et Ignoble.

Indigne, incapable, paria ou même lâche . . p 97

Le major de Kerlannic n'exagère en rien. Nous pourrions citer vingt romans et cinquante mélodrames contemporains, sans parler des pamphlets rédigés sous prétexte *d'histoire*, où le traître, le lâche, le misérable est inévitablement un gentilhomme. L'odieux en ceci ne le cède qu'au plus inepte ridicule. On entretient le peuple dans la haine de quiconque a le malheur d'être venu au monde avec une particule ou un titre. Nous savons tels milieux d'estimables bourgeois où le nom de *noble* est devenu le synonyme d'*ignoble*.

Or, en seize générations, c'est-à-dire en l'espace d'environ cinq siècles, tout individu dont les ascendants n'auraient aucun ancêtre commun, descendrait de 121,066 personnes. Mais, attendu que les habitants d'une même contrée ont toujours entr'eux des liens de parenté qu'ils ignorent, réduisons de moitié, soit en compte rond, 60,000 ascendants.

Devant ce chiffre formidable qui va se doublant et se doublant encore de génération en génération supérieure, n'est-il pas évident que le marquis de Kerlannic a raison quand il dit, avec un philosophe de l'antiquité : « Il n'y a point de roi qui ne descende d'un esclave, ni d'esclave qui ne descende d'un roi ? »

Le calcul réduit à néant le préjugé de la naissance, fruit de l'ignorance et de l'orgueil qui, toutefois, n'est ni pire, ni meilleur qu'aucun autre des préjugés ayant cours.

Par réciprocité, la haine irréfléchie, et souvent très-acrimonieuse qu'on porte à la noblesse, — autre préjugé dicté par la plus honteuse envie, — est d'autant plus niaise que, d'après le même calcul, il ne peut exister d'individu qui n'ait du sang royal dans les veines.

VII. — Les Jacobsen.

Michel Jacobsen dont la fille Agnès épouse Michel Bart . . . . p. 103

Michel Bart, aïeul de Jean Bart, épousa, le 30 janvier 1618,

Agnès Jacobsen fille du vice-amiral Michel Jacobsen dit *le Renard de la Mer*. Jean Jacobsen, frère d'Agnès, se maria le même jour qu'elle à Marie Mullewaert. De cette union, selon toute apparence, descendaient les capitaines corsaires Jacobsen, contemporains de Jean Bart.

Jean Jacobsen mourut héroïquement à bord du *Saint-Vincent*, en 1622. Son père, *le Renard de la Mer*, lui survécut onze ans.

Eugène Sue, dans son HISTOIRE *de la Marine française*, a confondus ensemble les deux Jacobsen, en attribuant au père la mort glorieuse de son fils.

Le même auteur passe entièrement sous silence Herman Bart et fait mourir Cornil, père de Bart, en 1658, pendant le siége de Dunkerque. Cependant, Cornil Bart eut depuis cette époque trois enfants dont le dernier, Gaspard-François, naquit en 1665.

M. Demanet dit qu'Agnès, femme de Michel Bart, était fille de Jean Jacobsen, dont on vient de voir qu'elle était la sœur.

Un autre biographe de Jean Bart, M. Auguste Cabrol, après avoir donné le nom d'Antoine à son aïeul, reproduit la fiction d'Eugène Sue, en faisant mourir Cornil sept ans avant la naissance authentique de son dernier fils.

VIII. — ERREUR HISTORIQUE.

Nombre d'historiens s'y sont laissé prendre . p. 116

Contrairement à toute vérité, Feller termine son article sur Jean Bart par cette appréciation : — « Il n'était bon que sur son navire, très-propre pour une action hardie, mais incapable d'un projet un peu étendu. » — Le portrait qu'a laissé de lui son contemporain Faulconnier, l'historien de Dunkerque, et les documents officiels d'où il résulte que Jean Bart conçut un vaste plan d'organisation de la course, démontrent jusqu'à l'évidence la fausseté d'une assertion devenue de l'histoire.

IX. — Les frères Bart, CORNIL et HERMAN . . . p. 121

Aucune histoire générale ou partielle de la marine française ne parle des frères Bart ; mais ils sont expressément cités, ainsi que les deux sœurs Janssen, leurs femmes, dans l'*Histoire de Jean Bart et de sa famille*, par M. Vanderest. La tradition ne s'est point perdue. Le silence de tous les écrivains spéciaux, exception faite de M. Adolphe Badin, n'en est pas moins déplorable.

x. — Prises de Jean Bart. — *L'Espérance*.... p. 139.

Les dates des prises faites par Jean Bart et les noms des navires capturés : *l'Aventure de l'Ami*, *l'Amitié*, *l'Espérance*, etc...... sont rigoureusement exacts.

On lit dans un article sur *Jean Bart* : « que le Roi, par une » galanterie digne de ce temps, mettait comme augure dans la » corbeille de mariage de l'épousée, » — la frégate *l'Espérance*.

Le Roi qui, certainement, ne se doutait de rien, n'aurait pu, en aucun cas, donner ce qui n'était point à lui. Le navire fut offert par Jean Bart qui ne dut pour cela s'entendre qu'avec ses armateurs.

Ah! combien messieurs les historiens sont mal fondés à faire fi des romanciers leurs frères jumeaux !

Entre un historien vulgaire et un romancier consciencieux, quel est le menteur ? Le premier débite imperturbablement des faits dénaturés, controuvés, faux, sans preuves à l'appui, avec la haute prétention d'exposer la vérité. Le second, après avoir franchement déclaré qu'il raconte une fiction, s'ingénie artistement à la rendre de tous points vraisemblable. Grâce aux patientes recherches de ce dernier, le cadre, les milieux et une foule de détails sont vrais, incontestablement vrais. Dans l'œuvre du premier, si le fait lestement imposé à notre crédulité est une erreur, cette erreur reste erreur sans être rachetée par rien.

xi. — Le corps embaumé de Ruiter . . . . p. 155

Plusieurs historiens ont écrit que la frégate commandée par Kallemburg portait, non le corps, mais le cœur de Ruiter. Le contraire résulte expressément d'une relation due à un témoin de sa mort sereine et glorieuse, récit textuellement cité par Eugène Sue, liv. vi, chap. 6 de son *Histoire de la marine française*, et terminé en ces termes:

« Le corps de Ruiter fut embaumé pour être enterré à Rotterdam ; mais, ses officiers ayant témoigné aux ecclésiastiques de Syracuse le désir que son cœur fût inhumé dans leur église, ceux-ci refusèrent, disant qu'un membre de la religion réformée, ne pouvait être placé en terre sainte.

» Alors le lendemain, le premier jour de mai, au soleil couchant, sans autre pompe que le deuil de toute l'armée qui pleurait le *bon père*, le cœur de Michel Ruiter fut porté à cent pas de Syracuse, et enseveli sur une petite colline de gazon gisant dans la baie et environnée de la mer. »

Le corps de Ruiter est enterré non à Rotterdam, mais à Amsterdam. Voyez Moreri, Ladvocat, Feller, etc.

La défaite et la mort de Ruiter donnèrent occasion en France de frapper une médaille. On y voit la Victoire sur le haut d'une colonne rostrale, ornée d'un trophée naval ; les mots de la légende sont : *Devictâ hostium classe, duce interempto*, et ceux de l'exergue : *Ad Angustam Siciliæ*, 1676. « La flotte des ennemis défaite, leur chef tué ; Agousta en Sicile, 1676. » Cette médaille relève beaucoup la gloire des triomphes de Ruiter ; c'est une espèce de monument que ses ennemis lui ont dressé et qui donne plus de relief à ses victoires que les titres brillants que ses compatriotes lui ont consacrés. (*Histoire générale de la marine*, lib. XXIX.)

XII. — LES PORÉE . . . . p. 162

Trois Malouins de ce nom méritèrent les faveurs royales ; Henri IV envoya son portrait enrichi de diamants à Jean Porée de Chandebœuf ; Porée du Parc et de Breil reçut des lettres de noblesse en 1624 ; Louis XIV fit don de son portrait et de deux épées d'honneur au troisième, Alain Porée, valeureux émule de Duguay-Trouin.

XIII. — CORNIL frère aîné de Jean Bart . . . p. 180

On sait qu'un Cornil Bart mourut à Dunkerque, le 20 février 1694, mais rien ne prouve que ce fût le frère aîné de Jean Bart ; car, d'après M. Vanderest, qui a compulsé avec un soin scrupuleux les registres de l'état-civil de Dunkerque, quatre-vingtquinze Bart du sexe masculin y naquirent de 1623 à 1673. La plupart furent marins, et le nom de Cornil (ou Corneille) était d'un usage fréquent dans cette nombreuse famille dont la guerre et les travaux de la mer devaient épuiser le sang généreux. En présence de l'incertitude, le romancier, libre d'entrer dans le champ des hypothèses, a cru pouvoir faire remonter à 1680, la mort du valeureux capitaine Cornil.

D'un autre côté, après Dieppe, berceau de la famille Bart, Dunkerque, patrie d'un nombre incalculable de corsaires, fut, sans aucun doute, l'une des villes maritimes qui fournirent le plus d'aventuriers à l'association des Frères de la Côte qui se subdivisaient en boucaniers, habitants et flibustiers. Pierre Franc, l'un des premiers capitaines flibustiers devenus célèbres, était Dunkerquois.

XIV. — HUBERT DE CHAMPY DESCLUZEAUX . . . p. 189

Eugène Sue, dans son HISTOIRE *de la Marine*, liv. VII, ch. XII, distingue entre l'intendant Hubert et l'intendant Descluzeaux (*aliàs* Descluseaux) — mais l'acte de baptême de la première fille de Jean Bart, Anne Nicole, dont le parrain fut messire Hubert de Champy Decluseaux (sic), intendant de la marine de Dunkerque, en date du 15 mai 1680, établit clairement qu'Hubert et Descluzeaux ne sont qu'un même personnage.

Dans *les Gloires maritimes de la France*, MM. Levot et Doneaud ont consacré une précieuse notice biographique à cet administrateur dont ils écrivent le nom: DESCLOUZEAUX (Hubert CHAMPY, chevalier).

XV. — Cause de fréquents combats entre nations amies . . . . p. 220

Dans l'ordonnance du 15 avril 1689, livre III, titre I, *Des Saluts*, on lit:

Art. 5. — Lors que les vaisseaux de Sa Majesté portant pavillons rencontreront ceux des autres Rois portant pavillons égaux aux leurs, ils se feront saluer les premiers, en quelques mers et côtes que se fasse la rencontre.

Cet article, orgueilleux jusqu'à l'insolence, dont les autres nations maritimes avaient l'équivalent, est tiré du règlement du 9 mai 1665 sur les saluts, dont l'article V ne parlait que des vaisseaux du Roi d'Espagne.

XVI. — Combat de *la Danaé* . . . . p. 222

Le combat de *la Danaé* eut lieu le 27 mars 1759. — Voir aux *Poëmes et Chants marins* par l'auteur, la relation de cette héroïque journée qui, malgré son incontestable authenticité, n'a été mentionnée dans aucune histoire générale on partielle de la *Marine Française*. Le consciencieux auteur de l'*Histoire maritime de France*, M. Léon Guérin, lui-même, n'en parle pas. M. le comte de Bonfils-Lablénie qui, dans son *Histoire de la marine Française*, consacre quatre-vingts pages à l'année 1759, garde le même silence.

Rien de plus affligeant que la possibilité d'une telle omission, quand il ne fut peut-être jamais livré aucun combat plus admirable ni environné de circonstances aussi touchantes.

Nous savons tous l'histoire de Léonidas et celle d'Horatius Coclès, nous ignorons une action digne de faire l'éternel honneur de nos armes.

Dans un autre ouvrage que l'auteur se propose de publier sur Jean Bart et sa famille, il aura soin de reproduire la relation complète du *Combat de la Danaé* avec la nouvelle *les Neveux de Jean Bart*, insérée pour la première fois dans le *Musée des Familles* des mois de février et mars 1859, cent ans après la mort sublime des deux héros si peu connus Pierre et Benjamin Bart.

Ajoutons toutefois que dans *les Gloires maritimes de la France* (1866) un article biographique est consacré aux-héroïques neveux de Jean Bart.

XVII. — LE FORT DAUPHIN.
Puissance chancelante du roi de France à Madagascar. . . . . p. 237

Le jour de Pâques 1672, La Bretesche et la plupart des Français placés sous ses ordres avaient été massacrés par les indigènes. Après cette catastrophe, le fort demeura inoccupé durant quelque temps ; mais, quoi qu'en disent divers historiens, un poste français y tenait garnison en 1683 et protégeait la traite du bétail dont les colons de Bourbon s'approvisionnaient à la Grande Ile.

Le géographe Allain Manesson-Mallet dans sa *Description de l'Univers*, donne de grands détails sur le Fort-Dauphin tel qu'il existait en 1683. Un édit du 4 juin 1685, prouve que Madagascar était considéré alors comme domaine de la couronne de France. En 1768, M. de Mandave prit le commandement du Fort-Dauphin qui, d'après les *Mémoires de Béniowski*, continuait à être occupé militairement en 1776.

Il n'est pas douteux que le Fort-Dauphin ne fût point aussi complètement abandonné qu'on l'a prétendu ; car plusieurs voyageurs en parlent incidemment dans leurs récits comme d'une possession française.

Le Fort-Dauphin, dit M. Victor Charlier dans sa notice sur Madagascar, Bourbon et Maurice (1), fut, de 1785 à 1810, plusieurs fois incendié, plusieurs fois repris et réparé. — On regrette de n'avoir pas plus de détails sur cette intéressante question de géographie historique.

En 1800, les indigènes considéraient comme territoire français la petite langue de terre sur laquelle s'élevait le fort où résidait un pacifique allemand, représentant de la France.

En 1819, Fortuné Albrand, élève de l'ancienne École Normale, et voyageur éminent, fut nommé agent commercial principal du Fort-Dauphin, où, le 1er août de la même année, il replanta le pavillon français. Organisateur habile, ce généreux explorateur mourut en décembre 1826, à l'île Sainte Marie de Madagascar où il avait fondé par d'héroïques efforts, la petite colonie que nous y possédons.

XVIII. — COMBATS DE MER ENTRE ANGLAIS.

L'influence anglaise grandissait . . . . . p. 237

Le Grand Mogol Aureng-Zeb, déjà puissant, n'avait pas encore déclaré aux Anglais la juste et terrible guerre qui les contraignit

(1) L'UNIVERS, *Iles de l'Afrique*.

à lui demander grâce. Chose unique dans l'histoire, ils se battaient entr'eux sur mer, les uns sous le pavillon de la Compagnie jalouse à bon droit de ses priviléges exclusifs, les autres sous le pavillon de la mère patrie, car le Roi violant lui-même des priviléges qu'il avait concédés, autorisa de simples particuliers à trafiquer aux Indes. Malgré cette guerre commerciale, l'Angleterre tendait à acquérir la prépondérance qui ne tarda point à échapper aux Hollandais.

XIX. — DES FLIBUSTIERS.

Le capitaine David avait sous ses ordres beaucoup plus d'Anglais que de Français. . . p. 249

Au début de l'expédition, leur haine pour les Espagnols ne laissait encore place entr'eux à d'autre rivalité qu'à celle d'une témérité sans égale. — Du reste, ces écumeurs de mer à jamais célèbres, se conformaient au droit des gens, ils étaient régulièrement commissionnés par les gouverneurs pour le roi de France ou pour le roi d'Angleterre, et ne souffraient point de pirates parmi eux. Ainsi leur navire amiral n'était autre chose qu'une prise faite sur un pirate anglais.

La question religieuse plus que la différence de nationalité, fut cause de la séparation à peu près amiable des français et des anglais.

Ceux-ci, comme on l'a dit, saccageaient les églises. Ils indignèrent par leurs sacriléges les flibustiers français catholiques, — d'une étrange sorte à coup sûr, — mais qui tenaient fermement pour leur religion. L'histoire atteste qu'après chaque victoire ils chantaient le *Te Deum*. Non-seulement ils avaient coutume de respecter les églises, malgré les richesses qu'elles renfermaient, mais encore lorsque le pillage des maisons particulières faisait somber entre leurs mains des objets destinés au culte, il les déposaient dans les temples catholiques quelle qu'en fût la valeur. Enfin, un certain nombre d'entr'eux poussaient plus loin les pratiques religieuses sans que leurs camarades y trouvassent rien à redire.

Il faisaient une guerre d'extermination. Le meurtre, le pillage, l'incendie, les dévastations les plus cruelles, les plus atroces représailles, comme par exemple le massacre des prisonniers lorsque les espagnols refusaient de céder à leurs menaces, étaient dans les usages de toutes les bandes flibustières. Le jeu le plus effréné, les duels, les débauches et les orgies sanglantes étaient leurs plaisirs; et cependant on voit, — notamment dans les règlements de l'expédition des mers du sud, — que la violence envers les femmes espagnoles ou indiennes, entrainait parmi eux la peine de mort. Altérés de vengeance et avides de gain, ils égorgeaient fort souvent sans nécessité les malheureux espagnols, et pour leur arracher l'aveu du lieu où leurs trésors étaient enfouis, ils leur infligeaient des tortures effroyables telles que *la nage à sec,* — c'est-à-dire la suspension à des cordes par les quatre membres et le balancement avec une énorme pierre sur le dos; ils étaient impitoyables et s'en faisaient gloire; — mais ils avaient au plus éminent degré des vertus qu'on ne saurait méconnaître: le patriotisme, la bravoure, la fierté, le respect pour la foi jurée, la fraternité, le dévouement, un mépris de l'avarice égal à leur cupidité, une générosité sans bornes, une constance inébranlable dans la mauvaise fortune, une héroïque fermeté dans les tortures ou dans l'esclavage, un magnifique dédain de la vie.

Les flibustiers français, sous ces derniers rapports, l'emportaient de beaucoup sur les anglais. En effet, ceux-ci finirent par se transformer en pirates et s'établirent alors dans l'île de la Providence (archipel de Bahama). Les français, au contraire, après le licenciement de leurs bandes, entrèrent au service du Roi ou retournèrent en France.

xx. — Gaspard Bart. . . . . p. 255

Gaspard Bart, deuxième frère puîné de Jean Bart, né à Dunkerque le 8 janvier 1663, est l'auteur de la branche collatérale qui s'est éteinte de nos jours dans la personne de M. Jean-Pierre Bart, commandant de la gabare *la Sarcelle*. Il était le père de Pierre Jean Bart, et l'aïeul de Benjamin Bart, les héros de *la Danaé*. (Voir la note xvi ci-dessus.)

XXI. — L'ORTHOGRAPHE.

Cela fait rire les sots . . . . p. 264

Toute faute d'orthographe résulte ou d'un défaut d'instruction ou d'un défaut de mémoire. Se moquer d'un défaut d'instruction, c'est se moquer d'un malheur qui nous est commun à tous, car les plus instruits ignorent mille fois plus de choses qu'ils n'en savent. Se moquer d'un défaut de mémoire, c'est se moquer d'une infirmité, comme ces brutaux que fait rire l'aspect d'un bancal ou d'un bossu. D'ailleurs, qui n'est sujet à manquer de mémoire en présence des règles contradictoires et barbares qui conduisent à écrire :

« On *tient* le pa*tient* qu'ils châ*tient*. — *Fier* de se *fier*.... — *Iris*, tu *ris*. — Il con*vient* qu'ils con*vient*... — Nous por*tions* les por*tions*... — Ils ar*guent* quand ils allè*guent* que l'on*guent*.. etc., etc. »

Nous avons en français 67 manières différentes d'écrire le son *è* du mot succès, 45 au moins d'écrire l'*a* nasal du mot ba*n*, — 30 pour le son *a* du mot *apanage*, et ainsi de tous les autres sons.

Puisque l'orthographe qu'on devrait savoir imperturbablement par cela seul qu'on saurait lire, résulte d'une série de conventions qui n'ont pas le sens commun, c'est de l'orthographe elle-même qu'il faut se moquer, et non des infortunés qu'elle induit en erreur.

J'ai calculé, et je me fais fort de démontrer que l'adoption générale d'une orthographe logique, phonétique et internationale, — tous autres avantages mis à part, — produirait en France seulement une économie annuelle de temps, de papier et de main-d'œuvre s'élevant *au minimum* de trente millions de francs, d'où, en l'espace d'un siècle, trois mille millions, et pour l'ensemble du monde civilisé des milliers de milliards.

XXII. — Bouline de revers . . . . p. 284

La bouline de revers d'un marin est son fâcheux, son antipathie, son ennemi, son persécuteur. (Voir, pour l'explication de cette locution figurée et de toutes autres analogues, le *Langage des Marins*, ouvrage spécial où nous avons pris à tâche de définir et de commenter les principales expressions techniques qui ont acquis une acception imagée.)

XXIII. — Combat du *Cheval Marin* . . . . . p. 300

Ce combat eut lieu le 26 octobre 1688.

Eugène Sue suppose, comme nous, que le fils de Jean Bart, François Cornil, vit alors le feu pour la première fois. Cette assertion, ajoute Vanderest, sans être dénuée de probabilité, n'est qu'une conjecture que ne confirme aucun document historique. — Quoi qu'il en soit, le trait de Jean Bart faisant amarrer Cornil au pied du grand mât est de tradition. D'après Richer, auteur d'une *Vie de Jean Bart*, il se trouve consigné dans des *Mémoires inédits* qui lui auraient été communiqués par le fils aîné de Cornil, Philippe-François Bart, lequel, de 1756 à 1762, fut gouverneur de Saint Domingue, fut retraité comme chef d'escadre en 1764 et mourut à Paris, le 12 mars 1784.

XXIV. — A bord tant qu'on fera le quart . . . p. 323

Nous savons mieux que personne que la *Cantate matelote* de Jean Bart n'a été rimée qu'en 1857, — mais plus qu'à tout autre il nous était permis de la faire fredonner devant S. M. T. C. Louis XIV. Beaucoup d'anachronismes sont moins innocents.

XXV. — Forbin . . . . p. 331

Forbin avait débarqué à Brest, à la fin de juillet 1688, trois ans et demi environ après en être parti avec le chevalier de Chaumont. Il avait abdiqué volontiers sa dignité de grand amiral de Siam, pour reprendre ses fonctions plus modestes, mais plus sûres, de lieutenant de vaisseau en France. (LÉON GUÉRIN, *Hist. mar. de la France*, ch. XXII.)

XXVI. — A Paris et a Versailles . . . . . p. 344

C'est dans ce chapitre surtout que nous avons pris à tâche,

par notre fable, de concilier l'histoire vraisemblable avec la légende plus ou moins apocryphe.

Le trait puéril de la culotte de drap d'or doublée de drap d'argent est inévitablement consigné dans une foule d'articles biographiques.

Dans le *Dictionnaire historique* de Ladvocat, 1760, c'est là tout ce qui a paru digne de développement. On ne sait quel mauvais plaisant imagine une anecdote stupide, et un historien ayant à resserrer en quelques lignes la biographie d'un grand homme, d'un héros, du plus renommé des marins de la France, ne voit que cette bouffonnerie.

Richer qui prétend avoir eu des documents de famille, — documents qui n'ont été revus par personne, — a bourré sa *Vie de Jean Bart* de traits burlesques qui en ont fait le succès, — succès affligeant !

Lorsque l'on sait combien l'étiquette navale est sévère et minutieuse, et qu'elle interdit notamment de fumer ailleurs que dans certaines parties du navire déterminées par des consignes rigoureuses, — lorsque l'on sait que battre le briquet à bord et fumer dans les lieux défendus sont des délits graves, punissables comme des crimes pour cause de sécurité, — il n'est pas admissible qu'un capitaine de frégate ait osé enfreindre l'étiquette de cour en fumant dans l'antichambre du Roi, à moins de causes tellement extraordinaires qu'elles devenaient pour le romancier un piquant problème à résoudre.

Le romancier ici était sur son terrain ; il pouvait seul ce que les historiens auraient dû éviter comme le fait Hennequin dans sa notice sur Jean Bart :

« On ne s'attend sans doute pas à retrouver ici, — dit-il, —
» les anecdotes absurdes qui ont été mises sur le compte de Jean
» Bart ; la plupart de ses biographes semblent s'être plu à le
» représenter comme un homme bizarre, singulier, ennemi des
» bienséances, ignorant des usages et des coutumes de la bonne
» société.

» . . . . à la vérité, ennemi de la contrainte, il crut
» devoir se servir du bon sens énergique et ferme dont l'avait
» doué la nature, pour fronder les manières affectées et les

» fausses délicatesses des courtisans; mais de cette simpli-
» cité originale à la grossièreté il y a loin encore, et Jean Bart
» n'était pas homme à franchir ce pas »

Léon Guérin, dans *Les Marins illustres de la France*, dit excellemment :

« Sans être un homme du monde, Jean Bart était un homme
» d'un jugement exquis; cela seul suffit pour qu'il ne se soit ja-
» mais montré à la cour avec le cachet du ridicule; tout ce
» qu'il dut laisser voir d'inusité, ce fut une certaine timidité de
» salon qui ne faisait que relever sa valeur sur les champs de
» bataille. Forbin lui-même eut beau faire, beau dire, avec les
» airs de noble protecteur qu'il affectait, il ne lui fut pas donné
» d'éclipser Jean Bart, même à la cour de Louis XIV. Il ne lui
» pardonnait pas dans le fond de son cœur de l'avoir eu dernière-
» ment pour chef. »

Les *Mémoires de Forbin* et la *Vie de Jean Bart* par Richer sont les deux sources principales des contes légendaires.

Vanderest s'est donné la peine de les discuter un à un.

Eugène Sue en prend chaleureusement le contre-pied.

Au fond, comme nous l'avons dit dans notre préface, notre roman a le même objet.

Malgré *tous les travaux modernes*, prouvant que Faulconnier est seul vrai, Jean Bart était encore, en 1858, représenté au théâtre sous l'aspect le plus platement ridicule — Renvoyons au petit volume *la Frégate l'Introuvable* (p. 61, 70 et suiv.) pour la réjouissante critique de ce navalodrame.

Parlerai-je des petites biographies populaires où, — selon l'adage : on ne prête qu'aux riches, — chaque auteur attribue à Jean Bart les traits qu'il imagine ou qu'il emprunte à toute autre histoire ?

Dans un opuscule pompeusement intitulé *Histoire complète du brave et intrépide Jean Bart*, etc... etc... — où par parenthèse, je ne fus pas médiocrement étonné de rencontrer de nombreuses pages de ma prose sur le feu grégeois et sur d'autres sujets non moins étrangers à Jean Bart, — l'auteur qui, du reste, me cite fort loyalement, m'a fait, pour grossir son volume, l'innocent emprunt de la réponse stoïque du chef de pièce Lamigeon : — «Tous mes servants sont morts, mon capitaine, j'attends mon tour !» (1)

Il n'y a qu'un tout petit inconvénient, c'est que Lamigeon, maître canonnier de l'école d'Angoulème, en 1827, ne pouvait guère avoir servi sous Jean Bart, un siècle et demi auparavant. Que l'*Histoire complète du brave et intrépide Jean Bart* eût l'autorité des *Mémoires de Forbin* ou seulement de Richer, et la biographie de Jean Bart se trouverait enrichie du trait de Lamigeon.

Voilà comment se fabrique l'histoire.

Il a paru très-joli à quelques gens de cour, d'affirmer que le glorieux chef d'escadre Jean Bart, ne savait ni lire ni écrire. Par des arguments marins de la dernière évidence, j'ai démontré, moi romancier, que ce n'était pas possible. J'ai dit : « On ne saurait de- » venir lieutenant sur un navire quelconque, et à plus forte raison » capitaine et chef d'escadre, sans être capable de se reconnaître » sur une carte marine, et conséquemment sans savoir lire, — de » faire son point, et conséquemment sans savoir écrire et calcu- » ler. » A cet argument, j'en ai ajouté d'autres. Eh bien ! M. Adolphe Badin qui n'en a pas tenu compte, nous dit : — « Il est à peu près prouvé qu'il ne savait ni lire ni écrire. » — Quant à moi, je maintiens que le contraire est archi-prouvé de par cette puissante autorité qu'on appelle le simple bon sens. (Voir page 30, ci-dessus)

Dès le moment où Jean Bart est second de Valbué sur le brigantin *le Cochon gras*, il doit en vertu de ses fonctions tenir certaines écritures. — Il les tient, je suppose, *en langue flamande*. — Il n'a que quinze ans alors, il est embarqué depuis l'âge de douze; il a donc appris à lire et à écrire dans la maison paternelle. Il connaît les règlements. Il cite le texte du jugement d'Oleron, — de mémoire, soit ; — mais encore, pour le citer, possède-t il nécessairement une certaine instruction spéciale. Comme second, c'est lui qui rédige la table de loch, c'est lui qui est comptable des matières. Valbué a eu besoin d'un second sachant lire et écrire,

---

(1) Voir : le Combat naval ou Lamigeon l'aide-canonnier, aux *Poèmes et Chants marins* ou au *Gaillard d'avant*, chansons maritimes.

et voilà tout justement pourquo il a choisi Jean Bart adolescent pour en remplir l'office à bord du *Cochon gras*.

Pendant la Révolution, quelques hommes illettrés parvinrent brusquement dans la marine à des grades supérieurs. Aucun d'eux ne put s'y maintenir. Un simple maître caboteur ne saurait commander sans être capable de faire un rapport tant bien que mal.

Pour rédiger même une simple notice biographique d'homme de mer, il est utile d'avoir certaines notions élémentaires de la marine, de ses règles, de ses usages.

M. Auguste Cabrol, vers la fin de son article sur Jean Bart, nous dit qu'après la mort du roi d'Espagne Charles II, la guerre ayant repris plus furieuse que jamais, Jean Bart fut *tout naturellement rappelé du premier coup au service du Roi.*

— Eh bien, non ! il n'y fut point rappelé, par cette triomphante raison qu'il y était, avec rang de chef d'escadre, et qu'il ne l'avait pas quitté un seul instant depuis le 8 janvier 1679, jour où il y entra comme lieutenant de vaisseau.

Quant aux anecdotes consacrées, M. Adolphe Badin ne peut se résoudre à les trouver fausses : « Elles n'ont rien, à tout prendre, » d'absolument absurde ni d'impossible, rien qui ne puisse s'ex- » pliquer par la simplicité, la brusque franchise ou la mâle intré- » pidité du vaillant capitaine. »

La fameuse pipe, les rudes bourrades aux courtisans (celles-ci admissibles à la rigueur pour une fois, *une seule fois*), quelques autres anas sont en conséquence relatés. Mais arrive ensuite un trait de brutalité sauvage qui cesse d'être grossier ou naïf, parce qu'il a un côté féroce, odieux, criminel, ou stupidement fanfaron. C'est celui de Jean Bart, tirant son sabre, pour se faire immédiatement payer par le trésorier royal Pierre Gruin, officier considérable, qui n'était rien moins qu'un croquant. (Voir page 325, ci-dessus.)

Que fût-il arrivé, je le demande à tous ceux que ne révolte pas ce monstrueux acte de colère, cette violation de domicile à main armée, cette menace de meurtre faite par une façon de fou furieux, — que fût-il arrivé, dis-je, si messire Pierre Gruin, avec un calme parfait et un parfait bon sens, avait répondu à Jean Bart :

— M. le capitaine des vaisseaux du Roi, l'heure de mes paiements est passée, ma caisse est fermée, mon service est fini, je dine, je suis chez moi, j'ai le droit de ne vous payer que demain, j'en use, et je ne me dérangerai pas devant vos menaces. Remettez donc au fourreau votre grand sabre, et retirez-vous, ou bien passez-moi votre lame à travers le corps, et vous serez un assassin !

Parce que cette réponse est absolument logique et naturelle, je trouve, moi, qu'à tout prendre, l'action violente attribuée à Jean Bart est absolument absurde et impossible, car le loyal marin n'était ni un coupe-jarret, ni un matamore, comme M. Adolphe Badin le sait à merveille.

Que ce biographe se défie de nos combinaisons, de nos fictions, de nos scènes de romancier, il a mille fois raison. C'est à très-bon droit, par exemple, qu'il récuse, comme dénuée de fondement historique, l'épisode de l'incendie de la maison de Jean Bart. Mais qu'il ne nous aide point à appuyer les réfutations d'Hennequin, de Vanderest, d'Eugène Sue, qu'ils ne puisse abandonner en haussant les épaules, ce coutelas de forban, levé sur un trésorier qui dîne tranquillement chez lui, voilà où le sens critique lui fait défaut. Nous signalons cette tâche dans le livre de M. Adolphe Badin, d'autant plus à notre aise, que nous n'avons d'ailleurs que de sympathiques éloges à donner à l'ensemble de son travail, consciencieusement fait, bien écrit, et qui peut aisément être corrigé à sa nouvelle édition.

La jeunesse outre volontiers les sottises. — On a été parfaitement élevé dans une famille qui sait vivre ; on est généralement très poli ; mais on ne devient guère aspirant de marine sans avoir lu et relu la *Vie de Jean Bart*. Faute d'occasion, on n'a pu sauter à l'abordage ; que faire pour marcher sur les traces du héros ? — Être impertinent envers les administrateurs et les commissaires, insulter un payeur, parler grossièrement dans les bureaux. — On est, en conséquence, mis aux arrêts. — A qui la faute ? — A Richer dont le livre porte les jeunes gens irréfléchis à regarder la brutalité comme la conséquence obligée de la franchise et de la bravoure, — à Richer qui présente comme louable un trait inadmissible de la part de Jean Bart si Faulconnier, son contemporain, a eu raison de lui attribuer *beaucoup de bon sens, l'esprit net et solide*.

MM. P. Levot et A. Doneaud, dans *les Gloires maritimes de la*

France, terminent leur article sur Jean Bart en disant « qu'il n'é-
» tait ni rustre, ni violent, comme l'a représenté Forbin et comme
» l'ont répété, d'après lui, les chroniqueurs maritimes et les
» romanciers. » — Quels romanciers ? — Eugène Sue et moi
sommes tout justement, de l'avis de MM. Levot et Doneaud.

Le duc de Saint-Simon en ses *Mémoires* parle plusieurs fois de
Jean Bart.

Au ch. XXI, (t. I.), 1696, on lit :

« Le célèbre Jean Bart brûla cinquante-cinq vaisseaux marchands aux Hollandois, parce qu'il ne put les amener, après avoir
battu leur convoi, et leur couta une perte de six ou sept millions. »

Au ch. XXIX, — 1697, — au sujet du prince de Conti qu'il s'a-
gissait de conduire de Dunkerque en Pologne :

« Le célèbre Jean Bart répondit de le mener heureusement,
malgré la flotte ennemie qui étoit devant ce port; et tint parole. »

Et un peu plus loin :

« Bart mit à la voile le 6 novembre et ne put sortir de la rade
de Dantzick que le 8 ; il prit, chemin faisant, cinq vaisseaux de
Dantzick. »

Au chapitre XXX (t. II) — 1702 :

« Le Roi fit une perte en la mort du célèbre Jean Bart, qui a si
long-temps et si glorieusement fait parler de lui à la mer, qu'il
n'est pas besoin que je le fasse connoître. »

On doit regretter à tous égards que le grand chroniqueur se
soit ainsi abstenu. En traçant le portrait de Jean Bart, il nous eut
légué un chef-d'œuvre de plus, et ce qu'il aurait dit contrebalan-
cerait, sans doute, les innombrables platitudes recueillies par la
majorité des historiens. Saint-Simon ne fait aucune allusion à la
burlesque et brutale réputation du héros Dunkerquois, toujours
il le qualifie de *célèbre* et ne parle que de sa glorieuse renommée
d'homme de mer. Un tel silence a encore sa valeur de la part de
l'intarissable anecdotier.

Un autre chroniqueur contemporain de Jean Bart, le marquis
Dangeau, dans son journal mentionne très-souvent Jean Bart,
mais ne rapporte aucune des anecdotes burlesques qu'on lui attribue, et cependant, comme on sait, Dangeau relate avec une
minutieuse exactitude tout ce qui se passe à la cour.

L'auteur d'un excellent article publié par *l'Union* le 2 mai 1864 et reproduit par le *Moniteur de la Flotte*, M. Alfred Nettement s'exprime ainsi :

« D'ailleurs, dans la légende de Jean Bart, on a singulière-
» ment exagéré sa rudesse d'homme de mer, et j'ajouterai que
» l'on n'a pas moins exagéré la simplicité des courtisans de
» Louis XIV parmi lesquels il y en avait beaucoup qui avaient bra
» vement fait la guerre, et qui se doutaient apparemment qu'on
» ne sort pas d'un port bloqué par des vaisseaux ennemis en leur
» envoyant des bouquets »

Ajoutons en fait que Jean Bart, pilote habile, sortit le plus souvent par ruse, non par force. Il descendait de Michel Jacobsen le vieux Renard de la mer et se faisait honneur de marcher sur ses traces.

xxvii. — Le *Sans-Pareil* repris par Duguay-
Trouin . . . . p. 377

Voir notre Histoire de *Duguay-Trouin*, liv. I, ch. VII.

xxviii. — Charles Keyser . . . . p. 418

Jusqu'en 1679, époque où Jean Bart est nommé lieutenant de vaisseau dans la marine du Roi, Charles Keyser est son matelot inséparable, comme l'attestent les procès-verbaux de leurs prises. La paix de Nimègue met fin à la course dans les mers de l'Europe. A partir de là, on ne trouve d'autre trace de l'existence de Keyser, qu'une prise faite par lui en 1689.

Nous fondant sur la date de cette dernière capture, c'est en 1689 que nous faisons reparaître Keyser à Dunkerque.

Quant à la question posée par Eugène Sue, livre ix, chap. vii de son *Histoire de la Marine Française :* « Quelle est la cause de la rupture ou de l'événement qui sépara ces deux amis, ces deux frères, ces deux matelots? » — Notre roman tout entier y est de réponse hypothétique.

XXIX. — Conclusion . . . . p. 422

Le 13 octobre 1689, après sept années de veuvage, Jean Bart alors âgé de trente-neuf ans, se remaria, dit l'histoire, avec Jacqueline-Marie Tugghe, âgée de vingt-six ans, demoiselle issue d'une des premières familles de Dunkerque, dont les membres qui faisaient héréditairement partie de l'échevinage de cette ville, y jouissaient de la plus grande considération.

Le sieur Ignace-Thomas Tugghe, avocat en parlement, frère de la mariée, signa comme témoin l'acte de mariage déposé à l'État civil de Dunkerque, sous le N° 158.

Moins d'un mois après, Jean Bart était en mer, commandant les frégates *l'Alcyon*, *la Capricieuse* et *l'Opiniâtre*; enfin le 19 décembre, il recommençait à faire des prises sur les Anglais et les Hollandais.

FIN.

TABLE DES MATIÈRES.

	Pages.
DÉDICACE	1
PRÉFACE	3

LIVRE PREMIER. — **La Race Héroïque.**

—	Bienfaisance et Patriotisme	7
—	La soirée des fiançailles	25
—	Évasion de Hollande	44
—	Michel Ruiter	58
—	Spectacle d'un combat de mer	79
—	Le Boiteux balafré	86
—	Retour à Dunkerque	98
—	Renards et Lions de mer	113
—	La Corbeille de Mariage	132
—	Nobles cœurs	150
—	Démarches et Pilotage	169
—	La Main dans la Main	190
—	La Route du Bonheur	195
—	Adieux	208
—	Changement à vue	214

		Pages.
LIVRE DEUXIÈME. — **Les Fiancés.**		
—	L'Incendie	219
—	Nouvelles d'Outre-Mer.	226
—	Double Combat	233
—	Le Tour du Monde.	236
—	Les Sauveurs de Manille.	240
—	Revers.	249
—	Le Naufragé	253
—	Les Parchemins	259
—	Mesures de prudence.	269
—	Le *Cheval Marin*	283
—	Un Conseil et un Service	300
—	La *Lionne Brune*	315
—	A Paris et à Versailles.	324
—	Pressentiments	345
—	Magnificat	362
—	Le combat des Casquets.	372
—	Guet-apens	380
—	A l'Invincible	384
—	Évasion d'Angleterre	399
—	Dénouement	409
—	Conclusion	419

NOTES.

I.	— La famille TUGGHE	423
II.	— La famille BART.	423
III.	— MARTIN LANOIX	425
IV.	— Le *Canard Doré*	425
V.	— L'Évasion. — MICHEL RUYTER	425
VI.	— Noble et Ignoble.	427
VII.	— Les JACOBSEN	427
VIII.	— Erreur historique	428
IX.	— Les frères Bart, CORNIL et HERMAN . . .	428
X.	— Prises de Jean Bart. — *L'Espérance*. . .	429

		Pages
XI.	— Le corps de Ruiter	429
XII.	— Les Porée	430
XIII	— Cornil, frère aîné de Jean Bart	430
XIV.	— Hubert de Champy Descluzeaux	431
XV.	— Cause de fréquents combats entre nations amies	431
XVI.	— Combat de *la Danaé*	432
XVII.	— Le Fort Dauphin (Madagascar)	432
XVIII.	— Combats de mer entre Anglais	433
XIX.	— Des Flibustiers	434
XX.	— Gaspard Bart	435
XXI.	— L'Orthographe	436
XXII.	— Bouline de revers	436
XXIII.	— Combat du *Cheval Marin*	437
XXIV.	— A bord, tant qu'on fera le quart	437
XXV.	— Forbin	437
XXVI.	— A Paris et a Versailles	437
XXVII.	— Le *Sans Pareil*	444
XXVIII.	— Charles Keyser	444
XXIX.	— Conclusion	445

FIN DE LA TABLE.

OUVRAGES DU MÊME AUTEUR.

LES QUARTS DE NUIT.

EN VENTE :

Les Quarts de Nuit, contes et causeries d'un vieux navigateur (cinquième édition), 1 vol. in-18. . . . . 2 fr. »
Les Nouveaux Quarts de nuit, récits maritimes (troisième édition), 1 vol. in-18. . . . . . . 2 »
Troisièmes Quarts de nuit, contes d'un marin, 1 vol. in-18 . . . . 2 »

SOUS PRESSE :

Quatrièmes Quarts de Nuit, tablettes navales

EN PRÉPARATION :

Cinquièmes Quarts de Nuit.
Derniers Quarts de Nuit.

ESQUISSES MARITIMES.

La Frégate l'Introuvable (101ᵉ naval), quatrième édition, 1 vol. in-18. . . . . 1 »
Les Cousines de l'Introuvable, 1 vol. in-18. 1 »
Paris pour les Marins, 1 vol. in-18. . . . . 1 »
Une Chienne d'habitude, histoire d'un grognard d'eau salée (extrait des *Quarts de Nuit*), 1 vol. in-18. 1 »
Histoire du Père Ramassis-Ramassat et du Mousse Flageolet (extrait des *Quarts de Nuit*), 1 vol. in-18 1

LE TABLEAU DE LA MER.

EN VENTE :

La Vie navale. — La Pointe aux signaux. — L'Appareillage. — Le Navire en mer. — Du Naufrage, du Combat naval. — Les Pilotes. — L'Atterrissage, le Mouillage, l'*Aéronef,* etc., 2ᵉ édition, 1 fort volume in-18 . . . . 3 50

Les Marins. — Les Débutants. — L'Amiral. — Le Capitaine. — L'État-Major. — La Maistrance. — L'Équipage : gens de mer, bourgeois, 1 fort vol. in-18. 3 50

Mœurs maritimes. — Populations. — Pêches et Pêcheurs. — Honneurs marins. — La journée à bord, etc., 1 fort vol. in-18 . . . . 3 50

Naufrages et Sauvetages. — Les Dangers de la mer. — Des Œuvres de secours. — L'Art de sauver, 1 fort vol. in-18 . . . . 3 50

SOUS PRESSE :

Jours de détresse.

EN PRÉPARATION :

Scènes et Coutumes.
Batailles et Combats.
Le Livre d'or de la marine française.

EN VENTE :

Le Langage des Marins, 1 fort volume in-8º . . 10 »
Poëmes et Chants Marins (édition complète), 1 fort volume in-18. . . . . 4 »
Le Gaillard d'avant, chansons maritimes (édition populaire), paroles et musique, 1 vol. in-18 . . . . 1 »
Aventures d'un Gentilhomme :
    I. — La Route de l'Exil, 1 vol. in-18 . . . . . . 2 »
    II. — Le Manoir de Rosven, 1 vol. in-18 . . . . . 2 »

Le Mouton enragé, roman, 1 vol. in-18 . .	2	»
L'Homme de feu, roman, 1 vol. in-18	2	»
La Meilleure part, roman, 1 vol. in-18 . . .	2	»
La Gorgone, roman, 2 vol. in-18	4	»
Une Haine à bord, roman, 1 vol. in-18 . .	2	»
Les Femmes à bord, roman, 1 vol. in-18 . . .	1	»
Les Passagères, roman, 1 vol. in-18	1	»
Les Iles de glace, roman, 2 vol. in-18	2	»
Aviation ou NAVIGATION AÉRIENNE (sans ballons), 2ᵉ édition, 1 fort vol. in-18 . . .	2	»

SOUS PRESSE :

Pigeon vole! AVENTURES EN L'AIR (édition ornée). — A Nadar. — Le Marquis de Pouscorf. — Ballets aériens. — Voyage aux nues. — Luc Flambeau. — Premier Voyage de nuit. — La Vapeur. — Le vicomte de Risquetout (Afrique centrale). — Haltes et rencontres. — Chasses et Pêches aériennes. — Aérostation. — Variétés. — Régates atmosphériques. — Les Deux Pôles. — La Pantouf, etc., 1 joli vol. in-18 . . . .

Les Géants de la Mer, nouvelle édition . . . .

Les deux Routes de la vie, histoire d'un roman prédite par lui-même . . . .

Tout pour le mieux ou **Parrain et Filleul** (Esquisses maritimes) . . . .

EN PRÉPARATION :

Études Marines : L'ORIENT ET L'OCCIDENT.
      »   NOUVELLES HISTORIQUES.

Les Quarts de jour.
Contes diaphanes.
Photographies à la plume.
L'Ame du Navire (nouvelle édition).
La Couronne navale (nouvelle édition).
Alphabet universel. — TRAITÉ DE PHONÉTIQUE
Le Gaillard d'arrière, poèmes marins.

LILLE. — IMP. L. DANEL.

CHEZ LE MÊME ÉDITEUR :

TROIS ANS D'ESCLAVAGE CHEZ LES PATAGONS, Récit de ma captivité, par A. Guinnard. 1 vol. avec portrait et carte. 3e. édition . . . . 3 fr. 50

Pour paraître prochainement :

PIGEON-VOLE ! AVENTURES EN L'AIR, par G. de la Landelle.

SÉRIE A 2 FR. 50 C. LE VOLUME.

UNE CHAINE INVISIBLE, par Zénaïde Fleuriot	1 vol.
UNE ANNEE DE LA VIE D'UNE FEMME, par la même	1 vol.
LA CHASSE A L'ESCLAVE, par Xavier Eyma	1 vol.
JEAN L'EGORGEUR, par Amédée Aufauvre	1 vol.
LE DOUANIER DE MER, par Elie Berthet	1 vol.
LE REFRACTAIRE, par le même	1 vol.
UN CURE, par Hippolyte Langlois	1 vol.
LES TROIS FIANCEES, par Emmanuel Gonzalès	1 vol.
RECITS DEVANT L'ATRE, par Emile Richebourg	1 vol.
LA BELLE DRAPIÈRE, par Elie Berthet	1 vol.
LISA, par Marin de Livonnière	1 vol.
LA NOBLESSE DE NOS JOURS, par Amédée Gouët	1 vol.
L'HOMME D'ARGENT, par le même	1 vol.
OR ET MISÈRE, par Moléri	1 vol.
LA LEGION ETRANGERE, 2e. série des Bohêmes du Drapeau, par A. Camus	1 vol.
MEMOIRES DE MON ONCLE, par Ch. d'Héricault	1 vol.
LE BIVOUAC DES TRAPPEURS, par Bénédict-Henry Révoil	1 vol.
MAISON A LOUER, par Charles Dyckens, traduit par Bénédict-Henry Révoil	1 vol.
LA PUPILLE DU DOCTEUR, par G. d'Ethampes. 2e. édition	1 vol.
JEROME LE TROMPETTE, par L. de Beaurepaire. 2e. édition	1 vol.
MANJO LE GUERILLERO (suite de Jérôme), par le même	1 vol.
LES BOHEMES DU DRAPEAU, par Antoine Camus. 3e. édition, avec vignettes	1 vol.
LA CHAMBRE ROUGE, par Mme. la comtesse de Bassanville	1 vol.
LES SALONS D'AUTREFOIS, par la même. 1re., 2e., 3e. et 4e. séries, chacune	1 vol.
UN VOYAGE A NAPLES, par la même	1 vol.
CE QU'IL EN COUTE POUR VIVRE, par Berlioz d'Auriac	1 vol.
RECITS DES LANDES ET DES GREVES, par Théodore Pavie	1 vol.
UN VOYAGE A PEKIN (Souvenirs de l'expédition de Chine), par G. de Kéroulée	1 vol.
LA BRETAGNE, paysages et récits, par Eugène Loudun	1 vol.
QUAND LES POMMIERS SONT EN FLEURS, par Bathild Bouniol	1 vol.

SÉRIE A 2 FR. LE VOLUME.

AVENTURES D'UN GENTILHOMME, par G. de la Landelle	2 vol.
L'HOMME DE FEU, par le même	1 vol.
HISTOIRES AMERICAINES, par Ed. Auger	1 vol.
LES CONTREBANDIERS DE SANTA-CRUZ, par Alfred de Bréhat	1 vol.
LES TROISIEMES QUARTS DE NUIT, par G. de la Landelle	1 vol.
LA GUERRE D'AMERIQUE, par Marius Fontane	2 vol.
LES AMOURS A COUPS D'EPEE, par Gourdon de Genouillac	1 vol.
NOUVEAUX QUARTS DE NUIT, par G. de la Landelle. 3e. édition	1 vol.
LE TRESOR DE LA MAISON, Guide des Femmes économes, par la Cse de Bassanville	1 vol.
LE FIL DE LA VIERGE, par Amédée Aufauvre	1 vol.
UNE PARENTÉ FATALE, par Alfred de Bréhat	1 vol.
L'HERITAGE DE L'INDOUE, par le même	1 vol.
LE MOUTON ENRAGE, par G. de la Landelle	1 vol.
UN GENTILHOMME CATHOLIQUE, par C. d'Héricault	1 vol.
LES MASQUES NOIRS, par Amédée Aufauvre	1 vol.
LES ENFANTS DE LA NEIGE, par le même	1 vol.
OTTO GARTNER, par Marin de Livonnière. 2e. édition	1 vol.
LA DYNASTIE DES FOUCHARD, par le même	1 vol.
LES QUARTS DE NUIT, par G. de la Landelle. 5e. édition	1 vol.

SÉRIE A 1 FR. LE VOLUME.

LA FRÉGATE L'INTROUVABLE (10le. maritime), par G. de la Landelle. 3e. édition	1 vol.
LES COUSINES DE L'INTROUVABLE, par le même	1 vol.
PARIS POUR LES MARINS, par le même	1 vol.
UNE CHIENNE D'HABITUDE, par le même	1 vol.
HISTOIRE DU PERE RAMASSIS-RAMASSAT, par le même	1 vol.
SOUVENIRS D'UNE VIEILLE CULOTTE DE PEAU. Les Etapes du Père La Ramée	1 vol.

LES DRAMES DU NOUVEAU-MONDE.

18 jolis vol. gr. in-18, se vendant séparément 2 fr. le vol. Couverture en couleurs. 3 séries.

1re. Série, par BENEDICT-HENRY REVOIL : LA SIRÈNE DE L'ENFER. — L'ANGE DES PRAIRIES. — LES ÉCUMEURS DE MER. — LES PARIAS DU MEXIQUE. — LA TRIBU DU FAUCON-NOIR. — LA FILLE DES COMANCHES

2e. Série, par JULES-B. D'AURIAC : L'ESPRIT BLANC. — L'AIGLE-NOIR DES DACOTHAS. — LES PIEDS-FOURCHUS. — LE MANGEUR DE POUDRE. — LE SCALPEUR DES OTTAWAS. — RAYON-DE-SOLEIL.

3e. Série, par le même : LES FORESTIERS DU MICHIGAN. — ŒIL-DE-FEU. — CŒUR-DE-PANTHÈRE. — LES TERRES D'OR. — JIM L'INDIEN. — LA CARAVANE DES SOMBREROS.

www.ingramcontent.com/pod-product-compliance
Lightning Source LLC
Chambersburg PA
CBHW072128220426
43664CB00013B/2173